高等院校应用型本科财会系列特色教材

U1004700

财务会计

杨洛新　杨　琳　　主　编
张思菊　　副主编

上海财经大学出版社

图书在版编目(CIP)数据

财务会计/杨洛新、杨琳主编. —上海:上海财经大学出版社,2015.8
(高等院校应用型本科财会系列特色教材)
ISBN 978-7-5642-2165-2/F·2165

Ⅰ.①财… Ⅱ.①杨…②杨… Ⅲ.①财务会计-高等学校-教材
Ⅳ.①F234.4

中国版本图书馆 CIP 数据核字(2015)第 105555 号

□ 责任编辑 顾晨溪
□ 封面设计 张克瑶
□ 责任校对 王从远

CAIWUKUAIJI
财务会计

杨洛新 杨 琳 主 编
张思菊 副主编

上海财经大学出版社出版发行
(上海市武东路 321 号乙 邮编 200434)
网 址:http://www.sufep.com
电子邮箱:webmaster @ sufep.com
全国新华书店经销
同济大学印刷厂印刷装订
2015 年 8 月第 1 版 2015 年 8 月第 1 次印刷

787mm×1092mm 1/16 18.75 印张 480 千字
印数:0 001—4 000 定价:39.00 元

前　言

本书的编写者，其中多人为具有数十年财务会计课程教学并同时从事注册会计师业务之经历的会计专业人士，这赋予了本书四大特色：

1. 内容简练。本书重点突出企业常规性经济业务的核算内容，同时也对那些非常规性业务会计处理的学习进行简要引导。

2. 理论与实践紧密结合。伴随内容的顺序展开，本书精心编排了从货币资金核算到财务报告编制的两套财务会计实例：一套作为教学示范，一套作为课后实训。其业务皆源于实际。

3. 体现最新修订的《企业会计准则》精神。2014 年，财政部对原有的企业会计基本准则与部分企业会计准则具体准则进行了修订，同时还发布了一些新的企业会计具体准则。作者将自己作为资深注册会计师在实际工作中对新准则精神的领悟，贯穿在了本书之中。

4. 文字简洁、通俗易读。

由于存在上述特点，因而本书特别适合以培养实用型人才为目标的高等院校会计专业教学所用。

当然，本书虽然经过多年的准备与编写，但也存在诸多不足，热盼各位同仁不吝指教，在此预表谢意。

最后，感谢上海财经大学出版社及编辑、大信博文图书发行有限公司，及武汉轻工大学对本书出版所提供的支持。

编　者

羊年端午于汉口常青花园

目 录

前 言 ………………………………………………………………… 1

第一章 企业财务会计总论 ………………………………………… 1
学习目标……………………………………………………………… 1
第一节 企业财务会计概述……………………………………………… 1
第二节 企业财务会计的目标…………………………………………… 6
第三节 财务会计要素及其确认与计量 ……………………………… 12
第四节 会计法规与企业会计准则 …………………………………… 19
思考题 ……………………………………………………………… 23
练习题 ……………………………………………………………… 24

第二章 货币资金 …………………………………………………… 25
学习目标 …………………………………………………………… 25
第一节 库存现金 …………………………………………………… 25
第二节 银行存款 …………………………………………………… 28
第三节 其他货币资金 ……………………………………………… 33
思考题 ……………………………………………………………… 36
练习题 ……………………………………………………………… 36

第三章 应收及预付款项 …………………………………………… 39
学习目标 …………………………………………………………… 39
第一节 应收票据 …………………………………………………… 39
第二节 应收账款 …………………………………………………… 44
第三节 预付账款及其他应收款 …………………………………… 46
第四节 应收款项减值 ……………………………………………… 48
思考题 ……………………………………………………………… 51
练习题 ……………………………………………………………… 51

第四章 存货 ………………………………………………………… 55
学习目标 …………………………………………………………… 55
第一节 存货概述 …………………………………………………… 55
第二节 存货的实际成本计价法 …………………………………… 61
第三节 存货的计划成本计价法 …………………………………… 67

第四节　存货的清查 …… 73
第五节　存货的期末计价 …… 74
思考题 …… 76
练习题 …… 76

第五章　对外投资 …… 80
学习目标 …… 80
第一节　对外投资概述 …… 80
第二节　交易性金融资产 …… 81
第三节　持有至到期投资 …… 85
第四节　可供出售金融资产 …… 91
第五节　长期股权投资 …… 97
思考题 …… 109
练习题 …… 109

第六章　固定资产 …… 115
学习目标 …… 115
第一节　固定资产概述 …… 115
第二节　固定资产的取得 …… 118
第三节　固定资产折旧 …… 122
第四节　固定资产的后续支出 …… 128
第五节　固定资产的处置 …… 129
思考题 …… 132
练习题 …… 132

第七章　其他长期资产 …… 135
学习目标 …… 135
第一节　其他长期资产概述 …… 135
第二节　无形资产 …… 136
第三节　投资性房地产 …… 147
第四节　长期待摊费用 …… 154
思考题 …… 156
练习题 …… 156

第八章　负债 …… 159
学习目标 …… 159
第一节　负债概述 …… 159
第二节　流动负债 …… 160
第三节　非流动负债 …… 179

思考题……183
练习题……183

第九章 收入、费用和利润……186
学习目标……186
第一节 收入、费用和利润概述……186
第二节 收入……189
第三节 费用……194
第四节 利润及利润分配……199
思考题……208
练习题……208

第十章 所有者权益……211
学习目标……211
第一节 所有者权益概述……211
第二节 实收资本或股本……212
第三节 资本公积……214
第四节 其他综合收益……217
第五节 留存收益……217
思考题……220
练习题……220

第十一章 财务报告……223
学习目标……223
第一节 财务报告概述……223
第二节 资产负债表……225
第三节 利润表……237
第四节 现金流量表……245
第五节 所有者权益变动表……248
第六节 附注……253
第七节 综合例题……254
思考题……264
练习题……265

练习题参考答案……272

参考文献……292

第一章　企业财务会计总论

学习目标

1. 基于会计学基础的相关知识，进一步加深对企业财务会计的性质、特点、基本假设及核算基础的理解。

2. 明确企业财务会计的目标与信息质量要求。

3. 理解两种会计账务处理基础的区别，掌握权责发生制在账务处理中的基本原则与方法。

4. 初步理解财务会计要素及确认、计量的基本条件，及其在财务会计工作中的意义。

5. 加深理解企业会计准则的内容。

财务会计是会计的一个基本组成部分，企业财务会计是以企业(包括公司)为主体的财务会计。本章在阐述企业财务会计及其特点的基础上，进而以之为线索逐步展开，对企业会计的假设前提、账务处理基础与方法、会计目标、会计要素及确认、计量等基本问题进行了分析介绍，最后对我国现行会计法规体系、会计法及企业会计准则进行了概要介绍。

其中，财务会计的目标特别是会计信息质量的要求、各主要会计要素的概念与确认标准为教学的主要重点之所在。现行会计的计量属性及其选择运用，为主要的教学难点之所在。

第一节　企业财务会计概述

一、财务会计及其性质与特点

财务会计是现代会计的基本组成部分，是一定社会经济主体的会计机构及其人员，依据公认的会计规则，运用专门的技术方法(确认、计量、记录、计算、整理和报告等方法)，对其经济活动进行全面、连续、系统的记录，向相关使用者报告，提供相关财务信息的专业性信息系统。

(一)财务会计的性质

财务会计是现代会计的基本组成部分，是一个专业性的会计信息系统。

会计在本质上是一个为管理服务的信息系统，财务会计作为现代会计的主要组成部分也不例外。

但经过漫长的发展，会计已经成长为一个繁盛的学科体系，形成了众多分支。管理会计是基于财务会计形成的信息及其他来源更为广泛的相关信息，所形成的一个主要为会计主体的内部管理服务，且基本不受会计规则束缚的另一重要会计分支。成本会计则是在财务会计的基础之上，所形成的一个以成本信息为对象、主要为会计主体的内部管理服务的另一个相对独立的重要会计分支。虽然人们常常将成本会计视为管理会计的一个组成部分，但它必须遵循企业会计准则，因而不同于管理会计；它主要为内部管理服务，也不同于财务会计，因而是会计中一个相对独立的分支。

（二）财务会计的特点

与管理会计及成本会计相比，财务会计有着以下一些特点：

1. 财务会计通常通过设立专职的会计机构或人员组织核算

会计的其他分支，如成本会计或管理会计，不一定通过设立专职的会计机构或人员进行。在一些中小型企业，成本会计可以由财务会计人员兼任；管理会计则更为灵活，不仅仅是不限于会计人员，也可以不设立专门的机构；非专职会计人员外的其他管理人员、技术人员，甚至于普通的职工，都可以进行管理会计方面的信息收集、整理与传送工作。

2. 财务会计必须依据公认的会计规则开展工作

财务会计工作的程序，会计的确认、计量、计量与报告，都必须符合公认的会计规则。而成本会计或管理会计，则不一定依据公认的会计规则。特别是管理会计，甚至可以完全不受财务会计规则的束缚。

财务会计所必须依据的公认会计规则，主要应该有会计法规、会计惯例、会计原理三个层次。在会计实务中，在进行会计确认与计量时，若会计法规存在相关规定，首先是要依据会计法规的规定进行会计处理；若会计法规没有作出相关具体规定，但有会计惯例可以参照，则退而参照会计惯例进行会计处理；若既无会计法规的规定，又无会计惯例可以参照，则由会计人员根据会计原理的理论，依理判断，选择合理的会计处理方法。

其中，会计法规是政府通过法律的途径与形式，对会计活动所进行的强制性规范。会计法规的形式与内容，皆较为广泛。

3. 财务会计要按照特定的工作规程，采用一系列专门的技术方法组织开展

财务会计的工作规程，一般由会计确认、计量、记录、整理和报告等循序继起的环节所组成；财务会计的确认、计量、记录、整理和报告，都有着其专门的技术方法。

成本会计的工作规程与财务会计存在一定差异；上述财务会计的各种专门技术方法，在成本会计工作中通常也不会被得到完全运用。特别是管理会计，甚至可以完全不按照上述工作规程，完全不运用上述专门的技术方法开展工作。

4. 财务会计是对经济主体的经济活动，从财务方面所进行的连续、系统、全面的信息记录、整理与报告，所提供的是会计主体连续、系统、全面的财务信息

成本会计也是对会计主体的经济活动所进行的连续、系统的记录、整理与报告，但其范围仅仅限于成本方面，不具有全面性。

管理会计活动具有灵动性，其所提供的财务信息，既不要求连续，也不能够全面，更谈不上系统了。

5. 财务会计为全部的会计信息使用者提供会计主体的相关财务信息，为其管理与决策服务

成本会计与管理会计，其服务对象与范围，一般仅限于会计主体内部。与成本会计与管理会计相比，财务会计的服务对象与范围，覆盖了会计主体内、外部的全部使用者；财务会计信息的使用者，包括投资者、债权人、政府及其有关部门和社会公众等，当然也包括会计主体组织的

内部管理者；虽然从理论上而言，财务会计不存在服务对象上的差异性，但事实上，财务会计的服务对象，主要是财务会计信息的外部使用者。

因此，由于财务会计信息由会计主体内部所制造与提供，当其为外部使用者使用时，会产生信息不对称及代理成本等矛盾；外部使用者所获得的其他会计主体的财务会计信息，一般是经过粉饰的，有时甚至会是误导性的虚假信息。

由此可见，社会尤其是政府，必须对财务会计进行审计与监管。

二、企业财务会计的基本假设

会计基本假设也称为会计的前提条件，是对于会计为谁、怎样开展工作的一些基本问题（如会计核算与报告的主体、状态、时间、工具等）所作出的合理设定，也是进行会计确认、计量、记录和报告的前提。

财务会计的基本假设包括会计主体、货币计量、持续经营与会计分期四个方面。

（一）会计主体

会计主体是对作为会计所反映、监督以及信息报告、披露的特定组织单位所做的假定。会计主体的意义主要有三：

1. 明确会计所反映、监督以及信息报告、披露的特定组织单位

一般来说，会计主体是某一依法享有权利和承担义务的自然人或组织，如国家、企业、团体，或其他法人组织，甚至还可以是家族、家庭或个人。作为一个独立的会计主体，一般需具备以下基本条件：

（1）会计主体必须是一个独立核算的经济实体；

（2）作为一个独立的会计主体，必须拥有独立的资金或基金；

（3）作为一个独立的会计主体，应该独立地开展经济活动。

2. 说明会计工作的特定范围

财务会计核算及信息的范围只限于特定会计主体的范围之内。它核算的是特定会计主体的经济业务，记的是特定会计主体的账，报告与披露的是特定会计主体的信息，一般不会涉及特定会计主体之外。

财务会计核算及信息报告与披露，是将特定会计主体作为一个整体进行的，并不是仅仅着眼于特定会计主体中的某一组成部分开展的。

3. 说明财务会计人员的身份、立场，并隐含了其所提供的相关信息可能存在的问题

财务会计由特定的会计主体的会计人员所生产提供；主要为该特定的会计主体服务；信息提供者可能会站在该特定会计主体的利益角度考虑问题；外部信息使用者在使用该信息时，客观上存在信息不对称的问题。

本书所涉及的，仅仅限于以企业为主体的财务会计活动。

（二）货币计量

货币计量假定，要求会计主体在财务会计确认、计量、记录和报告时以货币作为同一计量工具，记录、反映并报告会计主体的生产经营活动。货币计量的意义主要是使会计核算能够建立在相同的计量基础之上，使其所提供的信息具有同质性，并能够加以汇总。

由于货币有着地域性的特点，在会计实践中，会计一般以本币作为具体计量工具。我国以人民币为记账本位币。

同时，由于货币的价值具有波动性（如通胀与紧缩）的特点，在会计实践中，伴随货币计量，

一般还同时进一步假定币值稳定。币值稳定是货币计量的派生假设,但是,虽然会计必须以货币计量,在现实社会,币值却不一定稳定。

(三)持续经营

持续经营是对会计主体在开展会计核算时所处的活动状态所做的假定。再生产是社会生产的一个基本属性。持续经营假设假定,在可以预见的将来,会计主体(企业)的经济活动,将会按当前的规模和状态继续下去,不会停业,也不会大规模削减业务。

持续经营的意义主要是:

(1)会计可以并且应该按照既定的会计程序、会计方法、会计原则进行会计处理,且不能够任意改变;如有改变,必须加以说明。

(2)在破产清算、合并等特殊情况下,其所遵循的既定的会计程序、方法、原则,会发生且必须发生一定改变。

(四)会计分期

会计分期假定并要求将一条无边无际的时间长河,划分为若干连续且时间长短相同的若干期间进行核算。对于企业而言,则必须将一个企业持续经营的生产经营活动,划分为一个个连续的、长短相同的期间。会计分期的结果是形成若干相互存续又相互独立的会计期间。

企业的会计期间,分为年度和中期。会计年度是最基本的会计期间存在形态。我国的一个会计年度,包括一年从 1 月 1 日开始,至 12 月 31 日为止的一个公历年度。中期是指短于一个完整的会计年度的报告期间。

会计分期的意义,主要是明确了会计工作的时间范围及相应的工作环节与要求:财务会计应该按照会计分期,及时记账、算账、报账;必须分期结算账目;必须分期编制会计报告。

由于存在会计分期,又产生了不同的会计核算账务处理基础问题。

三、账务处理基础

账务处理基础也称为会计核算基础、会计基础,或会计确认与计量的基础。会计基础是对于经济业务所引起的会计主体的财务变动,按照什么样的标准或规则,来确定其计入哪一会计期间并加以报告的会计核算基本问题所作出的原则性规定。会计基础同样也是进行会计确认、计量、记录和报告的前提。

在会计的发展过程中,对于经济业务所引起的会计主体的财务变动计入哪一会计期间,并进行报告的问题,"收付实现制"曾一度流行,但在当今社会中,"权责发生制"被更为普遍地采用。我国企业会计准则明确规定以权责发生制为会计核算基础。

(一)收付实现制

收付实现制又称为实收实付制或现金制,是以经济业务导致会计主体现金(款项)的实际流动(收或付)时间,作为确定会计的入账记录时间、所属报告的会计期间的基本制度原则。在这一制度下,与经济业务相关联的现金的流动时间,是判定确定经济业务入账时间、报告所属会计期间的基本标准,与经济业务相关的现金在何时发生流动,则何时在会计上加以记录,并进行报告;只要是在本会计期间收到或付出了现金,无论发生于何时(过去、现在、将来)、是否属于已经发生的经济业务,均要在本会计期间进行记录,并在本期会计报告中进行报告;反之,对于发生在本期且实际已经导致了一定财务后果,但没有在本期发生现金流动(款项的收付)的业务,则不能在本会计期间进行记录,同样也不在本期会计报告中加以报告。

(二)权责发生制

权责发生制也称为应收应付制或应计制,是以经济业务导致会计主体财务结果发生变动的责任(权利、义务)归属时间,以及收入与费用相配比的原则,作为确定其入账及报告的会计期间依据的基本制度原则。根据这一原则,一项经济业务于何时发生并导致了会计主体的财务发生实际变动,就在何时入账,并在当期会计报告中进行报告,而不管该经济业务在当期是否导致了现金的流动。

(三)权责发生制与收付实现制的比较

依据权责发生制或收付实现制的不同账务处理基础进行会计核算,会导致对某些经济业务的入账时间发生差异,并最后导致会计对于同一会计期间所核算的财务成果产生差异。这种差异,主要是因为在两种不同账务处理基础下,对于收入中的应收、预收事项以及对费用中的应付、预付事项的会计处理方式不同而产生的。

其主要差异可具体归纳如表1—1所示。

表1—1　　权责发生制与收付实现制核算主要差异的比较

经济业务		权责发生制	收付实现制	说明
收入	1. 上期赊销,本期收款(￥200 000)	确认为上期收入;不确认为本期收入	上期不确认;本期确认收入(￥200 000)	不同
	2. 上期预销(收),本期实销(￥80 000)	确认为本期收入(￥80 000)	确认为上期收入;不确认为本期收入	不同
	3. 本期现销(￥1 000 000)	确认为本期收入(￥1 000 000元)	确认为本期收入(￥1 000 000)	相同
	4. 本期赊销,后期收款(￥300 000)	确认为本期收入(￥300 000)	本期不确认;待实际收款时确认收入	不同
	5. 本期预销,下期收款(￥50 000元)	本期不确认;待实际销售时确认收入	确认为本期收入(￥50 000)	不同
当期相关财务成果:收入合计		1 380 000(元)	1 250 000(元)	
费用	5. 上期应付,本期付款(￥15 000元)	不确认为本期费用	确认为本期费用(￥15 000)	不同
	5. 上期预付,本期承担(￥10 000元)	确认为本期费用(￥10 000)	确认为上期费用	不同
	6. 本期发生,当期现付(￥50 000元)	确认为本期费用(￥50 000)	确认为本期费用(￥50 000)	相同
	7. 本期应付,欠款未付(￥4 000元)	确认为本期费用(￥4 000)	本期不确认;待实际付款时确认费用	不同
	4. 本期预付后期费用(￥2 000元)	不确认为本期费用	确认为本期费用(￥2 000)	不同
当期相关财务成果:费用合计		64 000(元)	67 000(元)	

说明:账务处理的具体会计分录略。

可见,在权责发生制下,凡属根据权利责任关系应当计入本期的收入,以及应该由本期负担的费用,无论其款项(现金)是否收到和支付,均作为当期的收入和费用进行账务处理;与之对应,对于根据权利责任关系,不应计入本期的收入和不应该由本期负担的费用,尽管其款项(现金)已经收到和支付，亦不作为当期的收入和费用进行账务处理。而在收付实现制下，凡属当前实际收到和支付的款项（现金），无论其根据权利责任关系应当计入哪一会计期间，均作为当期的收入和费用进行账务处理；与之对应，对于根据权利责任关系，应计入本期的收入和应该由本期负担的费用，若其款项（现金）尚未收到和支付，亦均不作为当期的收入和费用进行账务处理。在表1-1中，在两种不同会计核算基础的条件下，由于对于应收、预收及应付、预付事项的处理不同，导致同期的相关财务成果，收入产生了13万元的差异，费用产生了0.3万元的差异。

当今会计学界较为倾向于认为，与收付实现制相比，依据权责发生制的核算结果，能够提高会计信息的质量，能更准确地反映会计主体在某一特点会计期间的财务状况与成果，也能更好地满足使用者对财务信息的要求，即更加符合财务会计的目标。

四、账务处理方法

根据我国现行企业会计准则的规定，我国的企业财务会计，依据复式记账原理，统一采用借贷记账法进行账务处理。

复式记账原理通常称为复式记账法，是对一项经济业务所引起的资金变动，从两个方面以相同的金额，记入相对应的两个或两个以上账户的一种记账方法。

借贷记账法是以“借”和“贷”作为记账符号，按照“有借必有贷，借贷必相等”的记账规则，记录和反映会计主体各项会计要素增减变动的一种复式记账方法。

除借贷记账法外，复式记账还有增减记账法、收付记账法等一些不同记账方法。

第二节　企业财务会计的目标

财务会计的目标，是指财务会计所要追求的境地或标准。

概括而言，企业财务会计的目标，主要是通过财务报告，向其使用者提供对经济决策及管理有用的，与企业财务状况、经营成果和现金流量有关的财务会计信息。它主要包括四个层次的含义。

第一，服务主体目标是谁——财务会计向谁提供财务信息？——财务会计信息的“使用者”。

第二，作用目标——财务会计提供财务会计信息用于什么？——为“经济管理及决策”服务。

第三，所提供会计信息的质量要求目标——财务会计信息应该符合或达到、具备什么样的质量要求？采用哪些标准衡量？——具有“有用”性。

第四，所提供信息的形式、内容目标——采用什么形式？包括哪些内容？——“通过财务报告”，提供“与企业财务状况、经营成果和现金流量有关的财务会计信息”。

从某种意义上而言，财务会计目标是社会对财务会计工作提出的一种具有主观性的要求。但从实质上看，它也符合会计、符合企业自身发展的要求，具有客观性。因此，社会与企业，对于财务会计的目标要求，是既相统一又存在矛盾的。

一、财务会计信息的使用者目标

财务会计向谁提供财务信息？财务会计信息的“使用者”具有广泛性的特点。归纳起来，有企业外部与内部两个方面。财务报告主要是向企业外部的使用者提供企业的财务会计信息。

(一)企业外部的财务会计信息使用者

1. 企业的投资者

企业的投资者包括股东、债权人及潜在投资者。

股东是企业现有权益资本的投入者。他们投资企业的目的,就是为了获取利润;他们关心企业的财务状况与成果,就是关心自己的私有财产;他们要根据企业财务信息,作出是否进一步投资于企业(包括是否退股撤资)的决策;在所有权与经营权相分离的情况下,他们还需要具体判断经营管理者是否恰当地履行了相应的职责及其履职能力。

债权人是企业现有债务资本的投入者。他们投资企业的目的,是为了保本收息;他们从关心自己的债权能否按期收回的角度,同样关心企业的财务状况与成果;他们同样要根据企业的财务信息,作出是否进一步投资于企业(包括是否退股撤资)的决策。一般来说,银行及金融机构是企业最基本、主要的债务投资者。

潜在投资者是企业可能的未来的权益资本或债务资本的投入者。他们因追求未来利益,希望在企业财务报告中找到答案而关心企业的财务状况与成果,以作出是否投资于企业的决策。

2. 政府及其他社会宏观经济监督或管理者

政府,主要是指税务、财政、社会保障机构,以及其他宏观经济管理监督政府机构。

税务机构需要根据企业财务信息判断企业履行纳税义务的情况及能力。

财政机构及政策性银行组织,需要根据企业财务信息判断企业的未来发展,并确定对策。

社会保障机构需要根据企业财务信息判断企业履行社会保障的情况及能力。

其他宏观经济管理监督政府机构,如计划、统计、审计、中央银行等政府机构,行业协会等。出于其开展宏观社会经济管理监督的需要,他们也需要掌握企业财务信息,据以进行相应决策。

3. 企业的供应商

供应商是企业所经营商品或材料的供应者。供应商了解企业的财务状况,是为了据以确定相应的销售政策:对于一个财务稳定、具有长期合作意义的下游企业,供应商可以提供更为优惠的销售政策。特别是在面临赊销时,对企业的财务作出正确判断尤为重要。

4. 企业的顾客

顾客包括企业产品的消费者及下游企业。从表面上看,顾客及下游企业所关心的主要是企业所提供商品的质量;但不可否认,企业所提供商品的质量,与其财务状况并非是完全无关的;对一个处于财务困境的企业,其所提供商品的时间、数量与质量都会受到影响。

5. 企业所在社区

企业所在社区的福祉与企业息息相关,财务状况会影响企业的行为;企业所在社区会出于自身利益而关心企业财务状况,并相应地作出支持或防范的决策。

6. 其他利益相关者及利益不相关的公益性机构与人士

如某些社会中介组织或机构、竞争者、科研机构与人员,等等。

(二)企业内部的财务会计信息使用者

企业内部的财务会计信息使用者,包括企业管理者与企业职工两个方面,但存在很大的差异性。

1. 企业管理者

在企业中，管理有着不同的部门、层次与级别，其获取财务信息的具体目的、途径、方式、详细程度皆存在差异。但一般有三个特点：一是以所获得的财务信息作为相应的经营管理决策依据；二是其获取财务信息，有着内部的直接渠道；三是其能够获得比财务报告更为详细、准确的信息。

2. 企业职工

职工是企业中一个相对独立的利益群体，与企业息息相关。职工也会出于自身利益的考虑而关心企业财务状况，并相应地作出支持、防范或回避的决策。

（三）财务信息生产提供者与使用者间的关系及其协调

财务信息的生产提供者，有从财务人员到机构、从企业各层次的经营管理者到企业主体等各不同级层；财务信息的使用者，涉及企业内部、外部的方方面面。其中，特别是外部信息使用者，不能直接从企业而只能通过企业所提供的财务报告获取相关财务信息。但是，财务人员、经营管理者、企业主体、企业外部的信息使用者，皆是独立的利益主体，有着自身的利益要求，对于企业财务信息的作用、意义与要求皆存在差异性，同时还存在信息不对称的问题。怎样才能保证让方方面面的各个不同信息使用者获得真正有用的信息？为此必须正确认识上述各方面在关于财务信息利用上的利益关系，并加以协调，同时还要对企业财务信息进行监管。

为此，应特别注意以下环节的工作：

1. 正确认识财务信息生产提供者及其各不同使用者在财务信息使用方面所存在的利益上的对立统一关系

财务信息生产提供者同使用者的利益关系，在根本上是统一的。企业是一个利益协同体，是一块属于大家的“面包”；企业发展，各利益方面获得长远、最大利益的基础越强；企业所提供的信息质量越高，各方面对企业的支持就越到位。这是各方面间利益关系的基本方面，也是财务信息提供者为使用者提供具有一定质量财务信息的利益基础。从这一角度而言，在一定程度上，财务会计信息总是存在可信性的。

财务信息生产提供者同使用者的利益实现，又存在即期与长远、整体与局部、分割与独占之间的差异性。企业的经营管理者在获得长远利益方面处于劣势；通过粉饰甚至假造财务信息，无论“面包”是大是小，财务信息生产提供者都可以获得局部的、最大的即期利益。这为财务信息提供者的粉饰与假造财务信息行为奠定了利益基础。从这一角度而言，在一定程度上，财务会计信息总存在某种程度上的不确实性。

为此，社会特别是政府必须对企业生产、提供财务信息的活动进行监管；而财务信息的外部使用者，则必须对财务信息的可信性进行审查，同时还要支付必要的代理成本。

2. 政府对企业财务会计及其信息的监管

政府对企业财务会计及其信息的监管主要有三个方面：一是制定、实施如企业会计准则等法规制度，统一的财务会计核算及报告标准；二是推行并实施如审计等关于会计信息合规性的审查制度；三是通过立法司法，加强对会计信息质量的保证力度。

会计委派制、会计代理制、财务总监责任制、税务代理制等，皆是寻求解决会计信息报告所存在固有矛盾的途径的很好探索。

二、财务会计信息的作用目标

财务信息应该“有用”。那么，使用者利用财务会计所提供的信息做什么？使用者期待财务会计信息在哪些方面发挥作用？对于财务会计（报告信息）的作用目标，同样也是必须明确的。一般来说，财务会计信息是“经济管理及决策”服务，但各使用者对财务信息的作用要求存在差异，对此在前面的目标分析中已经有所涉及。

概括起来，财务报告信息的作用目标主要有以下几个方面：

（1）为投资者（包括主权投资与债权投资）考核、评价企业经营管理者履行职责的效果提供依据。为此，所报告的财务信息，必须反映企业管理层受托责任履行情况。

（2）为财务会计报告使用者作出正确的投资决策提供依据。为此，所报告的财务信息，必须反映企业的财务状况、财务成果及现金流动情况。

当然，财务会计也应该为社会宏观经济管理决策、为企业层面的经济管理决策、为评价企业中下层管理者的业绩与能力、为其他的利益相关者及利益不相关的研究者提供有用的信息。

三、财务会计信息的质量目标

财务信息应该“有用”。那么，有用的会计信息应该具有什么样的质量特征？财务会计信息应该符合或达到、具备什么样的质量要求？采用哪些标准衡量？对企业所提供信息的质量要求目标，也应加以明确。

财务报告质量要求，又称为财务报告质量特征，一般被归纳为客观性、相关性、明晰性、可比性、实质性、重要性、谨慎性与及时性八大会计原则。

（一）客观性

客观性原则，包括可靠性与全面性两个方面的原则要求。

客观性原则要求企业应当以实际发生的交易或者事项为依据进行确认、计量和报告，如实反映符合确认和计量要求的各项会计要素及其他相关信息，保证会计信息真实可靠、内容完整。

唯有可靠的信息，才是有用的信息，信息可靠性是其有用的最基本的特征。同时，要提高决策的正确性，还依赖于所获取信息的全面性。因此，作出正确的决策，首先要求所赖以作出决策的信息可靠、完整；而唯有对交易或者事项进行客观的确认、计量和报告，才能保证信息可靠并完整。可靠与全面，是客观性原则追求的直接目标。

（二）相关性

相关性要求企业提供的会计信息应当与投资者等财务报告使用者的经济决策需要相关，有助于投资者等财务报告使用者对企业过去、现在或者未来的情况作出评价或者预测。

信息只有相关，才能对决策有用。因此，相关性是对会计信息的一个重要要求。

但是，财务信息方方面面、林林总总；各方面对其信息要求存在差异；相关与不相关，其本身也具有相对性。因此，会计信息的相关性，具有相对性。

（三）明晰性

明晰性即信息的可理解性。该原则要求企业提供的会计信息应当清晰明了，便于投资者等财务报告使用者理解和使用。

明晰性或可理解性，是决策者与决策有用性的联结点，可理解性不仅与企业、会计信息本身有关，也与会计信息使用者有关。

只有清晰明了，才能便于使用者理解和使用财务报告会计信息。

（四）可比性

该原则要求企业提供的会计信息应当相互可比。会计信息的可比性，主要有两个层次：

(1)会计信息中,对于同一企业不同时期发生的相同或者相似的交易或者事项的报告具有可比性。为此,应当保持会计政策的一致性。企业的会计政策不得随意变更;确需变更的,应当加以(在附注中)说明。

(2)对于不同企业发生的相同或者相似的交易或者事项的报告具有可比性。为此,各不同企业应当采用规定的会计政策,并保持稳定,以确保会计信息口径一致、相互可比。

对于会计信息的分析与使用而言,可比性具有特殊的意义。

(五)实质性

该原则要求企业应当按照交易或者事项的经济实质进行会计确认、计量和报告,而不仅仅以交易或者事项的法律形式为依据。

该原则也称为实质重于形式原则,这是由于该原则要求的基本目的,在于防止企业在信息报告中,出现重形式而不顾实质的倾向,甚至出现利用形式掩盖其实质的行为。

对于经济管理决策而言,会计信息所反映的交易或者事项的经济实质更为重要。至于形式则是次要的。

(六)重要性

该原则要求企业提供的会计信息应当反映与企业财务状况、经营成果和现金流量有关的所有重要交易或者事项。

企业的规模各不相同;企业交易或者事项大大小小、有先有后;财务信息方方面面、林林总总;使用者对会计信息的要求形形色色、各不相同。因此,哪些信息重要、哪些信息不重要带有很大的主观色彩。所以会计信息的重要性,具有相对性。

从会计信息报告的角度而言,会计信息是否重要及其重要性程度主要可以依据两个标准作出判断:一是依据项目的性质,即事项的发生是否可能对决策产生重大的影响进行判断;二是依据所确认计量的金额大小,主要是事项发生所被确认计量的金额,所达到的总资产的比例大小(如5%或6%)进行判断。

(七)谨慎性

该原则也称稳健性原则,它要求企业对交易或者事项进行会计确认、计量和报告应当保持应有的谨慎态度,不应高估资产或者收益、低估负债或者费用。

根据该原则,一般来说,对于资产或者收益,在存在差异的情况下,应按照其所能确实保障的(最低的)金额进行确认、计量和报告;对于负债或者费用,则应按照其可能发生的(最大的)金额进行确认、计量和报告。

采用谨慎态度,对于提高信息的客观可靠性,对于实质性与重要性原则的贯彻,都有着特殊意义。

(八)及时性

该原则要求企业对于已经发生的交易或者事项,应当及时进行确认、计量和报告,不得提前或者延后。

时效性是任何一切信息的重要特征。提供及获取信息的时间先后,决定信息的价值大小。因此,企业所提供的会计信息,应该具有及时性。

上述各会计信息质量标准或原则相互贯穿、作用,构成一个统一的整体。

四、财务会计信息的载体形式与内容目标

企业所提供的财务会计信息,应该采用什么形式提供?应该包括哪些内容?这也是财务

会计目标的一个基本方面。

(一)财务会计信息提供的载体形式目标

财务会计报告(简称会计报告)是财务会计提供信息的主要承载体,也是基本承载体。为此,人们在习惯上,除将财务会计的目标简称为“会计目标”外,也将其称为“财务会计报告目标”。

1. 财务报告是企业提供相关财务信息的主要形式

财务会计工作是一个从编制、审核凭证,登记账簿,到编制报告的完整过程,在这一工作过程中,无论是凭证还是账簿,都是财务会计信息的承载体,也都承载着一定的财务会计信息。但是,从实现会计目标,特别是对外提供信息的角度而言,凭证与账簿不是也不能够是其所提供信息的主要承载体。

对于外部使用者而言,由于会计凭证与账簿内容庞杂、支离破碎,且包含企业众多商业机密,企业一般也只能通过汇总的财务报告形式提供信息。

会计是当今世界通用的商业语言。明确统一的财务会计信息载体形式,可以使企业提供的会计信息更为明晰,也更便于使用者理解。

2. 会计报表是财务会计提供会计信息的基本载体

会计报表主要包括资产负债表、利润表、现金流量表与所有者权益变动表。这些皆可按照年度或半年、季度、月度进行编报。对于按照短于一个会计年度的会计期间所编制的会计报表,称为中期会计报表。

所有企业都应该按年度编制资产负债表与利润表;对于现金流量表与所有者权益变动表,还有中期财务报表,企业可以根据实际情况确定是否编制及如何编制。

3. 报表附注与表外披露,是企业提供相关财务信息的辅助形式

报表附注或说明,是为了使企业所提供的会计信息更为准确,也更便于使用者正确理解,在会计报表下方,对报表中的相关会计项目进行的进一步解释。

信息披露是在会计报表之外,对报表所未包括但与企业财务相关的事项,如尚未开采但已经探明的潜在资源数量(如“已探明的石油储量”)特别进行的披露。表外信息披露,同样可以使企业所提供的会计信息更为准确,也有助于使用者正确理解会计报表所揭示的企业财务信息。

(二)财务会计信息的内容目标

财务会计报告应该通过会计报告,向使用者提供与企业财务状况、经营成果和现金流量有关的信息。财务状况、经营成果和现金流量,构成财务报告目标所要求的信息内容。

企业的财务状况,主要通过总资产及其构成与变动、总负债及其构成与变动、所有者权益及其构成与变动,还有资产、负债、所有者权益之间的相互关系,企业当前损益及变动表现出来。上述财务状况信息,主要通过财务资产负债表提供。资产负债表是指反映企业在某一特定日期财务状况的会计报表。利润表是理解企业财务状况的重要参考内容,现金流量也是企业财务状况的重要组成部分。

企业在一定会计期间的经营成果,集中表现在利润表之中。利润表是指反映企业在一定会计期间经营成果的会计报表。利润表系统、全面地反映企业在当期的收入、费用、损益情况,以及当期损益对于权益投资者所产生的经济后果。

企业的现金流量,通过专门的现金流量表反映。现金流量表是指反映企业在一定会计期间的现金和现金等价物流入和流出情况的会计报表。现金流量表反映的是企业现金流动信

息，既有助于说明与理解资产负债表反映的财务状况，也有助于说明与理解利润表反映的经营成果及其质量。

小企业编制的会计报表可以不包括现金流量表。

除会计报表外，会计报告还包括报表附注及表外披露。报表附注一般是在所对应的会计报表下方，对在会计报表中所列示项目作的进一步说明，以及对未能在这些报表中列示项目的说明等。表外披露一般是在会计报表之外，对未在会计报表中列示的一些相关重要项目或事项所进行的告知与说明等。

财务报告中关于企业财务状况、财务成果与现金流量的信息，是根据按照财务会计工作程序进行日常核算的账簿记录分析汇总而形成的。进行财务会计核算，登记账簿与编制报表，必须对所发生的经济业务分门别类进行确认、计量，并全面、系统地记录、报告。

第三节　财务会计要素及其确认与计量

一、会计要素及会计确认、计量在财务会计工作中的意义

财务会计核算的一般工作程序，是在对企业所发生的经济业务进行审核的基础上，进行经济业务的初始确认、计量，编制会计凭证；进而登记账簿；最后对账簿记录分析汇总，编报会计报告。在这一工作过程中，有三个方面的基本问题：一是如何设置账簿中的账户体系，二是如何确定将经济业务记录于哪些账户之中，三是确定在各相应的账户中所登记的金额数量。会计要素、会计确认与会计计量，是解决上述问题的基础与关键。具体如下：

（一）会计要素是设置账户体系的基本依据

会计以企业发生的经济活动或业务为对象，而企业的经济活动方方面面、繁杂众多，会计必须对企业的经济活动加以全面、系统的记录、反映，就必须在账簿中设立若干既相互联系、又相对独立的记账单元——账户。

如何设置账户体系？会计要素的划分是其基本依据。会计要素是根据会计对象（企业经济活动或业务）内容的基本特性，考虑实现会计目标的要求，对会计对象及内容进行的基本分类。在划分会计要素的基础上，进一步考虑各不同要素包括的业务量及复杂性程度不同，对会计要素进行再分类，从而产生了会计科目。因此，会计要素及其科目（表），是一个对会计对象进行科学、严密的分类而形成的分类体系。账户，正是根据会计科目，在账簿中设置的用于记录各不同经济业务的记账单元。

（二）会计确认确定将经济业务记录于账簿中的哪些账户

账簿中账户的数量众多，且有着不同的级次。对于所发生的每一项具体的经济业务，究竟记录于账簿中的什么地方，或者说在哪些账户中进行记录，这是会计确认（初始确认）要解决的主要问题。

另外，对于过去已经在账簿体系中进行了记录的业务，在编制会计报表时，还有可能要进行再确认，分析并确定将其在会计报表中的何处及如何加以反映。

（三）会计计量确定将经济业务在相关账户中的记录数额

在会计确认确定所发生经济业务所要记录的账户的基础上，还必须确定记录的数额是多少，这是会计计量要解决的主要问题。同样，对于过去已经在账簿体系中进行了记录的业务，

在编制会计报表时，由于时间发生了推移、情况发生了变化，在进行会计再确认的同时，还有可能要进行再计量，对原来所记录的金额进行调整，进而将其在会计报表中加以反映。

上述会计要素、会计确认与计量同会计工作之间的关系及意义，如图1—1所示。

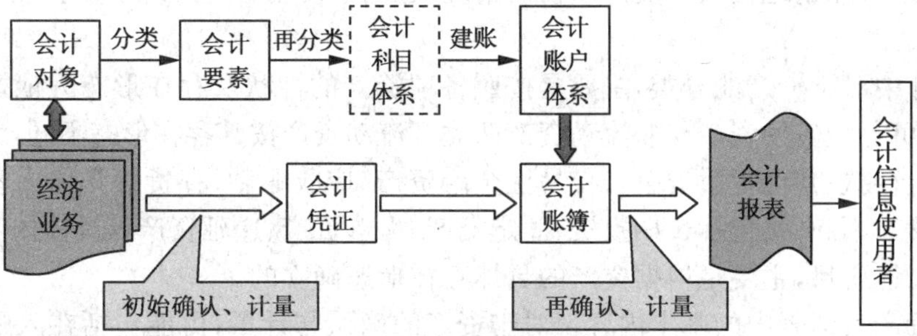

图1—1　会计要素、确认、计量同会计工作的相互关系

二、会计要素、确认及其各要素间的相互关系

会计要素也称为财务会计报告要素，是对会计对象及内容，根据其内容的基本特性，考虑实现会计目标的要求，进行科学分类而形成的。在划分会计要素的基础上进行再分类，进而产生会计科目与账户。

企业财务会计一般可划分为资产、负债、所有者权益、收入、费用与利润六大要素。

(一)资产

1. 企业资产及其特征

资产是指企业过去的交易或事项形成、由企业拥有或者控制、预期会给企业带来经济利益的资源。它主要有以下特征：

(1)资产是一种经济资源，它具有预期为持有者带来经济利益的潜力。

经济利益一般用现金或其等价物的流入来表示。这也就是说，资源能够在可以预期的未来，通过交易或维权行为，给持有人带来一定数额的现金或是现金等价物流入；或是减少持有人一定数额的与“流入”相当的现金或是现金等价物流出。

(2)资产由企业拥有或者控制。

拥有，是指企业是某些资产的所有者；控制，是指企业虽然不是某些资产的所有权，但能够实际控制(支配、使用)它，可以通过对其控制，给企业带来经济利益。

(3)资产由企业过去的交易或事项形成。

只有过去的交易或事项，才能形成并确认为资产；如果是尚未实际发生的未来交易或事项，无论其是否能够预期，均没有形成，也不能确认为资产。

过去的交易或事项，主要有购买、生产、建造等行为，以及一些其他的交易或事项。

2. 资产的确认及其条件

对于一项交易或事项，是否能够确认为资产，除根据上述资产的定义判断外，还应根据以下主要标准确认：

(1)与该资源有关的经济利益很可能流入企业。

(2)该资源的成本或者价值能够可靠地计量。

资产的确认与计量，可能包括在入账时的初始计量，与在报告时的后续计量两个环节。

3. 资产的主要内容

由于资产包括企业所拥有或能够控制的全部资源，因而其内容十分繁杂，所涉及的业务种类极为广泛，数额也会较大。因此，有必要对会计的资产要素进行进一步分类，以便于会计能够分门别类、系统完整地反映其资产项目的情况，也便于使用者更好地了解企业资产方面的财务信息。

财务会计中对于资产的分类，主要是按照各项资产的性状及存在形态为依据进行。按照其性状，资产可分为流动资产与非流动资产两类。流动资产按其存在形态不同，又包括货币资金（现金、银行存款、其他货币资金）、交易性金融资产、应收账款、存货等具体内容。非流动资产按其存在形态不同，又包括长期投资、固定资产、无形资产、递延资产等具体内容。财务会计中的资产类会计科目，主要是根据资产的具体存在形态确立的。

资产是资产负债表中的基本内容。对于资产的确认与计量，可能包括在入账时的初始确认、计量，以及在报告时的后续确认、计量的不同环节层次。

（二）负债

1. 企业负债及其特征

负债是指企业过去的交易或事项形成、预期会导致经济利益流出企业的现时义务。负债的特征与资产相类似，但方向相反。其特征为：

（1）负债是企业承担的现时义务。

负债是企业必须清偿的“义务”，这是负债最本质的特征；“现时”，表明与该义务相联系的交易或事项，在“现在”的时间点或以前已经发生、该项义务根据“现有条件”进行确认。

（2）负债预期会导致经济利益流出企业。

负债会导致经济利益流出企业。只要企业持续经营，就必须按期偿还债务。负债的具体偿还形式，可以是现金或其他实物资产；可以是提供劳务；还可以是新的负债；或是在不增加资产的条件下，将债务转换为权益资本；等等。但无论采用什么方式清偿负债，都是企业经济利益的流出。“预期”则表明，由于对于负债的清偿，是相对于现在的“未来”的事，因此，其清偿负债的时间、方式及其金额，都可能存在着一定的不确定性。虽然上述不确定性总是客观存在的，但是，对于已经发生的一项交易或事项，只要在现有条件下，能够作出它会导致经济利益在未来流出企业的合理判断，就应该确认为负债。

（3）负债由企业过去的交易或事项形成。

只有过去的交易或事项，才形成并能确认为负债；如果是尚未实际发生的，无论是未来的交易或事项，无论其是否能够预期，均没有形成，也不能确认负债。

过去的交易或事项，主要有购买、生产、建造等行为，以及一些其他的交易或事项。

2. 负债的确认及其条件

对于一项交易或事项，是否能够确认为负债，除根据上述负债的定义判断外，还应主要根据以下标准确认：

（1）与该义务有关的经济利益很可能流出企业。

（2）未来流出的经济利益的金额能够可靠地计量。

“很可能流出”及“能够可靠”，均为会计的一种职业判断。

3. 负债的主要内容

在现代社会中，企业举债的途径极为广泛，因而负债的内容也十分繁杂。为了能够分门别类、系统完整地反映企业负债的情况，也为了让使用者更好地了解企业负债方面的财务信息，有必要对会计的负债要素进行进一步分类。

财务会计中对于负债的分类，主要是按照负债的清偿期限及获取途径为依据进行。按照其清偿期限，负债可分为流动负债与非流动负债两类。流动负债按获取途径不同，又包括短期借款、应付账款、应付职工薪酬、应交税费、应付利息、应付股利等具体内容。非流动负债是其偿还期限超过一年（或长于一年的一个营业周期）的负债，主要包括长期借款、应付债券、其他长期应付款等具体内容。

负债也是资产负债表中的基本内容。负债的确认与计量，同样可能包括在入账时的初始确认、计量，以及在报告时的后续确认、计量等不同环节层次。

（三）所有者权益

1. 企业所有者权益及其特征

所有者权益是指企业资产扣除负债后由所有者享有的剩余权益。在公司制的企业中，所有者权益又称为股东权益。其特征为：

（1）所有者权益为企业全部资产扣除全部负债后的净资产。

据此可见，首先，所有者权益的数量完全取决于企业的资产与负债的变化及对比，用公式表示就是“所有者权益＝资产－负债”。其次，在有关企业以全部资产所表示的企业财产分配顺序上，债务人权益居前，所有者权益居后。这体现了优先保证债务人权益的现代财务会计理念。

（2）所有者权益由全部所有者享有，其他人不能分享。

这体现了现代财务会计保护投资人与所有者利益（权益）的理念。

2. 所有者权益的确认

所有者权益的会计确认有其特殊性。由于所有者权益完全取决于企业资产与负债的变化，随着资产及负债的确认而变化，资产与负债还会随着收入与费用的确认而变动，因此，从某种意义上而言，所有者权益没有单独的确认标准，资产与负债以及收入、费用与利润的确认标准，也就是所有者权益的确认标准。

同时，在企业中，一般也不存在不同时确认资产或负债、收入或费用，仅仅只是单独地确认所有者权益的会计事项。

3. 所有者权益内容的及其来源

所有者权益的内容，一般根据其来源不同进行分类反映。主要包括：

（1）所有者投入的资本。

①构成企业注册资本或者股本部分的金额，通常称之为“资本金”。

②投入资本超过注册资本或者股本部分的金额，通常称之为“资本溢价”。在我国，它主要以“资本公积”的形式存在。

（2）直接计入所有者权益的利得和损失。

直接计入所有者权益的利得和损失是指不应计入当期损益、会导致所有者权益发生增减变动、与所有者投入资本或者向所有者分配利润无关的经济利益流入或流出。

利得与损失不同于收入与费用，它们不是由企业日常活动所形成，可能具有一定的偶然性；利得与损失也不同于资本金的投入，或是向所有者分配利润。但利得会导致经济利益流入企业、企业所有者权益增加，这与收入或增加权益投资有相同之处；损失会导致经济利益流出企业、企业所有者权益减少，这又与费用相类似。

（3）留存收益。

留存收益是指企业通过内部积累，从历年实现的净利润中提取或留存的、用于企业生产经营活动的利润。

在现行资产负债表中，所有者权益项目在其右下方列示。应该特别加以注意的是，所有者权益的金额，完全取决于资产和负债的计量；所有者权益的数额也是按照权责发生制原则及会计恒等式确认并确定的。

（四）收入

1. 收入及其特征

收入是指企业在日常活动中形成、会导致所有者权益增加、与所有者投入资本无关的经济利益的总流入。它主要有以下特征：

(1)收入会导致企业所有者权益增加的经济利益流入。这是收入最为基本的特征。

(2)因所有者投入资本而导致的所有者权益增加及经济利益流入，不能确认为收入。

(3)收入是企业在日常活动中形成的。日常活动是企业所开展的经营性及其与之相关的各种活动。企业在日常活动之外，因偶然原因，如接受捐赠、奖励等，而产生的所有者权益增加及经济利益流入，同样不能确认为收入。

在此，应该特别注意的是，收入与收益及所有者权益，是一些既相联系、又相区别的不同范畴。

2. 收入的确认及其条件

企业的收入多种多样，且各具有不同的特点。对企业所发生的经济事项能否确认收入，除根据收入的定义进行判断，还应特别注意以下确认条件：

(1)经济业务或事项必须是很有可能导致经济利益流入企业，并导致企业所有者权益增加。所谓“很有可能”，是一种会计判断。

(2)在经济利益流入、所有者权益增加的情况下，是否存在日常活动之外的偶然。如存在上述情况，则不能确认为收入。

(3)收入所导致经济利益流入企业，以及所有者权益增加的数额，可以可靠地计量。

3. 收入的主要内容

对于符合收入定义和收入确认条件的项目，应列入利润表进行报告。

财务会计中对于收入的分类，主要是按照所获取收入的性质，分为主营业务收入、其他业务收入、公允价值变动损益、投资收益、营业外收入等项目分类核算并进行报告。

（五）费用

1. 费用及其特征

费用是指企业在日常活动中发生、会导致所有者权益减少、与向所有者分配利润无关的经济利益的总流出。费用的特征与收入类似，但方向相反。其特征为：

(1)费用会导致企业的经济利益流出，相应地也会导致企业所有者权益的减少。这是费用最为基本的特征。

(2)因所有者向所有者权益分配利润而导致的企业经济利益流出，不能确认为费用。

(3)费用是企业在日常活动中形成的。企业在日常活动之外，因偶然原因，如对外捐赠、受到经济处罚等，而产生的具有偶然性的所有者权益减少及经济利益流出，不能确认为费用。

2. 费用的确认及其条件

企业在生产经营过程中，所发生费用的原因、形式、特点比收入更为复杂。对企业所发生的经济事项能否确认费用，除根据费用的定义进行判断外，还应特别注意以下确认条件：

(1)经济业务或事项，必须是很有可能导致经济利益流出企业，并导致企业所有者权益减少。其中,“很有可能”也是一种会计判断。

(2)在经济利益流出、所有者权益减少的情况下,是否存在日常活动之外的偶然。如存在上述情况,则不能确认为费用。

在此,应该特别加以注意的是,支出、费用与成本是三个既相联系、又相区别的不同范畴。

①对于企业发生的支出,但不产生经济利益的,在发生时确认为费用,计入当期损益。若其支出在发生后,虽然能够产生经济利益,但会在未来较长时间内持续为企业带来经济利益,或不符合,又或者不再符合费用确认条件的业务或事项,亦不能确认为费用。

②对于企业为生产产品、提供劳务等发生的可归属于产品成本、劳务成本等方面的费用,根据配比原则,应当在确认产品销售收入、劳务收入等时,将已销售产品、已提供劳务的成本等计入当期损益。

③企业发生的交易或者事项导致其承担了一项负债而又不确认为一项资产的,应当在发生时确认为费用,计入当期损益。

(3)费用所导致的经济利益流出企业,以及所有者权益减少的数额,可以可靠地计量。

3. 费用的主要内容

对于符合费用定义及确认条件的项目,应列入利润表进行报告。

财务会计中对于费用,主要是按照所发生费用的用途,并考虑费用与收入之间的权益间对应或配比关系进行分类,一般分为主营业务成本、其他业务成本、资产减值损失、各用途不同的期间费用、营业外支出、所得税费用等项目分类核算并进行报告。

(六)利润

1. 利润及其特征

利润是指企业在一定会计期间的经营成果。利润包括收入减去费用后的净额、直接计入当期利润的利得和损失等。其特征主要为:

(1)利润为企业当期全部收益扣除全部费用后的净收益,是企业经济利益的净流入。

据此可见,利润与收益、收入及所有者权益,是一些既相联系、又相区别的不同范畴。对于利润,应该特别加以注意的是:首先,利润的确认,完全按照收入与费用标准进行确认;其次,利润的数量完全取决于企业的当期收入与费用的变化及对比;再次,利润的数额,也是按照权责发生制原则,并按照“利润＝收入－费用”的会计恒等式确定的。

(2)如不考虑利益分配因素,利润为所有者享有,必然导致使用者权益的增加。

(3)与所有者投入资本,或是与向所有者分配利润无关的,直接计入当期损益的利得和损失,也会导致利润发生增减变动。

2. 利润的确认及其条件

关于利润的会计确认,与所有者权益的会计确认相类似,也有着其特殊性。由于利润完全取决于收入与费用的变化,随着收入及费用的确认而变化,因此从某种意义上而言,利润也没有单独的会计确认标准。收入与费用的确认标准,也就是利润的确认标准。

同时,在企业中,一般也不存在不同时确认资产或是收入,仅仅只是单独确认利润的会计事项。

3. 利润的内容及报告

利润的内容,一般根据其来源及性质不同,在利润表中分层次地加以反映。一般分为以下层次加以报告:

(1)主营业务利润。

(2)其他业务利润,是指由企业主营业务利润之外的其他非主营业务的日常经营活动形成的利润。

(3)营业利润,是指企业主营业务利润及其他业务利润的合计数。

(4)利润总额,是指企业在一定会计期间的全部净收益。除包括营业利润外,还包括企业在日常经营活动中,除所得税费用之外的其他各种业务或事项所形成的净损益。

(5)净利润,是指企业在一定会计期间的利润总额,扣除所得税费用之后的净损益。

(6)每股权益,是指将净利润按照所有者权益的总份数,进行平均分配计算的结果。

(七)各会计要素间的相互关系

从静态的角度而言,"所有者权益=资产-负债"。

从动态的角度而言,"利润=收入-费用"。

同时考虑静态与动态因素,有"所有者权益=(资产+收入)-(负债+费用)"。其中,利润亦被自然地包括在内。

三、会计计量

会计计量是将符合确认条件的会计交易或事项,在确定其会计要素及所应记入的会计科目、账户的基础上,确定其登记入账并列报于财务报表的金额的过程。对于现代财务会计而言,会计计量有着一些不同的属性标准;按照不同的属性标准进行计量,会导致不同的金额(数量)。

(一)会计计量的属性标准

会计计量主要有历史成本、重置成本、可变现净值、现值及公允价值等属性标准。

1. 历史成本

在历史成本计量下,资产按照购置时支付的现金或者现金等价物的金额,或者按照购置资产时所付出的对价的公允价值计量。负债按照因承担现时义务而实际收到的款项或者资产的金额,或者承担现时义务的合同金额,或者按照日常活动中为偿还负债预期需要支付的现金或者现金等价物的金额计量。

2. 重置成本

在重置成本计量下,资产按照现在购买相同或者相似资产所需支付的现金或者现金等价物的金额计量。负债按照现在偿付该项债务所需支付的现金或者现金等价物的金额计量。

3. 可变现净值

在可变现净值计量下,资产按照其正常对外销售所能收到现金或者现金等价物的金额扣减该资产至完工时估计将要发生的成本、估计的销售费用以及相关税费后的金额计量。

4. 现值

在现值计量下,资产按照预计从其持续使用和最终处置中所产生的未来净现金流入量的折现金额计量。负债按照预计期限内需要偿还的未来净现金流出量的折现金额计量。

5. 公允价值

在公允价值计量下,资产和负债按照市场参与者在计量日发生的有序交易中,出售资产所能收到或者转移负债所需支付的价格计量。

会计所计量的金额,对于所对应的某一确定的会计要素而言,应当能够取得,并保证金额能够可靠计量。

（二）企业财务会计计量的属性标准在会计实务中的运用

对于各不同会计计量属性标准，应根据企业经济业务或会计事项的实际情况选择运用。其与相关会计要素对应的主要具体运用情况，可归纳如表1－2所示。

表1－2　　与会计要素对应的会计计量属性标准

计量属性	资产	负债	收入	费用
历史成本	购置时支付的金额	在其发生时确认计量的，有关承担的现时义务的金额	在收入发生时确认计量的金额	在费用发生时确认计量的金额
重置成本	现在重置的购买价格	现在偿还负债的金额	不适用	不适用
可变现净值	现时销售同一资产的价格	不适用	不适用	不适用
现值	资产在预计使用和处置中所产生的未来净现金流入量的折现价值	负债在预计期限内，需要偿还的未来净现金流出量的折现价值	不适用	不适用
公允价值	交易双方自愿进行资产交换时确定的金额	交易双方自愿进行债务清偿时确定的金额	不适用	不适用

第四节　会计法规与企业会计准则

会计法规是从法律的角度对会计行为进行的规范。任何会计行为都必须遵循会计法规，否则就可能受到法律的制裁。从企业财务会计角度而言，企业会计准则是最基本的会计法规。

一、会计法规

会计法规是政府颁布实施的全部会计方面的法律法规的总称，有着一个由各种不同层次与法规形式构成的体系。在全部会计法规中，除企业会计准则外，会计法有着特别重要的意义。

（一）会计法规体系

我国的会计法规体系具体主要由以下四个不同层次的法律、法规组成：

1. 会计法律

会计法律是由国家最高权力机构——全国人民代表大会或其常务委员会制定并颁布实施的会计法规。

我国目前主要有两部会计法律，分别是《会计法》和《中华人民共和国注册会计师法》。其中《会计法》是我国会计领域唯一的现行法律，是会计法规中层次最高并指导其他会计法规制定的法律规范；是指导会计工作的最高准则；也是调整我国经济生活中会计关系的最基本、最全面的会计法规。

我国《会计法》于1985年1月21日第六届全国人民代表大会常务委员会第九次会议通过，并在其后，如1993年、1999年、2005年等，经过同期全国人民代表大会常务委员会多次修订。

2. 会计法规

会计法规是由国家最高行政机关——国务院，依据《会计法》所制定发布，并对较低层次的会计法规制定起指导作用的会计法规。

会计法规一般是对《会计法》中某些规范进行的具体化，或补充，是调整经济生活中某些方面会计关系的法律规范。

现行的会计法规，主要有《总会计师条例》《企业财务会计报告条例》等。

3. 会计规章

会计规章是国务院、财政部及其他有关部门根据其职责制定的会计法律规范文件。会计规章依据《会计法》制定发布，并对更低层次的会计法规的制定起指导作用。会计规章对会计工作发挥直接、具体指导作用，涉及面广，还可进一步分为两个级次。

(1)会计规章的级次划分。

会计规章虽然可以由国务院、财政部之外的部门制定，但由于我国《会计法》明确了财政部门是主管会计工作的政府职能部门，因此，由财政部之外的部门所制定的会计规章，在实际上较财政部制定的会计规章要低半个级次：①财政部之外的部门制定会计规章，同时受到《会计法》及财政部所制定的相关会计规章的指导；②财政部之外的部门制定的会计规章，必须同时符合《会计法》及财政部制定的相关会计规章的精神，若存在与财政部制定的相关会计规章相抵触的内容，其相关规定自动作废；③财政部之外的部门制定的会计规章，必须经过财政部审核批准后才能发布实施。

因此，会计工作可以分为两个层次：①由国务院、财政部制定的会计规章，包括财政部与其他相关部门联合制定的会计规范。对此类会计规范，人们习惯上称之为“国家统一的会计规章”。②由财政部之外的国务院部门制定的会计规章，是适用于制定法规的主管部门管理职责范围(如行业、领域、业务等)之内的会计规章。对此类会计规范，可称之为“部门或专属会计规章”。

(2)国家统一的会计规章。

财政部发布的《企业会计准则》《会计基础工作规范》《股份有限公司会计制度》，财政部与国家档案局联合发布的《会计档案管理办法》等，皆属于国家统一的会计规章。

国家统一的会计规章，按其所规范的会计工作对象范围不同，还可分为国家统一的会计核算制度、国家统一的会计工作及人员管理制度、国家统一的会计监督制度，分别对会计核算、会计工作及人员管理与会计监督，通过法律制度的形式进行了规范。

(3)部门(专属)会计规章。

过去，我国主要实行分行业的会计制度，是由国务院、财政部外有关部门(如商业部、石油部、外贸部、证监委等)制定的专属会计规章，是会计法规中一个极为重要的组成部分。自我国《会计法》明确了财政部门是主管会计工作的政府职能部门后，会计规范在国内日趋统一，且与国际趋同的步伐大大加快，因而很多过去的部门(专属)会计规章先后被废止，一些与主管部门联系密切的会计规范，也多数采用了财政部与其他部门联合制定的方式(如《会计档案管理办法》)，现存的部门(专属)会计规章日趋减少。

4. 地方性会计法规

地方性会计法规是指各省、自治区、直辖市人民代表大会及其常务委员会在同宪法和会计法律、行政法规(特别是会计法律、规范与规章)不相抵触的前提下制定发布的，仅限本行政辖区范围内有法律效力的会计规范性文件，如《××省(市、自治区)会计从业资格管理办法》等，这也是我国会计法律制度的组成部分。

上述各级次会计法规之间的相互关系及其制约机制，如图1-2所示。

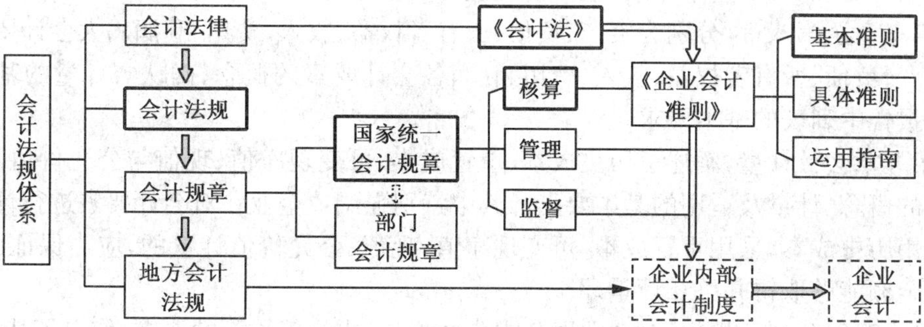

图1—2 我国会计法规体系级次及制约机制

(二)会计法

现行《会计法》的内容,共七章五十二条。除附则外,主要包括以下六个方面内容:

(1)关于会计法的目的、适用范围、会计工作的基本要求与职责,以及有关会计行政管理职责分工的基本说明。会计法特别强调,财政部门是主管会计工作的政府部门:国务院财政部主管全国的会计工作;县级以上地方各级人民政府的财政部门管理本行政区域内的会计工作;国家实行统一的会计制度,国家统一的会计制度由国务院财政部门根据本法制定并公布。

(2)关于会计核算工作的基本要求、职责,与基本质量要求。

(3)对企业(公司)财务会计工作及财务核算的具有一般意义的特别要求与规定。

(4)会计监督的相关指导与规定。

(5)关于会计机构设置、人员配备,及其基本职责与相关事项。包括有关会计机构和人员的设置、职责、任免、交接以及技术职称和考核、晋升等方面的规定。

(6)会计违法行为,及其责任认定与处罚。

二、企业会计准则

企业会计准则是企业进行财务会计工作应遵循的最基本、具体,且对企业财务会计工作具有直接指导意义的法律规范。

我国的企业会计准则,由基本准则、具体准则及运用指南三个层次的法规所组成。其基本关系,可参考图1—2加以理解。

(一)企业会计准则——基本准则

现行《企业会计准则——基本准则》为国务院、财政部2006年2月第33号令公布,2007年1月1日开始实施,2014年7月23日修改后发布的版本,共十一章五十条,除第十一章附则外,其内容主要包括以下五个方面:

(1)第一章总则,是关于准则的制定目的、适用范围的说明;对企业财务会计目标、基本工作要求,以及有关企业会计基本假设前提、权责发生制、会计要素确定、借贷记账法等相关基本会计方法与原则的规范与要求的阐述。

在总则中,同时还阐明了基本准则与具体准则间的相互关系:具体准则的制定应当遵循本(基本)准则。这也就是说,基本准则是具体准则的依据与指导;具体准则的制定,是为了贯彻基本准则的精神与原则;当具体准则与基本准则发生理解上的歧义时,最终应该以基本准则的表达为准。

(2)第二章会计信息质量要求,阐述了企业财务会计应符合的客观性(可靠、完整)、相关性、明晰性、可比性、实质重于形式、重要性、谨慎性与及时性八大原则及基本标准。

(3)第三章至第八章，分别为资产、负债、所有者权益、收入、费用、利润六大会计要素，分别阐述了资产、负债、所有者权益、收入、费用、利润各会计要素的概念、确认与计量的基本标准，及在会计报告中列表的基本要求。

(4)第九章会计计量，阐述了历史成本、重置成本、可变现净值、现值与公允价值五大会计计量属性的概念、计量及适用的基本要点。其中特别强调："企业在对会计要素进行计量时，一般应当采用历史成本，采用重置成本、可变现净值、现值、公允价值计量的，应当保证所确定的会计要素金额能够取得并可靠计量。"

(5)第十章财务会计报告，对企业财务报告的形式、内容等方面的要求，作出了基本规定。

企业会计基本准则是其具体准则制定的出发点与归宿。本章内容，也系按照财务会计基本原理，在主要体现最新修订的企业会计基本准则内容与精神的基础上，编写而成。

(二)企业会计准则——具体准则

企业会计准则——具体准则可简称为"企业会计具体准则"或"会计具体准则"。企业会计准则——具体准则是为便于基本准则的贯彻实施，根据基本准则的精神与原则，在对企业具体经济业务与事项进行会计分类的基础上，对各种不同会计业务与事项如何进行会计确认、计量、报告与披露等方面的会计处理，所进行的解释与说明。

改革开放后，我国自 1997 年颁布并实施第一部会计具体准则开始，其后不断地进行扩充、修订，最近又在 2014 年进行了最新的扩充与修订，形成了一个采用统一的具体准则形式，从会计确认、计量、报告与披露等几个方面，将企业的具体经济业务与事项，主要分为 41 个方面进行明确系统的规范。

我国的现行企业会计具体准则规范的具体经济业务与事项，如表 1—3 所示。

表 1—3　　我国现行企业会计具体准则体系

序号	名称及规范的业务与事项	序号	名称及规范的业务与事项
1	存货	22	金融工具确认与计量
2	长期股权投资	23	金融资产转移
3	投资性房地产	24	套期保值
4	固定资产	25	原保险合同
5	生物资产	26	再保险合同
6	无形资产	27	石油天然气开采
7	非货币性资产交换	28	会计政策、会计估计变更与差错更正
8	资产减值	29	资产负债表日后事项
9	职工薪酬	30	财务报表列报
10	企业年金基金	31	现金流量表
11	股份支付	32	中期财务报告
12	债务重组	33	合并财务报表
13	或有事项	34	每股收益
14	收入	35	分部报告

续表

序号	名称及规范的业务与事项	序号	名称及规范的业务与事项
15	建造合同	36	关联方披露
16	政府补助	37	金融工具列报
17	借款费用	38	首次执行企业会计准则
18	所得税	39	公允价值计量
19	外币折算	40	合营安排
20	企业合并	41	在其他主体中权益的披露
21	租赁		

上述41个会计具体准则，按其所规范内容的同质性，大体上可分为四类：

（1）对在企业中具有普遍性意义的会计业务与事项进行的规范，如存货、固定资产、无形资产、职工薪酬、收入、借款费用、所得税等。

（2）对某些在企业中不一定会发生，但同样具有一般普遍指导意义的会计业务与事项进行的规范，如投资、非货币性资产交换、资产减值、公允价值计量、政府补助、外币折算、企业年金基金、企业合并、合营安排、租赁、套期保值、金融资产转移、金融工具确认与计量、股份支付、债务重组、或有事项等。

（3）对某些特殊行业企业的特有会计业务与事项进行的规范，如生物资产、保险合同、石油天然气开采、建造合同等。

（4）对企业财务会计报告与披露进行的专门规范。包括资产负债表日后事项、财务报表列报、现金流量表、中期财务报告、合并财务报表、分部报告、关联方披露、在其他主体中权益的披露、金融工具列报；每股收益、首次执行企业会计准则；会计政策、会计估计变更与差错更正等。

可以预见，具体会计准则将会随着社会经济的发展及企业会计业务的深度扩展而逐步进行增补，当然也可能出现合并与删减。

（三）企业会计准则——应用指南

企业会计准则应用指南，是为保证基本准则的贯彻实施，与会计具体准则相对应，进一步对各具体准则所规范的经济业务与事项的相关会计核算问题，特别是对其中容易产生理解、执行偏差，或是在执行中容易发生错误的一些问题，所进行的解释，或对实务所提供的具体指导。

例如，在企业会计准则应用指南中，适当地加入一些相当于“会计惯例”的会计处理与核算案例，对企业执行会计准则提供借鉴，以更有利于会计准则的实施，也使我国的企业会计准则体系更为完整。

我国的现行企业会计准则应用指南，从属于具体准则体系，亦已发布41项。

思考题

1. 什么是企业财务会计？它主要有哪些特点？试阐述其与会计、企业会计之间的联系与区别。
2. 企业财务会计的基本假设前提有哪些？
3. 我国企业财务会计账务处理基础与方法是怎样的？
4. 怎样理解财务会计的目标？会计信息质量的要求有哪些？在具体的会计确认、计量、记录和报告中，这些质量要求是如何体现的?

5. 怎样理解会计要素及确认、计量在财务会计工作中的意义?

6. 各会计要素的确认条件是什么?

7. 为什么财务报告是企业提供相关财务会计信息的主要形式?现行会计计量的属性有哪些?

8. 在会计实务中如何选择运用企业会计准则——基本准则?

练习题

1. 企业采用的会计处理方法不能随意变更,是依据(　　)原则。

A. 相关性　　B. 可比性　　C. 可靠性　　D. 重要性

2. 企业会计核算时将劳动资料划分为固定资产和低值易耗品,是基于(　　)原则。

A. 重要性　　B. 可比性　　C. 谨慎性　　D. 权责发生制

3. 下列各项中,符合谨慎性原则的有(　　)。(多选)

A. 应收账款计提坏账准备

B. 无形资产计提减值准备

C. 存货期末计价采用成本与可变现净值孰低法核算

D. 长期股权投资计提减值准备

4. 在企业会计核算的基本前提中,(　　)是企业选择会计处理方法与程序的基础,也是企业会计处理方法与程序保持稳定的条件。

A. 会计主体　　B. 持续经营　　C. 会计分期　　D. 货币计量

5. 导致权责发生制的产生,以及预提、摊销等会计处理方法的运用的基本前提或原则是(　　)。

A. 谨慎性　　B. 可靠性　　C. 会计分期　　D. 货币计量

6. 为了避免损失发生时对企业正常经营的影响,会计上必须应用(　　)原则。

A. 配比　　B. 权责发生制　　C. 历史成本　　D. 谨慎性

7. 下列组织可以作为一个会计主体进行核算的有(　　)。

A. 独资企业　　B. 财务部门

C. 分公司　　D. 母公司及其子公司组成的企业集团

8. 下列项目中,在权责发生制和收付实现制下均确认为当期收入的有(　　)。

A. 收到上月销货款　　B. 销售产品收到销货款存入银行

C. 预收产品销货款　　D. 销售产品未收到销货款

9. 下列各项中,符合资产会计要素定义的是(　　)。

A. 计划购买的原材料　　B. 待处理财产损失

C. 委托加工物资　　D. 预收款项

10. 下列项目中,属于留存收益的是(　　)

A. 已宣告而未发放的应付股利　　B. 收到投资者投入的资本

C. 从净利润中提取的法定盈余公积　　D. 资产评估增值

11. 下列项目中不应作为负债确认的有(　　)。

A. 因购买货物而暂欠外单位的货款

B. 按照购货合同约定以赊购方式购进货物的货款

C. 计划向银行借款 100 万元

D. 因销售产品而产生的增值税

12. 以下事项中,不属于企业营业收入的是(　　)。

A. 销售商品所取得的收入　　B. 提供劳务所取得的收入

C. 出售无形资产的经济利益流入　　D. 出租机器设备取得的收入

第二章　货币资金

学习目标

1. 掌握库存现金和银行存款的会计处理方法。

2. 理解其他货币资金的会计处理方法。

3. 了解现金管理暂行条例、支付结算办法、人民币银行结算账户管理办法等相关金融法规。

货币资金，是指企业生产经营过程中处于货币形态的资产。货币资金是企业资产中流动性最强的一种资产，是价值储存和价值交换的标准媒介，同时也是对所有其他项目进行计量和会计处理的基础。根据货币资金存放地点和用途的不同，可将其划分为库存现金、银行存款和其他货币资金。

货币资金是最容易被侵占和滥用的资产，为了保证其安全性，也为了保证货币资金记录的正确性，企业需要对货币资金进行有效的内部控制。为此，财政部、中国人民银行发布了一系列规章，对货币资金的日常管理问题做出了具体规定。

第一节　库存现金

库存现金，通常是指存放于企业财会部门、由出纳人员经管的货币资金，既包括人民币现金和外币现金，也包括电子货币。

一、库存现金的管理制度

根据国务院发布的《现金管理暂行条例》、中国人民银行发布的《现金管理暂行条件实施细则》、财政部发布的《内部会计控制规范——货币资金（试行）》的规定，分别对现金的收入、支出和结存进行控制。具体而言，库存现金在使用和日常管理中，要做到以下几个方面：

（一）严格控制现金的使用范围

企业之间的经济业务往来，除下列范围内可使用现金，其余必须通过银行进行转账支付：

（1）职工工资、各种工资性津贴。

（2）个人劳务报酬，包括稿费和讲课费及其他专门工作报酬。

（3）支付给个人的各种奖金，包括根据国家规定颁发给个人的各种科学技术、文化艺术、体育等各种奖金。

(4)各种劳保、福利费用以及国家规定的对个人的其他现金支出。

(5)收购单位向个人收购农副产品和其他物资支付的价款。

(6)出差人员必须随身携带的差旅费。

(7)结算起点以下的零星支出;结算起点为1 000元,需要增加时由中国人民银行总行确定后,报国务院备案。

(8)确实需要现金支付的其他支出。

需要注意的是,除上述第(5)、(6)项外,企业支付给个人的款项中超出1 000元以上的部分,应以支票或银行本票支付;确需全额支付现金的,经开户银行审核后,予以支付现金。

(二)严格控制库存现金的额度

企业应将库存现金额度限制在规定的数额之内,该额度称为现金库存限额,是指为了保证企业日常零星开支的需要,允许企业保留现金的最高额度。一般而言,这一限额应由开户银行根据企业的实际需要,按3至5天的日常零星开支所需的金额核定。边远地区和交通不便地区的企业,可由开户银行按多于5天但不得超过15天的日常零星开支的需要核定其库存现金限额。

经核定的最高限额,企业必须严格控制遵守。每日进行财产清查时,发现超过库存现金限额的部分应于当日终了前存入银行;发现低于库存现金限额的部分应及时从银行提取现金,补足限额。

若企业需要增加或减少库存现金限额的,应向开户银行提出申请,由开户银行重新核定并备案。

(三)严格按照规定办理现金的日常收支业务

企业在日常现金收入、支出时,应依照下列规定办理:

(1)企业的现金收入应于当日送存开户银行。当日送存银行确实有困难的,由开户银行确定送存时间。

(2)企业支付现金时,可以从本单位库存现金限额中支付或从开户银行提取,但不得从本企业的现金收入中直接支付(即坐支)。因特殊情况需要坐支现金的,应事先报经开户银行审查批准,由开户银行核定坐支范围和限额,且需要定期向开户银行报送坐支金额和使用情况。

(3)企业从开户银行提取现金时,应写明用途,由本单位财会部门负责人签字盖章,经开户银行审核后,予以支付。

(4)因采购地点不确定、交通不便、生产或市场急需、抢险救灾以及其他特殊情况必须使用现金的,企业应向开户银行提出申请,由本单位财会部门负责人签字盖章,经开户银行审核后,予以支付。

二、库存现金的日常核算

为了总括地反映日常发生的现金收付业务对现金增加、减少和结存情况的影响,企业应设置“库存现金”科目进行总分类核算。该科目借方登记库存现金的收入,贷方登记库存现金的支出,借方余额反映企业实际持有的库存现金的金额。

为了反映库存现金增减变化的具体情况,企业应设置现金日记账,由出纳员根据收、付款凭证进行序时核算,做到日清月结。有外币现金业务的企业,应按不同的币种进行明细核算。

月度终了,现金日记账的余额应与现金总账的余额进行核对,做到账账相符。

(一)现金收入的核算

企业现金收入的主要来源与途径包括:不足转账起点的小额零星销售,收取差旅费余款、赔偿款或提取现金等经济业务。企业收取现金时,借记“库存现金”科目;按现金来源途径的不同,贷记有关科目。

[例 2—1] 20×5 年 12 月 3 日,富民公司签发现金支票,从银行存款账户提取现金 5 000.00元备用。根据上述经济业务,富民公司应编制记账凭证如下:

借:库存现金	5 000.00	
贷:银行存款		5 000.00

[例 2—2] 20×5 年 12 月 18 日,富民公司采购员张剑出差归来,报销差旅费 3 750.00 元(此前预借 4 000.00 元),余款交回现金。根据上述经济业务,富民公司应编制记账凭证如下:

借:管理费用	3 750.00	
库存现金	250.00	
贷:其他应收款		4 000.00

(二)现金支出的核算

企业现金支出的途径较多,如发放备用金、支付工资等。企业支付现金时,贷记“库存现金”科目;按现金使用用途的不同,借记有关科目。

[例 2—3] 20×5 年 12 月 8 日,富民公司采购员张剑预借差旅费 4 000.00 元,以现金付讫。根据上述经济业务,富民公司应编制记账凭证如下:

借:其他应收款	4 000.00	
贷:库存现金		4 000.00

[例 2—4] 20×5 年 12 月 15 日,富民公司用现金 850.00 元购买行政管理部门的办公用品。根据上述经济业务,富民公司应编制记账凭证如下:

借:管理费用	850.00	
贷:库存现金		850.00

[例 2—5] 20×5 年 12 月 23 日,诚友公司以现金 2 000.00 元发放行政管理部门职工困难补助。根据上述经济业务,诚友公司应编制记账凭证如下:

借:应付职工薪酬	2 000.00	
贷:库存现金		2 000.00

三、库存现金的清查

库存现金在管理过程中,由于各种原因使得现金经常会出现长、短款现象,造成现金的账实不符。为了保证库存现金的安全完整,《会计基础工作规范》规定,企业应对库存现金进行定期或不定期的清查。

库存现金的定期或不定期清查,是由清查小组的工作人员在出纳员在场的情况下进行的;出纳员也应在每日营业结束时进行现金清查。一般而言,清查人员通过实地盘点的方法确定库存现金的实有数,然后与现金日记账的余额进行核对确定是否相符。清查之后,应将清查结果填列到“现金盘点报告单”中,并由清查人员和出纳员签字盖章。

在清查过程中,如果发现有坐支现金、白条顶库等现象,应及时予以纠正;如果发现超限额留存的现金,应及时送存银行;如果现金日记账的余额与实有数不符,应及时查明原因,按管理权限报经批准后进行账务处理。

现金清查过程中发现的账实不符，无论是长款（盘盈）还是短款（盘亏），都要分两个步骤进行处理：第一，将账实调整为相等；第二，将长款或短款的差额转销。这两个过程都需要企业通过所设置的“待处理财产损溢”科目进行核算。“待处理财产损溢”科目核算企业在财产清查过程中查明的各种财产盘盈、盘亏和毁损的价值，其借方登记发现的财产盘亏数，贷方登记发现的财产盘盈数；经批准转销时，盘盈数从借方转销，盘亏数从贷方转销。现金损溢的转销处理原则如下：

（1）如为现金溢余，属于应支付给有关人员或单位的，贷记“其他应付款”科目；属于无法查明原因的，贷记“营业外收入”科目。

（2）如为现金短缺，属于应由责任人赔偿或保险公司赔偿的部分，借记“其他应收款”科目；属于无法查明原因的，借记“管理费用”科目。

具体账务处理如表2—1所示。

表2—1　　现金清查结果的账务处理

经济业务	现金盘盈	现金盘亏
发现账实不符时	借：库存现金 　贷：待处理财产损溢	借：待处理财产损溢 　贷：库存现金
经批准转销时	借：待处理财产损溢 　贷：其他应付款 　　营业外收入	借：其他应收款 　管理费用 　贷：待处理财产损溢

［例2—6］　20×5年12月5日，富民公司在清查时发现现金长款180.00元。根据上述经济业务，富民公司应编制记账凭证如下：

借：库存现金　　180.00
　　贷：待处理财产损溢　　180.00

［例2—7］　20×5年12月5日，富民公司当日的现金长款无法查明原因，报经领导批准转销。根据上述经济业务，富民公司应编制记账凭证如下：

借：待处理财产损溢　　180.00
　　贷：营业外收入　　180.00

［例2—8］　20×5年12月30日，富民公司在清查时发现现金短款800.00元。根据上述经济业务，富民公司应编制记账凭证如下：

借：待处理财产损溢　　800.00
　　贷：库存现金　　800.00

［例2—9］　20×5年12月30日，富民公司当日的现金短款经反复查对，原因不明，经领导批准转销。根据上述经济业务，富民公司应编制记账凭证如下：

借：管理费用　　800.00
　　贷：待处理财产损溢　　800.00

第二节　银行存款

银行存款，是指企业存放在银行或其他金融机构的各种款项，包括人民币存款和外币存款。

一、银行存款的管理制度

为加强和完善银行存款账户的管理和控制，中国人民银行公布了《人民币银行结算账户管理办法》《票据法》《支付结算办法》等一系列管理制度，对企业在银行的账户开立、支付结算方式的使用等进行了规范。

(一)银行结算账户的开立

银行结算账户，是指银行为存款人开立的办理资金收付结算的人民币活期存款账户，一般按存款人的不同，分为单位银行结算账户和个人银行结算账户。企业应根据业务的需要，按规定在其所在地银行开立单位银行结算账户。

单位银行结算账户按用途的不同，可分为基本存款账户、一般存款账户、专用存款账户、临时存款账户等不同种类。银行结算账户的类别不同，其开立、使用和管理也不尽相同。比如，基本存款账户作为主办账户，企业日常经营活动的资金收付及其工资、奖金和现金的支取等一律通过该账户办理。也正是因为基本存款账户为主办账户，所以中国人民银行规定，一个单位只能选择一家银行的一个营业机构开立一个基本存款账户，不得在多家银行机构开立基本存款账户。

(二)支付结算方式

支付结算，是指单位、个人在社会经济活动中使用票据、信用卡和汇兑、托收承付、委托收款等结算方式进行货币给付及其资金清算的行为。为了规范各种支付结算方式，使企业之间款项收付处理正常运转，中国人民银行规定了可以使用的各种票据凭证和结算凭证的种类、格式及其流转程序。

比较常见的支付结算方式有九种，分别是：银行汇票、银行本票、商业汇票、支票、信用卡、汇兑、委托收款、托收承付、信用证。

1. 银行汇票

银行汇票，是指由出票银行签发的，由其在见票时按实际结算金额无条件支付给收款人或者持票人的票据。银行汇票适用于单位和个人在异地进行商品交易、劳务供应和其他经济活动及债权债务的结算，范围非常广泛。根据《支付结算办法》的规定，银行汇票可以用于转账，填明“现金”字样的银行汇票可以支取现金；银行汇票的提示付款期为出票日起 1 个月，逾期的汇票代理付款人将不予办理；银行汇票可背书转让，且背书应连续。

2. 银行本票

银行本票，是指由银行签发的，承诺自己在见票时无条件支付确定金额给收款人或者持票人的票据。银行汇票适用于单位和个人在同一票据交换区域内进行商品交易、劳务供应和其他经济活动及债权债务的结算，范围非常广泛。根据《支付结算办法》的规定，银行本票可以用于转账，填明“现金”字样的银行本票可以支取现金；银行本票的提示付款期为出票日起 2 个月，逾期的本票代理付款人将不予办理；银行本票可背书转让，且背书应连续。银行本票可以分为定额本票和不定额本票两种，其中定额本票的面额分为 1 000 元、5 000 元、1 万元和 5 万元四种。

3. 商业汇票

商业汇票，是指由收款人或付款人(或承兑申请人)签发的，由承兑人承兑，并于到期日向收款人或者持票人支付款项的票据。商业汇票适用于在银行开立账户的法人或者其他组织在同一票据交换区域内或者异地，根据购销合同进行合法商品交易的款项结算，相对于银行汇票等而言，其适用范围较窄。根据《支付结算办法》的规定，商业汇票只能办理转账结算，不得支取现金；商业汇票的承兑期限由交易双方商定，一般为 3～6 个月，且自商业汇票到期日起 10 日内提示付款；商业汇票可背书转让，且背书应连续。按承兑人的不同，商业汇票可以分为商业承兑汇票和银行承兑汇票。其中，商业承兑汇票由银行以外的付款人承兑（付款人即为承兑人）；银行承兑汇票由银行承兑。

4. 支票

支票，是指出票人委托银行或者其他金融机构在见票时无条件支付确定金额给收款人或者持票人的票据。支票适用于在同一票据交换区域内单位和个人各种款项的结算，范围非常广泛。根据《支付结算办法》的规定，支票的提示付款期限为自出票日起 10 日；支票可以背书转让。支票可分为现金支票、转账支票、普通支票。现金支票只能用于支取现金；转账支票只能用于转账，不得支取现金；普通支票既可用于转账，也可用支取现金，但其左上角划两条平行线的划线支票则只能用于转账，不能支取现金。

5. 信用卡

信用卡，是指发卡银行给予持卡人一定的信用额度，持卡人可在信用额度内先消费、后还款，或者先按发卡银行的要求交存一定金额的备用金，当备用金账户余额不足支付时，可在发卡银行规定的信用额度内透支的银行卡；前者又称为贷记卡，后者又称为准贷记卡。根据《支付结算办法》的规定，单位卡的账户资金一律从其基本存款账户转账存入，不得交存现金；不得用于 10 万元以上的商品交易、劳务供应款的结算，不得支取现金。

6. 汇兑

汇兑，是指企业（汇款人）委托银行将其款项主动支付给异地收款人的结算方式。汇兑适用于单位和个人的各种款项的结算，范围非常广泛。根据划转款项的方法及传递方式的不同，汇兑可以分为信汇和电汇。一般而言，电汇的速度比信汇快捷，汇款人可根据实际需要选择。

7. 委托收款

委托收款，是指企业（收款人）委托银行向付款人收取款项的结算方式。委托收款适用于在银行或其他金融机构开立账户的单位凭已承兑商业汇票、债券、定期储蓄存款等付款人债务证明办理同城或异地的各种款项结算，范围非常广泛。根据凭证传递方式的不同，委托收款可以分为委邮（邮寄）和委电（电报）两种，由收款人根据实际需要选择。

8. 托收承付

托收承付，是指根据购销合同由收款人发货后委托银行向异地付款人收取款项，异地付款人根据合同对单或对证验货后，向银行承认付款的结算方式。与其他支付结算方式相比，托收承付最大的特点是其适用范围受到严格的限制，具体表现为以下几个方面：

（1）适用的单位受到限制。使用托收承付结算方式的收款单位和付款单位，必须是国有企业或供销合作社以及经营较好，并经开户银行审查同意的城乡集体所有制工业企业。

（2）适用的结算款项受到限制。办理的结算款项必须是商品交易以及因商品交易而产生的劳务供应款项。代销、寄销、赊销商品款项不得办理托收承付结算。

（3）结算款项的起点受到限制。《支付结算办法》规定，托收承付结算每笔的金额起点为 1 万元；新华书店系统每笔金额起点为 1 000 元。

（4）承付期受到限制。付款单位的承付方式有两种，即验单承付和验货承付。其中验单承付的承付期为 3 天，从付款人开户银行发出承付通知的次日算起，遇假日顺延；验货承付的承付期为 10 天，从承运单位发出提货通知的次日算起，遇假日顺延。

此外，托收承付还有一定的适用条件，如收付双方使用托收承付结算必须签有符合《经济合同法》的购销合同，且在合同中注明使用异地托收承付结算方式等。根据结算款项划回方法的不同，托收承付可以分为邮划和电划两种，由收款人根据实际需要选择。

9. 信用证

信用证，是指开证银行应申请人(买方)的要求并按其指示向第三方开立的载有一定金额、在一定期限内凭符合规定的单据付款的书面保证文件。它是国际贸易中最主要、最常用的支付方式。

二、银行存款的日常核算

为了总括地反映通过银行办理与其他单位或个人的结算款项时对银行存款增加、减少和期末结存情况的影响，企业应设置"银行存款"科目进行总分类核算。该科目借方登记银行存款的收入，贷方登记银行存款的支出，期末借方余额反映企业存放在银行或其他金融机构的款项。

为了反映银行存款增减变化的具体情况，企业应设置银行存款日记账，由出纳员根据收、付款凭证进行序时核算，做到日清月结。有多币种存款业务的企业，应按不同的币种进行明细核算。

月度终了，银行存款日记账的余额应与银行存款总账的余额进行核对，做到账账相符。

(一)银行存款收入的核算

企业确认银行存款的收入，应按支付结算方式的不同分别处理。企业收到付款方交付的支票、银行本票、银行汇票，应在转账收款手续完成时，确定银行存款的增加；企业接受付款人通过汇兑、托收承付或委托收款方式付款的，应在收到"收款通知联"时，确认银行存款的增加。编制记账凭证时，借记"银行存款"科目；根据收入来源的不同，贷记"主营业务收入"等会计科目。

［例 2—10］　20×5 年 12 月 3 日，富民公司销售产品 500 件，开出的增值税专用发票上注明价款为 500 000.00 元，增值税税额为 85 000.00 元，相关款项已收存银行。根据上述经济业务，富民公司应编制记账凭证如下：

借：银行存款	585 000.00	
贷：主营业务收入		500 000.00
应交税费		85 000.00

(二)银行存款支出的核算

企业确认银行存款的支出，应按支付结算方式的不同分别处理。企业签发支票、交付银行本票或银行汇票保证金时，确定银行存款的减少；企业通过汇兑、托收承付或委托收款方式付款的，应在收到"付款通知联"时，确定银行存款的减少。编制记账凭证时，贷记"银行存款"科目；根据款项用途的不同，借记"库存现金"等会计科目。

［例 2—11］　20×5 年 12 月 11 日，富民公司购买一台生产用机器设备，收到的增值税专用发票上注明价款为 200 000.00 元，增值税税额为 34 000.00 元，相关款项已通过银行转账支付。该项生产用机器设备已交付加工车间使用。根据上述经济业务，富民公司应编制记账凭证如下：

借：固定资产	200 000.00	
应交税费	34 000.00	
贷：银行存款		234 000.00

三、银行存款的核对

企业存放在银行的款项及其收付，均应在企业与银行双方进行数额相同且相互对应的记录，因此，企业与银行关于企业存款的数额应该相符。但由于企业绝大部分货币资金的收付都是通过银行办理转账结算，业务量大；且会计凭证在传递时由于环节、时间等因素的差异影响，可能使企业与开户银行之间的账目记录并不完全相符。为了保证企业货币资金的安全性和完整性，检查企业和开户银行的记账过程及结果是否正确，就应定期或不定期地对银行存款进行对账清查。银行存款的清查核对应至少每月进行一次。

银行存款的清查方法采用的是核对法，即将企业"银行存款日记账"与"银行对账单"进行核对。企业在将截止核对日为止的所有银行存款的收、付业务登记入账及对账的基础上，与银行对账单的记录逐笔核对。如果两者的余额相等，则说明基本正确；如果两者的余额不等，可能有两种原因造成：其一可能是企业或开户银行某一方记账存在错误，其二可能是存在未达账项。

未达账项，是指由于结算凭证在企业与银行之间传递造成入账的时间差，导致一方收到凭证已入账，而另一方未收到凭证尚未入账的款项。具体来说，未达账项有四种情况：

1. 企业已收款入账，银行尚未收款入账的账项（企收银未收）

例如，企业收到其他单位签发的转账支票时，企业已根据收到的转账支票在银行存款日记账中登记"银行存款"账户的增加，而银行由于未收到凭证尚未入账。且由于此笔差异，导致银行存款日记账的余额大于银行对账单的余额。

2. 企业已付款入账，银行尚未付款入账的账项（企付银未付）

例如，企业为付款向其他单位签发转账支票时，企业已根据签发的转账支票在银行存款日记账中登记"银行存款"账户的减少，而银行由于未收到凭证尚未入账。且由于此笔差异，导致银行存款日记账的余额小于银行对账单的余额。

3. 银行已收款入账，企业尚未收款入账的账项（银收企未收）

例如，银行已代企业收取货款时，银行根据凭证在银行对账单中登记"银行存款"账户的增加，而企业由于未收到"收款通知单"尚未入账。且由于此笔差异，导致银行存款日记账的余额小于银行对账单的余额。

4. 银行已付款入账，企业尚未付款入账的账项（银付企未付）

例如，银行已代企业转账支付水电费时，银行根据凭证在银行对账单中登记"银行存款"账户的减少，而企业由于未收到"付款通知单"尚未入账。且由于此笔差异，导致银行存款日记账的余额大于银行对账单的余额。

存在未达账项时，通常采用补记法，编制"银行存款余额调节表"，即在银行存款日记账和银行对账单的余额基础上，各自加上或减去未达账项，确定调节后余额。其余额调节平衡公式为：

企业银行存款日记账余额＋银收企未收－银付企未付＝银行对账单余额＋企收银未收－企付银未付

[例2—12] 20×5年12月31日，富民公司银行存款日记账的余额为750 000.00元，银行对账单的余额为640 000.00元。经逐笔核对，发现以下未达账项：

(1)12月28日，企业送存转账支票一张，金额为200 000.00元，并已登记银行存款的增加，但银行尚未记账。

(2)12月30日，企业开出转账支票一张，金额为60 000.00元，并已登记银行存款的减少，但持票人尚未到银行办理转账，银行尚未记账。

(3)12 月 31 日，企业委托银行代收某公司购货款 50 000.00 元，银行已收妥并登记入账，但企业未收到收款通知，尚未记账。

(4)12 月 29 日，银行代企业支付水电费 20 000.00 元，银行已登记减少企业的银行存款，但企业未收到银行付款通知，尚未记账。

根据上述资料，编制“银行存款余额调节表”如表 2—2 所示。

表 2—2　　银行存款余额调节表　　单位：元

项　目	金　额	项　目	金　额
银行存款日记账余额	750 000.00	银行对账单余额	640 000.00
加：银行已收、企业未收款	50 000.00	加：企业已收、银行未收款	200 000.00
减：银行已付、企业未付款	20 000.00	减：企业已付、银行未付款	60 000.00
调节后的存款余额	780 000.00	调节后的存款余额	780 000.00

从表 2—2 可知，表中左、右两方调节后的余额均为 780 000.00 元，这说明富民公司银行存款的真正实有数是 780 000.00 元，而不是银行存款日记账的余额 750 000.00 元。如果调节后左、右两方的余额并不相等，则说明账簿记录有错账存在，应进一步查明原因，并采用适当的错账更正方法进行更正。

要注意的是，银行存款余额调节表的作用只是核对账目，不能作为调整银行存款账面余额的记账依据，不需要进行任何账务处理。

第三节　其他货币资金

其他货币资金，是指企业除库存现金、银行存款以外的其他各种货币资金。其他货币资金的性质与库存现金、银行存款相同，但其存放地点或者使用用途与上述两者均不相同。

一、其他货币资金的内容

(一)外埠存款

外埠存款，是指企业为了到外地进行临时或零星采购，而汇往采购地银行开立采购专户的款项。

(二)银行汇票存款

银行汇票存款，是指企业为了向银行申请使用银行汇票，向银行交付的保证金，该保证金即为银行汇票的出票金额。

(三)银行本票存款

银行本票存款，是指企业为了向银行申请使用银行本票，向银行交付的保证金，该保证金即为银行本票的出票金额。

(四)信用卡存款

信用卡存款，是指企业为取得信用卡而存入银行信用卡专户的款项。

(五)信用证存款

信用证存款,是指企业为了采用信用证结算方式,在向银行申请开具信用证时存入银行信用证保证金专户的款项。

(六)存出投资款

存出投资款,是指企业为购买股票、债券、基金等金融工具,根据有关规定在证券公司指定银行开立的投资款专户中存入的保证金。

随着经济活动的开展,支付结算方式也在不断发展,其他货币资金的核算范围也随之扩大。比如,企业在向银行申请开出银行承兑汇票时,也会向银行支付一笔保证金,此时其他货币资金还会核算"商业汇票存款"。

二、其他货币资金的核算

为了总括地反映和控制其他货币资金的收入、支出及其结存情况,企业应设置"其他货币资金"科目进行总分类核算。该科目借方反映其他货币资金的增加,贷方反映其他货币资金的减少,期末借方余额反映企业实际持有的其他货币资金的金额。

为了反映其他货币资金的具体增减情况,企业应按外埠存款的开户银行,银行汇票、银行本票或信用证的收款单位,分别设置"银行汇票""银行本票""外埠存款""信用卡""信用证保证金""存出投资款"等明细科目进行核算。

(一)银行汇票存款

企业申请办理银行汇票,并将款项交存银行时,应根据"银行汇票委托书"的存根联,借记"其他货币资金——银行汇票"科目,贷记"银行存款"科目;企业用银行汇票购货时,应根据收到的有关发票,借记"在途物资"等科目,贷记"其他货币资金——银行汇票"科目;采购完毕收回多余款项时,借记"银行存款"科目,贷记"其他货币资金——银行汇票"科目。

销货企业收到银行汇票、填制进账单到开户银行办理款项入账手续时,根据进账单和发票等,借记"银行存款"科目,贷记"主营业务收入"等科目。

[例 2—13] 20×5 年 12 月 1 日,富民公司向银行申请开出面值 200 000.00 元的银行汇票用于异地购买材料。12 月 21 日,富民公司以银行汇票向安友公司购买乙材料一批,取得的增值税专用发票上注明的价款为 160 000.00 元,增值税税额为 27 200.00 元,材料尚未验收入库。12 月 22 日,富民公司收到开户银行转来的银行汇票"多余款收账通知"联。

根据上述经济业务,富民公司应编制记账凭证如下:

(1)20×5 年 12 月 1 日,取得银行汇票时:

借:其他货币资金	200 000.00	
贷:银行存款		200 000.00

(2)20×5 年 12 月 21 日,采购材料时:

借:材料采购	160 000.00	
应交税费	27 200.00	
贷:其他货币资金		187 200.00

(3)20×5 年 12 月 22 日,收到退回的银行汇票多余款项时:

借:银行存款	12 800.00	
贷:其他货币资金		12 800.00

对于安友公司,应根据进账单和发票,编制记账凭证如下:

借：银行存款　　187 200.00
　　贷：主营业务收入　　160 000.00
　　　　应交税费　　27 200.00

（二）银行本票存款

企业申请办理银行本票，并将款项交存银行时，应根据"银行本票委托书"的存根联，借记"其他货币资金——银行本票"科目，贷记"银行存款"科目；企业用银行本票购货时，应根据收到的有关发票，借记"在途物资"等科目，贷记"其他货币资金——银行本票"科目。

销货企业收到银行本票、填制进账单到开户银行办理款项入账手续时，根据进账单和发票等，借记"银行存款"科目，贷记"主营业务收入"等科目。

［例2—14］　20×5年12月9日，富民公司向银行申请开出面值5 000.00元的银行本票用于购买办公用品。20×5年12月29日，富民公司以银行本票购买办公用品5 000.00元，其中发放到基本生产车间850.00元，发放到行政管理部门4 150.00元。

根据上述经济业务，富民公司应编制记账凭证如下：

（1）20×5年12月9日，取得银行本票时：

借：其他货币资金　　5 000.00
　　贷：银行存款　　5 000.00

（2）20×5年12月29日，购买并发放办公用品时：

借：制造费用　　850.00
　　管理费用　　4 150.00
　　贷：其他货币资金　　5 000.00

（三）信用卡存款

企业申请办理信用卡，并将款项交存银行时，应借记"其他货币资金——信用卡"科目，贷记"银行存款"科目；企业用信用卡支付有关款项时，应根据收到的有关发票和信用卡存款付款凭证，借记"管理费用"等科目，贷记"其他货币资金——信用卡"科目；企业持信用卡到发卡银行办理销户时，不得提取现金，应根据转入企业基本存款账户的余额，借记"银行存款"科目，贷记"其他货币资金——信用卡"科目。

（四）外埠存款

企业委托开户银行将款项汇往采购地开立临时采购专户时，应根据汇出款项凭证，借记"其他货币资金——外埠存款"科目，贷记"银行存款"科目；企业收到采购人员转来的购货发票时，应借记"在途物资"等科目，贷记"其他货币资金——外埠存款"科目；企业在收回外埠剩余款项，以便清户时，应根据银行的收款通知单，借记"银行存款"科目，贷记"其他货币资金——外埠存款"科目。

（五）信用证保证金存款

企业申请办理信用证，并将款项交存银行时，应借记"其他货币资金——信用证保证金"科目，贷记"银行存款"科目；企业用信用证购货时，应根据收到的有关发票和信用证结算凭证，借记"在途物资"等科目，贷记"其他货币资金——信用证保证金"科目；企业收到未用完的信用证保证金余额时，应借记"银行存款"科目，贷记"其他货币资金——信用证保证金"科目。

（六）存出投资款

企业将款项存入证券公司时，应借记"其他货币资金——存出投资款"科目，贷记"银行存款"科目；企业通过证券公司购买股票、债券、基金等时，应借记"交易性金融资产"等科目，贷记

“其他货币资金——存出投资款”科目。

思考题

1. 企业对现金应如何进行控制与管理？

2. 企业在银行可以开立哪些存款账户？试举例说明各个账户的主要用途。

3. 造成企业银行存款日记账与银行对账单余额不符的原因有哪些？该如何进行处理？

4. 企业的其他货币资金主要包括哪些内容？

5. 货币资金在哪张会计报表的哪个项目中？应依据哪些会计资料进行披露？信用卡的透支额应如何披露？

练习题

一、单项选择题

1. 下列项目中，不属于货币资金的是（　　）。

A. 银行存款　　B. 库存现金
C. 企业持有商业汇票　　D. 其他货币资金

2. 根据《现金管理暂行条例》，下列经济业务中，一般不应用现金支付的有（　　）。

A. 支付给出差人员差旅费 5 000.00 元　　B. 支付材料购货款 11 700.00 元
C. 支付零星办公用品货款 542.00 元　　D. 支付给职工困难补助费 1 000.00 元

3. 企业库存现金的数额，由开户银行根据企业日常零星开支所需的现金核定，一般应满足企业现金周转需要的天数是（　　）。

A. 1～3 天　　B. 3～5 天　　C. 5～7 天　　D. 7～9 天

4. 企业一般不得从现金收入中直接支付现金，因特殊情况需要坐支现金的，应事先报请（　　）审查批准。

A. 工商行政管理部门　　B. 上级主管部门
C. 税务部门　　D. 开户银行

5. 企业现金清查中，经检查仍无法查明原因的现金长款，经批准后应记入（　　）科目。

A.“管理费用”　　B.“财务费用”　　C.“营业外收入”　　D.“营业外支出”

6. 企业的银行存款账户中，办理日常转账结算和现金收付业务的是（　　）。

A. 基本存款账户　　B. 一般存款账户　　C. 临时存款账户　　D. 专用存款账户

7. 下列支付结算方式中，只适用于在同一票据交换区域结算的是（　　）。

A. 商业汇票　　B. 银行本票　　C. 银行汇票　　D. 汇兑

8. 根据《支付结算办法》规定，银行汇票的提示付款期限为（　　）。

A. 自出票日起 10 日　　B. 自出票日起 1 个月
C. 自出票日起 2 个月　　D. 自出票日起 6 个月

9. 对于银行已经入账而企业尚未入账的未达账项，企业应（　　）。

A. 根据银行对账单记录的金额入账　　B. 在编制银行存款余额调节表的同时入账
C. 根据银行对账单编制自制凭证入账　　D. 待结算凭证到达后入账

10. 企业因到外地临时采购而将款项汇往在采购地银行开立的采购专户时，应借记（　　）科目。

A.“材料采购”　　B.“在途物资”　　C.“其他货币资金”　　D.“预付账款”

二、多项选择题

1. 按《现金管理暂行条例》的规定，允许企业使用现金的范围包括（　　）。

A. 超过结算起点以上的日常零星支出　　B. 个人劳务报酬

C. 支付一般纳税人的货款　　　　D. 出差人员必须携带的差旅费

2. 下列关于现金清查的说法中，正确的有(　　)。

A. 现金清查一般采用实地盘点法

B. 对于现金清查结果，应编制现金盘点报告单

C. 对于无法查明的现金短缺，经过批准后应记入“营业外支出”科目

D. 对于超限额留存的现金，应由出纳员自行收起

3. 下列支付结算方式中，同一票据交换区域、异地均可使用的结算方式是(　　)。

A. 支票　　B. 银行本票　　C. 商业汇票　　D. 委托收款

4. 按《支付结算办法》规定，下列票据中可以背书转让的有(　　)。

A. 银行承兑汇票　　B. 商业承兑汇票　　C. 转账支票　　D. 现金支票

5. 在编制银行存款余额调节表时，若企业和银行记账均无误，将对账单余额进行(　　)处理后，应与银行存款日记账余额相等。

A. 加企业已收、银行未收款项　　　　B. 减企业已付、银行未付款项

C. 加银行已收、企业未收款项　　　　D. 减银行已收、企业未收款项

6. 下列各项中，使得企业银行存款日记账余额大于银行对账单余额的有(　　)。

A. 企业开出支票，对方未到银行兑现

B. 银行误将本企业的银行存款记入其他公司的银行存款账户

C. 银行代扣水电费，企业尚未接到通知

D. 银行收到委托收款结算方式下的结算款项，企业尚未收到通知

7. 下列各项中，属于其他货币资金的有(　　)。

A. 信用证存款　　B. 信用卡存款　　C. 银行承兑汇票　　D. 银行汇票存款

8. 下列各项中，应确认为企业其他货币资金的有(　　)。

A. 企业持有的3个月到期的债券投资　　B. 企业持有的6个月到期的银行承兑汇票

C. 企业汇往外地建立临时采购专户的资金　　D. 企业向银行申请银行本票时拨付的资金

9. 商业汇票的签发人可以是(　　)。

A. 收款方　　B. 付款方　　C. 收款方开户银行　　D. 被背书人

10. 企业开立的银行存款账户中，可以办理现金支付的是(　　)。

A. 基本存款户　　B. 一般存款户　　C. 专用存款户　　D. 临时存款户

三、业务题

习题一

[资料1]　卓越公司为增值税一般纳税人，20×5年12月份发生与货币资金有关的业务如下：

(1)12月15日，公司行政管理部门职工王武预借差旅费5 000.00元，以库存现金支付。

(2)12月20日，王武归来，报销差旅费4 785.00元，差额缴回现金。

(3)12月28日，卓越公司收到安友公司开出的面值300 000.00元的转账支票，交存银行。该笔款项是安友公司违约支付的赔款，卓越公司将其计入当期损益。

(4)12月29日，开出面值100 000.00元的转账支票预付安宁公司材料采购款，并于当日交给安宁公司。

[资料2]　12月31日，卓越公司银行存款日记账余额为6 010 000.00元，银行转来的对账单余额为5 340 000.00元。经逐笔核对，发现以下未达账项：

(1)卓越公司已将12月28日收到的安友公司赔款登记入账，但银行尚未记账。

(2)安宁公司尚未将12月29日收到的支票送存银行。

(3)卓越公司委托银行代收友邦公司购货款7万元，银行已收妥入账，但卓越公司尚未取得收款通知单。

(4)12月29日，银行代卓越公司支付本月水电费54万元，但卓越公司尚未收到银行的付款通知。

[要求]

(1)根据资料1，编制相关业务的会计分录。

(2)根据资料1和资料2,编制卓越公司的银行存款余额调节表。

习题二

［资料］ 卓越公司20×5年12月份发生如下经济业务:

(1)12月2日,向南京工商银行鼓楼支行汇款200 000.00元,开立采购专户,委托银行汇出该款项。

(2)12月8日,采购员王珊到武汉采购,采用银行汇票结算,将银行存款50 000.00元转为银行汇票存款。

(3)12月19日,采购员李卫在南京以外埠存款购买材料,增值税专用发票上注明材料价款为150 000.00元,增值税税额为25 500.00元,材料尚未验收入库。

(4)12月20日,收到采购员王珊转来进货发票等单据,采购原材料一批,增值税专用发票上注明材料价款为40 000.00元,增值税税额为6 800.00元,材料已验收入库,入库的计划成本为39 500.00元。

(5)12月21日,外埠存款清户,收到银行转来收账通知,余款收妥入账。

(6)12月22日,收到银行汇票存款余款退回通知,已收妥入账。

［要求］ 根据以上经济业务,编制该企业的有关会计分录。

第三章　应收及预付款项

学习目标

1. 掌握应收票据、应收账款、坏账的会计处理方法。
2. 熟悉其他应收款的核算范围。
3. 了解预付账款、其他应收款的会计处理方法。

在市场经济条件下，企业之间的大多数商品交易建立在商业信用的基础上。由此，在日常生产经营活动中会产生各种收取款项或物资的权利，包括应收票据、应收账款、预付账款、其他应收款和长期应收款等。本章主要介绍短期债权的核算处理。

第一节　应收票据

应收票据，是指企业因销售商品、提供劳务等而收到的商业汇票。因商业汇票是一种书面文件，故相对于应收账款而言其具有较强的法律约束力。

一、应收票据概述

（一）应收票据的种类

1. 按承兑人的不同，商业汇票可分为商业承兑汇票和银行承兑汇票

企业申请使用银行承兑汇票时，应向其承兑银行按商业汇票面值的万分之五缴纳手续费，并记入“财务费用”科目；企业应于汇票到期前将票款足额交存其开户银行，以便承兑银行在汇票到期日或到期日后的见票当日支付票款；若企业未能足额交存票款，则承兑银行除凭票向持票人无条件付款外，对企业尚未支付的汇票金额按每天万分之五计收利息。

2. 按是否计息，商业汇票可分为不带息商业汇票和带息商业汇票

不带息商业汇票到期时，承兑人只按票据面值向持票人支付票款，即不带息商业汇票的到期值就是其面值，可用公式表示如下：

票据到期值＝票据面值

带息商业汇票到期时，承兑人必须按票据面值加上按票据利率计算的利息向持票人支付票款，即带息商业汇票的到期值是其面值与应计利息之和，可用公式表示如下：

票据到期值＝票据面值＋票据到期利息

其中：

票据到期利息＝应收票据面值×票面利率×票据期限

上式中的“票据期限”是指商业汇票的出票日至到期日的时间间隔；票面利率一般为年利率，计算时需与票据期限配合换算成月利率或日利率。

（二）应收票据的入账价值

应收票据作为未来现金流量可确定的金融资产之一，其入账价值理论上应按摊余成本确定，即票据未来现金流量的现值。但商业汇票的付款期限，最长不超过6个月，依据重要性原则，也为了简化核算手续，我国会计实务中，一般按商业汇票的面值确认其入账价值。

（三）应收票据到期日的确定

商业汇票的到期日是由票据有效期限的长短来决定的。在实务中，票据的期限一般有按月表示和按日表示两种。

票据期限按月表示时，不考虑大、小月之分，统一按到期月份的对应日为到期日；当签发承兑票据的日期为月末时，统一按到期月份的最后一日为到期日。例如，20×5年4月10日签发承兑的期限为4个月的商业汇票，其到期日为20×5年8月10日；又如，20×5年4月30日签发承兑的期限为4个月的商业汇票，其到期日为20×5年8月31日。

票据期限按日表示时，不考虑月数，统一按票据实际经历的天数计算确定到期日，且在计算时要注意，票据承兑日和票据到期日中只计算其中的一天。例如，20×5年4月10日签发承兑的期限为120天的商业汇票，其到期日为20×5年8月8日；又如，20×5年4月30日签发承兑的期限为120天的商业汇票，其到期日为20×5年8月28日。

需要注意的是，自2012年起，我国使用的商业承兑汇票和银行承兑汇票采用的都是定日付款形式，出票人签发汇票时，应在商业汇票上记载具体的到期日。

二、应收票据的日常核算

为了总括地反映商业汇票的取得、票款收回等业务的发生对应收票据增加、减少和期末结存情况的影响，企业应设置“应收票据”科目进行总分类核算。该科目借方登记取得商业汇票时增加的面值，贷方登记商业汇票权利终止时减少的面值，期末借方余额反映企业持有的商业汇票的面值。

为了反映应收票据增减的具体情况，企业应按开出、承兑商业汇票的单位进行明细核算。对于某些无法通过分类账户反映和监督的商业汇票信息，如商业汇票的交易合同号、付款人、承兑人等，企业应设置“应收票据备查簿”进行逐笔登记，待应收票据终止确认时，再予以注销。

（一）不带息商业汇票的核算

不带息商业汇票的日常业务主要有两类：其一是企业收到商业汇票时，借记“应收票据”科目；按取得商业汇票原因的不同，贷记“应收账款”“主营业务收入”等科目。其二是商业汇票到期，企业收回款项时，借记“银行存款”科目，贷记“应收票据”科目。

［例3—1］ 20×5年9月8日，富民公司销售产品500件给侨誉公司，开出的增值税专用发票上注明价款为500 000.00元，增值税税额为85 000.00元。当日收到侨誉公司签发并承兑的一张期限为90天、票面金额为585 000.00元的商业承兑汇票。20×5年12月7日，富民公司持有的上述商业承兑汇票到期，收回款项585 000.00元存入银行。

根据上述经济业务，富民公司应编制记账凭证如下：

(1)收到商业承兑汇票时(20×5年9月8日)：

借:应收票据　　585 000.00

　　贷:主营业务收入　　500 000.00

　　　　应交税费　　85 000.00

(2)票据到期收款时(20×5年12月7日):

借:银行存款　　585 000.00

　　贷:应收票据　　585 000.00

若商业汇票到期,企业无法收回票款,则应将票据的面值转入"应收账款"科目,即借记"应收账款"科目,贷记"应收票据"科目。

[例3—2]　承[例3—1],如果20×5年12月7日,由于侨誉公司陷入现金周转困难,富民公司上述商业承兑汇票到期时无法收回票款。

根据上述经济业务,富民公司在票据到期未收回款项时,应编制记账凭证如下:

借:应收账款　　585 000.00

　　贷:应收票据　　585 000.00

(二)带息商业汇票的核算

与不带息商业汇票相似,带息商业汇票日常亦要在取得票据和票据到期时进行处理;但带息商业汇票还要根据权责发生制的要求,于商业汇票持有期间的资产负债表日计算票据利息,做相应的会计处理,以真实、完整地反映企业资产状况和经营成果。其相应的会计处理为:借记"应收利息"科目,贷记"财务费用"科目。票据利息的计算公式为:

票据应计利息＝票据面值×票面利率×计息期

上式中的"计息期",是指商业汇票的出票日至利息计算日的时间间隔;票面利率一般为年利率,计算时需与计息期配合换算成月利率或日利率。

企业至少应于年末计提商业汇票的利息,以便正确计算企业会计年度的经营成果。至于企业是在月末、季末还是年末对商业汇票计提票据利息,则根据企业采取的会计政策而定。一般而言,根据重要性原则,如果商业汇票的利息金额较大,对企业经营成果有较大影响的,应按月计提利息;如果商业汇票的利息金额较小,对企业经营成果的影响较小的,可以按季或按年计提利息。

[例3—3]　20×5年8月18日,富民公司销售产品100件给惠誉公司,开出的增值税专用发票上注明的价款为100 000.00元,增值税税额为17 000.00元。上述款项尚未收到。20×5年8月31日,富民公司收到惠誉公司签发并承兑的一张期限为5个月、票面利率为8%、票面金额为117 000.00元的银行承兑汇票。20×6年1月31日,富民公司收到上述银行承兑汇票的款项120 900.00元,交存银行。

根据上述经济业务,富民公司应编制记账凭证如下:

(1)20×5年8月18日,销售商品,确认收入时:

借:应收账款　　117 000.00

　　贷:主营业务收入　　100 000.00

　　　　应交税费　　17 000.00

(2)20×5年8月31日,收到银行承兑汇票时:

借:应收票据　　117 000.00

　　贷:应收账款　　117 000.00

(3)20×5年12月31日,计提银行承兑汇票的利息时:

9～12 月票据应计利息＝117 000.00×8％×4÷12＝3 120.00(元)

借:应收利息　　3 120.00

　　贷:财务费用　　3 120.00

(4)20×6 年 1 月 31 日,银行承兑汇票到期收款时:

①计提 20×6 年 1 月银行承兑汇票的利息时:

1 月票据应计利息＝117 000.00×8％×1÷12＝780.00(元)

借:应收利息　　780.00

　　贷:财务费用　　780.00

②收到银行承兑汇票的款项存入银行时:

借:银行存款　　120 900.00

　　贷:应收票据　　117 000.00

　　　　应收利息　　3 900.00

上述两个会计分录可以合并成一个会计分录如下:

借:银行存款　　120 900.00

　　贷:应收票据　　117 000.00

　　　　应收利息　　3 120.00

　　　　财务费用　　780.00

三、应收票据的贴现

当资金短缺时,企业可以将未到期的商业汇票提前转让以融通资金。根据《支付结算办法》的规定,转让票据必须以背书的方式进行。企业可以将商业汇票背书转让给其他单位,获取现金,用于购买所需物资或偿还债务;也可以将商业汇票背书转让给银行,用于换取货币资金或流转。

将商业汇票背书转让给银行的经济行为,也称为应收票据贴现。应收票据贴现,是指票据持有人将未到期的票据在背书后送交银行,银行受理后从票据到期值中扣除按银行贴现利率计算确定的贴现利息,然后将贴现净额支付给持票人,作为银行对持票人的短期贷款。可见,企业在贴现行为中实际取得的货币资金为贴现净额,贴现净额的计算公式如下:

贴现净额＝票据到期值－贴现利息

其中:

贴现利息＝票据到期值×贴现率×贴现期

上式中,"贴现期"是指自贴现日起至票据到期日为止实际经历的天数,其中贴现日和票据到期日只计算一天。贴现率若以年利率表示,则需要配合贴现期换算成日利率。

企业应根据贴现的商业汇票是否带有追索权分别采用不同的会计处理方法。追索权,是指在金融活动和票据流通过程中,票据持有人在付款人拒绝付款时,向票据的背书人和出票人索回票款的权利。

(一)不附追索权的应收票据贴现及核算

将不附追索权的应收票据贴现,企业对票据到期无法收回的票款不承担连带责任。这种类型的票据贴现,意味着企业将票款不能收回的风险一并转给了贴现银行,符合金融资产终止确认条件,应冲销应收票据的账面记录。因此,在贴现时,按企业实际收到的贴现净额,借记"银行存款"科目;按贴现票据的面值,贷记"应收票据"科目;按已计提的利息,贷记"应收利息"

科目;贴现净额与商业汇票的面值及已计提利息的差额为日常理财活动中产生的收益或费用,借记或贷记"财务费用"科目。

在我国,银行承兑汇票的承兑人为财力雄厚的银行,将其贴现基本上不存在到期无法收回票款的风险。因此,企业将银行承兑汇票贴现,是一种典型的不附追索权的应收票据贴现业务。

[例3—4]　20×5年9月18日,诚友公司销售产品200件,开出的增值税专用发票上注明价款为200 000.00元,增值税税额为34 000.00元。当日收到采购方开出的一张期限为4个月、票面利率为6%、票面金额为234 000.00元的银行承兑汇票。20×5年9月30日,诚友公司将上述银行承兑汇票到银行申请贴现,银行规定的年贴现率为9%。

根据上述业务,诚友公司应编制记账凭证如下:

(1)20×5年9月18日,销售产品,取得银行承兑汇票时:

借:应收票据	234 000.00	
贷:主营业务收入		200 000.00
应交税费		34 000.00

(2)20×5年9月30日,贴现银行承兑汇票时,其贴现净额的计算过程如下:

票据到期利息=234 000.00×6%×4÷12=4 680.00(元)

票据到期值=234 000.00+4 680.00=238 680.00(元)

贴现天数=110(天)

贴现利息=238 680.00×9%×110÷360=6 563.70(元)

贴现净额=238 680.00−6 563.70=232 116.30(元)

借:银行存款	232 116.30	
财务费用	1 883.70	
贷:应收票据		234 000.00

需要注意的是,由于银行承兑汇票在贴现时已经冲销票据的账面记录,因此,在票据到期日,贴现企业不需要另行处理。

(二)附追索权的应收票据贴现及核算

将附追索权的应收票据贴现,企业对票据到期无法收回的票款承担连带责任。这种类型的票据贴现,意味着企业依然承担着票款不能收回的风险,不符合金融资产终止确认条件,不应冲销应收票据的账面记录。因此,在贴现时,按企业实际收到的贴现净额,借记"银行存款"科目;同时将取得的款项视作银行发放给企业在贴现期限内的周转借款,贷记"短期借款"科目。

在我国,商业承兑汇票的承兑人为付款人,将其贴现就有可能存在到期无法收回票款的风险。因此,企业将商业承兑汇票贴现,是一种典型的附追索权的应收票据贴现业务。

[例3—5]　承[例3—4],假设诚友公司于20×5年9月18日取得的商业汇票为商业承兑汇票,并于20×5年9月30日到银行申请贴现,银行规定的年贴现率为9%。

根据计算结果,企业实际收到的贴现净额为232 116.30元。

根据上述业务,诚友公司应编制记账凭证如下:

借:银行存款	232 116.30	
贷:短期借款		232 116.30

需要注意的是,由于商业承兑汇票在贴现时并没有冲销票据的账面记录,因此在票据到期日,贴现企业需要另行处理。

第二节 应收账款

应收账款，是指企业基于交易对方的信誉，因销售商品、产品，提供劳务等经营活动而发生的，未收取或签发任何票据，仅仅是以挂账的形式明确其收款权利的应收取的款项。

一、应收账款的性质与范围

为避免积压货币资金，销售方可能会在一定的信用期限内，给予购货方以一定的延期付款的销售优惠。但信用期限一般不超过1年，因此，应收账款属于短期债权，在资产负债表中作为流动资产列报。

在会计实务中，应收账款有其特定的核算范围，一般主要包括企业销售商品等应向有关债务人收取的价款、增值税税额和代客户垫付的运杂费等。

首先，作为销售商品或提供劳务而形成的应收客户的款项，应收账款不应包括本企业付出的各类存出保证金、应收债券利息等。

其次，作为流动资产性质的债权，应收账款不应包括任何收款期在1年以上的应收款项。

最后，对于收取或签发有任何票据，不仅是以挂账的形式明确收款权利的应收款项，一般通过“应收票据”科目，而不作为应收账款（会计科目）进行核算。

二、应收账款的日常核算

（一）应收账款核算的账户设置

为了总括地反映各种未收货款的发生、收回等业务对应收账款的增加、减少及期末结存情况的影响，企业应设置“应收账款”科目进行总分类核算。该科目借方登记发生的应收账款，贷方登记收回的应收账款，期末借方余额反映企业尚未收回的应收账款，贷方余额反映企业预收或多收的账款。

为了反映应收账款增减的具体情况，企业应按债务人进行明细核算。由于应收账款总分类账户的余额反映的是企业销售时产生的债权和债务的差额，而不是企业真实的债权或债务，因此在编制资产负债表时需要依据明细账户的余额进行计算分析，分别“应收款项”和“预收账款”两个项目披露。

（二）应收账款业务的基本核算

一般情形下，应收账款的日常业务主要有两个方面：其一是发生应收账款时，确认其增加的“应收账款”入账价值；其二是在收回应收账款时，确认其减少的“应收账款”款额。

应收账款作为未来现金流量可确定的金融资产之一，其入账价值理论上应按摊余成本确定，即应收账款未来现金流量的现值。但由于应收账款的信用期限不长，通常为30～90天，依据重要性原则，一般按买卖双方成交时的实际发生额确认应收账款的入账价值。此时，按应收金额借记“应收账款”科目，按实现的营业收入等贷记“主营业务收入”等科目。

企业实际收回款项时，贷记“应收账款”科目；按结算方式的不同，借记“银行存款”“应收票据”等科目。

[例3—6] 20×5年12月7日，富民公司采用托收承付结算方式为诚友公司销售产品300件，增值税专用发票上注明的价款为300 000.00元，增值税税额为51 000.00元，以银行

存款代垫运杂费 6 080.00 元，已办理托收手续。20×5 年 12 月 24 日，富民公司收到诚友公司支付的货款 357 080.00 元，存入银行。

根据上述经济业务，富民公司应编制记账凭证如下：

(1)20×5 年 12 月 7 日，销售商品，确认收入时：

借：应收账款	357 080.00	
贷：主营业务收入		300 000.00
应交税费		51 000.00
银行存款		6 080.00

(2)20×5 年 12 月 24 日，收到货款时：

借：银行存款	357 080.00	
贷：应收账款		357 080.00

(三)折扣情形下应收账款的核算

赊销时，为了尽快回笼货款，企业往往会实行折扣政策。常见的折扣形式有商业折扣和现金折扣两种。

1. 商业折扣

商业折扣，是指企业根据市场供需情况，或针对不同的顾客，在商品标价上给予一定的扣除。商业折扣作为最常用的促销方式，成为企业扩大销售、占领市场的有效手段。商业折扣一般既可以用百分数表示，也可以用金额表示。在企业销售业务发生时即可确定折扣金额的多少，在会计实务工作中一般按扣除商业折扣的实际成交价格来确认应收账款的入账价值。因此，商业折扣对会计核算不产生实质性影响。

[例 3—7] 20×5 年 12 月 7 日，诚友公司采用托收承付结算方式销售产品 300 件，商品价目单上所列示的价格为每件 1 000 元。由于成批销售，给予 5%的商业折扣，增值税专用发票上注明的价款为 285 000.00 元，增值税税额为 48 450.00 元，已办理托收手续。20×5 年 12 月 24 日，诚友公司收到的货款为 333 450.00 元，存入银行。

根据上述经济业务，诚友公司应编制记账凭证如下：

(1)20×5 年 12 月 7 日，销售商品，确认收入时：

借：应收账款	333 450.00	
贷：主营业务收入		285 000.00
应交税费		48 450.00

(2)20×5 年 12 月 24 日，收到货款时：

借：银行存款	333 450.00	
贷：应收账款		333 450.00

2. 现金折扣

现金折扣，是指企业为了鼓励客户在一定期间内早日偿还货款，对销售价格给予一定的扣除。现金折扣一般用分数表示，如"2/10，1/20，n/30"等，其含义分别为：10 天内付款给予 2%的折扣，10～20 天内付款给予 1%的折扣，20～30 天内付款无折扣。可见，现金折扣只有在收款时才能确定折扣金额的多少。因此，现金折扣会对会计核算产生一定的实质性影响。

在存在现金折扣的情况下，对应收账款入账价值的确定有总价法和净价法两种方法。在总价法下，应收账款的入账价值是未减去现金折扣前的全部金额；在净价法下，应收账款的入账价值是减去最大现金折扣后的净额。

由于现金折扣的主要作用是缩短收款时间，减少坏账，是企业的理财手段，因此，实际收回的应收账款可能与发生的应收账款金额不一致，差额是企业在理财过程产生的收益或费用，通过"财务费用"科目核算。当实际收回的应收账款高于发生的应收账款时，差额借记"财务费用"科目；当实际收回的应收账款低于发生的应收账款时，差额贷记"财务费用"科目。

［例3—8］ 20×5年12月7日，诚友公司采用托收承付结算方式销售产品300件，增值税专用发票上注明的价款为300 000.00元，增值税税额为51 000.00元，规定的现金折扣条件为"2/10，1/20，n/30"，已办理托收手续。20×5年12月24日，诚友公司收到货款，存入银行。

根据上述经济业务，诚友公司采用不同的核算方法编制的记账凭证如表3—1所示。

表3—1　　基于总价法和净价法的账务处理比较

	总价法	净价法
20×5年12月7日，销售产品，确认收入时	借：应收账款　351 000.00 　贷：主营业务收入　300 000.00 　　应交税费　51 000.00	借：应收账款　345 000.00 　贷：主营业务收入　294 000.00 　　应交税费　51 000.00
20×5年12月24日，收回款项时	借：银行存款　348 000.00 　财务费用　3 000.00 　贷：应收账款　351 000.00	借：银行存款　348 000.00 　贷：应收账款　345 000.00 　　财务费用　3 000.00

需要注意的是，我国对于现金折扣是采用总价法进行核算的。

应收账款的核算，还有因应收款项不能按期收回，转化为呆账、坏账等特殊情况时的账务处理，将在后面相关部分进一步介绍。

第三节　预付账款及其他应收款

一、预付账款

（一）预付账款的内容

预付账款，是指企业按购货合同规定预付给供应单位的款项。

企业在购买物资时，为了避免价格风险或者受市场供求限制等原因，对于某些物资可以在需要时采用订购方式，并按规定预付部分货款。可见，预付账款是企业在采购时产生的一种短期债权。

（二）预付账款的日常核算

为了总括地反映企业预付购货款和实际结算货款时对预付账款的增加、减少及期末结存情况的影响，企业应设置"预付账款"科目进行总分类核算。该科目借方登记企业预付和补付的款项，贷方登记企业实际结算的款项和收回的多余款项，期末借方余额反映企业已经预付但尚未实现权利回收的款项。应该注意的是，若"预付账款"科目出现贷方余额，那也是正常现象，反映的是企业对于采用预付账款形式采购货物，其尚未补付的、所回收的权利超过所预付款额的款项。

企业按购货合同的规定向供应单位预付款项时，借记"预付账款"科目，贷记"银行存款"等科目。收到物资时，根据发票等凭证计算所购物资的实际成本，并按存货的日常核算计价方法借记"原材料"等科目，贷记"预付账款"科目。需要补付款项时，借记"预付账款"科目，贷记"银行存款”科目；收到多余款项时，借记“银行存款”科目，贷记“预付账款”科目。

［例3—9］　20×5年12月10日，富民公司向宁誉公司采购乙材料4 000千克，每千克单价为50.00元，所需支付的价款总计200 000.00元。按合同规定以银行存款向宁誉公司预付价款的60%，验收货物后补付其余款项。20×5年12月28日，富民公司收到宁誉公司发来的乙材料4 000千克，验收无误，计划成本为196 000.00元，增值税专用发票上注明的价款为200 000.00元，增值税税额为34 000.00元，余款尚未支付。

根据上述经济业务，富民公司应编制记账凭证如下：

(1)20×5年12月10日，预付60%的价款时：

借：预付账款	120 000.00	
贷：银行存款		120 000.00

(2)20×5年12月28日，购入乙材料时：

借：材料采购	200 000.00	
应交税费	34 000.00	
贷：预付账款		234 000.00
借：原材料	196 000.00	
材料成本差异	4 000.00	
贷：材料采购		200 000.00

需要注意的是，企业的预付账款业务不多时，可以通过“应付账款”科目核算预付款业务；企业的应付账款业务不多时，也可以通过“预付账款”科目核算应付款业务。此外，为了便于反映企业对客户的债权债务关系，对同一客户发生的采购业务往来，只通过“应付账款”或“预付账款”的其中一个科目进行核算。

为了反映预付账款增减的具体情况，企业应按供应单位组织明细核算。由于预付账款总分类账户的余额反映的是企业采购时产生的债权和债务的差额，而不是企业真实的债权或债务，因此在编制资产负债表时需要依据明细账户的余额进行计算分析，分别“应付款项”和“预付账款”两个项目披露。

二、其他应收款

其他应收款，是指企业除应收票据、应收账款、预付账款等以外的其他各种应收及暂付款项。

(一)其他应收款的内容

企业生产经营过程中，除销售商品或提供劳务等以外，还有一些因其他因素所引起的短期债权，为了便于管理和分析，一般将这类短期债权单独设置“其他应收款”科目进行核算。其主要内容包括：

(1)应收的各种赔款、罚款，如应向出纳员收取的现金盘亏赔偿款；

(2)应收的出租包装物租金；

(3)应向职工收取的各种垫付款项，如为职工垫付的房租费等；

(4)存出保证金，如租入包装物时支付的押金；

(5)其他各种应收、暂付款项。

(二)其他应收款的日常核算

为了总括地反映和监督其他应收及暂付款项的增减变动及其结存情况，企业应设置“其他应收款”科目进行总分类核算。该科目借方登记其他应收款的增加，贷方登记其他应收款的减少，期末借方余额反映的是企业尚未收回的其他应收款项。

为了反映其他应收款增减的具体情况，企业应按其他应收款项目或对方单位（个人）进行明细核算。

企业发生其他应收、暂付款项时，借记“其他应收款”科目；按支付资金形式的不同，贷记“库存现金”等科目。收回其他应收、暂付款项，按收回资金形式的不同，借记“库存现金”等科目，贷记“其他应收款”科目。

[例3—10] 20×5年12月3日，富民公司向宁誉公司租入包装物一批，以银行存款向宁誉公司支付押金5 000.00元。20×6年2月15日，富民公司按期如数向宁誉公司退回包装物，并收回押金5 000.00元，存入银行。

根据上述经济业务，富民公司应编制记账凭证如下：

(1)20×5年12月3日，支付包装物押金时：

借：其他应收款	5 000.00	
贷：银行存款		5 000.00

(2)20×6年2月15日，收回包装物押金时：

借：银行存款	5 000.00	
贷：其他应收款		5 000.00

[例3—11] 20×5年12月7日，诚友公司以转账支票替职工王珊支付医疗费7 850.00元，其中应由王珊个人承担的医疗费为1 570.00元，拟从其工资中扣回。20×5年12月20日，诚友公司发放工资，并扣回该笔医疗费1 570.00元。

根据上述经济业务，诚友公司应编制记账凭证如下：

(1)20×5年12月7日，垫付职工医疗费时：

借：应付职工薪酬	6 280.00	
其他应收款	1 570.00	
贷：银行存款		7 850.00

(2)20×5年12月20日，从工资中扣回垫付款时：

借：应付职工薪酬	1 570.00	
贷：其他应收款		1 570.00

第四节　应收款项减值

商业信用的结算方式虽然可以帮助企业解决销售中的一些问题，帮助企业扩大市场占有率，但从另一方面来看，也导致企业产生了短期债权在未来由于债务人拒付、破产等原因而无法全额收回的风险。在会计上，将企业无法收回的应收款项通常称为坏账。由于发生坏账，使企业所遭受的损失，则称为坏账损失，也称为应收款项减值损失。

一、坏账损失的确认与计量

《企业会计准则第22号——金融工具的确认与计量》规定：企业应在资产负债表日对应收款项的账面价值进行检查，有客观证据表明该应收款项会发生减值的，应计提减值准备。对应收款项计提的减值准备,亦称为坏账准备。

表明应收款项发生减值的客观证据,是指应收款项初始确认后实际发生的、对该应收款项的预计未来现金流量有影响,且企业能够对该影响进行可靠计量的事项,主要包括且不限于下列各项证据:

(1)债务人发生严重财务困难;

(2)债务人违反了合同条款,如偿还本金发生违约或者逾期等;

(3)企业出于经济或法律等方面因素的考虑,对发生财务困难的债务人作出让步;

(4)债务人很可能倒闭或者进行其他财务重组;

(5)其他表明应收款项发生减值的客观证据。

一旦应收款项发生减值,即将该应收款项的账面价值减记至预计未来现金流量现值,减记的金额确认为资产减值损失,计入当期损益。需要注意的是,对于短期应收款项的预计未来现金流量与其现值相关不大的,可不对其预计未来现金流量进行折现。

二、坏账损失的核算

坏账损失的核算方法有两种,即直接转销法和备抵法。在我国,《企业会计准则》规定只能采用备抵法对坏账损失进行核算,不得采用直接转销法。下面主要介绍坏账损失核算的备抵法及其运用。

备抵法,是采用一定的方法按期估计坏账损失,计入当期损益,同时建立坏账准备,待坏账实际发生时,冲销已提坏账准备和相应应收款项的一种核算坏账损失核算方法。采用备抵法核算坏账,既可以在资产负债表上如实反映应收账款的净额,也可以在利润表上避免利润虚增,体现了谨慎的会计信息质量要求。

(一)估计坏账损失核算的账户设置

为了总括地反映应收款项发生减值时计提的坏账准备、发生坏账损失时冲销坏账准备等业务的发生对应收款项账面价值的增加、减少及其期末结存情况的影响,企业应设置"坏账准备"科目进行总分类核算。该科目贷方登记的是当期实际计提的坏账准备金额,借方登记的是当期实际发生的坏账损失和冲销的多提坏账准备金额,期末贷方余额反映企业已计提但尚未转销的坏账准备。

(二)坏账损失的估计及账务处理

资产负债表日,企业应采用一定的方法合理估计各会计期间坏账准备。按期估计坏账损失分为以下两种情形:

1. 单项金额重大的应收款项的估计

对于单项金额重大的应收款项,企业一般单独进行减值测试,当有客观证据表明其未来现金流量的现值低于其账面价值时,确认减值损失,计提坏账准备。若单独测试未发生减值,则与类似信用风险特征的单项金额不重大的应收款项组合后,再进行减值测试。

2. 单项金额不重大的应收款项的估计

对于单项金额不重大的应收款项,企业可以单独进行减值测试,也可以包括在具有类似风险特征的应收款项组合中进行减值测试,以分析其是否发生减值。

上述两种情形的具体估计坏账的方法有两种,即应收款项余额百分比法和账龄分析法。应收款项余额百分比法和账龄分析法实际上都是百分比法,只是估计坏账准备的基础不同。采用应收款项余额百分比法时,不考虑账龄结构,对各应收款项的期末余额按一个综合比例计提坏账准备。采用账龄分析法时，不同的账龄分别设置不同的计提比例，对不同账龄各应收款项的期末余额按各自的计提比例计提坏账准备。下面以应收款项余额百分比法来说明坏账损失的估计。

应收款项余额百分比法，是按应收款项余额的一定比例估计其坏账损失的方法。可按以下公式计算：

当期估计坏账准备＝当期应收款项的期末余额×坏账准备的计提比例

当期实提坏账准备＝当期估计坏账准备－计提前“坏账准备”科目的贷方余额

或：　**当期实提坏账准备＝当期估计坏账准备＋计提前“坏账准备”科目的借方余额**

上式中，“当期应收款项的期末余额”按不考虑坏账准备的资产负债表各“应收款项”项目填列方法确定。“坏账准备的计提比例”一般根据以往的经验、债务人的实际财务状况和现金流量等情况，结合有关信息进行合理估计。

[例 3－12]　20×5 年 12 月 31 日，诚友公司按资产负债表的填列方式确定的“应收账款”科目的余额为 1 250 000.00 元，无其他应收款项；该公司坏账准备的计提比例为 5‰；计提坏账准备前，“坏账准备”科目余额为贷方 10 000.00 元。诚友公司当期实提坏账准备的计算过程如下：

当期估计坏账准备＝1 250 000.00×5‰＝6 250.00(元)

当期实提坏账准备＝6 250.00－10 000.00＝－3 750.00(元)

“当期实提坏账准备”的金额为负数，说明应收款项的价值已恢复，原确认的减值损失及坏账准备需要冲减转回 3 750.00 元。冲减多计提的坏账准备时，借记“坏账准备”科目，贷记“资产减值损失——计提坏账准备”科目。

根据上述经济业务，诚友公司冲减多计提的坏账准备时，应编制的记账凭证如下：

借：坏账准备　　3 750.00

　　贷：资产减值损失　　3 750.00

[例 3－13]　承[例 3－12]，假设 20×5 年 12 月 31 日，诚友公司“坏账准备”科目余额为贷方 5 000.00 元。诚友公司当期实提坏账准备的计算过程如下：

当期估计坏账准备＝1 250 000.00×5‰＝6 250.00(元)

当期实提坏账准备＝6 250.00－5 000.00＝1 250.00(元)

“当期实提坏账准备”的金额为正数，说明应收款项的价值持续减值，需要按差额 1 250.00 元计提坏账准备，确认减值损失。计提坏账准备时，借记“资产减值损失——计提坏账准备”科目，贷记“坏账准备”科目。

根据上述经济业务，诚友公司计提坏账准备时，应编制记账凭证如下：

借：资产减值损失　　1 250.00

　　贷：坏账准备　　1 250.00

[例 3－14]　承[例 3－12]，诚友公司“坏账准备”科目余额为借方 2 000.00 元。诚友公司当期实提坏账准备的计算过程如下：

当期估计坏账准备＝1 250 000.00×5‰＝6 250.00(元)

当期实提坏账准备＝6 250.00＋2 000.00＝8 250.00(元)

“当期实提坏账准备”的金额为正数，说明应收款项的价值持续减值，且前期估计的坏账损失偏低，需要按 8 250.00 元计提坏账准备，确认减值损失。

根据上述业务，诚友公司计提坏账准备时，应编制记账凭证如下：

借：资产减值损失　　8 250.00

　　贷：坏账准备　　8 250.00

（三）发生坏账损失的核算

企业一般会定期或者至少在每年年度终了，对应收款项进行全面清查，并对于不能收回的应收款项应查明原因，追究责任。有确凿证据表明某项应收款项无法收回时，应根据企业的管理权限，由股东大会或董事会等类似机构批准后，确认发生坏账，冲减应收款项的账户记录及坏账准备，即借记“坏账准备”科目，贷记“应收账款”等科目。

[例3—15]　20×6年4月10日，由于华新公司发生财务困难，诚友公司对华新公司的应收账款实际发生坏账损失50 000.00元。

根据上述经济业务，诚支公司确认发生坏账时，应编制记账凭证如下：

借：坏账准备	50 000.00	
贷：应收账款		50 000.00

（四）收回坏账的核算

企业已经确认某项应收款项为坏账，并不意味着放弃了追索权。其后一旦收回该项坏账时，一般按实际收到的金额确认债权的转回，借记“应收账款”等科目，并恢复已冲减的坏账准备，贷记“坏账准备”科目；同时，借记“银行存款”科目，贷记“应收账款”等科目。

[例3—16]　20×6年12月18日，诚友公司收回已作坏账转销的华新公司应收账款25 000.00元，已存入银行。

根据上述经济业务，诚友公司应编制记账凭证如下：

(1)20×6年12月18日，收回坏账时：

借：应收账款	25 000.00	
贷：坏账准备		25 000.00

(2)20×6年12月18日，收回款项存入银行时：

借：银行存款	25 000.00	
贷：应收账款		25 000.00

上述两个会计分录可以合并成一个会计分录如下：

借：银行存款	25 000.00	
贷：坏账准备		25 000.00

思考题

1. 商业汇票的种类有哪些？商业汇票贴现如何处理？
2. 应收账款入账价值该如何确定？
3. 其他应收款的核算有哪些？
4. 如何对应收款项进行减值测试？常用的坏账准备计提方法有哪些？
5. 应收及预付款项在哪张会计报表的哪个项目中？应依据哪些会计资料进行披露？

练习题

一、单项选择题

1. 20×5年3月10日签发的期限为90天的商业汇票，到期日为(　　)。

A. 6月7日　　B. 6月8日　　C. 6月9日　　D. 6月10日

2. 创新公司20×5年11月1日销售一批商品，并于当日收到面值为6 000.00元、期限为3个月的银行承兑汇票一张。12 月 31 日，该项应收票据的账面价值为(　　)元。

A. 6 000.00　　B. 6 025.00　　C. 6 050.00　　D. 6 075.00

3. 应收票据到期，如果因付款人无力支付票款，票据由银行退回，收款单位应做的会计分录是(　　)。

A. 借：应收票据
　　贷：银行存款

B. 借：应收账款
　　贷：应收票据

C. 借：应收账款
　　贷：银行存款

D. 借：银行存款
　　贷：应收票据

4. 创新公司 20×5 年 6 月 10 日将一张面值为 50 000.00 元、出票日为 20×5 年 4 月 10 日、票面利率为 8%、期限为 6 个月的票据向银行贴现，贴现率为 9%，则该票据的贴现净额为(　　)元。

A. 48 475.00　　B. 50 000.00　　C. 50 414.00　　D. 52 000.00

5. 应收账款应按(　　)入账。

A. 估计金额　　B. 实际发生的金额　　C. 双方协商的金额　　D. 计划金额

6. 创新公司销售商品一批，销售收入为 10 000.00 元，规定的现金折扣条件为"2/10，1/20，n/30"，适用的增值税税率为 17%。该公司采用总价法核算时，应收账款的入账金额为(　　)元。(假定计算现金折扣时考虑增值税的相关规定)

A. 10 700.00　　B. 11 500.00　　C. 11 583.00　　D. 11 700.00

7. 创新公司销售产品每件为 120.00 元，若客户购买 100 件(含 100 件)以上，每件可得到 20 元的商业折扣。瑞新公司 12 月 10 日购买该公司产品 100 件，按规定现金折扣条件为"2/10，1/20，n/30"，适用的增值税税率为 17%。创新公司于 12 月 29 日收到该笔款项时，应给予瑞新公司的现金折扣为(　　)元。(假定计算现金折扣时考虑增值税的相关规定)

A. 0　　B. 100.00　　C. 117.00　　D. 1 100.00

8. 预付货款不多的企业，可以将预付的货款直接记入(　　)科目的借方，而不单独设置"预付账款"科目。

A."应收账款"　　B."其他应收款"　　C."应付账款"　　D."预收账款"

9. 下列应收、暂付款项中，不通过"其他应收款"科目核算的是(　　)。

A. 应收保险公司赔款　　B. 应向购货方收取的代垫运杂费

C. 应向职工收取的各种垫付款项　　D. 应收出租包装物的租金

10. 创新公司"坏账准备"科目的年初余额为 4 000.00 元，"应收账款"和"其他应收款"科目的年初余额分别为 30 000.00 元和 10 000.00 元。当年，不能收回的应收账款 2 000.00 元确认为坏账损失。"应收账款"和"其他应收款"科目的年末余额分别为 50 000.00 元和 20 000.00 元，假定该公司年末确定坏账准备计提比例为 10%。该公司年末实际提取的坏账准备为(　　)元。

A. 1 000.00　　B. 3 000.00　　C. 5 000.00　　D. 7 000.00

二、多项选择题

1. 根据承兑人不同，商业汇票分为(　　)。

A. 商业承兑汇票　　B. 银行承兑汇票　　C. 银行本票　　D. 银行汇票

2. 带息商业汇票到期值的计算与(　　)有关。

A. 票据面值　　B. 票据利率　　C. 票据期限　　D. 贴现利率

3. 按我国《企业会计准则》规定，可以作为应收账款入账金额的项目有(　　)。

A. 商品销售收入价款　　B. 增值税销项税额

C. 商业折扣　　D. 现金折扣

4. 企业的应收账款不应包括(　　)。

A. 预付分公司款　　B. 应收利息

C. 超过 1 年的应收分期销货款　　D. 应收销货款

5. 企业的预付账款可以通过(　　)科目进行核算。

A.“预付账款”　　B.“应付账款”　　C.“其他应收款”　　D.“其他应付款”

6. 关于“预付账款”科目，下列说法中正确的有(　　)。

A.“预付账款”属于资产性质的科目

B. 预付货款不多的企业，可以不单独设置“预付账款”科目，将预付的货款记入“应付账款”科目的借方

C.“预付账款”科目的贷方余额反映的是应付供应单位的款项

D.“预付账款”科目核算企业因销售业务产生的往来款项

7. 下列项目中，应通过“其他应收款”科目核算的有(　　)。

A. 预付给企业各内部单位的备用金　　B. 应收的各种罚款

C. 应收、暂付上级单位的款项　　D. 应向职工收取的各种垫付款项

8. 企业采用备抵法核算坏账准备，估计坏账损失的方法有(　　)。

A. 年数总和法　　B. 双倍余额递减法

C. 应收款项余额百分比法　　D. 账龄分析法

9. 下列各项中，在“坏账准备”科目贷方核算的有(　　)。

A. 已发生的坏账损失　　B. 计提的坏账准备

C. 已确认坏账的应收账款又收回的部分　　D. 期末调整坏账准备时，计提前坏账准备为借方余额

10. 下列各项中，会引起期末应收账款账面价值发生变化的有(　　)。

A. 按实际发生坏账确认坏账损失　　B. 收回已转销的坏账

C. 计提应收账款坏账准备　　D. 将应收票据转入应收账款

三、业务题

习题一

［资料］　创新公司为增值税一般纳税人，20×5 年 10 月 1 日销售一批商品给厚新公司，商品售价为 200 000.00元，增值税税额为 34 000.00 元，当日收到厚新公司签发并承兑的 6 个月期、票面金额为 234 000.00元的商业承兑汇票一张。20×6 年 4 月 1 日，厚新公司由于资金周转困难，暂时无力支付票款，经双方协商，厚新公司重新签发 6 个月期、面值为 234 000.00 元的商业承兑汇票，确定债权关系。创新公司 20×6年 10 月 1 日收到款项。

［要求］

(1)编制 20×5 年 10 月 1 日销售商品确认收入的记账凭证。

(2)编制 20×6 年 4 月 1 日商业承兑汇票到期的记账凭证。

(3)编制 20×6 年 10 月 1 日收到款项的记账凭证。

习题二

［资料］　卓越公司于 20×7 年 1 月 26 日将签发日为 20×6 年 11 月 17 日、期限为 90 天、面值为 120 000.00元、利率为 8%的银行承兑汇票送到银行申请贴现，银行规定的贴现率为 10%(假定该企业与承兑银行在同一票据交换区域内)。

［要求］

(1)计算确定银行承兑汇票的到期日、到期值。

(2)计算银行承兑汇票贴现时的贴现利息、贴现净额。

(3)编制 20×7 年 1 月 26 日贴现银行承兑汇票时的记账凭证。

(4)如果贴现的是商业承兑汇票，试编制 20×7 年 1 月 26 日贴现银行承兑汇票时的记账凭证。

习题三

［资料］　20×5 年 12 月 3 日，卓越公司销售一批商品给创新公司，商品价目表中所列示的价格(不含增值税)为每件 240.00 元，共销售 500 件，并给予创新公司 5%的商业折扣，增值税税率为 17%。规定付款条件为“2/10，1/20，n/30”。创新公司于 20×5 年 12 月 18 日付款。

［要求］

(1)编制 12 月 3 日销售商品确认收入的记账凭证。

(2)编制 12 月 18 日收到款项的记账凭证。

习题四

[资料] 20×5 年 11 月 20 日，卓越公司向朴新公司预付购买原材料的定金为 50 000.00 元。20×5 年 12 月 18 日，卓越公司收到订购的原材料，收到的增值税专用发票上注明的价款为 50 000.00 元，增值税税额为8 500.00元，材料已验收入库，入库的计划成本为 48 900.00 元。卓越公司以存款补足货款。

[要求]

(1)编制 20×5 年 11 月 20 日预付购买原材料定金的记账凭证。

(2)编制 20×5 年 12 月 18 日收到原材料的记账凭证。

(3)编制 20×5 年 12 月 18 日预付货款的记账凭证。

习题五

[资料] 创新公司自 20×2 年起采用备抵法核算应收账款坏账损失，并按应收款项余额百分比法估计坏账准备。20×2 年年末按应收账款余额估计的坏账为 12 000.00 元；20×3 年 9 月发生坏账 8 000.00 元，20×3年年末估计的坏账为 14 000.00 元；20×4 年 6 月发生坏账 10 000.00 元，20×3 年 9 月确认的坏账 8 000.00元中有 6 000.00 元收回，20×4 年年末估计的坏账为 9 000.00 元。

[要求]

(1)计算各年年末实提坏账准备的金额。

(2)编制各年与坏账有关的记账凭证。

习题六

[资料] 20×5 年 12 月 1 日，创新公司应收账款余额为 1 000 000.00 万元，坏账准备贷方余额为 50 000.00元。20×5 年 12 月份，创新公司发生下列业务：

(1)销售产品一批，增值税专用发票上注明的价款为 5 000 000.00 元，增值税税额为 850 000.00 元，货款尚未收到。

(2)因某客户破产，该客户所欠货款 80 000.00 元无法收回，确认为坏账损失。

(3)收回 20×5 年 2 月已转销为坏账损失的应收账款 60 000.00 元，并存入银行。

(4)收到某客户以前所欠的货款 400 000.00 万元，并存入银行。

(5)20×5 年 12 月 31 日，创新公司对应收账款进行减值测试，确定按 5%计提坏账准备。

[要求]

(1)计算本期估计坏账准备的金额。

(2)计算本期实提坏账准备的金额。

(3)编制与第(1)至(5)项业务有关的记账凭证。

第四章　存　货

学习目标

1. 明确存货的核算范围，掌握存货采用实际成本计价、计划成本计价的日常核算方法及存货清查的会计处理程序。

2. 理解存货按实际成本计价、计划成本计价核算的主要差异及其各自的优缺点。

3. 了解存货的期末计价方法及其会计处理方法。

企业通过日常经营活动获得营业收入，通常需要以消耗一定数量的材料、商品等存货为代价。因此，为保护企业财产的完整，企业还需要通过会计方式，进行存货的日常核算与控制。本章主要介绍工业企业中原材料、周转材料等存货的日常核算。

第一节　存货概述

存货，是指企业在日常活动中所持有的，以备出售或生产耗费的产品或商品、处在生产过程中的在产品、在生产过程或提供劳务过程中耗用的材料或物料等。作为企业一项重要的流动资产，存货价值通常在企业资产中占有相当大的比重。

一、存货的特征

存货与其他的资产一样，属于可以给企业带来经济利益的资源。同时，存货还具备以下四个特点：

（一）存货是一项有形资产

存货是具有物质实体的经济资源，这是区别于应收账款等金融资产、无形资产等没有实物形态的经济资源的重要标准。

（二）存货是一项流动资产

正常情况下，存货能够在一年或超过一年的一个经营周期内转化为货币资金或其他资产，并且不断地被重置，具有较强的变现能力和较大的流动性。这是存货区别于固定资产的重要标准。为此，企业要按购买物资的不同意图区别处理。例如，企业购入的用于生产产品的物资，应作为存货进行管理；又如，企业购入的用于建造固定资产的物资，则不应作为存货进行管理。

（三）持有存货的最终目的是为了耗用或者出售

存货在企业生产经营过程中所发挥的作用，就是直接作为货物或间接作为货物价值的组成部分交换出去。这是存货最基本的特征,也是存货区别于其他资产的重要标准。比如,房地产开发企业已完工的商品房,应作为存货进行管理;又如,产品制造企业自行建造完工的仓库,则不应作为存货进行管理。

(四)存货是一项非货币性资产

存货通过出售获得货币资金的流入,但流入的金额受未来销售价格的影响较大,带有不确定性。因此,作为非货币性资产,存货需要定期进行减值测试,计提存货跌价准备。

二、存货的范围

为了开展正常的经营活动,企业储备的实物资产种类繁多。能够列为存货的资产,必须要满足相关的确认条件。

(一)存货的确认条件

企业确认的存货,除了要满足存货的定义外,还要同时满足以下两项确认条件:

1. 与该存货有关的经济利益很可能流入企业

资产的基本特征就是预期会给企业带来未来的经济利益,即资产具有收益权;而法律上的收益权是资产所有权中的一种。因此,企业应以所有权的归属而不以物品的存放地点为依据来确定企业的存货范围。比如,企业已开出销售发票售出的待运商品,即使暂时存放于本企业的仓库,但由于所有权已转移给购货方,故不能将其作为本企业的存货进行管理。又如,企业委托其他单位代销的商品,由于所有权尚未转移给购货方或代销方,即使暂时存放于代销方的仓库,也应该将其作为本企业的存货进行管理。

2. 该存货的成本能够可靠地计量

存货作为资产的重要组成部分,必须满足成本能够可靠地计量这一资产确认的基本条件。存货的成本,是指取得存货时发生的一切支出,即存货的实际成本。如果物资的成本不能可靠地计量,则不能确认为企业的存货。比如,企业购买已经验收入库的材料,若尚未取得相关的发票等单据,则不能确认为存货。

(二)存货的内容

由于不同行业的经济业务的具体内容各不相同,因此各企业存货的构成也有差异。对于产品制造企业来说,按存货用途的不同,可以分为以下五种:

1. 原材料

原材料,是指企业在生产过程中经加工改变其形态或性质并构成产品主要实体的原料及主要材料、辅助材料、燃料、修理用备件(备品备件)、包装材料、外购半成品(外购件)等。

2. 在产品

在产品,是指企业正在制造尚未完工的生产物,包括正在各个生产工序加工的产品和已加工完毕但尚未检验或已检验但尚未办理入库手续的产品。

3. 半成品

半成品,是指经过一定生产过程并已检验合格交付半成品仓库保管,但尚未制造完工成为产成品,仍需进一步加工的中间产品。

4. 产成品

产成品,是指已经完成全部生产过程并已验收入库,可以按合同规定的条件送交订货单位,或者可以作为商品对外销售的产品。企业接受来料加工制造的代制品和为外单位加工修理的代修品,制造和修理完成验收入库后,应视同企业的产成品。

5. 周转材料

周转材料，是指企业能够多次使用、逐渐转移其价值且仍保持其原有形态但不确认为固定资产的各种材料，如包装物、低值易耗品等。包装物，是指为了包装本企业的商品而储备的各种包装容器，如桶、瓶、坛等。低值易耗品，是指因单位价值较低，或使用期限较短，而不能作为固定资产核算的各种用具物品，如专用工具、劳动保护用品等。

三、存货成本的确定

存货成本的确定包括取得存货成本的计价、发出存货成本的计价和存货的期末计量。

(一)取得存货成本的计价

取得存货时，需要对其入账价值进行计价，会计上亦称为存货的初始计量。根据《企业会计准则第1号——存货》的规定，存货应当按成本进行初始计量，主要包括采购成本、加工成本和其他成本。存货来源不同，其成本的构成也不同。本章主要介绍外购存货、自制存货的初始入账价值。

1. 外购的存货

外购存货以其采购成本为入账价值，包括购买价款、相关税费、运输及装卸等运杂费以及其他可归属于存货采购成本的费用。

(1)购买价款。

存货的购买价款，是指企业购买存货时取得的发票等单据上列明的价款。若取得增值税专用发票的抵扣联，则按不含增值税的购买价款入账；若购货时取得商业折扣，则按扣除商业折扣后的净额入账；若付款时取得现金折扣，不需要调整购买价款，仍然按发票等单据上的价款入账。

(2)可计入存货成本的相关税费。

可计入存货成本的相关税费，是指企业购买存货时发生的应支付的、不得抵扣的相关税金及费用，如进口关税、消费税、资源税等。小规模纳税人购进货物支付的增值税，以及一般纳税人购进货物时不得抵扣的增值税等均应计入存货成本。

(3)其他可归属于存货采购成本的费用。

其他可归属于存货采购成本的费用，是指采购的存货在验收入库前发生的其他费用，如存货采购过程中发生的运输费、装卸费、包装费等杂费，存货运输途中的合理损耗，存货入库存前的挑选整理费用等。若这些费用是为某项存货的采购而发生的，则直接计入该项存货的成本；若这些费用是为若干项存货的采购而发生的，则选择合理的分配标准分别计入各项存货的成本。

[例4－1] 20×5年12月2日，诚友公司购入Z材料4 000千克，单价为每千克50.00元，增值税专用发票上注明的价款为200 000.00元，增值税税额为34 000.00元，款项尚未支付，付款条件为“2/10，n/30”；增值税专用发票上注明的运输费为8 000.00元，增值税税额为880.00元，款项通过银行转账支付。20×5年12月12日，Z材料在验收入库时发现短缺150千克，经查明原因，其中50千克为运输途中的合理损耗，另100千克为运输单位失责所致，由运输单位赔偿相关损失。

根据上述业务，该批Z材料的入账价值计算过程如下：

Z材料的实际成本＝(4 000－100)×(50.00＋8 000.00÷4 000)＝202 800.00(元)

Z材料的单位成本＝202 800.00÷(4 000－150)＝52.675 3(元/千克)

运输单位应赔偿金额＝100×50.00×(1＋17%)＋100×2.00×(1＋11%)

＝6 072.00(元)

2. 自制的存货

自制存货以其达到目前场所和状态所发生的全部支出为入账价值，主要包括自制过程中消耗的直接材料、发生的加工成本等各项实际支出。

(1)消耗的直接材料。

消耗的直接材料，是指为制造存货消耗的原料及主要材料、辅助材料、修理用备件、外购件等各种外购存货。直接材料的成本可以按发出材料的计价方法进行计算确定。

(2)发生的加工成本。

发生的加工成本，是指为制造存货发生的追加费用，包括直接人工、按一定方法分配计入的制造费用、支付的委托加工费等。

[例 4—2] 20×5 年 12 月 8 日，诚友公司向安朋公司拨付 Z 材料 20 000.00 元，用于加工成 Y 半成品；12 月 17 日，富民公司以银行存款支付全部加工费用，取得的增值税专用发票上注明的价款为 5 000.00 元，增值税税额为 850.00 元；以现金支付往返的运杂费，取得的增值税专用发票上注明的运输费为 600.00 元，增值税税额为 66.00 元。加工完成，收回 Y 半成品验收入库，该批 Y 半成品用于继续生产新产品。

Y 半成品实际成本＝20 000.00＋5 000.00＋600.00＝25 600.00(元)

(二)发出存货成本的计价

企业取得的存货，会根据陆续从仓库发出，用于销售或者耗用。在存货的日常核算中，企业发出的存货可以采用实际成本计价，也可以采用计划成本计价。

采用实际成本计价时，企业应当根据企业的管理要求，选择包括个别计价法、先进先出法、月末一次加权平均法和移动加权平均法等计价方法，确定存货的发出成本。

1. 个别计价法

个别计价法，亦称个别认定法，是假设存货具体项目的实物流转与成本流转相一致，按各种存货逐一辨认各批发出存货和期末存货所属的购进批别或生产批别，分别按其购入或生产时所确定的单位成本计算各批发出存货和期末存货的方法。

[例 4—3] 20×5 年 12 月，按个别计价法，富民公司低值易耗品的收入、发出及结存情况如表 4—1 所示。

表 4—1　低值易耗品明细账(个别计价法发出)

品名：专用工具　　金额单位：元

日期		摘要	收入			发出			结存		
月	日		数量	单价	金额	数量	单价	金额	数量	单价	金额
12	1	期初余额							100	5.00	500.00
	4	购入	80	5.30	424.00				100 80	5.00 5.30	500.00 424.00
	8	发出				80 10	5.00 5.30	400.00 53.00	20 70	5.00 5.30	100.00 371.00
	15	购入	50	5.80	290.00				20 70 50	5.00 5.30 5.80	100.00 371.00 290.00
	19	发出				20 50 30	5.00 5.30 5.80	100.00 265.00 174.00	20 20	5.30 5.80	106.00 116.00

续表

日期		摘要	收入			发出			结存		
月	日		数量	单价	金额	数量	单价	金额	数量	单价	金额
	21	购入	100	5.10	510.00				20 20 100	5.30 5.80 5.10	106.00 116.00 510.00
	27	发出				20 40	5.80 5.10	116.00 204.00	20 60	5.30 5.10	106.00 306.00
	31	本期合计	230	—	1 224.00	250	—	1 312.00	20 60	5.30 5.10	106.00 306.00

发出存货的成本＝5.00×(80＋20)＋5.30×(10＋50)＋5.80×(30＋20)＋5.10×40
＝1 312.00(元)

存货期末结存成本＝5.30×20＋5.10×60＝412.00(元)

个别计价法的成本计算是最客观、准确的，但在手工核算时工作量较大。因此，这种方法一般适用于不替代使用的存货、贵重物品等。

2. 先进先出法

先进先出法，是指以先购入的存货应先发出这样一种存货实物流动假设为前提，将先购入存货的成本在后购入存货成本之前转出，据此确定发出存货和期末存货的成本。

[例 4—4] 20×5 年 12 月，按先进先出法，富民公司低值易耗品的收入、发出及结存情况如表 4—2 所示。

表 4—2　　低值易耗品明细账(先进先出法发出)

品名：专用工具　　金额单位：元

日期		摘要	收入			发出			结存		
月	日		数量	单价	金额	数量	单价	金额	数量	单价	金额
12	1	期初余额							100	5.00	500.00
	4	购入	80	5.30	424.00				100 80	5.00 5.30	500.00 424.00
	8	发出				90	5.00	450.00	10 80	5.00 5.30	50.00 424.00
	15	购入	50	5.80	290.00				10 80 50	5.00 5.30 5.80	50.00 424.00 290.00
	19	发出				10 80 10	5.00 5.30 5.80	50.00 424.00 58.00	40	5.80	232.00
	21	购入	100	5.10	510.00				40 100	5.80 5.10	232.00 510.00
	27	发出				40 20	5.80 5.10	232.00 102.00	80	5.10	408.00
	31	本期合计	230	—	1 224.00	250	—	1 316.00	80	5.10	408.00

发出存货的成本＝5.00×(90＋10)＋5.30×80＋5.80×(10＋40)＋5.10×20

=1 316.00(元)

存货期末结存成本=5.10×80=408.00(元)

先进先出法可以随时反映存货的发出成本和结存情况,有利于加强存货的日常管理。但如果存货收发频繁,则账簿记录工作量较大。在物价上涨时,采用先进先出法既会使发出存货的成本偏低,从而导致利润偏高,还会使期末结存存货成本偏高,从而导致资产偏高。

3. 月末一次加权平均法

月末一次加权平均法,是指以本月全部进货数量,加上月初结存存货数量作为权数,去除本月全部进货成本加上月初结存存货成本,计算出存货的加权平均单位成本,以此为基础计算本月发出存货的成本和期末结存存货成本的一种方法。月末一次加权平均法的计算公式如下:

存货平均单位成本=(期初结存存货成本+本期收货成本)÷(期初结存存货数量+本期收货数量)

本期发出存货成本=存货平均单位成本×本期发出存货数量

期末结存存货成本=存货平均单位成本×本期结存存货数量

[例 4—5] 20×5 年 12 月,按月末一次加权平均法,富民公司低值易耗品的收入、发出及结存情况如表 4—3 所示。

表 4—3　　低值易耗品明细账(月末一次加权平均法发出)

品名:专用工具　　金额单位:元

日期		摘要	收入			发出			结存		
月	日		数量	单价	金额	数量	单价	金额	数量	单价	金额
12	1	期初余额							100	5.00	500.00
	4	购入	80	5.30	424.00				180		
	8	发出				90			90		
	15	购入	50	5.80	290.00				140		
	19	发出				100			40		
	21	购入	100	5.10	510.00				140		
	27	发出				60			80		
	31	本期合计	230	—	1 224.00	250	5.224 2	1 306.05	80	5.224 2	417.95

存货平均单位成本=(500.00+1 224.00)÷(100+230)=5.224 2(元/件)

本期发出存货成本=5.224 2×250=1 306.05(元)

期末结存存货成本=500.00+1 224.00−1 306.05=417.95(元)

月末一次加权平均法只需在月末计算加权平均单位成本,因而平时的工作量较小,月末的工作量较大。但由于平时无法从账簿上提供各种存货发出和结存的单价及金额,不便于对存货进行日常管理。

4. 移动加权平均法

移动加权平均法,是指在每次取得存货时,以每次进货成本加上原有库存存货成本,除以每次进货数量加上原有库存存货数量,据以计算加权平均单位成本,作为在下次进货前计算各次发出存货成本依据的一种方法。移动加权平均法的计算公式如下:

存货平均单位成本＝(原有结存存货成本＋本次收货成本)÷(原有结存存货数量＋本次收货数量)

本次发出存货成本＝本次发货前的存货平均单位成本×本次发出存货数量

期末结存存货成本＝本期末存货平均单位成本×本期结存存货数量

［例 4—6］　20×5 年 12 月，按移动加权平均法，富民公司低值易耗品的收入、发出及结存情况如表 4—4 所示。

表 4—4　　**低值易耗品明细账(移动加权平均法发出)**

品名：专用工具　　金额单位：元

日期		摘要	收入			发出			结存		
月	日		数量	单价	金额	数量	单价	金额	数量	单价	金额
12	1	期初余额							100	5.00	500.00
	4	购入	80	5.30	424.00				180	5.133 3	924.00
	8	发出				90	5.133 3	462.00	90	5.133 3	462.00
	15	购入	50	5.80	290.00				140	5.371 4	752.00
	19	发出				100	5.3714	537.14	40	5.371 4	214.86
	21	购入	100	5.10	510.00				140	5.177 6	724.86
	27	发出				60	5.177 6	310.66	80	5.177 6	414.20
	31	本期合计	230	—	1 224.00	250	—	1 309.80	80	5.177 6	414.20

12 月 4 日存货平均单位成本＝(500.00＋424.00)÷(100＋80)＝5.133 3(元/件)

12 月 8 日发出存货成本＝5.133 3×90＝462.00(元)

12 月 15 日存货平均单位成本＝(462.00＋290.00)÷(90＋50)＝5.371 4(元/件)

12 月 19 日发出存货成本＝5.371 4×100＝537.14(元)

12 月 21 日存货平均单位成本＝(214.86＋510.00)÷(40＋100)＝5.177 6(元/件)

12 月 27 日发出存货成本＝5.177 6×60＝310.66(元)

移动加权平均法能够从账簿上及时反映存货的收发及结存情况，有利于加强存货的日常管理。但每次收货都要计算平均单位成本，计算工作量较大。

对于存货发出采用计划成本进行的计价，将在后面相关内容中加以介绍。

第二节　存货的实际成本计价法

存货的日常核算可以采用实际成本进行计价。采用实际成本计价法核算时，存货的收发及结存，均按实际成本计价。

一、会计科目的设置

为了反映和控制存货的增减变动及其结存情况，在实际成本计价法下，企业应当设置如下会计科目：

(一)“在途物资”科目

“在途物资”科目总括核算企业采用实际成本进行材料日常核算，货款已付尚未验收入库的购入材料的实际采购成本。该科目借方登记企业购入、尚未入库的材料实际成本，贷方登记验收入库的材料实际成本，期末借方余额反映企业已付款或已开出、承兑商业汇票，但尚未到达或尚未验收入库的在途材料实际采购成本。

为了反映采购材料的具体增减变动情况，“在途物资”科目按供应单位和物资品种的名称进行明细核算。

（二）“原材料”科目

“原材料”科目总括核算企业库存各种材料的收发及结存的实际成本。该科目借方登记企业入库材料的实际成本，贷方登记发出材料的实际成本，期末借方余额反映企业库存材料的实际成本。

为了反映库存材料的具体增减变动情况，“原材料”科目按材料的保管地点、类别、品种和规格等进行明细核算。

（三）“周转材料”科目

“周转材料”科目总括核算企业的包装物、低值易耗品等周转材料的实际成本。该科目借方登记企业入库的周转材料实际成本，贷方登记发出的周转材料实际成本，期末借方余额反映库存周转材料的实际成本。

为了反映周转材料的具体增减变动情况，“周转材料”科目按周转材料的品种、规格进行明细核算。

（四）“委托加工物资”科目

“委托加工物资”科目总括核算企业委托外单位加工的各种物资的实际成本。该科目借方登记企业委托外单位加工物资时发生的实际成本，贷方登记加工完成验收入库的物资的实际成本，期末借方余额反映委托外单位加工尚未完成物资的实际成本。

为了反映委托加工物资的具体增减变动情况，“委托加工物资”科目按加工合同、受托加工单位以及加工物资的品种进行明细核算。

二、原材料

（一）购入原材料的核算

企业购入材料时，由于购货发票、运费发票等结算凭证的传递与材料实物的传递方式不同，在账务处理上也有区别。

1. 结算凭证到达企业，材料已验收入库

企业根据结算凭证确定材料的实际成本，并根据材料入库单借记“原材料”科目，根据可抵扣的增值税借记“应交税费”科目；根据货款结算方式的不同，已支付款项的贷记“银行存款”科目，尚未支付款项的贷记“应付账款”科目，签发并承兑商业汇票的贷记“应付票据”科目。

2. 结算凭证到达企业，材料尚未验收入库

企业根据结算凭证确定材料的实际成本，借记“在途物资”科目，根据可抵扣的增值税借记“应交税费”科目；根据货款结算方式的不同，已支付款项的贷记“银行存款”科目，尚未支付款项的贷记“应付账款”科目，签发并承兑商业汇票的贷记“应付票据”科目。

待材料到达并验收入库时，企业根据材料入库单借记“原材料”科目，贷记“在途物资”科目。

3. 结算凭证尚未到达企业，材料已验收入库

企业在材料验收入库时由于无法确定材料的实际成本，因此暂时不进行账务处理。待结

算凭证到达后，按结算凭证到达企业，材料已验收入库的情况处理。

如果到了月末，结算凭证仍未到达企业，为了保证账实相符，一般按暂估价值先将材料入账，借记“原材料”科目，贷记“应付账款”科目；待下月初用红字冲回。待结算凭证到达后，按结算凭证到达企业，材料已验收入库的情况处理。

4. 购入材料发生短缺

材料在验收入库时，如果发现入库材料的数量小于结算凭证中记载的材料的数量，应及时查明短缺原因并做出处理。在未查明原因或未做出处理之前，先按短缺材料的实际成本，借记“待处理财产损溢”科目，贷记“在途物资”科目。

待查明原因后，根据造成短缺原因的不同区别处理。其中，属于定额内的合理损耗的部分借记“原材料”科目；属于相关责任人赔偿的部分借记“其他应收款”科目；属于非常损失或自然灾害的部分借记“营业外支出”科目，贷记“待处理财产损溢”科目。

[例 4—7] 诚友公司为增值税一般纳税人，适用的增值税税率为 17%，存货的日常核算采用实际成本计价法。20×5 年 12 月有关 H 材料资料如下：

(1)“在途物资——X 材料”科目月初余额 16 500.00 元，数量 150 千克；“原材料——X 材料”科目月初余额 80 000.00 元，数量 800 千克。

(2)12 月 3 日，收到上月采购的 X 材料，验收入库时发现只有 140 千克。经检查，短缺的 10 千克是本公司在提货后、验收入库前被盗所致，保险公司已按规定同意赔偿 1 287.00 元，但赔款尚未收到。X 材料验收入库。

(3)12 月 9 日，持银行汇票 200 000.00 元购入 X 材料 1 500 千克，取得的增值税专用发票上注明的价款为 153 750.00 元，增值税税额为 26 137.50 元；取得运输单位开出的增值税专用发票上注明的运输费为 4 500.00 元，增值税税额为 495.00 元。X 材料尚未验收入库，剩余票款收回并存入银行。

(4)12 月 16 日，购入 X 材料 500 千克，材料已验收入库，结算凭证尚未到达公司。

(5)12 月 23 日，采用托收承付方式结算购入 X 材料 1 000 千克，取得的增值税专用发票上注明的价款为 104 000.00 元，增值税税额为 17 680.00 元。款项尚未支付，X 材料如数验收入库。

(6)12 月 24 日，12 月 9 日结算购入的 X 材料如数验收入库。

(7)12 月 29 日，购入 X 材料 700 千克，合同载明价款 74 200.00 元，材料已验收入库，结算凭证尚未到达公司。

(8)12 月 30 日，12 月 16 日入库的 X 材料的结算凭证已到达公司，取得的增值税专用发票上注明的价款为 53 000.00 元，增值税税额为 9 010.00 元。公司采用汇兑的方式结算款项。

根据上述经济业务，诚友公司应编制记账凭证如下：

(1)12 月 3 日，收到上月采购的 X 材料验收入库时：

借：原材料	15 400.00	
待处理财产损溢	1 100	
贷：在途物资		16 500.00

短缺的 X 材料经批准转销时：

借：其他应收款	1 287.00	
贷：待处理财产损溢		1 100.00
应交税费		187.00

(2)12 月 9 日，持银行汇票购入 X 材料时：

X 材料入账价值＝153 750.00＋4 500.00＝158 250.00(元)

借：在途物资　　158 250.00
　应交税费　　26 632.50
　　贷：其他货币资金　　184 882.50

剩余票款收回并存入银行时：

借：银行存款　　15 117.50
　　贷：其他货币资金　　15 117.50

(3)12 月 16 日，不需要进行账务处理。

(4)12 月 23 日，购入 X 材料验收入库，款项尚未支付时：

借：原材料　　104 000.00
　应交税费　　17 680.00
　　贷：应付账款　　121 680.00

(5)12 月 24 日，X 材料验收入库时：

借：原材料　　158 250.00
　　贷：在途物资　　158 250.00

(6)12 月 29 日，不需要进行账务处理。

(7)12 月 30 日，X 材料验收入库，款项已付时：

借：原材料　　53 000.00
　应交税费　　9 010.00
　　贷：银行存款　　62 010.00

(8)12 月 31 日，已验收入库的 X 材料暂估入账时：

借：原材料　　74 200.00
　　贷：应付账款　　74 200.00

20×6 年 1 月 1 日，红字冲账时：

借：原材料　　74 200.00
　　贷：应付账款　　74 200.00

若 20×6 年 1 月 7 日，收到 12 月 29 日入库 X 材料的结算凭证，取得的增值税专用发票上注明的价款为 74 200.00 元，增值税税额为 12 614.00 元，公司通过转账支票结算款项时：

借：原材料　　74 200.00
　应交税费　　12 614.00
　　贷：银行存款　　86 814.00

(二)发出原材料的核算

企业发出原材料时，首先从个别计价法、先进先出法、月末一次加权平均法、移动加权平均法等方法中选择一定方法计算确定发出原材料的实际成本；然后按发出原材料的具体用途，分别借记有关成本或费用类科目，贷记“原材料”科目。其中，直接用于产品生产的，借记“生产成本”科目；用于车间一般消耗的，借记“制造费用”科目；用于管理部门消耗的，借记“管理费用”科目；用于专设销售机构消耗的，借记“销售费用”科目；用于直接对外销售的，借记“其他业务成本”科目；等等。

为了简化核算频繁的领用材料业务，企业可以定期根据“领料单”或“限额领料单”等原始凭证，按领料单位、部门进行归类、汇总，编制“发料凭证汇总表”，据以进行账务处理。

[例 4—8]　承[例 4—7]，20×5 年 12 月 31 日，诚友公司汇总本月发料凭证的记录，基本生产车间生产产品领用 X 材料 3 200 千克，车间一般消耗 10 千克，行政管理部门消耗 120 千克。

本月 X 材料单位成本＝(80 000.00＋15 400.00＋104 000.00＋158 250.00＋53 000.00)
÷(800＋140＋1 000＋1 500＋500)
＝104.225 9(元/千克)

本月发出 X 材料成本＝104.225 9×(3 200＋10＋120)＝347 072.25(元)

根据上述经济业务，诚友公司应编制记账凭证如下：

借：生产成本　　333 522.88
　制造费用　　1 042.26
　管理费用　　12 507.11
　贷：原材料　　347 072.25

三、委托加工物资

委托加工物资，是指由企业提供原料及主要材料，通过支付加工费，由受托加工单位加工为企业所需的存货。

(一)发出原材料及主要材料

企业向受托加工单位发出原材料时，根据领料单借记“委托加工物资”科目，贷记“原材料”科目。

(二)支付加工费、运杂费等

企业向受托加工单位支付加工费，或向运输单位支付运输费、装卸费等运杂费时，根据取得的结算凭证确定计入存货的成本，借记“委托加工物资”等科目；根据结算方式的不同，贷记“银行存款”等科目。

(三)加工完成，收回物资验收入库

企业将加工完成的物资收回时，根据收料单借记“原材料”等科目，贷记“委托加工物资”等科目。

[例 4—9]　承[例 4—2]，根据上述业务，诚友公司应编制记账凭证如下：

(1)20×5 年 12 月 8 日，拨付 Z 材料时：

借：委托加工物资　　20 000.00
　贷：原材料　　20 000.00

(2)20×5 年 12 月 17 日，以银行存款支付全部加工费用和运杂费时：

借：委托加工物资　　5 600.00
　应交税费　　916.00
　贷：银行存款　　6 516.00

(3)加工完成，收回 Y 半成品验收入库时：

借：原材料　　25 600.00
　贷：委托加工物资　　25 600.00

四、周转材料

实际成本计价时，企业购入周转材料的具体核算方法与购入原材料的核算方法基本相同。由于周转材料可以循环使用，因此其发出成本可以按使用次数分次摊销计入企业的成本费用。目前采用得较多的摊销方法有一次摊销法和五五摊销法。

（一）一次摊销法

一次摊销法，是指在领用周转材料时，将其全部价值一次计入成本、费用的方法。这种方法主要适用于金额较小的周转材料，以简化核算。

企业领用包装物的，按包装物核算内容的不同，用于包装产品作为产品组成部分的包装物，借记"生产成本"科目；用于随同产品出售而不单独计价的包装物，借记"销售费用"科目；用于随同产品出售单独计价的包装物，借记"其他业务成本"科目；用于出租给购买单位使用的包装物，借记"其他业务成本"科目；用于出借给购买单位使用的包装物，借记"销售费用"科目；根据领用单贷记"周转材料——包装物"科目。

企业领用低值易耗品的，按低值易耗用途的不同，借记"制造费用"等科目，根据领料单贷记"周转材料——低值易耗品"科目。

［例4—10］ 富民公司对包装物采用实际成本计价核算，20×5年12月份有关发出包装物的经济业务如下：

(1)12月15日，公司销售产品时领用不单独计价的包装物200件。

(2)12月23日，公司销售产品时领用单独计价的包装物400件，每件售价10.00元，增值税专用发票上注明的价款为4 000.00元，增值税税额为680.00元，款项已存入银行。

(3)12月31日，对发出包装物采用月末一次加权平均法，计算包装物的平均单位成本为5.40元。

根据上述经济业务，富民公司应编制记账凭证如下：

(1)20×5年12月23日，出售单独计价的包装物时：

借：银行存款	4 680.00	
贷：其他业务收入		4 000.00
应交税费		680.00

(2)20×5年12月31日，根据发出包装物汇总表，结转发出包装物的成本时：

借：其他业务成本	2 160.00	
销售费用	1 080.00	
贷：周转材料		3 240.00

（二）五五摊销法

五五摊销法，是指在领用周转材料时摊销其一半价值，在报废周转材料时再摊销其另一半价值的方法。这种方法主要适用于金额较大的、可供多次反复使用的周转材料。

采用五五摊销法时，需要在周转材料下设置"在用""在库""摊销"等明细科目进行核算。领用周转材料时，根据领单凭证借记"周转材料——在用"科目，贷记"周转材料——在库"科目；在领用的月末摊销周转材料时，按包装物的内容不同或低值易耗品的用途不同，借记"生产成本""制造费用"等科目，贷记"周转材料——摊销"科目；在报废周转材料时，按包装物的内容不同或低值易耗品的用途不同，借记"生产成本""制造费用"等科目，贷记"周转材料——摊销"科目；同时借记"周转材料——在用"科目，贷记"周转材料——摊销"科目。

[例 4—11] 诚友公司对低值易耗品采用实际成本计价核算,20×5 年 12 月份有关发出低值易耗品的经济业务如下:

(1)12 月 8 日,公司基本生产车间领用专用工具 90 件。

(2)12 月 19 日,公司机修车间领用专用工具 100 件。

(3)12 月 27 日,公司包装车间领用专用工具 60 件。

(4)12 月 31 日,对发出低值易耗品采用月末一次加权平均法,计算低值易耗品的平均单位成本为 5.224 2 元。

(5)20×6 年 2 月 13 日,基本生产车间 20×5 年 12 月 8 日领用的专用工具报废。

根据上述经济业务,诚友公司应编制记账凭证如下:

(1)20×5 年 12 月 31 日,领用专用工具时:

借:周转材料——低值易耗品——在用　　1 306.05

　　贷:周转材料——低值易耗品——在库　　1 306.05

(2)20×5 年 12 月 31 日,摊销专用工具时:

借:制造费用——基本生产车间　　235.09

　　　　　　——机修车间　　261.21

　　　　　　——包装车间　　156.73

　　贷:周转材料——低值易耗品——摊销　　653.03

(3)20×6 年 2 月 13 日,基本生产车间专用工具报废时:

借:制造费用——基本生产车间　　235.09

　　贷:周转材料——低值易耗品——摊销　　235.09

同时:

借:周转材料——低值易耗品——摊销　　470.18

　　贷:周转材料——低值易耗品——在用　　470.18

第三节　存货的计划成本计价法

存货的日常核算可以采用计划成本进行计价。采用计划成本计价法核算时,存货的收发及结存,均按计划成本计价。

一、会计科目的设置

为了反映和控制存货的增减变动及其结存情况,在计划成本计价法下,企业应当设置如下会计科目:

(一)"材料采购"科目

"材料采购"科目总括核算企业采用计划成本进行材料日常核算而购入材料的实际成本。该科目借方登记企业购入、尚未入库的材料实际成本,贷方登记验收入库的材料计划成本。如果借方的实际成本大于贷方的计划成本,表示超支,从"材料采购"科目的贷方转入"材料成本差异"科目的借方;如果借方的实际成本小于贷方的计划成本,表示节约,从"材料采购"科目的借方转入"材料成本差异"科目的贷方。期末借方余额反映企业已付款或已开出、承兑商业汇票,但尚未到达或尚未验收入库的在途材料实际采购成本。

为了反映采购材料的具体增减变动情况，“材料采购”科目按供应单位和物资品种的名称进行明细核算。

(二)“原材料”科目

“原材料”科目总括核算企业库存各种材料的收发及结存的计划成本。该科目借方登记企业入库材料的计划成本，贷方登记发出材料的计划成本，期末借方余额反映企业库存材料的计划成本。

为了反映库存材料的具体增减变动情况，“原材料”科目按材料的保管地点、类别、品种和规格等进行明细核算。

(三)“周转材料”科目

“周转材料”科目总括核算企业的包装物、低值易耗品等周转材料的计划成本。该科目借方登记企业入库的周转材料计划成本，贷方登记发出的周转材料计划成本，期末借方余额反映库存周转材料的计划成本。

为了反映周转材料的具体增减变动情况，“周转材料”科目按周转材料的品种、规格进行明细核算。

(四)“材料成本差异”科目

“材料成本差异”科目总括核算企业已入库各种材料的实际成本与计划成本的差异额。该科目借方登记入库材料的超支差，贷方登记入库材料的节约差以及发出材料应负担的差异额，期末借方余额反映企业库存各种材料的实际成本大于计划成本的超支差异，期末贷方余额反映企业库存各种材料的实际成本小于计划成本的节约差异。

为了详细反映材料成本差异的构成及其增减变动，“材料成本差异”科目按各种材料的类别或品种进行明细核算。

二、原材料

(一)购入原材料的核算

企业购入材料时，由于购货发票、运费发票等结算凭证的传递与材料实物的传递方式不同，在账务处理上也有区别。

1. 结算凭证到达企业，材料已验收入库

企业根据结算凭证确定材料的实际成本，借记“材料采购”科目，根据可抵扣的增值税借记“应交税费”科目；根据货款结算方式的不同，已支付款项的贷记“银行存款”科目，尚未支付款项的贷记“应付账款”科目，签发并承兑商业汇票的贷记“应付票据”科目。

同时，企业根据材料入库单的计划成本，借记“原材料”科目，贷记“材料采购”科目，实际成本与计划成本的差异额借记或贷记“材料成本差异”科目。在会计实务工作中，亦可以在月末将本月入库材料的实际成本与计划成本的差异额一次转入“材料成本差异”科目，以便简化核算程序。

2. 结算凭证到达企业，材料尚未验收入库

企业根据结算凭证确定材料的实际成本，借记“材料采购”科目，根据可抵扣的增值税借记“应交税费”科目；根据货款结算方式的不同，已支付款项的贷记“银行存款”科目，尚未支付款项的贷记“应付账款”科目，签发并承兑商业汇票的贷记“应付票据”科目。

待材料到达并验收入库时，企业根据材料入库单借记“原材料”科目，贷记“材料采购”科目，可同时或月末一次结转实际成本与计划成本的差异额。

3. 结算凭证尚未到达企业，材料已验收入库

企业在材料验收入库时由于无法确定材料的实际成本，因此暂时不进行账务处理。待结算凭证到达后，按结算凭证到达企业，材料已验收入库的情况处理。

如果到了月末，结算凭证仍未到达企业，为了保证账实相符，一般按计划成本先将材料入账，借记“原材料”科目，贷记“应付账款”科目；下月初用红字冲回。待结算凭证到达后，按结算凭证到达企业，材料已验收入库的情况处理。

4. 购入材料发生短缺

材料在验收入库时，如果发现入库材料的数量小于结算凭证中记载的材料的数量，应及时查明短缺原因并做出处理。在未查明原因或未做出处理之前，先按短缺材料的实际成本，借记“待处理财产损溢”科目，贷记“材料采购”科目。

待查明原因后，根据造成短缺原因的不同区别处理。其中，属于定额内的合理损耗的部分借记“材料采购”科目；属于相关责任人赔偿的部分借记“其他应收款”科目；属于非常损失或自然灾害的部分借记“营业外支出”科目，贷记“待处理财产损溢”科目。

[例 4—12] 富民公司为增值税一般纳税人，适用的增值税税率为 17%，原材料的日常核算采用计划成本计价法，甲材料的计划单位成本为每千克 105.00 元，材料的入库差异在月末一次结转。20×5 年 12 月有关甲材料的资料如下：

(1)“材料采购——甲材料”科目月初余额为 16 500.00 元，数量为 150 千克；“原材料——甲材料”科目月初余额为 84 000.00 元，数量为 800 千克；“材料成本差异——甲材料”科目月初贷方余额为 4 000.00 元。

(2)12 月 3 日，收到上月采购的甲材料，验收入库时发现只有 140 千克。经检查，短缺的 10 千克是本公司在提货后、验收入库前被盗所致，保险公司已按规定同意赔偿 1 287.00 元，但赔款尚未收到。甲材料验收入库。

(3)12 月 9 日，持银行汇票 200 000.00 元购入甲材料 1 500 千克，取得的增值税专用发票上注明的价款为 153 750.00 元，增值税税额为 26 137.50 元；取得运输单位开出的增值税专用发票上注明的运输费为 4 500.00 元，增值税税额为 495.00 元。甲材料尚未验收入库，剩余票款收回并存入银行。

(4)12 月 16 日，购入甲材料 500 千克，材料已验收入库，结算凭证尚未到达公司。

(5)12 月 23 日，采用托收承付方式结算购入甲材料 1 000 千克，取得的增值税专用发票上注明的价款为 104 000.00 元，增值税税额为 17 680.00 元。款项尚未支付，甲材料如数验收入库。

(6)12 月 24 日，12 月 9 日结算购入的甲材料如数验收入库。

(7)12 月 29 日，购入甲材料 700 千克，合同载明价款 74 200.00 元，材料已验收入库，结算凭证尚未到达公司。

(8)12 月 30 日，12 月 16 日入库的甲材料的结算凭证已到达公司，取得的增值税专用发票上注明的价款为 53 000.00 元，增值税税额为 9 010.00 元。公司采用汇兑的方式结算款项。

根据上述经济业务，富民公司应编制记账凭证如下：

(1)12 月 3 日，收到上月采购的甲材料验收入库时：

借:原材料	14 700.00	
待处理财产损溢	1 100.00	
贷:材料采购		15 800.00

短缺的甲材料经批准转销时：

借：其他应收款　　1 287.00

　　贷：待处理财产损溢　　1 100.00

　　　　应交税费　　187.00

(2)12 月 9 日，持银行汇票购入甲材料时：

甲材料的实际成本＝153 750.00＋4 500.00＝158 250.00(元)

借：材料采购　　158 250.00

　　应交税费　　26 632.50

　　贷：其他货币资金　　184 882.50

剩余票款收回并存入银行时：

借：银行存款　　15 117.50

　　贷：其他货币资金　　15 117.50

(3)12 月 16 日，不需要进行账务处理。

(4)12 月 23 日，购入甲材料，款项尚未支付时：

借：材料采购　　104 000.00

　　应交税费　　17 680.00

　　贷：应付账款　　121 680.00

甲材料验收入库时：

借：原材料　　105 000.00

　　贷：材料采购　　105 000.00

(5)12 月 24 日，甲材料验收入库时：

借：原材料　　157 500.00

　　贷：材料采购　　157 500.00

(6)12 月 29 日，不需要进行账务处理。

(7)12 月 30 日，购入甲材料，款项已付时：

借：材料采购　　53 000.00

　　应交税费　　9 010.00

　　贷：银行存款　　62 010.00

甲材料验收入库时：

借：原材料　　52 500.00

　　贷：材料采购　　52 500.00

(8)12 月 31 日，已验收入库的甲材料暂估入账时：

借：原材料　　73 500.00

　　贷：应付账款　　73 500.00

20×6 年 1 月 1 日，红字冲账时：

借：原材料　　[73 500.00]

　　贷：应付账款　　[73 500.00]

若 20×6 年 1 月 7 日，收到 12 月 29 日入库甲材料的结算凭证，取得的增值税专用发票上注明的价款为 74 200.00 元，增值税税额为 12 614.00 元，公司通过转账支票结算款项时：

借:材料采购　　　　74 200.00

　应交税费　　　　12 614.00

　　贷:银行存款　　　　86 814.00

(9)12 月 31 日,月末结转已结算货款并验收入库材料发生的成本差异,计算过程见表 4—5。

表 4—5　　材料成本差异计算表

品名:甲材料　　　　金额单位:元

日期		借方			日期		贷方		材料成本差异
月	日	摘要	数量	实际成本	月	日	摘要	计划成本	
12	1	略	140	15 400.00	12	3	略	14 700.00	+700.00
12	9		1 500	158 250.00	12	24		157 500.00	+750.00
12	23		1 000	104 000.00	12	23		105 000.00	−1 000.00
12	30		500	53 000.00	12	30		52 500.00	+500.00
12	31	月结		330 650.00	12	31	月结	329 700.00	+950.00

借:材料成本差异　　　　950.00

　　贷:材料采购　　　　950.00

(二)发出原材料的核算

月末,企业根据“发料凭证汇总表”计算并结转发出材料的计划成本,按发出原材料的具体不同用途,分别借记有关成本或费用类科目,贷记“原材料”科目。其中,直接用于产品生产的,借记“生产成本”科目;用于车间一般消耗的,借记“制造费用”科目;用于管理部门消耗的,借记“管理费用”科目;为销售产品消耗的,借记“销售费用”科目;用于对外直接对外销售的,借记“其他业务成本”科目;等等。

同时,企业还需为发出材料的计划成本计算其应负担的材料成本差异额,调整为实际成本。发出材料成本应负担的材料成本差异额一般在月末进行计算,其计算方法有两种:其一是根据本月材料成本差异率进行计算,其二是根据月初材料成本差异率进行计算。材料成本差异率的计算公式如下:

$$\text{本月材料成本差异率}=\frac{\text{月初结存材料的成本差异额}+\text{本月收入材料的成本差异额}}{\text{月初结存材料的计划成本}+\text{本月收入材料的计划成本}}\times 100\%$$

$$\text{发出材料应负担的成本差异额}=\text{发出材料的计划成本}\times\text{本月材料成本差异率}$$

$$\text{月初材料成本差异率}=\frac{\text{月初结存材料的成本差异额}}{\text{月初结存材料的计划成本}}\times 100\%$$

$$\text{发出材料应负担的成本差异额}=\text{发出材料的计划成本}\times\text{月初材料成本差异率}$$

一般而言,发出材料应负担的成本差异额,除委托外部加工发出材料可按月初材料成本差异率进行计算外,其余皆采用本月材料成本差异率进行计算。

[例 4—13]　承[例 4—12],富民公司 20×5 年 12 月 31 日汇总本月发出甲材料的凭证记录,基本生产车间生产产品领用 3 200 千克,车间一般消耗 10 千克,行政管理部门消耗 120 千克。

根据上述经济业务,富民公司应编制记账凭证如下:

(1)20×5 年 12 月 31 日,根据本月发料凭证汇总表:

本月发出甲材料计划成本=105×(3 200+10+120)=349 650.00(元)

借:生产成本　　336 000.00
　制造费用　　1 050.00
　管理费用　　12 600.00
　贷:原材料　　349 650.00

(2)20×5 年 12 月 31 日,编制"材料成本差异率计算表",如表 4—6 所示。

表 4—6　　材料成本差异率计算表　　金额单位:元

材料类别	期初材料差异	本月入库材料差异	差异合计	期初材料计划成本	本月入库计划成本	计划成本合计	材料成本差异率
甲材料	−4 000.00	+950.00	−3 050.00	84 000.00	329 700.00	413 700.00	−0.7%

其具体计算过程如下:

本月材料成本差异率=(−4 000.00+950.00)÷(84 000.00+329 700.00)×100%
　　　　　　　　=−0.7%

生产成本负担的差异=336 000.00×(−0.7%)=−2 352.00(元)

制造费用负担的差异=1 050.00×(−0.7%)=−7.35(元)

管理费用负担的差异=12 600.00×(−0.7%)=−88.20(元)

借:生产成本——基本生产成本　　2 352.00
　制造费用——基本生产车间　　7.35
　管理费用——机物料消耗　　88.20
　贷:材料成本差异——原材料　　2 447.55

三、周转材料

周转材料同样也可以采用计划成本计价核算。其购入的核算方法与原材料的核算方法类似;其发出周转材料的摊销方法还是采用一次摊销法和五五摊销法,与原材料类似的是需要将发出周转材料的计划成本调整为实际成本。

[例 4—14]　诚友公司对包装物采用计划成本计价核算,包装物的计划单位成本为 5.00 元。20×5 年 12 月末计算出本月包装物的材料成本差异率为 2%,有关发出包装物的经济业务如下:

(1)12 月 15 日,公司销售产品时领用不单独计价的包装物 200 件。

(2)12 月 23 日,公司销售产品时领用单独计价的包装物 400 件,每件售价 10.00 元,增值税专用发票上注明的价款为 4 000.00 元,增值税税额为 680.00 元,款项已存入银行。

根据上述经济业务,诚友公司应编制记账凭证如下:

(1)20×5 年 12 月 23 日,出售单独计价的包装物时:

借:银行存款　　4 680.00
　贷:其他业务收入　　4 000.00
　　应交税费　　680.00

(2)20×5 年 12 月 31 日,根据发出包装物汇总表,结转发出包装物的计划成本时:

借:其他业务成本　　2 000.00

　　销售费用　　　　　　　　　　　　　　　　　　1 000.00
　　　贷：周转材料　　　　　　　　　　　　　　　　　3 000.00

根据本月材料成本差异率，结转发出包装物应负担的材料成本差异额时：

借：其他业务成本　　　　　　　　　　　　　　　　40.00
　　销售费用　　　　　　　　　　　　　　　　　　20.00
　　　贷：材料成本差异　　　　　　　　　　　　　　　60.00

第四节　存货的清查

为了保证存货的安全性与完整性，企业需要定期或不定期地对存货进行实地盘点，确定存货的实有数，并与账面数进行核对。这一确定存货的账面数与实有数是否相符的专门方法，称为存货的清查。

存货清查过程中发现的账实不符，无论是盘盈、盘亏还是毁损，都要填写“实存账存对比表”，并通过“待处理财产损溢”科目将账面数与实有数调整为相等；待及时查明原因后，按规定程序报批准转销。存货盘点损溢的处理原则为：

(1)如为存货盘盈，冲减当期管理费用，记入该科目的贷方。

(2)如为存货短缺，应按不同的原因及处理决定分别入账。其中，属于定额内合理盘亏的，借记“管理费用”科目；属于入库的残料价值的，借记“原材料”科目；属于应由责任人赔偿或保险公司赔偿的部分，借记“其他应收款”科目；属于非常损失或自然灾害损失的，借记“营业外支出”科目。

具体账务处理如表4—7所示。

表4—7　　　　　　　　**存货清查结果的账务处理**

经济业务	存货盘盈	存货盘亏
发现账实不符时	借：原材料等科目 　贷：待处理财产损溢	借：待处理财产损溢 　贷：原材料等科目
经批准转销时	借：待处理财产损溢 　贷：管理费用	借：其他应收款 　　管理费用 　　原材料 　　营业外支出 　贷：待处理财产损溢

需要注意的是，非常损失的存货价值包含其实际成本和已抵扣的进项税额两个部分。因此，当存货发生非常损失时，应将其已抵扣的进项税额转出，贷记“应交税费——应交增值税(进项税额转出)”科目。

[例4—15]　诚友公司每15天对存货清查一次。20×5年12月份在存货清查中发生下列经济业务：

(1)20×5年12月15日，在存货清查时发现盘盈Z材料5千克，单位成本为110.00元；盘亏H产品2件，单位成本为530.00元。原因待查。

(2)20×5年12月18日，经查12月15日盘盈的Z材料属于收发计量误差所致，经批准冲销企业的管理费用；盘亏的H产品为保管不善被盗所致，经协商保险公司决定赔偿600.00

元,净损失记入“营业外支出”科目。该批H产品耗用原材料的进项税额为74.00元。

(3)20×5年12月30日,在存货清查时发现盘亏Z材料1千克,单位成本为104.00元;毁损包装物10件,单位成本为5.40元。

(4)20×5年12月31日,经查12月30日盘亏的Z材料为定额内合理损耗,经批准记入“管理费用”科目;毁损的包装物属于保管员的过失,按规定由其个人赔偿54.00元。

根据上述经济业务,诚友公司应编制记账凭证如下:

(1)20×5年12月15日,发现盘盈Z材料时:

借:原材料 550.00

贷:待处理财产损溢 550.00

发现盘亏H产品时:

借:待处理财产损溢 1 060.00

贷:库存商品 1 060.00

(2)20×5年12月18日,经批准转销盘盈的Z材料时:

借:待处理财产损溢 550.00

贷:管理费用 550.00

经批准转销盘亏的H产品时:

借:其他应收款 600.00

营业外支出 534.00

贷:待处理财产损溢 1 060.00

应交税费 74.00

(3)20×5年12月30日,发现盘亏Z材料时:

借:待处理财产损溢 104.00

贷:原材料 104.00

发现盘亏包装物时:

借:待处理财产损溢 54.00

贷:周转材料——包装物 54.00

(4)20×5年12月31日,经批准转销盘亏的Z材料时:

借:管理费用 104.00

贷:待处理财产损溢 104.00

经批准转销盘亏的包装物时:

借:其他应收款 54.00

贷:待处理财产损溢 54.00

第五节 存货的期末计价

存货的期末计价,是指在会计期末对存货的价值重新计量,以确定其计入资产负债表的金额。

一、存货期末计价的方法

根据《企业会计准则第 1 号——存货》的规定，资产负债表日存货应当按成本与可变现净值孰低原则计量。其中，成本是指存货在本期计提存货跌价准备前的账面价值；可变现净值是指在日常活动中，存货的估计售价减去至完工时估计将要发生的成本、估计的销售费用以及估计的相关税费后的金额。

在资产负债表日，若存货成本低于可变现净值，则存货未发生减值，按成本计价；若存货成本高于可变现净值，则存货发生减值，将存货的成本减少至可变现净值，并按可变现净值计价。若以前减记存货价值的影响因素已经消失，减记的金额在原已计提的存货跌价准备金额内予以转回。

二、存货减值的核算

为了总括地反映存货减值的计提、转回等业务的发生对存货账面价值的增加、减少及其期末结存情况的影响，企业应设置“存货跌价准备”科目进行总分类核算。该科目贷方登记计提的存货跌价准备金额，借方登记转回或转销的存货跌价准备金额，期末贷方余额反映企业已计提但尚未转销的存货跌价准备。

为了详细反映不同存货的减值情况，“存货跌价准备”科目按存货的类别或项目进行明细核算。

企业计提存货跌价准备时，借记“资产减值损失——计提的存货跌价准备”科目，贷记“存货跌价准备”科目。

企业转回已提存货跌价准备时，借记“存货跌价准备”科目，贷记“资产减值损失——计提的存货跌价准备”科目。

企业转销存货跌价准备时，借记“存货跌价准备”科目，贷记“主营业务成本”等科目。

[例 4—16] 诚友公司每半年对外公布一次财务报告。此前未对 Z 材料计提存货跌价准备。

(1)20×5 年 12 月 31 日，账簿记录的 Z 材料为 1 200 千克，单位成本为 20.00 元，金额为 24 000.00 元。由于产品的市场价格下跌，预计 Z 材料的可变现净值为 19 500.00 元。

(2)20×6 年 1 月 4 日，出售 Z 材料 600 千克，开出的增值税专用发票上注明的价款为 13 200.00元，增值税税额为 2 244.00 元，款项通过汇兑方式已到账，材料已发出。

(3)20×6 年 6 月 30 日，账簿记录的 Z 材料为 1 500 千克，单位成本为 23.50 元，金额为 35 250.00 元。由于产品的市场价格小幅上涨，预计 Z 材料的可变现净值为 33 500.00 元。

根据上述经济业务，诚友公司应编制记账凭证如下：

(1)20×5 年 12 月 31 日，计提存货跌价准备时：

应提存货跌价准备的金额＝24 000.00－19 500.00＝4 500.00(元)

借：资产减值损失	4 500.00	
贷：存货跌价准备		4 500.00

(2)20×6 年 1 月 4 日，销售 Z 材料，收取款项时：

借：银行存款	15 444.00	
贷：其他业务收入		13 200.00
应交税费		2 244.00

结转销售成本时：

借：其他业务成本　9 750.00

　存货跌价准备　2 250.00

　　贷：原材料　12 000.00

(3)20×6 年 6 月 30 日，转回存货跌价准备时：

应提存货跌价准备的金额＝35 250.00－33 500.00＝1 750.00(元)

实提存货跌价准备的金额＝1 750.00－2 250.00＝－500.00(元)

借：存货跌价准备　500.00

　　贷：资产减值损失　500.00

思考题

1. 存货的基本特征是什么？存货如何分类？
2. 如何确定不同来源存货的入账价值？
3. 发出存货的计价方法对企业的财务状况和经营成果有何影响？
4. 存货的实际成本计价法与计划成本计价法在应用时各有什么特点？
5. 存货在哪张会计报表的哪个项目中？应依据哪些会计资料进行披露？

练习题

一、单项选择题

1. 某工业企业为增值税小规模纳税人，20×5 年 10 月 18 日购入材料一批，取得的增值税专用发票上注明的价款为 20 000.00 元，增值税税额为 3 400.00 元。材料入库前的挑选整理费为 200.00 元，材料已验收入库。该企业取得的该批材料的入账价值应为(　　)元。

A. 23 400.00　B. 23 600.00　C. 20 000.00　D. 20 200.00

2. 某商品流通企业为增值税一般纳税人，20×5 年 10 月采购商品 100 件，每件售价 2 000.00 元，取得的增值税专用发票上注明的增值税税额为 34 000.00 元，另支付采购费用 10 000.00 元。该企业采购的该批商品的总成本为(　　)元。

A. 200 000.00　B. 234 000.00　C. 210 000.00　D. 244 000.00

3. 企业在采购过程中发生的存货短缺，应计入有关存货采购成本的是(　　)。

A. 供货单位责任造成的存货短缺　B. 运输途中的合理损耗

C. 运输途中因保管不善被盗造成的存货短缺　D. 运输途中因山体滑坡存货被冲造成的短缺

4. 下列各种存货发出的计价方法中，不利于存货成本日常管理与控制的方法是(　　)。

A. 先进先出法　B. 移动加权平均法

C. 月末一次加权平均法　D. 个别计价法

5. 存货采用先进先出法计价，在存货物价上涨的情况下，将会使企业(　　)。

A. 期末存货升高，当期利润减少　B. 期末存货升高，当期利润增加

C. 期末存货降低，当期利润增加　D. 期末存货降低，当期利润减少

6. 随同产品出售但不单独计价的包装物，其摊销的成本应记入(　　)科目。

A. "制造费用"　B. "销售费用"　C. "其他业务成本"　D. "营业外支出"

7. 某企业对材料采用计划成本核算。20×5 年 10 月 1 日，结存材料的计划成本为 4 000 000.00 元，材料成本差异贷方余额为 60 000.00 元；本月入库材料的计划成本为 20 000 000.00 元，材料成本差异借方发生额为 120 000.00 元；本月发出材料的计划成本为 16 000 000.00 元。该企业 20×5 年 10 月 31 日结存材料的实

际成本为(　　)元。

A. 7 980 000.00　B. 8 000 000.00　C. 8 020 000.00　D. 16 040 000.00

8.“材料成本差异”科目借方核算的内容有(　　)。

A. 入库材料的成本超支差异　B. 入库材料的成本节约差异

C. 结转发出材料应负担的超支差异　D. 结转发出材料应负担的节约差异

9. 某企业为增值税一般纳税人，20×5 年 10 月，因台风毁损库存原材料一批，该批原材料的实际成本为 15 000.00 元，收回残料价值 800.00 元，保险公司赔偿 11 200.00 元，该企业购入材料的增值税税率为 17%。该批毁损原材料造成的净损失为(　　)元。

A. 3 000.00　B. 5 414.00　C. 5 550.00　D. 14 200.00

10. 根据《企业会计准则》的要求，存货在资产负债表上列示的应当是(　　)。

A. 账面成本　B. 公允价值

C. 可变现净值　D. 成本与可变现净值两者中较低者

二、多项选择题

1. 存货的确认是以法定产权的取得为标志的，具体来说，下列属于企业存货范围的有(　　)。

A. 受托代销商品　B. 库存待消耗的存货

C. 已销售但购货方未提货的商品　D. 运输途中已收到结算凭证但尚未入库的存货

2. 下列各项中，构成一般纳税企业外购存货入账价值的有(　　)。

A. 买价　B. 购入存货中支付的增值税

C. 运输途中的合理损耗　D. 入库前的挑选整理费

3. 下列税金中，应计入存货成本的有(　　)。

A. 企业收购未税矿产品代扣代缴的资源税　B. 小规模纳税人购入存货支付的增值税进项税

C. 进口原材料缴纳的进口关税　D. 一般纳税人进口原材料缴纳的增值税进项税

4. 某企业为增值税一般纳税人，20×5 年 10 月委托其他单位加工半成品，加工完成后用于加工产成品，下列项目中应计入该委托加工物资成本的有(　　)。

A. 发出原材料的成本　B. 支付的往返运杂费

C. 支付的加工费　D. 支付的增值税

5. 根据《企业会计准则》的规定，周转材料可以采用的摊销方法有(　　)。

A. 一次摊销法　B. 五五摊销法　C. 实地盘存制　D. 永续盘存制

6.“材料成本差异”科目的贷方可以用来登记(　　)。

A. 购进材料产生的超支差异　B. 购进材料产生的节约差异

C. 发出材料应负担的超支差异　D. 发出材料应负担的节约差异

7. 企业进行存货清查时，对于盘亏的材料在报经批准后，根据不同的原因可分别转入(　　)科目。

A.“销售费用”　B.“管理费用”　C.“其他应收款”　D.“原材料”

8. 企业进行存货清查时，对于盘亏或毁损的材料在报经批准后，将净损失计入营业外支出的有(　　)。

A. 定额内的自然损耗　B. 管理不善造成的霉烂变质

C. 收发计量差错造成的盘亏　D. 自然灾害造成的毁损

9. 计算存货的可变现净值时，从预计售价中扣除的项目有(　　)。

A. 存货的账面价值　B. 至完工时估计将要发生的成本

C. 估计的销售费用　D. 估计销售的相关税费

三、业务题

习题一

[资料]　创新公司为增值税一般纳税人，20×5 年 12 月份 A 商品有关收入、发出、结存情况如下：

(1)12 月 1 日，结存 1 000 件，单位成本为 200.00 元。

(2)12 月 8 日，购入 2 000 件，单位成本为 220.00 元。

(3)12 月 10 日,发出 1 200 件。

(4)12 月 20 日,购入 800 件,单位成本为 240.00 元。

(5)12 月 28 日,发出 900 件。

(6)12 月 31 日,购入 1 200 件,单位成本为 248.00 元。

[要求]

(1)用先进先出法计算 A 商品 20×5 年 12 月份发出存货的成本和 12 月 31 日结存存货的成本。

(2)用月末一次加权平均法计算 A 商品 20×5 年 12 月份发出存货的成本和 12 月 31 日结存存货的成本。

(3)用移动加权平均法计算 A 商品 20×5 年 12 月份发出存货的成本和 12 月 31 日结存存货的成本。

习题二

[资料] 创新公司为增值税一般纳税人,适用的增值税税率为 17%,原材料采用实际成本计价核算,原材料发出采用月末一次加权平均法计价。20×5 年 12 月 1 日,“原材料——甲材料”科目余额为 40 000.00 元(2 000 千克,其中含 11 月末验收入库但因结算凭证未到而以 5 000.00 元暂估入账的甲材料 250 千克)。12 月份发生下列经济业务:

(1)12 月 3 日,收到 11 月末以暂估价入账甲材料的结算凭证,增值税专用发票上注明的材料价款为 4 800.00元,增值税税额为 816.00 元;运输单位出具的增值税专用发票上注明的运输费为 400.00 元,装卸费为 200.00 元,增值税税额为 56.00 元。款项已通过汇兑结算方式付讫。

(2)12 月 12 日,以银行汇票 90 000.00 元购入甲材料 3 500 千克,增值税专用发票上注明的价款为 73 500.00元,增值税税额为 12 495.00 元。材料尚未到达,银行汇票余额已收存银行。

(3)12 月 17 日,收到 12 日采购的甲材料,验收时发现只有 3 490 千克。经查,短缺的 10 千克为运输途中的合理损耗,甲材料已验收入库。

(4)12 月 20 日,以汇兑结算方式预付维新公司甲材料货款 20 000.00 元。

(5)12 月 27 日,收到维新公司发来的甲材料 800 千克,取得的增值税专用发票上注明的价款为17 200.00 元,增值税税额为 2 924.00 元。材料已如数验收入库,余款已通过银行转账支付。

(6)12 月 31 日,根据“发料凭证汇总表”的记录,本月基本生产车间为生产产品领用甲材料 4 000 千克,车间管理部门领用甲材料 500 千克,企业管理部门领用甲材料 800 千克。

[要求]

(1)计算本月购入甲材料的实际成本。

(2)计算本月发出甲材料的单位成本。

(3)根据上述经济业务,编制有关的记账凭证。

习题三

[资料] 卓越公司为增值税一般纳税人,材料按计划成本计价核算。甲材料计划单位成本为每千克 100.00 元。

(1)20×5 年 11 月 30 日,“原材料——甲材料”科目月初借方余额为 300 000.00 元;“材料成本差异——甲材料”科目月初贷方余额为 1 700.00 元;“材料采购——甲材料”科目月初借方余额为 200 000.00 元,为 11 月份已付款的甲材料 2 010 千克的实际成本。

(2)12 月 4 日,11 月份已付款的甲材料 2 010 千克如数收到,已验收入库。

(3)12 月 12 日,以银行本票 610 000.00 元购入甲材料 5 000 千克,增值税专用发票上注明的价款为 520 000.00元,增值税税额为 88 400.00 元。材料尚未到达,票款余额已收存银行。

(4)12 月 17 日,12 日购入的甲材料到达,验收入库时发现短缺 40 千克,经查明为途中定额内自然损耗,按实收数量验收入库。

(5)12 月 31 日,验收入库甲材料 8 000 千克,该批材料的结算凭证尚未到达公司。

(6)12 月 31 日,根据发料凭证汇总表的记录,本月基本生产车间为生产产品领用甲材料 8 500 千克,企业管理部门领用甲材料 400 千克。

[要求]

(1)计算本月入库材料的实际成本。

(2)计算本月材料成本差异率。(材料成本差异率的计算结果精确至0.000 1%)

(3)计算本月发出材料应负担的成本差异。

(4)计算月末库存材料的实际成本。

(5)根据上述经济业务,编制有关的记账凭证。

习题四

[资料] 创新公司每月末对存货清查一次。20×5年12月份发生下列经济业务:

(1)12月18日,因雪灾压垮仓库。经查点,发现毁损甲材料300千克,实际成本为6 030.00元。

(2)18日毁损的甲材料经清理后,残料为50千克,价值1 005.00元,入库;保险公司拟赔偿5 000.00元,款项尚未收到;差额由公司自行承担,公司批准转销。

(3)12月30日,在存货清查时发现盘盈甲材料1.1千克,价值22.00元。盘亏A产品,账面成本为500.00元,该批商品所耗材料的增值税税额51.00元已在购入时抵扣。

(4)12月31日,经查明,30日盘盈的甲材料为收发计量差错所致;盘亏的A产品为管理不善造成的变质,由过失人全额赔偿,款项尚未收取。

[要求] 根据上述经济业务,编制有关的记账凭证。

第五章　对外投资

学习目标

1. 掌握交易性金融资产与可供出售金融资产的会计处理方法及主要区别。
2. 掌握实际利率法及利用实际利率法计算持有至到期投资的利息收入。
3. 掌握长期股权投资的初始计量和后续计量方法。
4. 理解各类对外投资资产减值的会计处理及其区别。
5. 了解持有至到期投资的重分类。

投资，是获利的基础，是投资主体为了获得收益或实现资本增值，将资本或资金投向某一特定方面加以运用的经济行为。本章主要阐述企业对外投资财务会计核算的内容与方法程序。

第一节　对外投资概述

一、投资的含义

一般而言，投资有广义和狭义之分。从广义的角度而言，企业所有的资产都是企业的投资，包括固定资产投资、存货投资、房地产投资、权益性投资、债权性投资及期货投资等；狭义的投资一般指对外的投资，又包括权益性投资、债权性投资等。本章所述的对外投资仅指狭义的投资，如购买股票、债券、基金，以及与其他企业共同创办联营企业或子公司等。

投资，是指企业为了获得收益或实现资本增值向被投资单位投放资金的经济行为。在市场经济条件下，企业生产经营日趋多元化，除了从事日常生产经营活动之外，有时会利用闲置资金进行投资活动，以提高资金的使用效益，或是通过投资、收购、兼并、重组等方式实现经营的多元化或者经营战略的转移。投资最终的目的都是为了获得经济利益，这种经济利益有时比较直接、明显，有时则间接隐含在其他目的之中。

二、投资的分类

企业对外进行的投资，可以从不同的角度分类。从投资性质（或对象）划分，可以分为债权性投资、权益性投资及混合型投资；从管理层持有意图及能力划分，可以分为交易性投资、可供出售投资、持有至到期投资和长期股权投资等。《企业会计准则》按管理层持有意图及能力对投资进行了分类，并设置相应的会计科目核算；在资产负债表中，各类投资分项单独列示，在利润表中，投资的损益及变动损益也由相应的项目来反映。

三、投资的核算方法

根据《企业会计准则第22号——金融工具确认与计量》的要求，金融资产在初始确认时划分为下列四类：(1)以公允价值计量且其变动计入当期损益的金融资产，包括交易性金融资产和指定为以公允价值计量且其变动计入当期损益的金融资产；(2)持有至到期投资；(3)贷款和应收款项；(4)可供出售金融资产。其中，第一类和第四类资产在期末一律以公允价值计量，第一类是以公允价值计量，但是其变动计入当期损益，而第四类资产的公允价值变动计入所有者权益。第二、三类资产采用实际利率法以摊余成本计量。《企业会计准则第2号——长期股权投资》要求，长期股权投资的后续计量应分别采用成本法或权益法。因此，综合而言，对外投资的核算方法主要包括公允价值法、成本法和权益法。

公允价值法，是指在资产负债表日按公允价值来核算投资的方法，适用于交易性金融资产和可供出售金融资产等资产的核算。成本法，是指在资产负债表日按成本(或摊余成本)核算投资的方法，适用于持有至到期投资和对子公司的长期股权投资等资产的核算。权益法，是指在资产负债表日按享有被投资单位所有者权益份额的变动对投资账面价值进行调整的方法，适用于对合营企业和联营企业的长期股权投资等资产的核算。

第二节 交易性金融资产

一、交易性金融资产概述

(一)交易性金融资产的定义及特点

交易性金融资产主要是指企业为了近期内出售而持有的金融资产，例如，企业以赚取差价为目的从二级市场购入的股票、债券、基金等。

交易性金融资产通常具有下列特点：

(1) 持有目的是近期出售，流动性强。

(2) 在活跃市场上有公开报价。

(3) 公允价值能够持续可靠取得，通常以活跃市场的价格作为公允价值。

(4) 投资对象可以是权益工具、债务工具及投资组合等。

为了保证会计信息的质量，企业在初始确认时将某项金融资产划分为交易性金融资产后，不能再重分类为其他类别的金融资产(如可供出售金融资产、持有至到期投资等)；其他类别的金融资产也不能再重分类为交易性金融资产。

(二)交易性金融资产的核算科目

企业应设置相应的科目来反映和监督交易性金融资产的取得、持有及处置等情况，包括“交易性金融资产”“公允价值变动损益”“投资收益”等科目。

“交易性金融资产”科目核算企业持有的交易性金融资产及直接指定为以公允价值计量且其变动计入当期损益的金融资产的公允价值。该科目的借方登记交易性金融资产的取得成本、资产负债表日公允价值高于账面余额的差额及企业处置交易性金融资产时转出的公允价值变动等；贷方登记资产负债表日其公允价值低于账面余额的差额，以及企业处置交易性金融资产时转出的成本和公允价值变动等。期末借方余额，反映企业持有的交易性金融资产的公允价值。企业可按交易性金融资产的类别和品种，分别设置“成本”“公允价值变动”等进行明细核算。

“公允价值变动损益”科目核算企业交易性金融资产等的公允价值变动而形成的应计入当期损益的利得或损失。该科目的借方登记资产负债表日企业持有的交易性金融资产等的公允价值低于账面余额的差额，以及处置时结转到投资收益中的公允价值变动收益；贷方登记资产负债表日企业持有的交易性金融资产等的公允价值高于账面余额的差额，以及处置时结转到投资收益中的公允价值变动损失。

“投资收益”科目核算企业持有交易性金融资产等的期间内取得的投资收益以及处置交易性金融资产等实现的投资收益或损失。该科目的借方登记企业处置交易性金融资产等发生的投资损失，以及处置交易性金融资产时结转来的公允价值变动损失；贷方登记企业持有交易性金融资产等的期间内取得的投资收益、处置交易性金融资产等实现的投资收益以及结转来的公允价值变动收益。

二、交易性金融资产的初始计量

企业取得交易性金融资产时，应按该金融资产取得时的公允价值作为其初始入账金额。公允价值，是指市场参与者在计量日发生的有序交易中，出售一项资产所能收到或者转移一项负债所需支付的价格。金融资产的公允价值，应以市场交易价格为基础加以确定。

为了便于交易性金融资产公允价值能够与期末的公允价值(不包括交易费用的价格)同口径比较，企业取得交易性金融资产发生的相关交易费用应在发生时作为投资费用进行会计处理，冲减投资收益。交易费用一般是手续费、佣金及印花税等支出。

需要注意的是，取得交易性金融资产时，购买价款中包含了已宣告但尚未发放的现金股利或已到付息期但尚未领取的债券利息的，也不应作为初始成本入账金额，应单独确认为一项临时债权，记为应收股利或应收利息。

企业取得交易性金融资产，应按取得时的公允价值，借记“交易性金融资产——成本”科目；按发生的交易费用，借记“投资收益”科目；按已宣告但尚未发放的现金股利或已到付息期但尚未领取的债券利息，借记“应收股利”或“应收利息”科目；按实际支付的金额，贷记“其他货币资金——存出投资款”等科目。

[例 5—1] 20×5 年 2 月 15 日，富民公司从二级市场购入甲公司股票 6 000 股，取得时公允价值为每股 8.30 元，含已宣告但尚未发放的现金股利 0.30 元，另支付交易费用 100.00 元，全部价款以存入证券公司投资款支付。富民公司将该投资划分为交易性金融资产。

根据上述资料，富民公司应编制的记账凭证为：

借：交易性金融资产——甲股票[①](成本)	48 000.00	
应收股利	1 800.00	
投资收益	100.00	
贷：其他货币资金——存出投资款		49 900.00

① 注：本章中甲公司股票在凭证中简称甲股票，乙公司债券在凭证中简称乙债券，以此类推。

三、交易性金融资产持有期间的股利或利息的核算

交易性融资产持有时间一般较短，但在持有期间也可能会获得被投资单位支付的现金股利或利息。如果收到的价款中包含已宣告尚未发放的现金股利或已到付息期但尚未领取的债券利息，则冲减在初始确认时已经入账的临时债权，不能确认为损益。

企业在持有交易性金融资产期间，对于被投资单位宣告发放的现金股利或分期付息、到期还本债券在资产负债表日按投资的票面利率计算的利息收入，应确认为应收项目，并计入投资收益。

企业在持有交易性金融资产的期间，取得被投资单位宣告发放的现金股利，或分期付息、到期还本债券在资产负债表日按投资的票面利率计算的利息收入，借记"应收股利"或"应收利息"科目，贷记"投资收益"科目。收到股利或利息时，借记"其他货币资金——存出投资款"科目，贷记"应收股利"或"应收利息"科目。

[例 5—2]　承[例 5—1]，20×5 年 2 月 20 日，收到最初支付价款中所含现金股利，每股 0.30 元。

根据上述资料，富民公司应编制的记账凭证为：

借：其他货币资金——存出投资款　　1 800.00

　　贷：应收股利　　1 800.00

[例 5—3]　承[例 5—2]，20×5 年 8 月 2 日，甲公司宣告发放上半年的股利，其中现金股利为每股 0.40 元，股票股利每 10 股派 2 股。股权登记日为 8 月 5 日。8 月 8 日，富民公司收到甲公司发放的股利。

根据上述资料，富民公司应编制的记账凭证为：

(1)股权登记日 8 月 5 日，甲公司宣告发放股利时：

借：应收股利　　2 400.00

　　贷：投资收益　　2 400.00

(2)8 月 8 日，富民公司收到股利时：

借：其他货币资金——存出投资款　　2 400.00

　　贷：应收股利　　2 400.00

[对于收到的 1 200 股(6 000×0.20)股票股利，不需要编制记账凭证，只需在备查簿中登记拥有甲公司的股票数为 7 200 股即可。]

四、交易性金融资产的期末计量

按照公允价值法，交易性金融资产应按资产负债表日公允价值计量，公允价值与账面余额之间的差额计入当期损益(公允价值变动损益)。这样做的目的是为了使交易性金融资产能够反映预计给企业带来的经济利益以及预计获得差价的能力。

企业应按交易性金融资产公允价值高于其账面余额的差额，借记"交易性金融资产　　公允价值变动"科目，贷记"公允价值变动损益"科目；公允价值低于其账面余额的差额，做相反的会计分录。

[例 5—4]　承[例 5—2]，20×5 年 6 月 30 日，甲公司股票的公允价值为每股 8.90 元。

为了编制半年度财务报表，富民公司应编制的记账凭证为：

借：交易性金融资产——甲股票(公允价值变动)　　5 400.00

　　贷：公允价值变动损益　　5 400.00

交易性金融资产在半年报资产负债表日的公允价值＝6 000×8.90＝53 400.00(元)

交易性金融资产的公允价值变动额＝53 400.00－48 000.00＝5 400.00(元)

[例5—5] 承[例5—3]，20×5年12月31日，假设富民公司仍然持有甲公司的股票，甲公司股票的公允价值为每股7.50元。

为了编制年度财务报表，富民公司应编制的记账凭证为：

借：交易性金融资产——甲股票(公允价值变动)	600.00	
贷：公允价值变动损益		600.00

交易性金融资产在年报资产负债表日的公允价值＝7 200×7.50＝54 000.00(元)

交易性金融资产的公允价值变动额＝54 000.00－(48 000.00＋5 400.00)＝600.00(元)

五、交易性金融资产的处置

企业处置交易性金融资产时，其损益已经实现，应将该金融资产处置时的公允价值与其账面余额之间的差额作为投资损益进行会计处理，同时，将原计入公允价值变动损益的该金融资产的公允价值变动转出，由公允价值变动损益转为投资收益。这样做的目的是为了反映交易性金融资产从购买日到处置日实现的全部利得或损失。如果是部分处置交易性金融资产，则应按处置比例结转其账面价值并计算损益。

企业处置交易性金融资产，应按实际收到的金额，借记"其他货币资金——存出投资款"等科目；按该金融资产的账面余额，贷记"交易性金融资产——成本、公允价值变动"科目；按其差额，贷记或借记"投资收益"科目。同时，将原计入该金融资产的公允价值变动转出，借记或贷记"公允价值变动损益"科目，贷记或借记"投资收益"科目。

[例5—6] 承[例5—5]，20×6年1月8日，富民公司通过二级市场出售了甲公司股票3 600股，每股6.00元，交易费用为80.00元。

根据上述资料，富民公司应编制的记账凭证为：

借：其他货币资金——存出投资款	21 520.00	
投资收益	5 480.00	
贷：交易性金融资产——甲股票(成本)		24 000.00
——甲股票(公允价值变动)		3 000.00

按处置比例将公允价值变动损益结转至投资收益，应编制的记账凭证为：

借：公允价值变动损益	3 000.00	
贷：投资收益		3 000.00

也可以将上述两张凭证合编为一张记账凭证：

借：其他货币资金——存出投资款	21 520.00	
投资收益	2 480.00	
公允价值变动损益	3 000.00	
贷：交易性金融资产——甲股票(成本)		24 000.00
——甲股票(公允价值变动)		3 000.00

从合并凭证的结果可以更直观地看出，富民公司出售甲公司股票实现的投资损失为2 480元，即富民公司投资甲公司股票以售价和成本的差额计算的利得[(3 600×6.00－80)－3 000×8.00]。

需要注意的是，为处置交易性金融资产时将公允价值变动损益转为投资损益编制的记账凭证，无论借记或贷记“公允价值变动损益”科目，都不会影响处置期间的营业利润，因为公允价值变动损益和投资收益同属于“营业利润”项目。在资产负债表中，交易性金融资产以资产负债表日的账面价值（即公允价值）来反映；在利润表中，公允价值变动收益和投资收益都作为营业利润的组成部分，差别在于，公允价值变动收益反映的是未实现的损益，投资收益反映的是实现了的损益。

第三节　持有至到期投资

一、持有至到期投资概述

（一）持有至到期投资的定义及特点

持有至到期投资，是指企业取得的到期日固定、回收金额固定或可确定，且企业有明确意图和能力持有至到期的国债和企业债券等各种债券。取得的债券，有可能是分期付息、到期还本债券，也有可能是到期一次还本付息债券。

持有至到期投资具有如下特点：

（1）该投资到期日固定、回收金额固定或可确定。即投资存在一个固定的到期日，从投资日至到期日可获得的投资利息和本金固定或可确定。因此，权益工具投资（如购买的股票等）不能划分为持有至到期投资。

（2）企业有明确意图持有至到期。即投资者在取得投资时意图就是明确的，除非一些不可控的事件发生，否则企业将一直持有至到期。这个特点决定了持有至到期投资的核算方法是成本法，而非公允价值法。

（3）企业有能力持有至到期。即企业有足够的财力资源，不会因为面临资金短缺而提前处置该投资。

每个资产负债表日，企业应对持有至到期投资的意图和能力进行评价。发生变化时，应将其重分类为“可供出售金融资产”进行处理。

（二）持有至到期投资的核算科目

企业应设置相应的科目反映和监督持有至到期投资的取得、收取利息和处置等情况，包括“持有至到期投资”“持有至到期投资减值准备”“投资收益”等科目。

“持有至到期投资”科目核算企业持有至到期投资的摊余成本。该科目的借方登记持有至到期投资的取得成本、按到期一次还本付息债券票面利率计算确定的应计未收利息等，贷方登记企业处置持有至到期投资时结转的成本等，期末借方余额反映企业持有至到期投资的摊余成本。

“持有至到期投资减值准备”科目核算持有至到期投资计提的减值准备。该科目的贷方登记计提的持有至到期投资减值准备；借方登记处置持有至到期投资时结转的持有至到期投资减值准备和转回的持有至到期投资减值准备；期末余额一般在贷方，反映企业已计提但尚未转销的持有至到期投资减值准备。

企业取得债券从购入价格来看，分为按面值购入、溢价购入以及折价购入三种情况。企业可以按持有至到期投资的类别和品种，分别设置“成本”“利息调整”“应计利息”等明细科目对三种情况进行核算。“成本”明细科目核算债券的面值，“利息调整”明细科目核算溢价、折价及交易费用,“应计利息”明细科目核算到期一次还本付息债券每期应计的利息。

二、持有至到期投资的初始计量

企业取得持有至到期投资时,应按取得时的公允价值和相关的交易费用计入该投资的初始确认金额。实际支付的价款中包含已到付息期但尚未领取的债券利息,不构成持有至到期投资的初始确认金额,应单独确认为一项临时债权,记为应收利息。

企业取得的持有至到期投资,应按该投资的面值,借记“持有至到期投资——成本”科目;按支付的价款中包含的已到付息期但尚未领取的利息,借记“应收利息”科目;按实际支付的金额,贷记“其他货币资金——存出投资款”等科目;按其差额,借记或贷记“持有至到期投资——利息调整”科目。

[例 5—7] 20×5 年 1 月 1 日,富民公司购入乙公司发行的三年期债券 5 000 份,并打算一直持有至到期。债券发行价格为每份 110.00 元,面值为 100.00 元,每年年末付息,到期一次还本。该债券的票面利息为 10%。另外,富民公司购买该项投资支付相关费用 20 000.00 元。

根据上述资料,富民公司应编制的记账凭证为:

借:持有至到期投资——乙债券(成本)　　500 000.00
　　　　　　　　——乙债券(利息调整)　　70 000.00
　贷:其他货币资金——存出投资款　　570 000.00

[例 5—8] 20×5 年 1 月 1 日,诚友公司购入丙公司发行的三年期债券 5 000 份,并打算一直持有至到期。债券发行价格为每份 110.00 元,面值为 100.00 元,到期一次还本付息。该债券的票面利息为 10%。另外,诚友公司购买该项投资支付相关费用 20 000.00 元。

根据上述资料,诚友公司应编制的记账凭证为:

借:持有至到期投资——丙债券(成本)　　500 000.00
　　　　　　　　——丙债券(利息调整)　　70 000.00
　贷:其他货币资金——存出投资款　　570 000.00

[例 5—9] 20×5 年 1 月 1 日,诚友公司购入丁公司发行的三年期债券 5 000 份,并打算一直持有至到期。债券发行价格为每份 90.00 元,面值为 100.00 元,每年年末付息,到期一次还本。该债券的票面利息为 10%。另外,诚友公司购买该项投资支付相关费用 20 000.00 元。

根据上述资料,诚友公司应编制的记账凭证为:

借:持有至到期投资——丁债券(成本)　　500 000.00
　贷:其他货币资金——存出投资款　　470 000.00
　　　持有至到期投资——丁债券(利息调整)　　30 000.00

三、持有至到期投资的后续计量

(一)持有至到期投资利息的核算

按照权责发生制的要求,企业在取得持有至到期投资后,每个资产负债表日都应确认债券利息收入。利息收入应按实际利率法计算。在每个资产负债表日,按持有至到期投资期初摊余成本和实际利率计算确定的债券利息收入,应作为投资收益进行会计处理。

摊余成本,是指该金融资产的初始确认金额经过下列调整后的结果:(1)扣除已偿还的本金;(2)加上或减去采用实际利率法将该初始确认金额与到期日金额之间的差额进行摊销形成的累计摊销额;(3)扣除已发生的减值损失。

实际利率,是指将金融资产在预期存续期间或适用的更短期间内的未来现金流量,折现为该金融资产当前账面价值所使用的利率。实际利率在相关金融资产预期存续期间或适用的更短期间内保持不变。实际利率应在取得投资时确定,实际利率与票面利率相差不大的,也可按票面利率计算利息收入。

采用实际利率法计算的具体公式为:

当期利息收入＝期初摊余成本×实际利率

当期应计利息＝债券票面面值×票面利率

当期利息调整摊销额＝当期应计利息－当期利息收入　　(溢价购入)

或:

当期利息调整摊销额＝当期利息收入－当期应计利息　　(折价购入)

如果持有至到期投资为分期付息、到期还本债券投资,企业应在资产负债表日按持有至到期投资的面值和票面利率计算确定的应收未收利息,借记“应收利息”科目;按持有至到期投资的摊余成本和实际利率计算确定的利息收入,贷记“投资收益”科目;按其差额,借记或贷记“持有至到期投资——利息调整”科目。

如果持有至到期投资为到期一次还本付息债券投资,企业应在资产负债表日按持有至到期投资的面值和票面利率计算确定的应收未收利息,借记“持有至到期投资——应计利息”科目;按持有至到期投资的摊余成本和实际利率计算确定的利息收入,贷记“投资收益”科目;按其差额,借记或贷记“持有至到期投资——利息调整”科目。

[例 5—10]　承[例 5—7],由于富民公司取得该债券的成本高于面值,因此,该投资的实际利率一定低于票面利率。经过计算,实际利率为 4.87%。富民公司在持有乙公司债券期间,采用实际利率法计算每期的利息收入、利息调整摊销额以及期末摊余成本。具体见表 5—1。

表 5—1　　**持有至到期投资利息收入计算表**　　单位:元

计息日期	应收利息	投资收益(利息收入)	利息调整借差摊销	利息调整借差余额	摊余成本
	(1)＝面值×10%	(2)＝期初(5)×4.87%	(3)＝(1)－(2)	(4)＝期初(4)－(3)	(5)＝面值＋(4)或＝期初(5)－(3)
20×5 年 1 月 1 日				70 000.00	570 000.00
20×5 年 12 月 31 日	50 000.00	27 759.00	22 241.00	47 759.00	547 759.00
20×6 年 12 月 31 日	50 000.00	26 675.86	23 324.14	24 434.86	524 434.86
20×7 年 12 月 31 日	50 000.00	25 565.14	24 434.86	0.00	500 000.00

注:最后一年的利息收入计算考虑了尾差。

根据上述资料,富民公司应编制的记账凭证为:

(1)20×5 年 12 月 31 日,确认实际利息收入,收到票面利息时:

借:应收利息　　50 000.00

　　贷:投资收益　　27 759.00

　　　　持有至到期投资——乙债券(利息调整)　　22 241.00

借:其他货币资金——存出投资款　　50 000.00

　　贷:应收利息　　50 000.00

(2)20×6 年 12 月 31 日，确认实际利息收入，收到票面利息时：

借：应收利息　50 000.00

　贷：投资收益　26 675.86

　　持有至到期投资——乙债券(利息调整)　23 324.14

借：其他货币资金——存出投资款　50 000.00

　贷：应收利息　50 000.00

(3)20×7 年 12 月 31 日，确认实际利息收入，收到票面利息时：

借：应收利息　50 000.00

　贷：投资收益　25 565.14

　　持有至到期投资——乙债券(利息调整)　24 434.86

借：其他货币资金——存出投资款　50 000.00

　贷：应收利息　50 000.00

[例 5—11]　承[例 5—8]，由于诚友公司取得该债券的成本高于面值，因此，该投资的实际利率一定低于票面利率。经过计算，实际利率为 4.48%。诚友公司在持有丙公司债券期间，采用实际利率法计算每期的利息收入、利息调整摊销额以及期末摊余成本。具体见表 5—2。

表 5—2　**持有至到期投资利息收入计算表**　单位：元

计息日期	应计利息	投资收益	利息调整借差摊销	利息调整借差余额	摊余成本
	(1)＝面值×10%	(2)＝期初(5)×4.48%	(3)＝(1)－(2)	(4)＝期初(4)－(3)	(5)＝期初(5)＋(1)－(3)或＝期初(5)＋(2)
20×5 年 1 月 1 日				70 000.00	570 000.00
20×5 年 12 月 31 日	50 000.00	25 536.00	24 464.00	45 536.00	595 536.00
20×6 年 12 月 31 日	50 000.00	26 680.01	23 319.99	22 216.01	622 216.01
20×7 年 12 月 31 日	50 000.00	27 783.99	22 216.01	0.00	650 000.00

注：最后一年的利息收入计算考虑了尾差。

根据上述计算，诚友公司应编制的记账凭证为：

(1)20×5 年 12 月 31 日，确认实际利息收入及应计利息时：

借：持有至到期投资——丙债券(应计利息)　50 000.00

　贷：投资收益　25 536.00

　　持有至到期投资——丙债券(利息调整)　24 464.00

(2)20×6 年 12 月 31 日，确认实际利息收入及应计利息时：

借：持有至到期投资——丙债券(应计利息)　50 000.00

　贷：投资收益　26 680.01

　　持有至到期投资——丙债券(利息调整)　23 319.99

(3)20×7 年 12 月 31 日，确认实际利息收入及应计利息时：

借：持有至到期投资——丙债券(应计利息)　50 000.00

　贷：投资收益　27 783.99

　　持有至到期投资——丙债券(利息调整)　22 216.01

[例 5—12]　承[例 5—9]，由于诚友公司取得该债券的成本低于面值，因此，该投资的实际利率一定高于票面利率。经过计算，实际利率为 12.52%。诚友公司在持有丁公司债券期间，采用实际利率法计算每期的利息收入、利息调整摊销额以及期末摊余成本。具体见表 5—3。

表 5—3　**持有至到期投资利息收入计算表**　单位：元

计息日期	应收利息	投资收益	利息调整贷差摊销	利息调整贷差余额	摊余成本
	(1)＝面值×10%	(2)＝期初(5)×12.52%	(3)＝(2)－(1)	(4)＝期初(4)－(3)	(5)＝期初(5)＋(3)
20×5 年 1 月 1 日				30 000.00	470 000.00
20×5 年 12 月 31 日	50 000.00	58 844.00	8 844.00	21 156.00	478 844.00
20×6 年 12 月 31 日	50 000.00	59 951.27	9 951.27	11 204.73	488 795.27
20×7 年 12 月 31 日	50 000.00	61 204.73	11 204.73	0.00	500 000.00

注：最后一年的利息收入计算考虑了尾差。

根据上述资料，诚友公司应编制的记账凭证为：

(1)20×5 年 12 月 31 日，确认实际利息收入，收到票面利息时：

借：应收利息　50 000.00
　　持有至到期投资——丁债券(利息调整)　8 844.00
　贷：投资收益　58 844.00
借：其他货币资金——存出投资款　50 000.00
　贷：应收利息　50 000.00

(2)20×6 年 12 月 31 日，确认实际利息收入，收到票面利息时：

借：应收利息　50 000.00
　　持有至到期投资——丁债券(利息调整)　9 951.27
　贷：投资收益　59 951.27
借：其他货币资金——存出投资款　50 000.00
　贷：应收利息　50 000.00

(3)20×7 年 12 月 31 日，确认实际利息收入，收到票面利息时：

借：应收利息　50 000.00
　　持有至到期投资——丁债券(利息调整)　11 204.73
　贷：投资收益　61 204.73
借：其他货币资金——存出投资款　50 000.00
　贷：应收利息　50 000.00

(二)持有至到期投资在到期日的核算

如果购买的是分期付息、到期还本的债券，持有至到期投资在到期日，摊余成本等于债券的面值，如[例 5—10]、[例 5—12]，按合同约定于到期日收回。

如果购买的是到期一次还本付息的债券，持有至到期投资在到期日，摊余成本等于债券的面值加上应付的全部利息，如[例 5—11]，按合同约定于到期日收回。

[例 5—13]　承[例 5—10]，富民公司在债券到期日按约定收回债券的本金。

20×7 年 12 月 31 日，富民公司应编制的记账凭证为：

借：其他货币资金——存出投资款　　500 000.00

　　贷：持有至到期投资——乙债券（成本）　　500 000.00

在[例5—12]中，在债券到期日20×7年12月31日，诚友公司按约定收回债券的本金的记账凭证与[例5—13]相同。兹不赘述。

[例5—14]　承[例5—11]，诚友公司债券在到期日按约定收回债券的本金和全部利息。20×7年12月31日，诚友公司应编制的记账凭证为：

借：其他货币资金——存出投资款　　650 000.00

　　贷：持有至到期投资——乙债券（成本）　　500 000.00

　　　　　　　　　　　——乙债券（应计利息）　　150 000.00

当收回债券的本息之后，"持有至到期投资"科目的各个明细科目的余额均为零。

四、持有至到期投资减值准备计提和转回的核算

在资产负债表日，持有至到期投资的账面价值高于预计未来现金流量现值的，企业应将该持有至到期投资的账面价值减记至预计未来现金流量现值，将减记的金额作为资产减值损失进行会计处理，计入当期损益，同时计提相应的资产减值准备。

已计提减值准备的持有至到期投资价值以后又得以恢复的，应在原已计提的减值准备金额内予以转回。转回的金额计入当期损益。

在资产负债表日，当持有至到期投资的账面价值高于预计未来现金流量现值时，企业应按持有至到期投资账面价值高于预计未来现金流量现值的差额，借记"资产减值损失"科目，贷记"持有至到期投资减值准备"科目。

已计提减值准备的持有至到期投资以后又得以恢复的，应在原已计提的减值准备金额范围内，按已恢复的金额，借记"持有至到期投资减值准备"科目，贷记"资产减值损失"科目。

五、持有至到期投资的处置和重分类核算

企业处置持有至到期投资时，应将取得的价款与账面价值之间的差额作为投资损益进行会计处理。如果对持有至到期投资计提了减值准备，还应同时结转减值准备。

企业处置持有至到期投资，应按实际收到的金额，借记"其他货币资金——存出投资款"等科目；按已计提的减值准备，借记"持有至到期投资减值准备"科目；按该持有至到期投资的账面余额，贷记"持有至到期投资——成本、利息调整、应计利息"科目；按其差额，贷记或借记"投资收益"科目。已计提减值准备的，还应同时结转减值准备。

企业如果在到期日前将持有至到期投资出售，应结转其账面价值和应收利息，并将出售所得与其账面价值加上应收利息的差额确认为投资损益。这种提前处置的情况违背了持有至到期投资的初始持有意图，不应经常发生，发生了就应进行相应处理。根据《企业会计准则第22号——金融工具确认与计量》的规定，企业将尚未到期的某项持有至到期投资在本会计年度内出售或重分类为可供出售金融资产的金额，相对于该类投资在出售前或重分类前的总额较大时，应将该类投资的剩余部分重分类为可供出售金融资产，且在本会计年度及以后两个完整的会计年度内不得再将该金融资产划分为持有至到期投资。

第四节　可供出售金融资产

一、可供出售金融资产概述

(一)可供出售金融资产的定义及特点

可供出售金融资产，是指初始确认时即被认定为可供出售的非衍生金融资产，以及没有划分为以公允价值计量且其变动计入当期损益的金融资产(即交易性金融资产)、持有至到期投资、贷款和应收款项及长期股权投资等的金融资产。通常情况下，包括企业从二级市场上购入的债券投资、股票投资、基金投资等，但这些金融资产没有被划分为交易性金融资产、持有至到期投资及长期股权投资等。

虽然可供出售金融资产与交易性金融资产都是采用公允价值法计量，投资对象都既可以是债务工具也可以是权益工具，但是两者仍然存在很大区别。

相对于交易性金融资产而言，可供出售金融资产具有下列特点：

(1) 可供出售金融资产的持有目的不明确，而交易性金融资产的持有目的是为了赚取短期价差而获利。

(2) 可供出售金融资产取得时发生的交易费用计入初始入账金额，而交易性金融资产取得时发生的交易费用计入投资损益。

(3) 可供出售金融资产的公允价值变动额计入所有者权益，而交易性金融资产的公允价值变动额计入公允价值变动损益。

(4) 可供出售金融资产符合一定的条件时可以重分类为持有至到期投资，而交易性金融资产不能重分类为其他类金融资产。

(二)可供出售金融资产的核算科目

企业应设置相应的科目来反映和监督可供出售金融资产的取得、收到现金股利和利息及处置等情况，包括“可供出售金融资产”“其他综合收益”“投资收益”等科目。

“可供出售金融资产”科目核算企业持有的可供出售金融资产的公允价值。该科目的借方登记可供出售金融资产的取得成本、资产负债表日其公允价值高于账面余额的差额、可供出售金融资产转回的减值损失等，贷方登记资产负债表日其公允价值低于其账面余额的差额、可供出售金融资产发生的减值损失、处置可供出售金融资产时结转的成本和公允价值变动，期末借方余额反映企业可供出售金融资产的公允价值。企业应按可供出售金融资产的类别和品种，分别设置“成本”“利息调整”“应计利息”“公允价值变动”等明细科目进行核算。

“其他综合收益”科目核算企业可供出售金融资产公允价值变动形成的应计入所有者权益的利得或损失等。该科目的贷方登记资产负债表日企业持有的可供出售金融资产的公允价值高于账面余额的差额等，借方登记资产负债表日企业持有的可供出售金融资产的公允价值低于账面余额的差额等。期末余额在借方，反映可供出售金融资产未计入损益的累计损失；期末余额在贷方，则反映可供出售金融资产未计入损益的累计收益。

可供出售金融资产发生减值的，还应设置“可供出售金融资产减值准备”科目来核算。该科目的贷方登记计提的可供出售金融资产的减值准备，借方登记处置可供出售金融资产时结转的减值准备和转回的可供出售金融资产减值准备。期末余额一般在贷方，反映已经计提但尚未转销的可供出售金融资产减值准备。

二、可供出售金融资产的初始计量

可供出售金融资产应按取得该金融资产的公允价值和相关交易费用之和作为初始入账金额。取得时实际支付的价款中包含已宣告但尚未发放的现金股利或已到付息期但尚未领取的债券利息，不构成可供出售金融资产的初始入账金额，而应单独确认为一项临时债权，记为应收股利或应收利息。

企业取得可供出售金融资产为股票投资的，应按该金融资产取得时的公允价值与交易费用之和，借记“可供出售金融资产——成本”科目；按支付的价款中包含的已宣告但尚未发放的现金股利，借记“应收股利”科目；按实际支付的金额，贷记“其他货币资金——存出投资款”等科目。

企业取得的可供出售金融资产为债券投资的，应按该债券的面值，借记“可供出售金融资产——成本”科目；按支付的价款中包含的已到付息期但尚未领取的利息，借记“应收利息”科目；按实际支付的金额，贷记“其他货币资金——存出投资款”等科目；按其差额，借记或贷记“可供出售金融资产——利息调整”科目。

实际收到支付的价款中包含的已宣告但尚未发放的现金股利或已到付息期但尚未领取的利息时，借记“其他货币资金——存出投资款”科目，贷记“应收股利”或“应收利息”科目。

三、可供出售金融资产的后续计量

可供出售金融资产的后续计量涉及的会计处理主要有三个方面：一是在资产负债表日确认债券利息收入，二是在资产负债表日反映其公允价值变动，三是在资产负债表日核算可供出售金融资产发生的减值损失。

（一）持有期间取得的现金股利或债券利息

企业在持有可供出售金融资产的期间取得的现金股利或债券利息，应作为投资收益进行会计处理。

可供出售金融资产为分期付息、到期还本债券投资的，在资产负债表日，企业应按可供出售的面值和票面利率计算确定的应收未收利息，借记“应收利息”科目；按可供出售金融资产的摊余成本和实际利率计算确定的利息收入，贷记“投资收益”科目；按其差额，借记或贷记“可供出售金融资产——利息调整”科目。

可供出售金融资产为到期一次还本付息债券投资的，在资产负债表日，企业应按可供出售的面值和票面利率计算确定的应收未收利息，借记“可供出售金融资产——应计利息”科目；按可供出售债券的摊余成本和实际利率计算确定的利息收入，贷记“投资收益”科目；按其差额，借记或贷记“可供出售金融资产——利息调整”科目。

（二）资产负债表日公允价值变动

在资产负债表日，可供出售金融资产应按公允价值计量，可供出售金融资产公允价值变动应作为其他综合收益，计入所有者权益，不构成当期利润。

在资产负债表日，可供出售金融资产的公允价值高于其账面余额的差额，借记“可供出售金融资产——公允价值变动”科目，贷记“其他综合收益”科目；公允价值低于其账面余额的差额，做相反的会计分录。

（三）资产负债表日发生减值损失

在资产负债表日，确定可供出售金融资产发生减值的，应将减记的金额作为资产减值损失进行会计处理，同时直接冲减可供出售金融资产或计提相应的资产减值准备。对于已确认减值损失的可供出售金融资产，在随后的会计期间内公允价值已上升且客观上与确认原减值损失事项有关的，应在原已确认的减值损失范围内转回，同时调整资产减值损失或所有者权益。

资产负债表日，确定可供出售金融资产发生减值的，应按应减记的金额，借记“资产减值损失”科目；按应从所有者权益中转出原计入其他综合收益的累计损失金额，贷记或借记“其他综合收益”科目；按其差额，贷记“可供出售金融资产——公允价值变动”科目。

对于已确认减值损失的可供出售金融资产，在随后会计期间内公允价值已上升且客观上与确认原减值损失事项有关的，应在原已确认的减值损失范围内按已恢复的金额，借记“可供出售金融资产减值准备”科目，贷记“资产减值损失”科目；但可供出售金融资产为股票等权益工具投资的，借记“可供出售金融资产减值准备”科目，贷记“其他综合收益”科目。

四、可供出售金融资产的处置

企业处置可供出售金融资产，应将取得的价款与账面余额之间的差额作为投资损益进行会计处理，同时，将原计入其他综合收益的公允价值变动额转出，计入投资收益。如果对可供出售金融资产计提了减值准备，还应同时结转减值准备。

企业处置可供出售金融资产，应按实际收到的金额，借记“其他货币资金——存出投资款”等科目；按计提的减值准备，借记“可供出售金融资产减值准备”科目；按该可供出售金融资产的账面余额，贷记“可供出售金融资产——成本、公允价值变动、利息调整、应计利息”科目；按其差额，贷记或借记“投资收益”科目。同时，按应从所有者权益中转出的公允价值累计变动额，借记或贷记“其他综合收益”科目，贷记或借记“投资收益”科目。

为便于比较和理解可供出售金融资产与交易性金融资产的会计处理的主要区别，下面以与“交易性金融资产”一节条件类似的实例来说明。

［例5—15］　20×5年2月15日，富民公司从二级市场购入丙公司股票6 000股，取得时公允价值为每股8.30元，含已宣告但尚未发放的现金股利0.30元，另支付交易费用100.00元，全部价款以存入证券公司投资款支付。富民公司将该投资划分为可供出售金融资产。

20×5年2月20日，收到最初支付价款中所含现金股利，每股0.30元。

20×5年6月30日，丙公司股票的公允价值为每股8.90元。

20×5年8月2日，丙公司宣告发放上半年的股利，其中现金股利为每股0.40元，股票股利每10股派2股。股权登记日为8月5日。

20×5年8月8日，富民公司收到丙公司发放的股利。

20×5年12月8日，富民公司通过二级市场出售了丙公司股票3 600股，每股6.00元，交易费用为80.00元。

20×5年12月31日，丙公司股票的公允价值为每股7.50元。

根据以上资料，富民公司应编制的记账凭证为：

（1）20×5年2月15日，购入丙公司股票6 000股时：

借：可供出售金融资产——丙股票（成本）	48 100.00	
应收股利	1 800.00	
贷：其他货币资金——存出投资款		49 900.00

(2)20×5 年 2 月 20 日，收到最初支付价款中所含现金股利 1 800.00 元(6 000×0.30)时：

借：其他货币资金——存出投资款　　1 800.00

　贷：应收股利　　1 800.00

(3)20×5 年 6 月 30 日，确认丙公司股票公允价值变动时：

借：可供出售金融资产——丙股票(公允价值变动)　　5 300.00

　贷：其他综合收益　　5 300.00

可供出售金融资产在半年报资产负债表日的公允价值＝6 000×8.90＝53 400.00(元)

可供出售金融资产的公允价值变动额＝53 400.00－48 100.00＝5 300.00(元)

(4)20×5 年 8 月 5 日，确认丙公司应发放的现金股利时：

借：应收股利　　2 400.00

　贷：投资收益　　2 400.00

对于分得的股票股利，不用编制记账凭证，只需在备查簿中登记增加的股份 1 200 股(6 000×2/10)即可。

(5)20×5 年 8 月 8 日，收到丙公司发放的现金股利时：

借：其他货币资金——存出投资款　　2 400.00

　贷：应收股利　　2 400.00

(6)20×5 年 12 月 8 日，出售丙公司的股票 3 600 股时：

借：其他货币资金——存出投资款　　21 520.00

　投资收益　　5 180.00

　贷：可供出售金融资产——丙股票(成本)　　24 050.00

　　　　　　　　　　——丙股票(公允价值变动)　　2 650.00

同时，按处置比例将之前计入其他综合收益的公允价值变动损益结转至投资收益。

借：其他综合收益　　2 650.00

　贷：投资收益　　2 650.00

(7)20×5 年 12 月 31 日，确认丙公司股票公允价值变动时：

借：可供出售金融资产——丙股票(公允价值变动)　　300.00

　贷：其他综合收益　　300.00

可供出售金融资产在年报资产负债表日的公允价值＝3 600×7.5＝27 000.00(元)

可供出售金融资产的公允价值变动额＝27 000.00－(24 050.00＋2 650.00)

＝300.00(元)

从[例 5－15]可以看出，可供出售金融资产的公允价值变动损益在持有年度体现在资产负债表的所有者权益中，没有进入利润总额，直到处置时才将这部分隐藏在资产负债表中的利得或损失体现到利润总额中，[例 5－15]中这部分数额为 2 650.00 元。

下面举例说明可供出售金融资产的投资对象为股票投资时，该资产发生减值与减值转回的处理。

[例 5－16]　承[例 5－15]，20×6 年 12 月 31 日，因丙公司陷入财务困难并涉嫌违规经营，股票收盘价严重下跌至每股 2 元，且近期无望回升。

20×7 年 12 月 31 日，丙公司股票每股收益收盘价为 4 元。

20×8 年 4 月 8 日，富民公司将拥有的 3 600 股丙公司股票全部出售，出售价格为每股 10.00 元，交易费用为 180.00 元。

根据以上资料，富民公司应编制的记账凭证为：

(1)20×6年12月31日，丙公司股票价格严重下跌，富民公司确认资产减值损失时：

借：资产减值损失 16 850.00

其他综合收益 2 950.00

贷：可供出售金融资产减值准备 19 800.00

可供出售金融资产在年报资产负债表日的公允价值＝3 600×2＝7 200.00(元)

可供出售金融资产的公允价值变动额＝7 200.00－(24 050.00＋2 950.00)

＝－19 800.00(元)

应确认的资产减值损失＝19 800.00－2 950.00＝16 850.00(元)

(2)20×7年12月31日，丙公司股票价格回升，调整可供出售金融资产账面价值时：

借：可供出售金融资产减值准备 7 200.00

贷：其他综合收益 7 200.00

(3)20×8年12月31日，出售丙公司股票3 600股，结转处置损益时：

借：其他货币资金——存出投资款 35 820.00

可供出售金融资产——丙股票(公允价值变动) 2 950.00

可供出售金融资产减值准备 12 600.00

贷：可供出售金融资产——丙股票(成本) 24 050.00

投资收益 27 320.00

同时，按之前计入其他综合收益的公允价值变动损益结转至投资收益。

借：其他综合收益 7 200.00

贷：投资收益 7 200.00

从[例5－16]可以看出，在可供出售金融资产为股票投资，股价严重下跌，近期回升无望的情况下，必须计提资产减值损失，将该投资应计的损失体现到当期的利润表中，而不能继续隐藏在当期的资产负债表中(因为之前的变动都计入了其他综合收益)，这是谨慎性原则的体现。当股价回升时，应调增可供出售金融资产的账面价值，但是不能冲减之前计提的资产减值损失，仍然应将变动部分计入所有者权益中。

为便于比较和理解可供出售金融资产与持有至到期投资的会计处理的主要区别，下面以与“持有至到期投资”一节条件类似的实例来说明。

[例5－17] 20×5年1月1日，诚友公司购入丁公司发行的四年期债券5 000份，不准备近期出售，也不打算持有至到期。债券发行价格为每份110.00元，面值为100.00元，每年年末付息，到期一次还本。该债券的票面利息为10%。另外，诚友公司购买该项投资支付相关费用20 000.00元。

20×5年12月31日，丁公司按期支付利息，债券的市场价格为每份106.00元。

20×6年12月31日，丁公司发生严重的财务困难，但仍支付了当年的利息。债券价格跌至每份80.00元。丁公司如果不采取措施，该债券的公允价值预计会持续下跌。

20×7年12月31日，丁公司债券价格有所回升，为每份90.00元。

20×8年2月18日，诚友公司出售丁公司债券，价格为每份85.00元。

根据以上资料，诚友公司应编制的记账凭证为：

(1)20×5年1月1日，购入丁公司债券时：

借：可供出售金融资产——丁债券(成本) 500 000.00

——丁债券(利息调整)　　70 000.00

贷:其他货币资金——存出投资款　　570 000.00

(2)20×5 年 12 月 31 日,确认利息收入,收到票面利息。经过计算,实际利率为 5.96%。利息收入的计算见表 5—4。

表 5—4　　可供出售金融资产利息收入计算表　　单位:元

计息日期	应收利息	投资收益	利息调整借差摊销	利息调整借差余额	摊余成本
	(1)=面值×10%	(2)=期初(5)×5.96%	(3)=(1)-(2)	(4)=期初(4)-(3)	(5)=面值+(4)或=期初(5)-(3)
20×5 年 1 月 1 日				70 000.00	570 000.00
20×5 年 12 月 31 日	50 000.00	33 972.00	16 028.00	53 972.00	553 972.00
20×6 年 12 月 31 日	50 000.00	33 016.73	16 983.27	36 988.73	536 988.73
20×7 年 12 月 31 日	50 000.00	32 004.53	17 995.47	18 993.26	518 993.26
20×8 年 12 月 31 日	50 000.00	31 006.74	18 993.26	0.00	500 000.00

借:应收利息　　50 000.00

贷:投资收益　　33 972.00

可供出售金融资产——丁债券(利息调整)　　16 028.00

借:其他货币资金——存出投资款　　50 000.00

贷:应收利息　　50 000.00

同时,记录丁公司债券的公允价值变动。

20×5 年 12 月 31 日,该债券的摊余成本=500 000.00+(70 000.00-16 028.00)

=553 972.00(元)

债券的公允价值=5 000×106.00=530 000.00(元)

债券的公允价值变动=530 000.00-553 972.00=-23 972.00(元)

借:其他综合收益　　23 972.00

贷:可供出售金融资产——丁债券(公允价值变动)　　23 972.00

(3)20×6 年 12 月 31 日,确认利息收入,收到票面利息并确认减值损失时:

借:应收利息　　50 000.00

贷:投资收益　　33 016.73

可供出售金融资产——丁债券(利息调整)　　16 983.27

借:其他货币资金——存出投资款　　50 000.00

贷:应收利息　　50 000.00

确认减值损失前,该债券的摊余成本=536 988.73(元)

20×6 年 12 月 31 日,该债券的公允价值=5 000×80.00=400 000.00(元)

债券的公允价值累计变动额=400 000.00-536 988.73=-136 988.73(元)

本期应计的减值准备=-136 988.73-(-23 972.00)=-113 016.73(元)

借:资产减值损失　　136 988.73

贷:其他综合收益　　23 972.00

可供出售金融资产减值准备　　113 016.73

(4)20×7年12月31日，确认利息收入，收到票面利息并确认减值转回时：

应确认的利息收入＝(期初的摊余成本－发生的减值损失)×实际利率

＝(536 988.73－136 988.73)×5.96%

＝23 840.00(元)

借：应收利息　　50 000.00

贷：投资收益　　23 840.00

可供出售金融资产——丁债券(利息调整)　　26 160.00

借：其他货币资金——存出投资款　　50 000.00

贷：应收利息　　50 000.00

减值损失转回前该债券的摊余成本＝536 988.73－136 988.73－26 160.00

＝373 840.00(元)

20×7年12月31日，该债券的公允价值＝5 000×90.00＝450 000.00(元)

应转回的金额＝450 000.00－373 840.00＝76 160.00(元)

借：可供出售金融资产减值准备　　76 160.00

贷：资产减值损失　　76 160.00

(5)20×8年2月18日，诚友公司出售丁公司债券时：

收到的价款＝5 000×85.00＝425 000.00(元)

利息调整借差余额＝36 988.73－26 160.00＝10 828.73(元)

公允价值变动贷方余额＝23 972.00＋113 016.73－76 160.00＝60 828.73(元)

借：其他货币资金——存出投资款　　425 000.00

可供出售金融资产——丁债券(公允价值变动)　　23 972.00

可供出售金融资产减值准备　　36 856.73

投资收益　　25 000.00

贷：可供出售金融资产——丁债券(成本)　　500 000.00

——丁债券(利息调整)　　10 828.73

第五节　长期股权投资

一、长期股权投资概述

(一)长期股权投资的定义

长期股权投资，是指投资方对被投资单位实施控制、共同控制及重大影响的权益性投资，即企业持有的对其子公司、合营企业及联营企业的权益性投资。

控制，是指投资方拥有对被投资方的权力，通过参与被投资方的相关活动而享有可变回报，并且有能力运用对被投资方的权力影响其回报金额。企业能够对被投资单位实施控制的，被投资单位为本企业的子公司。

共同控制，是指按相关约定对某项安排所共有的控制，并且该安排的相关活动必须经过分享控制权的参与方一致同意后才能决策。企业与其他合营方对被投资单位实施共同控制且对被投资单位净资产享有权利的，被投资单位为本企业的合营企业。

重大影响，是指投资方对被投资单位的财务和经营政策有参与决策的权力，但并不能够控制或者与其他方一起共同控制这些政策的制定。企业能够对被投资单位具有重大影响的，被投资单位为本企业的联营企业。实务中，较为常见的重大影响体现在被投资单位的董事会或类似权力机构中派有代表，通过在被投资单位财务和经营决策制定过程的发言权实施重大影响。投资方单位直接或通过子公司间接持有被投资单位20%以上但低于50%的表决权时，一般认为对被投资单位具有重大影响，除非有明确的证据表明该种情况下不能参与被投资单位的生产经营决策，不形成重大影响。在确定能否对被投资单位施加重大影响时，除了要考虑持有的表决权股份，还应考虑投资方和其他方持有的当期可执行潜在表决权在假定转换为对被投资单位的股权后产生的影响，如被投资单位发行的当期可转换公司债券、当期可执行认股权证、股份期权等潜在表决权因素的影响。

（二）长期股权投资的核算方法及核算科目

长期股权投资的核算方法有成本法和权益法两种。

企业能够对被投资单位实施控制的长期股权投资应采用成本法核算。即投资方对子公司的长期股权投资，也就是企业控股合并形成的长期股权投资，采用成本法核算。

企业对被投资单位具有共同控制或重大影响时，长期股权投资应采用权益法核算。即投资方对联营企业和合营企业的长期股权投资，采用权益法核算。

为了反映和监督企业长期股权投资的取得、持有和处置等情况，企业应设置“长期股权投资”“长期股权投资减值准备”“资本公积”“其他综合收益”及“投资收益”等科目。

“长期股权投资”科目核算企业持有的长期股权投资。该科目的借方登记长期股权投资取得时的成本以及采用权益法核算时按被投资单位实现的净利润等计算的应享有的份额；贷方登记处置长期股权投资的账面价值或采用权益法核算时被投资单位宣告分派现金股利或利润时企业按持股比例计算应享有的份额，及按被投资单位发生的净亏损等计算的应分担的份额。期末借方余额，反映企业持有的长期股权投资的价值。“长期股权投资”科目应按被投资单位进行明细核算。对于采用权益法核算的长期股权投资，还应分别设置“投资成本”“损益调整”“其他综合收益”“其他权益变动”等明细科目进行核算。

“长期股权投资减值准备”科目核算企业计提的长期股权投资减值准备。该科目的贷方登记计提的长期股权投资减值准备，借方登记处置长期股权投资时结转的长期股权投资减值准备。期末余额一般在贷方，反映企业已计提但尚未转销的长期股权投资减值准备。

二、长期股权投资的初始计量

取得长期股权投资付出的代价，可以是支付现金、转让非现金资产的方式，也可以是发行权益证券、承担债务的方式，还可以是通过投资者投入、非货币资产交换以及债务重组等的方式。按是否对被投资单位形成控制，长期股权投资可以分为形成控股合并的长期股权投资和未形成控股合并的长期股权投资两大类。形成控股合并的长期股权投资，又分为同一控制下控股合并和非同一控制下控股合并形成的长期股权投资。不同种类的长期股权投资，其初始成本的确定方法有所不同。

但是，无论取得方式如何、是否形成对被投资单位的控制，取得投资时实际支付的对价中包含的已宣告但尚未发放的现金股利或利润，都不构成长期股权投资的初始成本，而应确认为一项临时债权，记为应收股利。

（一）控股合并形成的长期股权投资

企业合并，是指将两个或两个以上单独的企业合并形成一个报告主体的交易或事项，包括吸收合并、新设合并和控股合并等。企业合并，按是否属于集团内的合并，又分为同一控制下的合并和非同一控制下的合并。但只有控股合并才形成对被投资单位的股权投资，下面区分同一控制还是非同一控制来确定长期股权投资的初始成本。

通过多次交易分步实现的企业合并，各项交易是否属于“一揽子交易”，应按合并财务报表准则的有关规定进行判断。

对于控股合并形成的长期股权投资，合并方或购买方为企业合并发生的审计、法律服务、评估咨询等中介费用以及其他相关管理费用，应于发生时计入当期损益（管理费用）。与发行权益性证券作为合并对价直接相关的交易费用，应冲减资本公积（资本溢价或股本溢价）；资本公积（资本溢价或股本溢价）不足冲减的，依次冲减盈余公积和未分配利润。与发行债务性证券作为合并对价直接相关的交易费用，应计入债务性证券的初始确认金额。

1. 同一控制下控股合并形成的长期股权投资

同一控制下的控股合并，合并方以支付现金、转让非现金资产或承担债务方式作为合并对价的，应在合并日按被合并方所有者权益（净资产）在最终控制方合并财务报表中的账面价值的份额作为长期股权投资的初始投资成本。被合并方在合并日的净资产账面价值为负数的，长期股权投资成本按零确定，同时在备查簿中予以登记。如果被合并方在被合并以前，是最终控制方通过非同一控制下的企业合并所控制的，则合并方长期股权投资的初始投资成本还应包含相关的商誉金额。长期股权投资初始投资成本与支付的现金、转让的非现金资产以及所承担债务账面价值之间的差额，应调整资本公积（资本溢价或股本溢价）；资本公积（资本溢价或股本溢价）不足冲减的，调整留存收益，依次冲减盈余公积和未分配利润。

［例 5－18］ A 公司为 B 公司和 C 公司的母公司，20×5 年 1 月 1 日，A 公司将其持有 C 公司 60％的股权转让给 B 公司，双方协商确定的价格为 8 000 000.00 元，以货币资金支付；此外，B 公司还以货币资金支付审计、评估费 10 000.00 元。合并日，C 公司所有者权益的账面价值为 12 000 000.00 元，公允价值为 15 000 000.00 元；B 公司资本公积（溢价）余额为 600 000.00元，盈余公积余额为 150 000.00 元，未分配利润余额为 40 000.00 元。

B 公司初始投资成本＝12 000 000.00×60％＝7 200 000.00（元）

为此，在办理股权转让登记手续及支付款项后，B 公司应编制的记账凭证为：

借：长期股权投资——C 公司	7 200 000.00	
资本公积——股本溢价	600 000.00	
盈余公积	150 000.00	
利润分配——未分配利润	50 000.00	
贷：银行存款		8 000 000.00

支付审计、评估费时，应编制的记账凭证为：

借：管理费用	10 000.00	
贷：银行存款		10 000.00

也可以合编一张记账凭证。

合并方以发行权益性证券作为合并对价的，应在合并日按被合并方净资产在最终控制方合并财务报表中的账面价值的份额作为长期股权投资的初始投资成本。按发行股份的面值总额作为股本，长期股权投资初始投资成本与所发行股份面值总额之间的差额，应调整资本公积;资本公积不足冲减的,调整留存收益。

按合并日应享有被合并方净资产的账面价值的份额确定长期股权投资的初始投资成本的,前提是合并前合并方与被合并方采用的会计政策应一致。合并前合并方与被合并方采用的会计政策不同的,应基于重要性原则,统一合并方与被合并方的会计政策。在按合并方的会计政策对被合并方净资产的账面价值进行调整的基础上,计算确定长期股权投资的初始投资成本。如果被合并方编制合并财务报表,则应以合并日被合并方的合并财务报表为基础确认长期股权投资的初始投资成本。

[例 5—19] A 公司为 B 公司和 C 公司的母公司,持有 B 公司 70% 的股权,持有 C 公司 60% 的股权。20×5 年 1 月 1 日,B 公司以发行每股面值为 1.00 元的股票 2 000 000 股,换取 A 公司持有的 C 公司 60% 的股权,并以银行存款支付发行股票手续费 20 000.00 元。合并日,C 公司所有者权益的账面价值为 12 000 000.00 元,公允价值为 15 000 000.00 元。

B 公司初始投资成本=12 000 000.00×60%=7 200 000.00(元)

为此,在办理股权转让登记手续后,B 公司应编制的记账凭证为:

借:长期股权投资——C 公司　　7 200 000.00

　贷:股本——B 公司　　2 000 000.00

　　资本公积——股本溢价　　5 200 000.00

支付股票发行手续费时,应编制的记账凭证为:

借:资本公积——股本溢价　　20 000.00

　贷:银行存款　　20 000.00

也可以合编一张记账凭证。

2. 非同一控制下控股合并形成的长期股权投资

非同一控制下的控股合并,购买方在购买日应按《企业会计准则第 20 号——企业合并》的有关规定确定的合并成本作为长期股权投资的初始投资成本。企业合并成本包括购买方付出的资产、发生或承担的负债、发行的权益性证券或债务性证券的公允价值之和。

[例 5—20] 20×5 年 12 月 1 日,A 公司取得 B 公司 70% 的股权,取得该部分股权后能够对 B 公司实施控制。为核实 B 公司的资产价值,A 公司聘请资产评估机构对 B 公司的资产进行评估,支付评估费用 1 800 000.00 元。合并中,A 公司支付的有关资产在购买日的账面价值与公允价值如表 5—5 所示。假定合并前 A 公司与 B 公司不存在任何关联方关系。不考虑相关税费等其他因素影响。

表 5—5　　A 公司购买日的账面价值和公允价值

20×5 年 11 月 30 日　　单位:元

项　目	账面价值	公允价值
自用房产	20 000 000.00	32 000 000.00
土地使用权(自用)	30 000 000.00	42 000 000.00
专利技术	6 000 000.00	10 000 000.00
银行存款	16 000 000.00	16 000 000.00
合　计	72 000 000.00	10 000 000.00

注:A 公司用作合并对价的,自用房产原值 30 000 000.00 元,已提折旧 10 000 000.00 元;土地使用权和专利技术原价为 44 000 000.00 元,至企业合并发生时已累计摊销 8 000 000.00 元。

本例中因A公司与B公司在合并前不存在任何关联方关系，应作为非同一控制下的企业合并处理。A公司对于合并形成的对B公司的长期股权投资，应编制的记账凭证为：

借：固定资产清理　　20 000 000.00
　　累计折旧　　10 000 000.00
　　贷：固定资产　　30 000 000.00

借：长期股权投资——B公司　　100 000 000.00
　　管理费用　　1 800 000.00
　　累计摊销　　8 000 000.00
　　贷：固定资产清理　　20 000 000.00
　　　　无形资产　　44 000 000.00
　　　　银行存款　　17 800 000.00
　　　　营业外收入　　28 000 000.00

（二）非控股合并形成的长期股权投资

对于没有形成控股合并的长期股权投资，其初始成本的确定按对价方式不同也有所不同。

1. 以支付现金取得的长期股权投资

以支付现金取得的长期股权投资，应按实际支付的购买价款作为初始投资成本。初始投资成本包括与取得长期股权投资直接相关的费用、税金及其他必要支出。

[例5—21]　20×5年1月5日，甲公司自公开市场中买入乙公司20%的股份4 000 000股，实际支付价款80 000 000.00元。另外，在购买过程中支付手续费等相关费用2 000 000.00元。甲公司取得该部分股权后，能够对乙公司的生产经营决策施加重大影响。

甲公司应按实际支付的购买价款及相关交易费用作为取得长期股权投资的成本，编制的记账凭证为：

借：长期股权投资——乙公司（投资成本）　　82 000 000.00
　　贷：银行存款　　82 000 000.00

2. 以发行权益性证券取得的长期股权投资

以发行权益性证券取得的长期股权投资，应按发行权益性证券的公允价值作为初始投资成本。公允价值应按《企业会计准则第39号——公允价值计量》等相关准则确定。

投资者投入的长期股权投资，一般应根据法律法规的要求进行评估作价。在公平交易中，投资者投入的长期股权投资的公允价值，与所发行证券的公允价值不应存在重大差异。如有确凿证据表明，两者存在重大差异，则以投资者投入的长期股权投资的公允价值为基础确定其初始投资成本。投资方通过发行债务性证券取得的长期股权投资的，比照通过发行权益性证券处理。

[例5—22]　20×6年3月5日，A公司通过向B公司的母公司C公司增发90 000 000股本公司普通股（每股面值1元）取得B公司20%的股权，该90 000 000股股份的公允价值为156 000 000.00元。为增发该部分股份，A公司向证券承销机构等支付了6 000 000.00元的佣金和手续费。假定A公司取得该部分股权后，能够对B公司的财务和生产经营决策施加重大影响。B公司20%的股权的公允价值与A公司增发股份的公允价值不存在重大差异。不考虑相关税费等其他因素影响。

由于B公司20%的股权的公允价值与A公司增发股份的公允价值不存在重大差异，A公司应以所发行股份的公允价值作为取得长期股权投资的成本。应编制的记账凭证为：

借:长期股权投资——B公司(投资成本)　　15 600 000.00
　　贷:股本——C公司　　90 000 000.00
　　　　资本公积——股本溢价　　66 000 000.00

支付佣金和手续费时,应编制的记账凭证为:

借:资本公积——股本溢价　　6 000 000.00
　　贷:银行存款　　6 000 000.00

[例5—23] 非上市公司A公司设立时,甲公司以其持有的对B公司的长期股权投资作为出资投入A公司。B公司为上市公司,投资各方在投资合同中约定,作为出资的该项长期股权投资作价60 000 000.00元。该作价是按B公司的市价经考虑相关调整因素后确定的,与其市价相当。交易完成后,A公司注册资本为240 000 000.00元,甲公司出资占A公司注册资本的20%,能够对B公司施加重大影响。不考虑相关税费等其他因素影响。

由于甲公司向A公司投资的长期股权投资具有活跃市场报价,而A公司所发行的权益性证券的公允价值不具有活跃市场报价,因此,A公司应采用B公司股权的公允价值来确认长期股权投资的初始成本。A公司应编制的记账凭证为:

借:长期股权投资——B公司(投资成本)　　60 000 000.00
　　贷:实收资本——甲公司　　48 000 000.00
　　　　资本公积——资本溢价　　12 000 000.00

3. 通过非货币性资产交换取得的长期股权投资

通过非货币性资产交换取得的长期股权投资,其初始投资成本应按《企业会计准则第7号——非货币性资产交换》的有关规定确定。

4. 通过债务重组取得的长期股权投资

通过债务重组取得的长期股权投资,其初始投资成本应按《企业会计准则第12号——债务重组》的有关规定确定。

此外,在企业进行公司制改建时,由于对资产、负债的账面价值要按评估价值调整,企业拥有的长期股权投资应以评估价值作为改制时的认定成本,评估价值与原账面价值的差异应计入资本公积(资本溢价或股本溢价)。

三、长期股权投资的后续计量

长期股权投资在持有期间,应根据投资方对被投资单位的影响程度,分别采用成本法和权益法进行核算。控股合并形成的长期股权投资的后续计量采用成本法核算,而非控股合并形成的长期股权投资的后续计量采用权益法核算。

(一)采用成本法核算的长期股权投资

长期股权投资核算的成本法,是指长期股权投资的价值通常按初始投资成本计量,除了追加或收回投资外,一般不对长期股权投资的账面价值进行调整的方法。

1. 成本法的适用范围

投资方持有的对子公司投资应采用成本法,投资方为投资性主体且子公司不纳入其合并财务报表的除外。投资方在判断对被投资单位是否具有控制时,应综合考虑直接持有的股权和通过子公司间接持有的股权。在个别财务报表中,投资方进行成本核算时,应仅考虑直接持有的股权份额。

2. 成本法下长期股权投资账面价值的调整及投资损益的确认

采用成本法核算的长期股权投资，在追加投资时，按追加投资支付的成本的公允价值及发生的相关交易费用增加长期股权投资的账面价值。被投资单位宣告分派现金股利或利润的，投资方根据应享有的部分确认为当期投资收益。

[例5-24]　承[例5-20]，20×6年2月5日，A公司自非关联方以15 000 000.00元又购入B公司10%的股权。A公司取得该部分股权后，对B公司的持股比例达到80%。

20×6年3月10日，乙公司宣告分派现金股利，A公司按其持有比例确定可分回800 000.00元。

20×6年3月15日，A公司收到现金股利。

根据上述资料，A公司应编制记账凭证如下：

(1)20×6年2月5日，追加投资时：

借：长期股权投资——B公司	15 000 000.00	
贷：银行存款		15 000 000.00

(2)20×6年3月10日，确认应收现金股利时：

借：应收股利	800 000.00	
贷：投资收益		800 000.00

(3)20×6年3月15日，收到现金股利时：

借：银行存款	800 000.00	
贷：应收股利		800 000.00

需要注意的是，子公司将未分配利润或盈余公积直接转增股本(实收资本)，且未向投资方提供等值现金股利或利润的选择权时，母公司并没有获得收取现金股利或利润的权利，上述交易通常属于子公司自身权益结构的重分类，母公司不应确认相关的投资收益。

3. 长期股权投资的减值

根据《企业会计准则第8号——资产减值》的规定，每年年末，企业应对长期股权投资的账面价值进行检查。如果存在减值迹象的，应对其可收回金额进行估计。可收回金额根据长期股权投资的公允价值减去处置费用后的净额与长期股权投资预计未来现金流量的现值两者之中的较高者来确定。

如果长期股权投资可回收金额低于账面价值的，说明长期股权投资已经发生了减值，应将该长期股权投资的账面价值减记至可收回金额，减记的金额确认为减值损失，计入当期损益(资产减值损失)，同时计提相应的资产减值准备。

企业应按减记的金额，借记"资产减值损失——计提的长期股权投资减值准备"科目，贷记"长期股权投资减值准备"科目。

长期股权投资减值损失一经确认，在以后会计期间不得转回。

[例5-25]　承[例5-24]，20×6年12月31日，B公司所在区域发生洪灾，B公司发生了大额损失。因此，A公司确认持有的B公司长期股权投资的可收回金额为90 000 000.00元。A公司拥有B公司的长期股权投资的账面价值为115 000 000.00元。确认长期股权投资减值准备25 000 000.00元。

为此，A公司应编制记账凭证如下：

借：资产减值损失	25 000 000.00	
贷：长期股权投资减值准备		25 000 000.00

4. 成本法下长期股权投资的处置

企业处置长期股权投资时，按实际取得的价款与长期股权投资账面价值的差额确认为投资损益，并应同时结转已计提的长期股权投资减值准备。

企业处置长期股权投资时，应按实际收到的金额，借记“银行存款”等科目；按原已计提的减值准备，借记“长期股权投资减值准备”科目；按该项长期股权投资的账面余额，贷记“长期股权投资”科目；按尚未领取的现金股利或利润，贷记“应收股利”科目；按其差额，贷记或借记“投资收益”科目。

[例5－26] 承[例5－25]，20×7年3月31日，A公司以42 000 000.00元的价格转让B公司20%的股权，收取的价款全部存入银行。转让以后，A公司拥有B公司60%的股权，仍然能够对B公司实施控制。

针对已经转让的部分股权，A公司应按比例结转成本和计提减值准备。A公司应编制的记账凭证为：

借：银行存款　　42 000 000.00
　　长期股权投资减值准备　　6 250 000.00
　贷：长期股权投资——B公司　　28 750 000.00
　　　投资收益　　19 500 000.00

A公司拥有剩余的60%B公司长期股权投资的账面价值为：

“长期股权投资——B公司”账面余额＝115 000 000.00－28 750 000.00
＝86 250 000.00(元)

“长期股权投资减值准备”账面余额＝25 000 000.00－6 250 000.00
＝18 750 000.00(元)

报表上列示的长期股权投资的账面价值＝86 250 000.00－18 750 000.00
＝67 500 000.00(元)

(二)采用权益法核算的长期股权投资

长期股权投资核算的权益法，是指长期股权投资的账面价值要根据被投资单位所有者权益的变动而按比例进行相应调整的方法。调整后的账面价值大体上反映投资方在被投资单位所有者权益中占有的份额。

1. 权益法的适用范围

对合营企业和联营企业投资应采用权益法核算。投资方在判断对被投资方是否具有共同控制、重大影响时，应综合考虑直接持有的股权或通过子公司间接持有的股权。如果认定投资方对被投资单位拥有共同控制或重大影响，在个别财务报表中，投资方进行权益法核算时，应仅考虑直接持有的股权份额；在合并财务报表中，投资方进行权益法核算时，应同时考虑直接持有和间接持有的份额。

按权益法核算的长期股权投资，一般的核算程序为：

一是初始投资或追加投资时，按初始投资成本或追加投资的投资成本，增加长期股权投资的账面价值。

二是比较初始投资成本与投资时应享有被投资单位可辨认净资产公允价值的份额，对于前者大于后者的，不调整长期股权投资的账面价值；前者小于后者的，应按两者之间的差额调增长期股权投资的账面价值，同时计入取得投资当期的损益。

三是持有投资期间，随着被投资单位所有者权益的变动相应调整增加或减少长期股权投资的账面价值，并分别情况处理：

对于因被投资单位实现净损益产生的所有者权益的变动，投资企业按持股比例计算应享有的份额，增加或减少长期股权投资的账面价值，同时确认投资收益和其他综合收益。

对被投资单位除净损益、其他综合收益以及利润分配以外的因素导致的所有者权益变动，相应调整长期股权投资的账面价值，同时确认为资本公积(其他资本公积)。

在持有投资期间，被投资单位能够提供合并财务报表的，应以合并财务报表中净利润、其他综合收益和其他投资变动为基础进行核算。

2. 权益法下初始投资成本的调整

投资方取得对联营企业或合营企业的投资以后，对于取得投资时初始投资成本与应享有被投资单位可辨认净资产公允价值份额之间的差额，应区别情况处理。

(1)初始投资成本大于取得投资时应享有被投资单位可辨认净资产公允价值份额的，该部分差额是投资方在取得投资过程中通过作价体现出的与所取得股权份额相对应的商誉价值，这种情况下不调整已确认的长期股权投资的初始投资成本。

(2)初始投资成本小于取得投资时应享有被投资单位可辨认净资产公允价值份额的，两者之间的差额体现为双方在交易作价过程中转让方的让步，该部分经济利益流入应计入取得投资当期的营业外收入，同时调增长期股权投资的账面价值。

[例 5－27] 承[例 5－21]，20×5 年 1 月 5 日，甲公司自公开市场中买入乙公司 20%的股份 4 000 000 股，实际支付价款 80 000 000.00 元。另外，在购买过程中支付手续费等相关费用 2 000 000.00 元。取得投资时，被投资单位净资产的账面价值为 350 000 000.00 元(假定被投资单位各项可辨认净资产的公允价值与账面价值相同)。甲公司取得该部分股权后，能够对乙公司的生产经营决策施加重大影响。

本例应该对该投资采用权益法核算。甲公司应按实际支付的购买价款及相关交易费用作为取得长期股权投资的成本，编制的记账凭证为：

借：长期股权投资——乙公司(投资成本)	82 000 000.00	
贷：银行存款		82 000 000.00

长期股权投资的初始投资成本为 82 000 000.00 元，取得投资时应享有被投资单位可辨认净资产公允价值的份额为 70 000 000.00 元(350 000 000×20%)，前者大于后者，该差额 12 000 000.00元不调整长期股权投资的账面价值。

[例 5－28] 承[例 5－27]，如果取得投资时被投资单位可辨认净资产的公允价值为 450 000 000.00元，甲公司按持股比例 20%确定应享有 90 000 000.00 元，则初始投资成本小于应享有的份额 8 000 000.00 元，应计入取得投资当期的营业外收入。甲公司编制的记账凭证为：

借：长期股权投资——乙公司(投资成本)	90 000 000.00	
贷：银行存款		82 000 000.00
营业外收入		8 000 000.00

3. 权益法下投资损益的确认

采用权益法核算的长期股权投资，在确认应享有(或应分担)被投资单位的净利润(或净亏损)时，在被投资单位账面净利润的基础上，应考虑以下因素的影响进行适当调整：

(1)被投资单位采用的会计政策与会计期间与投资方不一致的，应按投资方的会计政策和会计期间对被投资单位的财务报表进行调整，在此基础上确定被投资单位的损益。

权益法下，是将投资企业与被投资单位作为一个整体对待，作为一个整体其所产生的损益，应在一致的会计政策基础上确定，被投资企业采用的会计政策与投资企业不同的，投资企业应基于重要性原则，按本企业的会计政策对被投资单位的损益进行调整。

(2)以取得投资时被投资单位固定资产、无形资产的公允价值为基础计提的折旧额或摊销额，以及有关资产减值准备金额等对被投资单位净利润进行调整。

被投资单位个别利润表中的净利润是以其持有的资产、负债账面价值为基础持续计算的，而投资企业在取得投资时，是以被投资单位有关资产、负债的公允价值为基础确定投资成本，取得投资后应确认的投资收益代表的是被投资单位资产、负债在公允价值计量的情况下在未来期间通过经营产生的损益中归属于投资企业的部分。投资企业取得投资时被投资单位有关资产、负债的公允价值与其账面价值不同的，未来期间在计算归属于投资企业应享有的净利润或应承担的净亏损时，应考虑被投资单位计提的折旧额、推销额以及资产减值准备金额等进行调整。

投资企业在对被投资单位的净利润进行调整时，应考虑重要性原则，不具有重要性的项目可不予调整。

(3)对于投资企业与其联营企业及合营企业之间发生的未实现内部交易损益应予抵销。即投资企业与联营企业及合营企业之间发生的未实现内部交易损益按持股比例计算归属于投资企业的部分，应予以抵销，在此基础上确认投资损益。投资企业与被投资单位发生的内部交易损失，按《企业会计准则第 8 号——资产减值》等规定属于资产减值损失的，应全额确认。

经过上述调整后，在持有长期股权投资期间，投资方根据被投资单位调整后的净利润计算应享有的份额，借记“长期股权投资——损益调整”科目，贷记“投资收益”科目。

[例 5—29] 承[例 5—27]，假定甲公司取得投资的当年 20×5 年，被投资单位乙公司实现净利润 24 000 000.00 元。投资企业与被投资单位均以公历年度作为会计年度，两者之间采用的会计政策相同。由于投资时乙公司各项资产、负债的账面价值与其公允价值相同，且假定甲公司与乙公司未发生任何内部交易。

由于没有其他调整事项，根据乙公司实现的净利润 24 000 000.00 元计算应享有的份额，甲公司按持股比例调整长期股权投资的账面价值 4 800 000.00 元(24 000 000.00×20%)。甲公司编制的记账凭证为：

借：长期股权投资——乙公司(损益调整)　　4 800 000.00

　　贷：投资收益　　4 800 000.00

经过调整后，如果被投资单位发生净亏损，投资企业确认应分担被投资单位发生的损失，原则上应以长期股权投资及其他实质上构成对被投资单位净投资的长期权益减记至零为限，投资企业负有承担额外损失义务的除外。

这里所讲的“其他实质上构成对被投资单位净投资的长期权益”，通常是指长期应收项目，比如，企业对被投资单位的长期债权，该债权没有明确的清收计划且在可预见的未来期间不准备收回的，实质上构成对被投资单位的净投资。应予说明的是，该类长期权益不包括投资企业与被投资单位之间因销售商品、提供劳务等日常活动所产生的长期债权。

按长期股权投资准则规定，投资企业在确认应分担被投资单位发生的亏损时，应将长期股权投资及其他实质上构成对被投资单位净投资的长期权益项目的账面价值综合起来考虑，在长期股权投资的账面价值减记至零的情况下，如果仍有未确认的投资损失，应以其他长期权益的账面价值为基础继续确认。另外，投资企业在确认应分担被投资单位的净损失时，除应考虑长期股权投资及其他长期权益的账面价值以外，如果在投资合同或协议中约定将履行其他额外的损失补偿义务，还应按《企业会计准则第13号——或有事项》的规定确认预计将承担的损失金额。

企业在实务操作过程中，在发生投资损失时，应借记“投资收益”科目，贷记“长期股权投资(损益调整)”科目。在长期股权投资的账面价值减记至零以后，考虑其他实质上构成对被投资单位净投资的长期权益，继续确认的投资损失应借记“投资收益”科目，贷记“长期应收款”科目；因投资合同或协议约定导致投资企业需要承担额外义务的，按或有事项准则的规定，对于符合确认条件的义务，应确认为当期损失，同时确认预计负债，借记“投资收益”科目，贷记“预计负债”科目。除上述情况仍未确认的应分担被投资单位的损失，应在账外备查登记。

上面的减记至零为限所指“长期股权投资”科目是指“长期股权投资——对××单位投资”这个明细科目，该明细科目通常又由“成本”“损益调整”“其他综合收益”“其他权益变动”四个二级明细科目组成，账面价值减记至零即意味着“对××单位投资”的这四个二级明细科目余额合计为零。如果之前有计提了长期股权投资减值准备的，还应冲减已经计提的减值准备，减记至零为限。

在确认了有关的投资损失以后，被投资单位于以后期间实现盈利的，应按以上相反顺序分别减记已确认的预计负债、恢复其他长期权益及长期股权投资的账面价值，同时确认投资收益。即应按顺序分别借记“预计负债”“长期应收款”“长期股权投资”科目，贷记“投资收益”科目。

[例5—30] 承[例5—29]，假设在甲公司投资的第二年20×6年，被投资单位乙公司发生亏损500 000 000.00元。同时，甲公司在以前年度与乙公司的交易中有一笔“长期应收款——乙公司”尚未收回，金额为8 000 000.00元。投资合同没有约定甲公司承担乙公司额外损失的义务。

20×6年12月31日，甲公司按持股比例计算投资损失为100 000 000.00元。但是，对乙公司的长期股权投资账面价值为86 800 000.00元，长期应收款为8 000 000.00元，因此，甲公司应确认的投资损失为94 800 000.00元(86 800 000.00+8 000 000.00)，尚未确认的部分5 200 000.00元应在备查簿中登记。甲公司编制的记账凭证为：

借：投资收益　　94 800 000.00
　贷：长期股权投资——乙公司(损益调整)　　86 800 000.00
　　长期应收款——乙公司　　8 000 000.00

[例5—31] 承[例5—30]，假设甲公司在投资的第三年20×7年，被投资单位乙公司实现净利润92 000 000.00元。甲、乙公司之间没有发生其他交易。

20×7年12月31日，甲公司按比例计算应享有的投资收益为18 400 000.00元(92 000 000.00×20%)，那么首先要冲减尚未确认的5 200 000.00元，然后再恢复长期应收账款8 000 000.00元，剩下的余额5 200 000.00元应全部冲减长期股权投资。甲公司编制的记账凭证为：

借：长期应收款——乙公司　　8 000 000.00
　长期股权投资——乙公司(损益调整)　　5 200 000.00
　贷：投资收益　　13 200 000.00

4. 权益法下被投资单位分配股利或利润的核算

被投资单位以后宣告发放现金股利或利润时，企业计算应分得的部分，借记“应收股利”科目，贷记“长期股权投资——损益调整”科目。收到被投资单位宣告发放的股票股利，不进行账务处理，但应在备查簿中登记。

[例5—32] 承[例5—29]，假定甲公司取得投资的第二年20×6年3月20日，乙公司宣告发放现金股利每股0.50元，股票股利每10股送2股。

20×6年3月20日，甲公司计算应分得的现金股利为2 000 000.00元(4 000 000.00×0.50)，应分得股票800 000股(4 000 000×0.20)。应编制的记账凭证为：

借：应收股利　　　　　　　　　　　　　　　　　　2 000 000.00

　　贷：长期股权投资——乙公司(损益调整)　　　　　　　　2 000 000.00

对于股票股利不需要编制记账凭证，实际发放股票股利时，在备查簿中登记股份总额由4 000 000股增加到4 800 000股。

5. 权益法下被投资单位其他综合收益变动的处理

被投资单位其他综合收益发生变动的，投资方应按归属于本企业的部分，相应调整长期股权投资的账面价值和其他综合收益。

[例5—33] 承[例5—31]，甲公司取得投资的第四年20×8年，乙公司实现净利润38 000 000.00元。当期乙公司的可供出售金融资产公允价值的变动计入其他综合收益的金额为5 000 000.00元。甲、乙公司之间没有发生其他交易。不考虑所得税影响因素。

20×8年12月31日，甲公司计算确认应享有乙公司所有者权益的变动时，应编制的记账凭证为：

借：长期股权投资——乙公司(损益调整)　　　　　　　7 600 000.00

　　　　　　　　——乙公司(其他综合收益)　　　　　　100 000.00

　　贷：投资收益　　　　　　　　　　　　　　　　　　　7 600 000.00

　　　　其他综合收益　　　　　　　　　　　　　　　　　　100 000.00

6. 权益法下被投资单位除净损益、其他综合收益以及利润分配以外的所有者权益的其他变动

被投资单位除净损益、其他综合收益以及利润分配以外的所有者权益的其他变动的因素，主要包括被投资单位接受其他股东的资本性投入、被投资单位发行可分离交易的可转债中包含的权益成分、以权益结算的股份支付、其他股东对被投资单位增资导致投资方持股比例变动等。投资方应按所持股权比例计算应享有的份额，调整长期股权投资的账面价值，同时计入资本公积(其他资本公积)，并在备查簿中予以登记，投资方在后续处置股权投资但对剩余股权仍采用权益法时，应按处置比例将这部分资本公积转入当期投资收益；对剩余股权终止权益法核算时，将这部分资本公积全部转入当期投资收益。

7. 权益法下长期股权投资的减值和处置

采用权益法核算的长期股权投资减值的处理同采用成本法核算的长期股权投资减值的处理一样，这里不再赘述。

企业处置采用权益法核算的长期股权投资时，按实际取得的价款与长期股权投资账面价值的差额确认为投资损益，并应同时结转原先计入资本公积(其他资本公积)和其他综合收益和已计提的长期股权投资减值准备。

企业处置长期股权投资时，应按实际收到的金额，借记“银行存款”等科目；按原已计提的减值准备，借记“长期股权投资减值准备”科目；按该长期股权投资的账面余额，贷记“长期股权投资”科目；按尚未领取的现金股利或利润，贷记“应收股利”科目；按其差额，贷记或借记“投资收益”科目。同时，还应结转原已结转计入资本公积和其他综合收益的相关金额，借记或贷记

"资本公积——其他资本公积"和"其他综合收益"科目,贷记或借记"投资收益"科目。

[例5－34]　承[例5－33],甲公司取得乙公司投资的第五年20×9年2月8日,以15 000 000.00元的价格将持有的乙公司的20%股权转让给了丙公司。

根据上述资料,甲公司应编制的记账凭证为:

借:银行存款	15 000 000.00	
长期股权投资——乙公司(损益调整)	71 200 000.00	
贷:长期股权投资——乙公司(成本)		82 000 000.00
——乙公司(其他综合收益)		100 000.00
投资收益		4 100 000.00
借:其他综合收益	100 000.00	
贷:投资收益		100 000.00

值得注意的是,当企业持有被投资单位的股权比例发生变化时,对被投资单位的影响程度也因此会发生较大变化,由此可能会涉及核算方法之间的转换,以及长期股权投资与按公允价值计量的金融资产之间的转换。本书不涉及这部分内容。

思考题

1. 请说明交易性金融资产和可供出售金融资产的异同。
2. 比较各类投资的初始成本确定的异同。
3. 如何采用实际利率法确认持有至到期投资的投资收益和利息调整摊销?
4. 如何确定长期股权投资的初始投资成本?
5. 长期股权投资的成本法核算的内容有哪些?
6. 长期股权投资的权益法核算的内容有哪些?

练习题

一、选择题

1. 企业以赚取差价为目的,从二级市场上购入的基金、债券等,一般属于(　　)。

A. 持有至到期投资　　B. 交易性金融资产
C. 可供出售金融资产　　D. 长期股权投资

2. 取得交易性金融资产所发生的相关交易费用,如支付给代理机构、券商的手续费和佣金,应在发生时计入(　　)。

A. 财务费用　　B. 投资收益
C. 交易性金融资产——成本　　D. 管理费用

3. 某企业以现金在二级市场购入股票5 000股,每股市价20元,其中含0.20元/股的已宣告但尚未领取的现金股利,其他税费忽略不计,购入的股票作为交易性金融资产。该项交易性金融资产的初始确认金额为(　　)元。

A. 99 000.00　　B. 100 000.00　　C. 102 000.00　　D. 103 000.00

4. 可供出售金融资产期末公允价值的变动,应计入(　　)。

A. 资本公积　　B. 投资收益
C. 公允价值变动损益　　D. 其他综合收益

5. 甲公司20×7年12月25日支付价款2 040万元(含已宣告但尚未发放的现金股利60万元)取得一项

股权投资，另支付交易费用10万元，划分为可供出售金融资产。20×7年12月28日，收到现金股利60万元。20×7年12月31日，该项股权投资的公允价值为2 105万元。假定不考虑所得税等其他因素。甲公司20×7年因该项股权投资应直接计入其他综合收益的金额为(　　)万元。

A. 55　　B. 65　　C. 115　　D. 125

6. 20×7年5月8日，甲公司以每股8元的价格自二级市场购入乙公司股票120万股，支付价款960万元，另支付相关交易费用3万元。甲公司将其购入的乙公司股票分类为可供出售金融资产。20×7年12月31日，乙公司股票的市场价格为每股9元。20×8年12月31日，乙公司股票的市场价格为每股5元，甲公司预计乙公司股票的市场价格将持续下跌。20×9年12月31日，乙公司股票的市场价格为每股6元。

(1)甲公司20×8年度利润表因乙公司股票市场价格下跌应确认的减值损失是(　　)万元。

A. 0　　B. 360　　C. 363　　D. 480

(2)甲公司20×9年度利润表因乙公司股票市场价格回升应确认的收益是(　　)万元。

A. 0　　B. 120　　C. 363　　D. 480

7. 企业购入债券作为持有至到期投资，该债券的初始确认金额应为(　　)。

A. 债券面值　　B. 债券面值加相关交易费用

C. 债券公允价值加相关交易费用　　D. 债券公允价值

8. 甲企业于20×7年1月1日，以680万元的价格购进当日发行的面值为600万元的公司债券。其中债券的买价为675万元，相关税费为5万元。该公司债券票面利率为8%，期限为5年，一次还本付息。企业准备持有至到期。该企业记入“持有至到期投资”科目的金额为(　　)万元。

A. 680　　B. 600　　C. 675　　D. 670

9. 未发生减值的持有至到期投资如为分期付息、一次还本债券投资，应于资产负债表日按票面利率计算确定的应收未收利息，借记“应收利息”科目；按持有至到期投资期初摊余成本和实际利率计算确定的利息收入，贷记“投资收益”科目，按其差额，借记或贷记(　　)科目。

A.“持有至到期投资(利息调整)”　　B.“持有至到期投资(成本)”

C.“持有至到期投资(应计利息)”　　D.“持有至到期投资(债券溢折价)”

10. 下列各项中，应作为持有至到期投资取得时初始成本入账的有(　　)。

A. 投资时支付的不含应收利息的价款　　B. 投资时支付的手续费

C. 投资时支付的税金　　D. 投资时支付款项中所含的已到期尚未发放的利息

11. 如果购入的准备持有至到期的债券的实际利率等于票面利率，且不存在交易费用时，下列各项中，会引起持有至到期投资账面价值发生增减变动的有(　　)。

A. 计提持有至到期投资减值准备　　B. 确认分期付息债券的投资利息

C. 确认到期一次付息债券的投资利息　　D. 出售持有至到期投资

12. 甲公司于20×1年1月1日购入某公司于当日发行的5年期、一次还本、分期付息的公司债券，次年1月3日支付利息，票面年利率为5%，面值总额为3 000万元，实际支付价款为3 130万元，另支付交易费用2.27万元，实际利率为4%。甲公司准备持有至到期且有充裕的现金。

(1)20×1年度确认的投资收益为(　　)万元。

A. 150　　B. 125.2　　C. 125.29　　D. 156.5

(2)20×2年12月31日，该金融资产的摊余成本为(　　)万元。

A. 3 083.49　　B. 3 081.86　　C. 3 107.56　　D. 3 080.08

13. 甲公司通过定向增发普通股，自乙公司原股东处取得乙公司30%的股权。该项交易中，甲公司定向增发股份的数量为1 000万股(每股面值1元，公允价值为2元)，发行股份过程中向证券承销机构支付佣金及手续费共计50万元。除发行股份外，甲公司还承担了乙公司原股东对第三方的债务500万元(未来现金流量现值)。取得投资时，乙公司股东大会已通过利润分配方案，甲公司可取得120万元。甲公司对乙公司长期股权投资的初始投资成本为(　　)万元。

A. 1 950　　B. 2 050　　C. 2 380　　D. 2 450

14. 甲公司以定向增发股票的方式购买非同一控制下的 A 公司 80%股权。为取得该股权，甲公司增发 2 000万股普通股，每股面值为 1 元，每股公允价值为 4 元；支付证券承销商佣金 50 万元。取得该股权时，A 公司可辨认净资产账面价值为 9 000 万元，公允价值为 12 000 万元，支付的评估费和审计费等共计 100 万元。假定甲公司和 A 公司采用的会计政策相同，甲公司取得该股权的初始投资成本为(　　)万元。

A. 8 100　　B. 7 200　　C. 8 000　　D. 9 600

15. 20×1 年 1 月 1 日，A 公司将一项固定资产以及承担 B 公司的短期借款作为合并对价换取 B 公司持有的 C 公司 70%的股权。该固定资产原值为 400 万元，累计折旧 100 万元，未计提减值准备，其公允价值为 360 万元；B 公司短期借款的账面价值和公允价值均为 40 万元。股权购买日 C 公司可辨认资产的公允价值为 650 万元，负债公允价值为 100 万元。假定 A 公司、B 公司和 C 公司无关联方关系。则 A 公司取得该项股权投资的初始投资成本为(　　)万元。

A. 360　　B. 400　　C. 340　　D. 460

16. M 公司和 N 公司不属于同一控制的两个公司。20×8 年 2 月 26 日，M 公司以一项专利权和银行存款 150 万元向 N 公司投资，占 N 公司注册资本的 60%，该专利权的账面原价为 9 880 万元，已计提累计摊销 680 万元，已计提无形资产减值准备 320 万元，公允价值为 9 000 万元。合并当日 N 公司可辨认净资产公允价值为 18 000 万元。则 M 公司因该企业合并应计入当期损益的金额为(　　)万元。

A. 1 650　　B. 120　　C. 1 770　　D. 1 920

17. 甲、乙两家公司同属丙公司的子公司。甲股份公司于 20×1 年 3 月 1 日以发行股票方式取得乙公司 60%的股份。甲公司发行 1 500 万股普通股股票，该股票每股面值为 1 元。乙公司在 20×1 年 3 月 1 日相对于丙公司而言的所有者权益为 2 000 万元。甲公司在 20×1 年 3 月 1 日资本公积——股本溢价金额为 180 万元，盈余公积为 100 万元，未分配利润为 200 万元。甲公司取得该项长期股权投资时应该调减的资本公积为(　　)万元。

A. 300　　B. 180　　C. 100　　D. 200

18. 20×4 年 2 月 1 日，甲公司以增发 1 000 万股普通股和一台设备为对价，取得乙公司 25%的股权。普通股面值为每股 1 元，公允价值为每股 10 元。为发行股份支付佣金和手续费 400 万元。设备账面价值为 1 000万元，公允价值为 1 200 万元，当日乙公司可辨认净资产公允价值为 40 000 万元。投资后甲公司能够对乙公司施加重大影响，不考虑其他因素，甲公司该项长期股权投资初始投资成本为(　　)万元。

A. 10 000　　B. 10 400　　C. 11 600　　D. 11 200

19. 下列项目中，应计入当期损益的有(　　)。

A. 取得交易性金融资产发生的交易费用　　B. 非同一控制下企业合并发生的评估费

C. 同一控制下的企业合并发生的咨询费　　D. 取得持有至到期投资发生的交易费用

20. 长期股权投资采用成本法进行核算时，投资企业收到的现金股利应(　　)。

A. 确认投资收益　　B. 冲减财务费用　　C. 冲减投资成本　　D. 计入资本公积

21. 20×6 年 7 月 1 日，甲企业以现金 400 万元购买乙企业 75%的股份，采用成本法核算。20×6 年乙企业实现净利润 600 万元(假设每月利润均衡)。20×7 年 4 月 5 日，乙企业宣告分派现金股利 400 万元，甲企业应确认的投资收益为(　　)万元。

A. 225　　B. 450　　C. 300　　D. 0

22. 某投资企业于 20×3 年 1 月 1 日取得对联营企业 30%的股权，能够对被投资单位施加重大影响。取得投资时被投资单位的某项固定资产公允价值为 500 万元，账面价值为 300 万元，尚可使用 10 年，净残值为零，按年限平均法计提折旧。被投资单位 20×3 年度利润表中净利润为 1 000 万元。不考虑所得税和其他因素的影响，投资企业对此投资于 20×3 年应确认的投资收益为(　　)万元。

A. 300　　B. 291　　C. 294　　D. 240

23. 20×5 年 1 月 1 日，甲公司以 1 600 万元购入乙公司 30%的股份，另支付相关费用 8 万元，采用权益法核算。取得投资时，乙公司所有者权益的账面价值为 5 000 万元(与可辨认净资产的公允价值相同)。乙公司 20×5 年度实现净利润 300 万元。假定不考虑其他因素，甲公司该长期股权投资 20×5 年 12 月 31 日的账面余额为(　　)万元。

A. 1 590　　B. 1 598　　C. 1 608　　D. 1 698

24. 甲公司长期持有乙公司60%的股权，采用成本法核算。20×9年1月1日，该项投资账面价值为1 300万元。20×9年度乙公司实现净利润2 000万元，宣告发放现金股利1 200万元。假定不考虑其他因素，20×9年12月31日，甲公司该项投资账面价值为(　　)万元。

A. 1 300　　B. 1 780　　C. 2 500　　D. 3 220

25. A公司20×6年年初按投资份额出资180万元对B公司进行长期股权投资，占B公司股权比例的40%。当年B公司亏损100万元；2007年B公司亏损400万元；2008年B公司实现净利润30万元。2008年A公司计入投资收益的金额为(　　)万元。

A. 12　　B. 10　　C. 8　　D. 0

26. 20×8年3月20日，甲公司以银行存款1 000万元及一项土地使用权取得其母公司控制的乙公司80%的股权，并于当日起能够对乙公司实施控制。合并日，该土地使用权的账面价值为3 200万元，公允价值为4 000万元；乙公司净资产的账面价值为6 000万元，公允价值为6 250万元。假定甲公司与乙公司的会计年度和采用的会计政策相同，不考虑其他因素，甲公司的下列会计处理中，正确的是(　　)。

A. 确认长期股权投资5 000万元，不确认资本公积

B. 确认长期股权投资5 000万元，确认资本公积800万元

C. 确认长期股权投资4 800万元，确认资本公积600万元

D. 确认长期股权投资4 800万元，冲减资本公积200万元

27. 甲公司出资1 000万元，取得了乙公司80%的控股权，假如购买股权时乙公司的账面净资产价值为1 500万元，甲、乙公司合并前后不受同一方控制。则甲公司确认的长期股权投资成本为(　　)万元。

A. 1 000　　B. 1 500　　C. 800　　D. 1 200

28. 非企业合并，且以发行权益性证券取得的长期股权投资，应按发行权益性证券的(　　)作为初始投资成本。

A. 账面价值　　B. 公允价值　　C. 支付的相关税费　　D. 市场价格

29. A公司以2 200万元取得B公司30%的股权，取得投资时被投资单位可辨认净资产的公允价值为8 000万元。如A公司能够对B公司施加重大影响，则A公司计入长期股权投资的金额为(　　)万元。

A. 2 200　　B. 2 400　　C. 8 000　　D. 5 800

30. 甲公司于20×6年取得乙公司40%的股权，实际支付价款3 500万元，投资时乙公司可辨认净资产公允价值为8 000万元(各项可辨认资产、负债的公允价值与账面价值相同)。甲公司能够对乙公司施加重大影响。

甲公司投资后至20×7年年末，乙公司累计实现净利润1 000万元，未作利润分配；因可供出售金融资产公允价值变动增加其他综合收益50万元。

乙公司20×8年度实现净利润800万元，其中包括因向甲公司借款而计入当期损益的利息费用80万元。

(1)下列各项关于甲公司对乙公司长期股权投资会计处理的表述中，正确的是(　　)。

A. 对乙公司长期股权投资采用成本法核算

B. 对乙公司长期股权投资的初始投资成本按3 200万元计量

C. 取得成本与投资时应享有乙公司可辨认净资产公允价值份额之间的差额计入当期损益

D. 投资后因乙公司其他综合收益变动调整对乙公司长期股权投资账面价值并计入所有者权益

(2)20×8年度甲公司对乙公司长期股权投资应确认的投资收益为(　　)万元。

A. 240　　B. 288　　C. 320　　D. 352

二、业务题

习题一

[资料] 创新公司按年对外提供财务报表。20×5年2月11日，创新公司从二级市场购入A公司发行的股票600万股，取得时公允价值为每股8.3元，含已宣告但尚未发放的现金股利0.3元，另支付交易费用8

万元，全部价款以存入证券公司的款项支付。

［要求］ 创新公司将该投资划分为交易性金融资产和可供出售金融资产两种情况，编制以下时日的记账凭证：

(1)20×5 年 2 月 11 日取得该投资；

(2)20×5 年 2 月 16 日收到最初支付价款中所含现金股利；

(3)20×5 年 12 月 31 日，该股票公允价值为每股 8.9 元；

(4)20×6 年 2 月 3 日，A 公司宣告发放股利，其中现金股利每股 0.4 元，股票股利每 10 股派 2 股；

(5)20×6 年 3 月 6 日，收到现金股利和股票股利；

(6)20×6 年 12 月 31 日，该股票公允价值为每股 7.5 元；

(7)20×7 年 1 月 6 日，将该股票全部处置，每股 6 元，交易费用为 7 万元。

习题二

［资料］ 创新公司 20×5 年 1 月 1 日购入乙公司当日发行的 5 年期债券，准备持有至到期。债券的票面利率为 12%，债券面值为 1 000 元，创新公司按 1 050 元的价格购入 80 张，另支付有关手续费 400 元。假设创新公司按年计算利息。

(1)该债券为到期一次还本付息的债券。

(2)该债券为每年末付息，到期还本的债券。

［要求］ 分别上述两种情况，计算该债券的实际利率，并编制创新公司关于债券投资的记账凭证。(计算结果保留整数)

习题三

［资料］ 20×5 年 1 月 1 日，创新公司购买了一项公司债券，剩余年限 5 年，债券的本金为 1 100 万元，公允价值为 950 万元，交易费用为 11 万元，次年 1 月 5 日按票面利率 3% 支付利息。该债券在第五年兑付(不能提前兑付)本金及最后一期利息。实际利率为 6%。20×5 年年末，该债券公允价值为 1 000 万元。

［要求］

(1)假定甲公司将该债券划分为交易性金融资产，编制创新公司相关的记账凭证。

(2)假定甲公司将该债券划分为持有至到期投资，编制创新公司相关的记账凭证。

(3)假定甲公司将该债券划分为可供出售金融资产，编制创新公司相关的记账凭证。

习题四

［资料］ 创新公司为增值税一般纳税人，适用的增值税税率为 17%，不考虑增值税以外的其他相关税费。创新公司 20×2～20×5 年与投资有关的资料如下：

(1)20×2 年 10 月 5 日，创新公司与甲企业签订股权置换协议，创新公司将一栋办公楼换入甲企业持有的 A 企业 30% 的股权。该股权置换协议于 20×2 年 11 月 29 日分别经创新公司临时股东大会和甲企业股东大会批准；股权过户和办公楼产权过户手续于 20×3 年 1 月 1 日办理完毕。创新公司换出的办公楼账面原值为2 000万元，已提折旧 500 万元，未计提减值准备；其公允价值为 1 800 万元。创新公司取得上述股权后，对 A 企业有重大影响。

20×3 年 1 月 1 日，A 企业可辨认净资产公允价值为 5 400 万元。

(2)20×3 年 5 月 10 日，A 企业宣告不发放。20×3 年度，A 企业实现净利润 800 万元。

(3)20×4 年 12 月，A 企业由于相关业务，增加其他综合收益 500 万元。20×4 年度，A 企业实现净利润 900 万元。

(4)创新公司在取得股权时，A 企业有一项固定资产，其账面价值为 1 000 万元，公允价值为 1 300 万元，按公允价值计提的折旧额比按原账面价值计提的折旧额，在考虑所得税的影响后，每年减少净利润 10 万元。

［要求］

(1)指出创新公司对 A 企业投资成立的日期，对创新公司 20×3 年的投资业务做出账务处理。

(2)对创新公司 20×4 年的投资业务做出处理。

(3)计算创新公司对 A 企业长期股权投资于 20×4 年 12 月 31 日的账面价值。

习题五

［资料］ 甲公司为上市公司，20×4 年度与长期股权投资业务有关的资料如下：

(1)1 月 1 日，甲公司以银行存款 4 000 万元和公允价值为 3 000 万元的专利技术(成本为 3 200 万元，累计摊销为 640 万元)从乙公司其他股东受让取得该公司 75%的有表决权股份，控制了乙公司，作为长期股权投资核算。此前，甲公司与乙公司及其股东之间不存在关联方关系。

(2)2 月 25 日，乙公司宣告分派上年度现金股利 4 000 万元；3 月 1 日，甲公司收到乙公司分派的现金股利，款项存入银行。

(3)乙公司 20×4 年度实现净利润 4 700 万元。

其他相关资料：甲公司与乙公司采用的会计期间和会计政策相同；均按净利润的 10%提取法定盈余公积；甲公司对乙公司的长期股权投资在 20×4 年年末未出现减值迹象；不考虑所得税等其他因素。

［要求］

(1)指出甲公司 20×4 年度对乙公司长期股权投资应采用的核算方法。

(2)编制甲公司 20×4 年度与长期股权投资业务有关的记账凭证。

(金额单位为万元)

习题六

［资料］ 20×4 年 1 月 1 日，甲上市公司以其库存商品对乙企业投资，投出商品的成本为 180 万元，公允价值和计税价格均为 200 万元，增值税税率为 17%(不考虑其他税费)。甲上市公司对乙企业的投资占乙企业注册资本的 20%，甲上市公司采用权益法核算该项长期股权投资。20×4 年 1 月 1 日，乙企业所有者权益总额为 1 000 万元(假定为公允价值)。乙企业 20×4 年实现净利润 600 万元。20×5 年乙企业发生亏损 2 200万元。假定甲企业账上有应收乙企业长期应收款 80 万元。20×6 年乙企业实现净利润 1 000 万元。

［要求］ 根据上述资料，编制甲上市公司对乙企业投资及确认投资收益的记账凭证。(金额单位为万元)

第六章　固定资产

学习目标

1. 掌握固定资产增加、计提折旧和处置的会计处理方法。
2. 理解固定资产折旧计提方法的计算。
3. 了解固定资产的分类和账簿体系，以及固定资产后续支出的会计处理方法。

固定资产，如场地和设备等，是企业从事生产经营活动必不可少的资产。固定资产有着一些不同于其他资产的特点。本章主要基于固定资产的特点，从固定资产的取得、折旧、后续支出与处置等方面，阐述企业财务会计核算的内容与方法程序。

第一节　固定资产概述

一、固定资产的定义

企业从事生产经营活动，必不可少的资产之一就是进行产品加工的场地和设备。这些资产一般情况下会被企业长期持有，直到无法使用报废为止。取得这些资产所发生的支出，会逐步转入被生产的产品的成本和费用。这类企业长期持有、其形态不发生明显变化、用于企业生产经营活动的资产，称为固定资产。

固定资产，是指同时具有以下特征的有形资产：

(1)为生产商品、提供劳务、出租或经营管理而持有；

(2)使用寿命超过一个会计年度。

首先，企业持有固定资产的目的不是为了出售，而是为了使用。其中，出租固定资产是指将企业持有的固定资产以经营租赁的方式对外出租。企业以经营租赁方式租入的固定资产发生的改良支出，一般予以资本化，作为长期待摊费用，然后合理进行摊销。

其次，固定资产的持有时间一般比较长，其使用寿命通常超过一个会计年度。使用寿命，是指企业使用固定资产的预计期间，或者该固定资产所能生产产品或提供劳务的数量。

此外，与固定资产相关的备品备件和维修设备通常确认为存货，但符合固定资产定义和确认条件的，如民用航空运输企业的高价周转件等，一般确认为固定资产。

二、固定资产的分类

企业持有的固定资产可以按经济用途、所有权和使用情况进行分类，具体见图6—1。

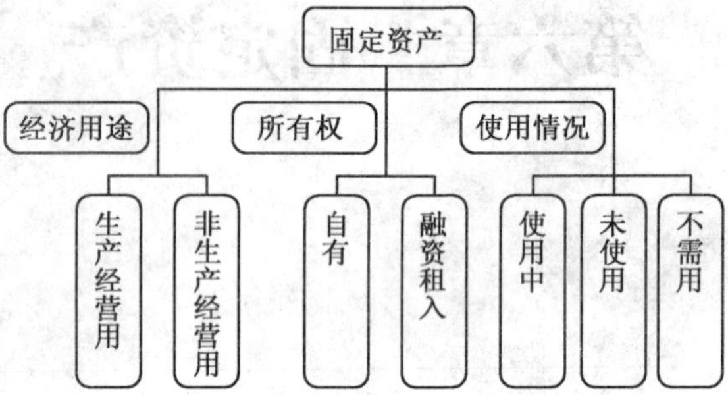

图6—1　固定资产的分类

(一)生产经营用固定资产和非生产经营用固定资产

生产经营用固定资产，是指直接参加或服务于生产经营活动的各类固定资产，包括房屋建筑物(如车间、仓库、办公楼)、机械设备(如各类机床)、运输设备(如运输车辆)、电子设备(如电脑)等。

非生产经营用固定资产，是指不直接参加或服务于生产经营活动，而是为了满足职工物质文化、生活福利需要的各类固定资产，包括招待所、职工学校、幼儿园、托儿所、俱乐部、食堂、医疗所等单位所使用的房屋建筑物和设备。

(二)自有固定资产和融资租入固定资产

自有固定资产，是指企业拥有所有权的各类固定资产。一般企业外购、自行建造、投资者投入以及通过非货币性资产交换、债务重组、企业合并取得的固定资产，都属于自有固定资产。

融资租入固定资产，是指企业通过融资租赁的方式租入的各类固定资产。融资租赁方式租入的固定资产一般是设备。

签订融资租赁合同后，出租人根据承租人对租赁资产的特定要求和对供货人的选择，出资向供货人购买租赁资产，并租给承租人使用；承租人分期向出租人支付租金，在租赁期内租赁资产的所有权属于出租人所有，承租人拥有租赁资产的使用权。租期届满，租金支付完毕并且承租人根据融资租赁合同的规定履行完全部义务后，一般情况下租赁资产的所有权转移给承租人。即使资产的所有权不转移，但因为租赁期占据了租赁资产使用寿命的大部分，或者因为租赁资产性质特殊，如果不作较大改造只有承租人才能使用，所以，租期届满后租赁资产对于出租人基本上没有太多价值和使用价值。

基于融资租入固定资产的性质，企业一般将融资租入固定资产视同自有固定资产来核算、管理和使用。这是实质重于形式信息质量要求的具体体现。

(三)使用中的固定资产、未使用的固定资产和不需用的固定资产

使用中的固定资产，是指企业正在使用的各种固定资产，包括由于季节性和大修理等原因暂时停用以及存放在使用部门以备替换使用的机器设备。

未使用固定资产，是指尚未投入使用的新增固定资产和经批准停止使用的固定资产。

不需用固定资产，是指企业不需用、准备处理的固定资产。该类固定资产如果满足以下条件，则为持有待售的固定资产：(1)企业已经就处置该非流动资产作出决议；(2)企业已经与受

让方签订了不可撤销的转让协议；(3)该项转让将在一年内完成。企业应该调整持有待售的固定资产的价值，使其等于其公允价值减去处置费用后的金额，但不超过符合持有待售条件时该项固定资产的原账面价值。

三、固定资产的核算科目和账簿体系

(一)固定资产的核算科目

与固定资产核算相关的科目包括“固定资产”“在建工程”“工程物资”“累计折旧”“固定资产减值准备”“固定资产清理”等科目。

“固定资产”科目核算企业持有的固定资产的原价。一般按固定资产类别和项目进行明细核算。借方登记增加的固定资产原价，贷方登记转出的固定资产原价，期末借方余额反映企业持有的固定资产的原价。在固定资产的持有期间，除对该固定资产进行更新改造以外，该科目的余额一般没有变化。在进行固定资产处置时，该科目余额全部转出，最终计入当期损益。

“在建工程”科目核算企业固定资产建造(包括安装)、更新改造等正在建设中的工程发生的支出。一般按“建筑工程”“安装工程”“在安装设备”“待摊支出”以及“单项工程”等进行明细核算。借方登记发生的在建工程支出，贷方登记转出的在建工程成本，期末借方余额反映企业尚未达到预定可使用状态的在建工程的成本。为了确认正在建设中的固定资产的完整成本，把建设期间发生的和固定资产建造相关的全部支出先计入在建工程，待在建工程达到预定可使用状态时，在建工程的全部发生额即为固定资产的成本，从在建工程转入固定资产。

“工程物资”科目核算企业为在建工程准备的各种物资的成本，包括工程用材料、尚未安装的设备以及为生产准备的工、器具等。一般按“专用材料”“专用设备”“工器具”等进行明细核算。借方登记购入的工程物资成本，贷方登记领用和转出的工程物资成本，期末借方余额反映企业为在建工程准备的尚未领用的物资的成本。工程物资是为固定资产建造而购置的专用物资，用于建造时转入在建工程，工程完工后剩余的工程物资转作本企业存货或者对外销售。

“累计折旧”科目核算企业固定资产的累计折旧。一般按固定资产的类别或项目进行明细核算。贷方登记计提的固定资产折旧，借方登记转出的固定资产累计计提的折旧，期末贷方余额反映从固定资产投入使用开始到目前为止计提折旧的合计数。固定资产价值在其持有期间的逐步减少是通过按期计提折旧来反映，计提的折旧计入成本和费用。在进行固定资产处置时，该科目相关的余额转入当期损益。

“固定资产减值准备”科目核算企业固定资产的减值准备。贷方登记计提的固定资产减值准备，借方登记转出的固定资产累计计提的减值准备，期末贷方余额反映企业已计提但尚未转销的固定资产减值准备。通常在期末对固定资产进行减值测试，如果固定资产存在发生减值的迹象，则估算固定资产的可收回金额。固定资产可收回金额低于其账面价值时，按其差额计提减值准备。处置固定资产时将该固定资产的减值准备转出。

“固定资产清理”科目核算企业因出售、报废和毁损、对外投资、非货币性资产交换、债务重组等原因转出的固定资产价值以及在固定资产清理过程中所发生的收入和费用等。一般按被清理的固定资产项目进行明细核算。借方登记固定资产清理过程中的成本(即转出的固定资产价值)、税费和其他清理费用，贷方登记固定资产清理过程中的收入，期末借方余额反映企业尚未清理完毕的固定资产清理净损失，贷方余额反映企业尚未清理完毕的固定资产清理净收益。最终的余额在固定资产清理完成后转入当期损益。

（二）固定资产的账簿体系

固定资产的账簿体系包括固定资产总账、固定资产明细账和固定资产卡片。

固定资产总账，是指反映和监督固定资产增减变化总括情况的账簿。根据汇总记账凭证或者科目汇总表进行登记，其余额为企业持有的全部固定资产的原始价值。

固定资产明细账，是指按固定资产类别或项目记录固定资产增减变化的账簿，一般是按固定资产的使用部门或固定资产的类别进行明细核算。根据记账凭证分类进行登记，各类明细账的余额合计为企业持有的全部固定资产的原始价值。

固定资产卡片，是指针对每一项固定资产记录的、从固定资产进入企业开始到退出企业为止所发生全部情况的卡片账。一般是一物一卡。固定资产卡片的栏目包括类别、编号、名称、规格、型号、建造单位、建造日期、投入使用日期、原始价值、预计使用年限、折旧率、存放地点、使用单位、大修理日期和金额，以及停用、出售、转移、报废清理等内容。所有卡片记录的原始价值合计为企业持有的全部固定资产的原始价值。

第二节　固定资产的取得

一、固定资产取得的确认

（一）确认条件

固定资产同时满足下列条件的，才能予以确认：

(1) 与该固定资产有关的经济利益很可能流入企业；

(2) 该固定资产的成本能够可靠地计量。

（二）取得成本

固定资产按成本进行初始计量，即固定资产的取得成本是企业为取得某项固定资产达到预定可使用状态前所发生的一切合理的、必要的支出。

（三）取得方式

固定资产的取得方式主要有外购、自行建造、投资者投入以及通过非货币性资产交换、债务重组、企业合并和融资租赁取得。本章介绍前两种取得方式。

二、外购固定资产

（一）外购固定资产的取得成本

外购固定资产的取得成本包括购买价款、相关税费、使固定资产达到预定可使用状态前所发生的可归属于该项资产的运输费、装卸费、安装费和专业人员服务费等。以上相关税费不包括外购过程中支付各项价款取得的增值税专用发票上注明的可抵扣的增值税。

以一笔款项购入多项没有单独标价的固定资产，要按各项固定资产公允价值比例对总成本进行分配，分别确定各项固定资产的成本。即将多项固定资产分别确定取得成本，分项予以记录。

（二）外购固定资产的核算

1. 购入不需要安装的固定资产

购入不需要安装的固定资产时，按取得相关票据上注明的应计入固定资产成本的金额，借记“固定资产”科目；按取得的增值税专用发票上注明的可抵扣增值税税额，借记“应交税费——应交增值税（进项税额）”科目；按付款的方式，贷记“银行存款”“其他应付款”等科目。

［例 6—1］ 20×5 年 12 月，富民公司购入一台不需要安装的生产用设备，取得的增值税专用发票上注明的设备价款为 1 000 000.00 元，可抵扣的增值税税额为 170 000.00 元；取得的货物运输业增值税专用发票上注明的运费为 5 000.00 元，可抵扣的增值税税额为 550.00 元。设备已经运到并投入使用，款项已经通过银行支付。

根据上述资料，富民公司应编制记账凭证如下：

固定资产取得成本＝1 000 000.00＋5 000.00＝1 005 000.00（元）

可抵扣的增值税额＝170 000.00＋550.00＝170 550.00（元）

借：固定资产	1 005 000.00	
应交税费——应交增值税（进项税额）	170 550.00	
贷：银行存款		1 175 550.00

2. 购入需要安装的固定资产

购入需要安装的固定资产，其发生的支出先记入“在建工程”科目，固定资产达到预定可使用状态交付使用时再转入“固定资产”科目。

购入固定资产时，按取得相关票据上注明的应计入固定资产成本的金额，借记“在建工程”科目；按取得的增值税专用发票上注明的可抵扣增值税税额，借记“应交税费——应交增值税（进项税额）”科目；按付款的方式，贷记“银行存款”“其他应付款”等科目。

安装固定资产时，按实际发生的安装支出，借记“在建工程”科目；按领用的安装用材料金额，贷记“原材料”科目；按应该负担的职工薪酬，贷记“应付职工薪酬”科目；按发生的其他费用，贷记“银行存款”“其他应付款”等科目。

安装完成交付使用时，按“在建工程”的余额，借记“固定资产”科目，贷记“在建工程”科目。

［例 6—2］ 20×5 年 5 月，诚友公司购入一台需要安装的生产用设备，取得的增值税专用发票上注明的设备价款为 1 000 000.00 元，可抵扣的增值税税额为 170 000.00 元；取得的货物运输业增值税专用发票上注明的运费为 5 000.00 元，可抵扣的增值税税额为 550.00 元，款项尚未支付；安装设备时，领用本公司原材料一批，价值为 30 000.00 元；支付的安装人员工资为 4 900.00 元；设备已经安装完毕并交付使用。

根据上述资料，诚友公司应编制记账凭证如下：

（1）购入设备时：

借：在建工程	1 005 000.00	
应交税费——应交增值税（进项税额）	170 550.00	
贷：其他应付款		1 175 550.00

（2）安装设备时：

借：在建工程	34 900.00	
贷：原材料		30 000.00
应付职工薪酬		4 900.00

（3）安装完毕交付使用时：

借：固定资产	1 039 900.00	
贷：在建工程		1 039 900.00

三、自行建造固定资产

(一)自行建造固定资产的取得成本

自行建造固定资产的成本由建造该项资产达到预定可使用状态前所发生的必要支出构成。

自行建造固定资产包括自营方式建造固定资产和出包方式建造固定资产两种形式。

自营方式建造固定资产，是指企业自行组织工程物资采购、自行组织施工人员从事工程施工建造固定资产。其取得成本包括直接材料、直接人工、直接机械施工费、缴纳的相关税费、应予资本化的借款费用、应分摊的间接费用等。

出包方式建造固定资产，是指企业通过招标方式将工程项目发包给建造承包商，由建造承包商组织工程项目施工建造固定资产。其取得成本包括建筑工程支出、安装工程支出、缴纳的相关税费、应予资本化的借款费用、应分摊的间接费用等。

已达到预定可使用状态但尚未办理竣工决算的固定资产，按估计价值确定其成本，并计提折旧；待办理竣工决算后，再按实际成本调整原来的暂估价值，但不需要调整原已计提的折旧额。

(二)自行建造固定资产的核算

自行建造固定资产，将发生的支出先记入“在建工程”科目，达到预定可使用状态时再将归集的全部支出转入“固定资产”科目。

1. 自营方式建造固定资产

购入为工程准备的物资时，按取得相关票据上注明的价款，借记“工程物资”科目；按取得的增值税专用发票上注明的可抵扣增值税税额，借记“应交税费——应交增值税(进项税额)”科目；按付款的方式，贷记“银行存款”“其他应付款”等科目。

领用工程用物资时，按领用的金额，借记“在建工程”科目，贷记“工程物资”科目。

领用库存原材料、库存商品时，按领用的金额，借记“在建工程”科目，贷记“原材料”“库存商品”“应交税费——应交增值税(销项税额)”等科目。

计提工程应负担的职工薪酬时，按应计提的金额，借记“在建工程”科目，贷记“应付职工薪酬”科目。

辅助生产部门为工程提供的水、电、设备安装、修理、运输等劳务时，按应分摊的金额，借记“在建工程”科目，贷记“生产成本——辅助生产成本”等科目。

工程发生的借款费用满足借款费用准则资本化条件的，按应予以资本化的利息金额，借记“在建工程”科目；借款利息待借款本金到期一起支付时，贷记“长期借款——应计利息”科目；借款利息按季度或者按月支付时，贷记“应付利息”科目。

工程达到预计可使用状态交付使用时，按在建工程的余额，借记“固定资产”科目，贷记“在建工程”科目。

[例 6—3] 20×5 年 12 月，诚友公司以自营方式建造一座仓库。

1 日，购入工程用物资，取得的增值税专用发票上注明的价款为 120 000.00 元，可抵扣的增值税税额为 20 400.00 元，款项尚未支付。

3 日开始施工，25 日完工交付使用。施工期间，领用的工程用物资为 89 000.00 元，计提的工程人员工资为 40 000.00 元，通过银行支付的各项其他费用为 5 000.00 元。

27 日，剩余的工程物资作为原材料入库。

根据上述资料，诚友公司应编制记账凭证如下：

(1)购入工程用物资时：

借：工程物资　120 000.00

应交税费——应交增值税(进项税额)　20 400.00

贷：其他应付款　140 400.00

(2)领用工程用物资时：

借：在建工程　89 000.00

贷：工程物资　89 000.00

(3)计提工程人员工资时：

借：在建工程　40 000.00

贷：应付职工薪酬　40 000.00

(4)通过银行支付各项其他费用时：

借：在建工程　5 000.00

贷：银行存款　5 000.00

(5)工程完工交付使用时：

借：固定资产　134 000.00

贷：在建工程　134 000.00

(6) 剩余工程物资作为原材料入库时：

借：原材料　31 000.00

贷：工程物资　31 000.00

2. 出包方式建造固定资产

按建设进度预付工程款时，借记“在建工程”科目，贷记“银行存款”科目。

购进需要安装的设备时，按取得相关票据上注明的价款，借记“工程物资”科目；按取得的增值税专用发票上注明的可抵扣增值税税额，借记“应交税费——应交增值税(进项税额)”科目；按付款的方式，贷记“银行存款”“其他应付款”等科目。

将需安装的设备运抵工程现场安装时，借记“在建工程”科目，贷记“工程物资”科目。

工程发生的借款费用满足借款费用准则资本化条件的，按应予以资本化的利息金额，借记“在建工程”科目；借款利息待借款本金到期一起支付时，贷记“长期借款——应计利息”科目；借款利息按季度或者按月支付时，贷记“应付利息”科目。

工程达到预计可使用状态交付使用时，按在建工程的余额，借记“固定资产”科目，贷记“在建工程”科目。

[例 6—4]　20×5 年 1 月 1 日，富民公司委托建筑公司的建造为一栋办公楼，总造价为 8 000 000.00元，工期 2 年(连带装修)。同日为该项目从银行取得的借款为 5 000 000.00 元，期限 3 年，年利率 7.5%，按年度支付利息。根据合同，富民公司 20×5 年 1 月 15 日预付的首期工程款为 3 000 000.00 元。从 20×5 年 5 月 1 日起按工程进度付款，至 20×5 年 12 月 31 日工程完工率为 48%；20×6 年 12 月 31 日，工程全部完工，验收合格交付使用。除 5%质保金外，其他工程款全部通过银行付清。

根据上述资料，富民公司应编制记账凭证如下：

(1)20×5 年 1 月 15 日，预付首期工程款时：

借：在建工程　3 000 000.00

贷：银行存款　3 000 000.00

(2)20×5 年 12 月 31 日，支付工程进度款(8 000 000×48%－3 000 000)时：

借：在建工程　　840 000.00

　　贷：银行存款　　840 000.00

(3)20×5 年 12 月 31 日，计提本年度借款利息(5 000 000×7.5%)时：

借：在建工程　　375 000.00

　　贷：应付利息　　375 000.00

(4)20×6 年 12 月 31 日，付清除质保金之外的全部工程款时：

借：在建工程　　4 160 000.00

　　贷：银行存款　　3 760 000.00

　　　　其他应付款——质保金　　400 000.00

(5)20×6 年 12 月 31 日，计提本年度借款利息(5 000 000×7.5%)时：

借：在建工程　　375 000.00

　　贷：应付利息　　375 000.00

(6)20×6 年 12 月 31 日，办公楼交付使用时：

借：固定资产　　8 750 000.00

　　贷：在建工程　　8 750 000.00

第三节　固定资产折旧

一、固定资产折旧的定义

企业持有的固定资产在日常使用和自然力的作用下，会逐步发生物理性磨损，随着科学技术的进步，还会发生技术性损耗。固定资产的价值在这些磨损和损耗中逐步减少，一般通过计提折旧的方式在固定资产的使用期限内转移到产品成本和费用中去。

固定资产折旧，是指在固定资产使用寿命内，按确定的方法对应计折旧额进行系统分摊，这是权责发生制原则的具体体现。

二、影响固定资产折旧的因素

固定资产折旧的金额应该是固定资产的原始价值。但是，固定资产在报废时一般会有部分残值，如将固定资产作为废品出售的收益。固定资产的折旧一般在其使用期限内分摊。因此，影响固定资产折旧的因素包括固定资产原价、预计净残值和固定资产的使用寿命以及已计提的减值准备累计金额。

(一)固定资产原价

固定资产原价，是指固定资产取得时的原始成本。

(二)预计净残值

预计净残值，是指假定固定资产预计使用寿命已满并处于使用寿命终了时的预期状态，企业目前从该项资产处置中获得的扣除预计处置费用后的金额。一般应根据固定资产终止确认如报废时的实际状况，预估固定资产净残值。

(三)固定资产的使用寿命

固定资产的使用寿命,是指固定资产从投入使用开始到报废为止经历的时间。一般应根据固定资产的性质和使用情况,合理确定固定资产的使用年限,因此又称为固定资产预计使用年限。

确定固定资产使用寿命时应考虑下列因素:

(1) 预计生产能力或实物产量;

(2) 预计有形损耗和无形损耗;

(3)法律或者类似规定对资产使用的限制。

(四) 已计提的减值准备累计金额

固定资产计提减值准备是对于存在发生减值迹象的固定资产预计的部分损失,这实际上已经扣除了部分固定资产原价,因此,已计提的减值准备累计金额应该从应计折旧额中扣除。

综上所述,应计折旧额等于计提折旧的固定资产原价扣除其预计净残值后的金额。已计提减值准备的固定资产,还要扣除已计提的固定资产减值准备累计金额。

每年年度终了,要对固定资产的使用寿命、预计净残值进行复核。使用寿命预计数与原先估计数有差异的,要调整固定资产使用寿命。预计净残值预计数与原先估计数有差异的,要调整预计净残值。固定资产使用寿命、预计净残值的改变作为会计估计变更处理。

除上述情况外,固定资产的使用寿命、预计净残值一经确定,不得随意变更。

三、固定资产折旧的计算方法

固定资产折旧的计算方法包括年限平均法、工作量法、双倍余额递减法和年数总和法等。一般根据与固定资产有关的经济利益的预期实现方式,合理选择固定资产折旧方法。与固定资产有关的经济利益预期实现方式有重大改变的,要改变固定资产折旧方法。固定资产折旧方法的改变作为会计估计变更处理。

除上述情况外,固定资产的折旧方法一经确定,不得随意变更。

(一)年限平均法

年限平均法,是指将固定资产的应计折旧额均衡地分摊到固定资产预计使用寿命内的一种方法,属于平均折旧法。

固定资产在开始投入使用时,是没有计提固定资产减值准备的。因此,固定资产年折旧额和年折旧率的计算公式如下:

$$\text{年折旧额}=\frac{\text{固定资产原价}-\text{预计净残值}}{\text{预计使用年限}}=\frac{\text{固定资产原价}\times(1-\text{预计净残值率})}{\text{预计使用年限}}$$

其中:

$$\text{预计净残值}=\text{固定资产原价}\times\text{预计净残值率}$$

$$\text{年折旧率}=\frac{\text{年折旧额}}{\text{固定资产原价}}=\frac{1-\text{预计净残值率}}{\text{预计使用年限}}$$

固定资产折旧率分为综合折旧率、分类折旧率和个别折旧率。综合折旧率,是指所有的固定资产均采用相同的折旧率;分类折旧率,是指同一类别的固定资产,如房屋建筑物、机械设备、电子设备、运输设备等,采用相同的折旧率;个别折旧率,是指每一项固定资产分别确定预计净残值和预计使用年限,分别确定折旧率。会计实务中一般采用第二种或第三种折旧率。

[例 6—5] 20×4 年 12 月，诚友公司购入一台不需要安装的生产用甲设备，原价为 1 005 000.00元，预计净残值为 10 050.00 元，预计使用年限为 5 年(从 20×5 年 1 月开始到 20×9年 12 月止)。

根据上述资料，诚友公司固定资产折旧计算如下：

预计净残值率＝10 050.00÷1 005 000.00＝1%

年折旧额＝(1 005 000.00－10 050.00)÷ 5＝1 005 000.00×(1－1%)÷5

＝198 990.00(元)

年折旧率＝198 990.00÷1 005 000.00＝(1－1%)÷5＝19.80%

如果固定资产在使用若干年后计提了固定资产减值准备，则从计提固定资产减值准备之日起，按固定资产的净额和剩余使用年限重新计算固定资产年折旧额和年折旧率，再计提之后各期的折旧。

计提了固定资产减值准备之后，年折旧额和年折旧率的计算公式如下：

$$年折旧额=\frac{固定资产净额-预计净残值}{剩余预计使用年限}$$

其中：

$$固定资产净额=固定资产净值-固定资产减值准备$$

$$固定资产净值=固定资产原价-累计折旧$$

$$年折旧率=\frac{年折旧额}{固定资产原价}$$

[例 6—6] 20×7 年 12 月 31 日，诚友公司对固定资产进行减值测试，发现原价为 1 005 000.00元、预计净残值为 10 050.00 元、预计使用年限为 5 年(从 20×5 年 1 月开始到 20×9年 12 月止)的甲设备存在减值迹象，经估算甲设备的可收回金额为 290 050.00 元。

根据上述资料，诚友公司固定资产折旧的计算如下：

20×7 年 12 月 31 日，甲设备固定资产原价为 1 005 000.00 元，已经计提的累计折旧为 596 970.00 元(年折旧额 198 990.00×3 年)，固定资产净值为 408 030.00 元。

应计提的固定资产减值准备＝固定资产净值－可收回金额

＝408 030.00－290 050.00＝117 980.00(元)

甲设备的固定资产净额＝408 030.00－117 980.00＝290 050.00(元)

20×8 年和 20×9 年两年，甲设备的年折旧额＝(290 050.00－10 050.00)÷2

＝140 000.00(元)

甲设备的年折旧率＝140 000.00÷1 005 000.00×100%＝13.93%

(二)工作量法

工作量法，是指将固定资产的应计折旧额均衡地分摊到固定资产预计总工作量，再根据实际工作量计算每期应提折旧额的一种方法，属于平均折旧法。工作量法的单位工作量折旧额和固定资产月折旧额的计算公式如下：

$$单位工作量折旧额=\frac{固定资产原价-预计净残值}{预计总工作量}=\frac{固定资产原价\times(1-预计净残值率)}{预计总工作量}$$

$$某项固定资产月折旧额=该项固定资产当月工作量\times单位工作量折旧额$$

[例 6—7] 20×5 年 12 月，诚友公司购入的专用设备原价为 200 000.00 元，预计净残值为 2 000.00 元，预计总使用工时为 5 000 小时，20×6 年实际使用工时为 200 小时。

根据上述资料，诚友公司固定资产折旧计算如下：

净残值率＝2 000.00÷200 000.00×100％＝1％

单位工作量折旧额＝200 000.00×(1－1％)÷5 000＝39.6(元)

20×6 年计提折旧额＝39.6×200＝7 920.00(元)

(三)双倍余额递减法

双倍余额递减法，是指在不考虑固定资产预计净残值的情况下，根据固定资产原价减去每期期初累计折旧后的余额和双倍年限平均法折旧率计算固定资产折旧的一种方法。

双倍余额递减法属于加速折旧法，即固定资产年折旧额从投入使用到报废转出逐年递减。这是适用于技术性损耗型固定资产的折旧方法。

其中，双倍，是指在不考虑固定资产预计净残值的情况下，其折旧率为年限平均法折旧率的两倍。年折旧率的计算公式如下：

$$年折旧率=\frac{2}{预计使用年限}$$

余额，是指用每年年初固定资产的余额，即固定资产原价减去年初累计折旧，乘以年折旧率计算固定资产年折旧额。年折旧额的计算公式如下：

$$年折旧额=(固定资产原价-年初累计折旧)\times 年折旧率$$

因为“固定资产原价－年初累计折旧”逐年递减，而年折旧率保持不变，所以年折旧额逐年递减。这里的“年”是指一个计提折旧的年度，而不是指自然年度。比如 20×5 年 6 月购入的固定资产，其第一个计提折旧年度是指从 20×5 年 7 月起到 20×6 年 6 月止。

因为以上年折旧额和年折旧率的计算均未考虑预计净残值，所以一般在固定资产预计使用年限的最后两年，按固定资产账面价值扣除预计净残值进行平均折旧。年折旧额的计算公式如下：

$$最后两年每年折旧额=\frac{固定资产原价-倒数第2年年初累计折旧-预计净残值}{2}$$

[例 6－8]　诚友公司购入一辆汽车，原始价值为 320 000.00 元，预计使用年限为 5 年，预计净残值为 32 000.00 元，使用双倍余额递减法计提折旧。

根据上述资料，诚友公司固定资产折旧计算如下：

年折旧率＝2÷5×100％＝40％

各年折旧额计算如表 6－1 所示。

表 6－1　　双倍余额递减法年折旧额计算表　　单位：元

年度	原价－年初累计折旧	年折旧额	年末累计折旧
1	320 000.00 － 0.00	128 000.00	128 000.00
2	320 000.00 － 128 000.00	76 800.00	204 800.00
3	320 000.00 － 204 800.00	46 080.00	250 880.00
4	平均折旧	18 560.00	269 440.00
5	(320 000.00 － 250 880.00 － 32 000.00)÷ 2	18 560.00	288 000.00

第 4、5 年是预计使用年限的最后两年，按第 4 年年初的固定资产账面价值减去预计净残值，采用平均折旧法计算年折旧额。

（四）年数总和法

年数总和法，是指将固定资产的原价减去预计净残值的余额乘以一个以固定资产尚可使用寿命为分子、以预计使用寿命逐年数字之和为分母的逐年递减的分数计算每年固定资产折旧的一种方法，属于加速折旧法。

年数总和，是指年折旧率的计算方法，年折旧率的分母是预计使用年限的年数总和，即以预计使用年限为 n 的自然数列的前 n 项和。年折旧率的分子是尚可使用年限，这是一个逐年递减的数字。年折旧率和年折旧额的计算公式如下：

$$年折旧率=\frac{尚可使用年限}{预计使用年限的年数总和}$$

$$年折旧额=(固定资产原价-预计净残值)\times年折旧率$$

因为"固定资产原价 － 预计净残值"保持不变，而年折旧率逐年递减，所以年折旧额逐年递减。

［例 6—9］ 诚友公司购入一台设备，原始价值为 600 000.00 元，预计使用年限为 5 年，预计净残值率为 5%，采用年数总和法计提折旧。

根据上述资料，诚友公司固定资产折旧的计算如下：

预计使用年限的年数总和＝1＋2＋3＋4＋5＝15(元)

预计净残值＝600 000.00 × 5% ＝ 30 000.00(元)

各年折旧额计算如表 6—2 所示。

表 6—2 **年数总和法年折旧额计算表** 单位：元

年度	原价－预计净残值	年折旧率(%)	年折旧额	年末累计折旧
1	600 000.00 － 30 000.00	5/15	190 000.00	190 000.00
2	600 000.00 － 30 000.00	4/15	152 000.00	342 000.00
3	600 000.00 － 30 000.00	3/15	114 000.00	456 000.00
4	600 000.00 － 30 000.00	2/15	76 000.00	532 000.00
5	600 000.00 － 30 000.00	1/15	38 000.00	570 000.00

四、固定资产折旧的范围

企业应该对所有固定资产计提折旧。固定资产提足折旧后，不论能否继续使用，均不再计提折旧；提前报废的固定资产，也不再补提折旧。

固定资产按月计提折旧，当月增加的固定资产，当月不计提折旧，从下月起计提折旧；当月减少的固定资产，当月仍计提折旧，从下月起不计提折旧。

会计实务中，一般按月初固定资产原价乘以月折旧率计提当月折旧。月折旧率的计算公式如下：

$$月折旧率=\frac{年折旧率}{2}$$

［例 6—10］ 富民公司 20×5 年 11 月固定资产原价变化如表 6—3 所示。房屋、设备的预计折旧年限分别为 30 年、10 年，残值率均为 4%。

表 6—3　　固定资产原价变化表　　单位：元

用途	类别	11 月初余额	11 月增加	11 月减少	11 月末余额
车间	房屋	5 000 000.00			5 000 000.00
	设备	1 200 000.00	6 130 000.00		7 330 000.00
办公室	房屋	3 000 000.00			3 000 000.00
	设备	600 000.00		200 000.00	400 000.00
经营出租	设备	1 000 000.00			1 000 000.00
合　计		10 800 000.00	6 130 000.00	200 000.00	16 730 000.00

根据上述资料，富民公司固定资产折旧计算如下：

房屋的月折旧率＝(1－4％)÷30÷12＝0.266 7％

设备的月折旧率＝(1－4％)÷10÷12＝0.8％

11 月折旧额＝(5 000 000.00＋3 000 000.00)×0.266 7％＋(1 200 000.00＋600 000.00＋1 000 000.00)×0.8％＝43 736.00(元)

12 月折旧额＝(5 000 000.00＋3 000 000.00)×0.266 7％＋(7 330 000.00＋400 000.00＋1 000 000.00)×0.8％＝91 176.00(元)

五、固定资产折旧的核算

根据固定资产的用途，将每月计提的固定资产折旧计入相关资产的成本或者当期损益。

车间使用的固定资产折旧，借记“制造费用”科目；销售部门使用的固定资产折旧，借记“销售费用”科目；管理部门使用的固定资产折旧，借记“管理费用”科目；固定资产建造相关部门使用的固定资产折旧，借记“在建工程”科目；研发部门使用的固定资产折旧，借记“研发支出”科目；对外出租的固定资产折旧，借记“其他业务成本”科目，贷记“累计折旧”科目。

［例 6—11］　富民公司 20×5 年 12 月固定资产折旧计算如表 6—4 所示。

表 6—4　　固定资产折旧计算表　　单位：元

用途	类别	11 月末原价	月折旧率(％)	当月折旧额
车间	房屋	5 000 000.00	0.266 7	13 335.00
	设备	7 330 000.00	0.8	58 640.00
办公室	房屋	3 000 000.00	0.266 7	8 001.00
	设备	400 000.00	0.8	3 200.00
经营性出租	设备	1 000 000.00	0.8	8 000.00
合　计		16 730 000.00		91 176.00

根据以上资料，富民公司应编制的记账凭证为：

借：制造费用	71 975.00	
管理费用	11 201.00	
其他业务成本	8 000.00	
贷：累计折旧		91 176.00

第四节　固定资产的后续支出

一、固定资产后续支出的定义和内容

固定资产的后续支出，是指在固定资产持有期间发生的与固定资产相关的支出，一般包括固定资产在使用过程中发生的更新改造支出、修理费用等。

固定资产的更新改造支出，大多数符合固定资产的确认条件，应该计入固定资产成本，如有被替换的部分，要扣除其账面价值；固定资产的修理费用，一般不满足固定资产确认条件，应该在发生时计入当期损益。

二、固定资产后续支出的核算

(一)资本化的后续支出

固定资产更新改造后，其原始价值等于更新改造前的固定资产净额加上更新改造中的支出，减去更新改造中的收益。其预计使用年限一般会延长。更新改造后的固定资产投入使用，按固定资产新的原始价值减去预计净残值，在新的预计使用年限内计提折旧。

固定资产进行更新改造，按该项固定资产的账面价值，借记“在建工程”科目；按已计提的折旧，借记“累计折旧”科目；按已计提的减值准备，借记“固定资产减值准备”科目；按固定资产原价，贷记“固定资产”科目。

更新改造中发生的支出，借记“在建工程”科目，贷记“银行存款”等科目。更新改造中拆除部分的处置收入；按实际收到款项金额，借记“银行存款”科目；按残料估价入库的金额，借记“原材料”科目，贷记“在建工程”科目。

工程达到预计可使用状态交付使用，按在建工程的余额，借记“固定资产”科目，贷记“在建工程”科目。

[例6—12]　诚友公司20×5年10月开始对厂房进行扩建，该厂房原价为10 000 000.00元，已经计提折旧3 000 000.00元，未计提固定资产减值准备。10～11月发生扩建厂房支出6 000 000.00元，发生处理废料变价收入500 000.00元，款项已经通过银行收付。12月发生扩建厂房支出2 000 000.00元，款项尚未支付。该厂房已经在12月25日改造完成并投入使用。

根据上述资料，诚友公司应编制记账凭证如下：

(1)10～11月发生的经济业务。

①厂房转入扩建时：

借：在建工程	7 000 000.00	
累计折旧	3 000 000.00	
贷：固定资产		10 000 000.00

②发生扩建支出时：

借：在建工程	6 000 000.00	
贷：银行存款		6 000 000.00

③处理废料时：

借:银行存款 500 000.00

贷:在建工程 500 000.00

截至20×5年11月31日,“在建工程——厂房扩建项目”科目的余额为12 500 000.00元。

(2)12月发生的经济业务。

①发生扩建支出时:

借:在建工程 2 000 000.00

贷:其他应付款 2 000 000.00

②厂房投入使用时:

借:固定资产 14 500 000.00

贷:在建工程 14 500 000.00

(二)费用化的后续支出

与固定资产有关的修理费用等后续支出,根据固定资产的用途,计入相关资产的成本或者当期损益。其中,车间使用的固定资产的修理费用不是计入制造费用,而是计入管理费用。

车间和管理部门使用的固定资产的修理费用,借记“管理费用”科目;销售部门使用的固定资产的修理费用,借记“销售费用”科目;研发部门使用的固定资产的修理费用,借记“研发支出”科目;对外出租的固定资产的修理费用,借记“其他业务成本”科目;贷记“银行存款”“其他应付款”等科目。

[例6—13] 20×5年12月,富民公司对一台生产用机器设备进行日常维护,维护过程中领用本公司原材料一批,价值为94 000.00元。月末结转材料成本差异1 000.00元。

根据上述资料,富民公司应编制记账凭证如下:

(1)领用原材料时:

借:管理费用 94 000.00

贷:原材料 94 000.00

(2)月末结转材料成本差异时:

借:管理费用 1 000.00

贷:材料成本差异 1 000.00

第五节 固定资产的处置

一、固定资产处置的定义

固定资产处置,又称为固定资产终止确认,是指由于各种原因使固定资产需要退出生产经营过程所做的处理活动。

固定资产满足下列条件之一的,应该予以终止确认:

(1)该固定资产处于处置状态;

(2)该固定资产预期通过使用或处置不能产生经济利益。

企业因出售、转让、报废和毁损、对外投资、融资租赁、非货币性资产交换、债务重组等处置固定资产的,应该将处置收入扣除账面价值和相关税费后的金额计入当期损益。

二、固定资产处置的核算

固定资产处置过程中发生的所有收入、成本和费用，均应通过“固定资产清理”科目进行归集。

处置固定资产，按该项固定资产账面价值，借记“固定资产清理”科目；按已计提的累计折旧，借记“累计折旧”科目；按已计提的减值准备，借记“固定资产减值准备”科目；按固定资产账面原价，贷记“固定资产”科目。

处置过程中应支付的相关税费及其他费用，借记“固定资产清理”科目，贷记“银行存款”“应交税费——应交增值税”“应交税费——应交城市维护建设税”等科目。

收回出售固定资产的价款、残料价值和变价收入等，借记“银行存款”“原材料”等科目，贷记“固定资产清理”科目。应由保险公司或过失人赔偿的损失，借记“其他应收款”等科目，贷记“固定资产清理”科目。

固定资产清理完成后，属于生产经营期间正常的处理损失，借记“营业外支出——处置非流动资产损失”科目，贷记“固定资产清理”科目；属于自然灾害等非正常原因造成的损失，借记“营业外支出——非常损失”科目，贷记“固定资产清理”科目。如为清理收益，借记“固定资产清理”科目，贷记“营业外收入”科目。

[例 6－14]　20×5 年 12 月，富民公司将一台设备对外出售，该设备账面原值为 300 000.00元，已计提折旧为 120 000.00 元，对外出售价格为 200 000.00 元，增值税税额为 34 000.00元（不考虑应缴纳的附加税费）。货款已通过银行收取，无其他清理费用。

根据上述资料，富民公司应编制记账凭证如下：

(1)设备对外出售转入清理时：

借：固定资产清理　　180 000.00
　　累计折旧　　120 000.00
　　贷：固定资产　　300 000.00

(2)收取出售设备的款项时：

借：银行存款　　234 000.00
　　贷：应交税费——应交增值税　　34 000.00
　　　　固定资产清理　　200 000.00

(3)设备清理完成结转损益时：

借：固定资产清理　　20 000.00
　　贷：营业外收入　　20 000.00

[例 6—15]　20×5 年 12 月，诚友公司的一台账面原价为 3 000 000.00 元、已计提折旧为 2 900 000.00 元的设备到期报废，用现金支付清理费用 2 000.00 元。设备已经清理完毕。

根据上述资料，诚友公司应编制记账凭证如下：

(1)设备报废转入清理时：

借：固定资产清理　　100 000.00
　　累计折旧　　2 900 000.00
　　贷：固定资产　　3 000 000.00

(2)支付清理费用时：

借：固定资产清理　　2 000.00

贷:库存现金 2 000.00

(3)设备清理完成结转损益时:

借:营业外支出 102 000.00

贷:固定资产清理 102 000.00

[例 6—16] 20×5 年 12 月,诚友公司的一台账面原价为 300 000.00 元、已计提折旧为 220 000.00 元的设备因意外毁损,保险公司根据保险合同可赔款 50 000.00 元,赔款尚未收到,用现金支付的清理费用为 500.00 元。设备清理已经完成。

根据上述资料,诚友公司应编制记账凭证如下:

(1)设备毁损转入清理时:

借:固定资产清理 80 000.00

累计折旧 220 000.00

贷:固定资产 300 000.00

(2)确认保险公司赔款时:

借:其他应收款——保险公司 50 000.00

贷:固定资产清理 50 000.00

(3)支付清理费用时:

借:固定资产清理 500.00

贷:库存现金 500.00

(4)设备清理完成结转损益时:

借:营业外支出 30 500.00

贷:固定资产清理 30 500.00

三、固定资产盘亏的核算

每年应该对固定资产进行至少一次的全面盘点。如果存在固定资产盘亏,需要对盘亏的固定资产进行处理,使得固定资产账簿记录和实物保持一致。

发生固定资产盘亏时,按该项固定资产账面价值,借记"待处理财产损溢"科目;按已计提的累计折旧,借记"累计折旧"科目;按已计提的减值准备,借记"固定资产减值准备"科目;按固定资产账面原价,贷记"固定资产"科目。

按管理权限报经批准后处理盘亏固定资产时,按可收回的保险赔偿或过失人赔偿,借记"其他应收款"科目,贷记"待处理财产损溢"科目;按其借方差额,借记"营业外支出"科目。

[例 6—17] 20×5 年 12 月,诚友公司在进行固定资产盘点时,发现盘亏一台账面原价为 50 000.00 元、已计提折旧为 29 000.00 元、已计提固定资产减值准备为 1 000.00 元的设备。经过公司董事会审核批准,相关使用部门责任人赔偿 2 000.00 元,赔偿款项尚未收到,其他损失由公司承担。

根据上述资料,诚友公司应编制记账凭证如下:

(1)盘亏发生时:

借:待处理财产损溢 20 000.00

累计折旧 29 000.00

固定资产减值准备 1 000.00

贷:固定资产 50 000.00

(2)董事会批准处理时：

借：其他应收款　　2 000.00

　　营业外支出　　18 000.00

　　贷：待处理财产损溢　　20 000.00

思考题

1. 什么是固定资产？固定资产是如何分类的？
2. 和固定资产核算相关的会计科目有哪些？各科目核算的内容有哪些？
3. 固定资产的取得方式有哪些？取得成本包含哪些内容？
4. 什么是固定资产折旧？影响固定资产折旧的因素有哪些？
5. 固定资产折旧的计算方法有哪些？各种方法有哪些异同？

练习题

一、选择题

1. 下列项目中，应计入固定资产入账价值的是(　　)。

A. 固定资产购入过程中发生的运杂费支出

B. 固定资产达到预定可使用状态前发生的借款利息(符合资本化条件)

C. 固定资产达到预定可使用状态后至竣工决算前发生的借款利息

D. 固定资产建造过程中领用原材料负担的增值税

2. 采用自营方式建造固定资产的情况下，下列项目应计入固定资产的取得成本的有(　　)。

A. 工程耗用原材料

B. 工程人员的工资

C. 生产车间为工程提供的水、电等费用

D. 企业行政管理部门为组织和管理生产经营活动而发生的管理费用

3. 购入一台需要安装的设备，取得的增值税专用发票上注明的设备买价为 100 000.00 元，增值税税额为 17 000.00 元，支付的杂费为 2 000.00 元，设备安装时领用工程用材料价格为 10 000.00 元，购入该批工程用材料的增值税为 1 700.00 元，设备安装时支付有关人员的工资为 5 000.00 元。该固定资产的成本为(　　)元。

A. 117 000.00　　B. 134 000.00　　C. 135 700.00　　D. 107 000.00

4. 下列不能在"固定资产"账户核算的有(　　)。

A. 购入正在安装的设备　　B. 经营性租入的设备

C. 融资租入的不需安装的设备　　D. 购入的不需安装的设备

5. 与平均年限法相比，采用年数总和法对固定资产计提折旧将使得(　　)。

A. 计提折旧的初期，企业利润减少，固定资产净值减少

B. 计提折旧的初期，企业利润减少，固定资产原值减少

C. 计提折旧的后期，企业利润减少，固定资产净值减少

D. 计提折旧的后期，企业利润减少，固定资产原值减少

6. 下列固定资产中，应计提折旧的是(　　)。

A. 季节性停用的设备　　B. 当月交付使用的设备

C. 未提足折旧提前报废的设备　　D. 已提足折旧的继续使用的设备

7. 下列固定资产的折旧方法中，年折旧率不一致且递减的是(　　)

A. 平均年限法　　B. 工作量法　　C. 年数总和法　　D. 双倍余额递减法

8. 公司 20×2 年 6 月 20 日购入设备一台，入账价值为 3 000 000.00 元，预计使用年限为 5 年，预计净残值为 200 000.00 元，在采用双倍余额递减法计提折旧时，20×3 年应对该设备计提的折旧额为(　　)元。

A. 1 200 000.00　　B. 960 000.00　　C. 720 000.00　　D. 672 000.00

9. 公司的一台机器设备采用工作量法计提折旧。原价为 1 020 000.00 元，预计生产产品产量为 300 万件，预计净残值为 3%，本月生产产品 5.1 万件。则该台机器设备的月折旧额为(　　)元。

A. 16 819.80　　B. 17 530.60　　C. 17 860.20　　D. 16 818.90

10. 在计提固定资产折旧的初期，不考虑固定资产净残值的折旧方法是(　　)。

A. 年限平均法　　B. 工作量法　　C. 双倍余额递减法　　D. 年数总和法

二、业务题

习题一

[资料]　20×5 年 12 月，卓越公司购入需要安装的全新生产用机器一台，取得的增值税专用发票上注明的买价为 200 000.00 元，可抵扣的增值税税额为 34 000.00 元；取得的普通发票上注明装卸费为 1 000.00 元，保险费为 2 400.00 元。以上款项均已通过用银行存款支付。安装过程中，领用本公司的库存材料为 1 600.00元。该项机器安装完工后已作为生产车间固定资产交付使用。

[要求]　根据以上资料，编制购入、安装及完工转出时的记账凭证。

习题二

[资料]　创新公司于 20×3 年 6 月 1 日开始自行建造一台生产用设备，建造过程中发生以下经济业务：

(1)为该工程购入工程物资，取得的增值税专用发票上注明的买价为 2 000 000.00 元，可抵扣的增值税税额为 340 00.00 元，均以银行存款支付；实际领用工程物资为 1 800 000.00 元(不含增值税)，多余物资转作原材料。

(2)领用本公司库存原材料一批，实际成本为 300 000.00 元(不含增值税)。

(3)应付工程人员工资为 800 000.00 元。

(4)本公司辅助生产车间为工程提供有关劳务支出为 100 000.00 元。

(5)该工程于 20×3 年 11 月 3 日完工。

[要求]　根据以上资料，编制建造及完工转出时的记账凭证。

习题三

[资料]　创新公司某项固定资产原值为 100 000.00 元，预计净残值为 4 000.00 元，预计使用年限为 5 年。

[要求]

(1)采用平均年限法计算创新公司该项固定资产第一年的折旧率和折旧额。

(2)采用双倍余额递减法计算创新公司该项固定资产第二年的折旧率和折旧额。

(3)采用年数总和法计算创新公司该项固定资产第三年的折旧率和折旧额。

习题四

[资料]　卓越公司采用年限平均法计提固定资产折旧。20×5 年 11 月 30 日，固定资产分类明细表及其折旧年限、净残值率如下表所示：

单位:元

使用部门	固定资产类别	11 月 30 日余额	折旧年限(年)	净残值率
车间	房屋建筑物	27 000 000.00	30	4%
	机器设备	19 560 000.00	10	0%
销售部门	运输设备	890 000.00	15	0%
管理部门	房屋建筑物	5 700 000.00	30	4%
	电子设备	3 200 000.00	5	0%
合　计		56 350 000.00		

［要求］ 根据以上资料，编制20×5年12月计提固定资产折旧的记账凭证。

习题五

［资料］ 20×5年12月，卓越公司因意外事故毁损汽车一辆，账面原价为200 000.00元，已提折旧为120 000.00元。清理过程中，取得残值收入为500.00元，发生清理费用为2 000.00元，收入和费用均以银行存款收付。经保险公司审定，可获保险赔偿50 000.00元，保险赔款尚未收到。

［要求］ 根据以上资料，编制汽车毁损清理的记账凭证。

习题六

［资料］ 创新公司发生如下经济业务：

(1)20×1年12月3日，购买设备一台，价款为400 000.00元，增值税税率为17%，款项以银行存款支付。该设备安装过程中，领用材料金额为50 000.00元，发生安装人员薪酬为50 000.00元。20×1年12月28日，安装工程完工，交付生产车间使用。

(2)该设备预计使用10年，净残值率为5%，采用年限平均法计提折旧。

(3)20×6年12月20日将该设备出售，售价为360 000.00元，增值税税率为17%，支付的清理费用为1 000.00元，款项均以银行存款收付。

［要求］ 根据上述资料，编制从固定资产取得、计提折旧到固定资产处置的记账凭证。

第七章　其他长期资产

学习目标

1. 掌握无形资产的会计处理方法。
2. 理解投资性房地产的会计处理方法。
3. 了解长期待摊费用的会计处理方法。

除对外投资与固定资产外，企业还可能存在如无形资产等形态的其他长期资产。其他长期资产种类各异，且各不同种类的其他长期资产又有着一些不同于其他资产的特点和作用。本章主要基于各不同种类的其他长期资产的特点和作用，分别阐述无形资产、投资性房地产、长期待摊费用等其他长期资产的财务会计核算的内容与方法程序。

第一节　其他长期资产概述

一、长期资产的定义

长期资产，又称为非流动资产，是指不在一个正常营业周期中变现、出售或耗用的资产。非流动资产是相对于流动资产而言的一个概念，具有占用资金多、周转速度慢、变现能力差等特点。

正常营业周期，是指企业从购买用于加工的资产起至实现现金或现金等价物的期间。正常营业周期通常短于一年。正常营业周期不能确定的，以一年(12 个月)作为正常营业周期。正常营业周期超过一年的，以实际时间为准。

二、其他长期资产的内容

长期资产是指流动资产以外的资产，主要包括可供出售金融资产、持有至到期投资、长期应收款、长期股权投资、投资性房地产、固定资产、在建工程、工程物资、无形资产、长期待摊费用和递延所得税资产等。

可供出售金融资产、持有至到期投资和长期股权投资在本教材第五章“对外投资”中介绍，固定资产、在建工程和工程物资在本教材第六章“固定资产”中介绍，本章介绍无形资产、投资性房地产和长期待摊费用。

第二节　无形资产

一、无形资产的定义和确认

（一）无形资产的定义

无形资产，是指企业拥有或者控制的没有实物形态的可辨认非货币性资产。

首先，无形资产是没有实物形态的长期资产，通常表现为某种权利、某项技术或是某种获取超额利润的综合能力，并以此区别于固定资产和投资性房地产等具有实物形态的长期资产。

其次，无形资产的可辨认性标准是指：

（1）能够从企业中分离或者划分出来，并能单独或者与相关合同、资产或负债一起，用于出售、转移、授予许可、租赁或者交换；

（2）源自合同性权利或其他法定权利，无论这些权利是否可以从企业或其他权利和义务中转移或者分离。

商誉的存在无法与企业自身分离，不具有可辨认性，一般不确认为无形资产。

最后，无形资产是非货币性资产，其在将来为企业带来的经济利益，即货币金额，是不固定的或不可确定的。

（二）无形资产的确认条件

无形资产同时满足下列条件的，才能予以确认：

（1）与该无形资产有关的经济利益很可能流入企业；

（2）该无形资产的成本能够可靠地计量。

企业在判断无形资产产生的经济利益是否很可能流入时，应对无形资产在预计使用寿命内可能存在的各种经济因素作出合理估计，并且应有明确证据支持。

二、无形资产的种类

（一）按经济内容分类

按经济内容可以把无形资产分为专利权、非专利技术、商标权、著作权、土地使用权和特许权等。

1. 专利权

专利权，是指受专利法保护的、对发明创造等享有的专有权。专利权的客体包括发明、实用新型和外观设计。授予专利权的发明和实用新型必须具有新颖性、创造性和实用性。

专利权在有效期限内受法律保护。发明专利权的期限为20年，实用新型专利权和外观设计专利权的期限为10年，均自申请日起计算，期满不能续展。

任何单位或者个人实施他人专利的，应与专利权人订立实施许可合同，向专利权人支付专利使用费。专利权人也可以对外转让其拥有的专利权的所有权。

2. 非专利技术

非专利技术又称专有技术，是指未经公开也未申请专利，但在生产经营活动中已采用了的、不享有法律保护，但为发明人所垄断，具有实用价值的各种技术和经验，如设计图纸、资料、数据、技术规范、工艺流程、材料配方、管理制度和方法等。

非专利技术因为不受法律保护，所以不存在法律规定的有效期限。其有效期间在很大程度上受科学技术进步和企业自身对非专利技术的保护状况的影响。

和专利权一样，非专利技术也可以许可他人使用，并收取非专利技术使用费；也可以对外转让所有权。

3. 商标权

商标是商品和服务的标记，一般用文字、图形或者文字和图形的组合来表示。商标注册，是指自然人、法人或者其他组织对其生产、制造、加工、拣选、经销的商品或者提供的服务，依照法定程序向国家商标局提出申请，经过审核予以注册的法律活动。经商标局核准注册的商标为注册商标。商标权，是指商标法保护的、商标注册人享有的注册商标独占权，包括使用权、处分权、受益权、标记权等。

注册商标的有效期限为10年，自核准注册之日起计算。注册商标有效期满，需要继续使用的，可在期满前6个月内申请续展注册，每次续展注册的有效期限为10年。

商标注册人可以通过签订商标使用许可合同，许可他人使用其注册商标，并收取注册商标许可使用费。商标权也可以对外转让所有权。

4. 著作权

作品，是指文学、艺术以及自然、社会、工程科学等领域内，具有独创性并且能够以有形形式复制的智力成果。著作权即版权，是指著作权法保护的著作权人对其作品的专有权，包括发表权、署名权、修改权、保护作品完整权、复制权、发行权、出租权、展览权、表演权、放映权、广播权信息网络传播权、摄制权、改编权、翻译权和汇编权等。

作者的署名权、修改权、保护作品完整权的保护期不受限制。除此之外，公民作品的其他著作权的保护期限为作者终身及其死亡后50年，法人或者其他组织作品的其他著作权的保护期限为50年。

著作权人可以许可他人行使或者转让部分或全部著作权，并依照约定或者著作权法有关规定获取报酬。

5. 土地使用权

我国的土地所有权分为国家土地使用权和农村集体土地所有权。单位或个人使用国有土地，一般只能拥有使用权。

土地使用权，是指土地使用人根据法律、合同的规定，对国家或集体所有的土地享有占有、使用部分收益和部分处分权能的权利，主要表现为土地使用人对土地享有的使用权（利用权）、转让权和抵押权。

土地使用人一般是通过向国家支付出让金的方式取得一定年限内国有土地的使用权。土地使用权出让的方式包括拍卖、招标和双方协议。

根据出让土地的用途，土地使用权出让的最高年限分为以下几种情况：

(1)居住用地为70年；

(2)工业用地为50年；

(3)教育、科技、文化、卫生、体育用地为50年；

(4)商业、旅游、娱乐用地为40年；

(5)综合或其他用地为50年。

土地使用人可以按规定转让土地使用权并取得收益。

6. 特许权

特许权，是指特许人授予受许人的某种权利，在该权利之下，受许人可以在约定的条件下使用特许人的某种工业产权和/或知识产权——它可以是单一的业务元素，如商标、专利等；也可以是若干业务元素的组合。特许权的具体组成和特许经营的模式有关，不同的特许经营模式对应着不同的特许权，如商标特许经营、产品特许经营、生产特许经营、品牌特许经营、专利及商业秘密特许经营和经营模式特许经营。

特许人和受许人一般会签订特许协议，规定特许权的内容和范围、特许权的使用时间和特许权使用费的收取方法等。

（二）按来源途径分类

按来源途径，可以把无形资产分为外来无形资产和自创无形资产。

外来无形资产，是指从企业外部取得的无形资产，如购进和投资者投入的无形资产。

自创无形资产，是指企业通过研究开发自行创造的无形资产。

（三）按使用寿命是否有限分类

按使用寿命是否有限，可以把无形资产分为使用寿命有限的无形资产和使用寿命不确定的无形资产。

企业持有的无形资产，通常来源于合同性权利或其他法定权利，且合同规定或法律规定有明确的使用年限，这是使用寿命有限的无形资产。比如购入的专利权，转让合同中可能规定了使用年限，同时专利法也规定了有效年限。如果两种年限同时存在，一般选择其中较短者为使用寿命。

对于没有明确规定使用年限但是使用寿命有限的无形资产，应估计该使用寿命的年限或者构成使用寿命的产量等类似计量单位数量。

对于无法预见无形资产为企业带来经济利益期限的，如因企业合并所形成的商誉，应视为使用寿命不确定的无形资产。

三、无形资产的核算科目

与无形资产核算相关的科目包括“无形资产”“累计摊销”“研发支出”和“无形资产减值准备”。

“无形资产”科目核算企业持有的无形资产的原价，一般按无形资产项目进行明细核算。借方登记增加的无形资产原价，贷方登记转出的无形资产原价，期末借方余额反映企业持有的无形资产原价。在无形资产的持有期间，该科目的余额一般没有变化。在进行无形资产处置时，该科目相关的余额转入当期损益。

“累计摊销”科目核算企业无形资产的累计摊销，一般按无形资产项目进行明细核算。贷方登记计提的无形资产摊销，借方登记转出的无形资产累计计提的摊销，期末贷方余额反映从无形资产投入使用开始到目前为止计提摊销的合计数。无形资产价值在其持有期间的逐步减少是通过按期计提摊销来反映，计提的摊销计入成本和费用。在进行无形资产处置时，该科目相关的余额转入当期损益。

“研发支出”科目核算企业进行研究与开发无形资产过程中发生的各项支出。按研究开发项目，分别“费用化支出”“资本化支出”，并设置研发人员工资、材料费，以及相关设备折旧费等进行明细核算。借方登记发生的与研究开发活动相关的支出，贷方登记转入损益或无形资产原价的金额，期末借方余额反映企业正在进行无形资产研究开发项目满足资本化条件的支出。如果同时从事多项研究开发活动的，所发生的支出应按合理的标准在各项研究开发活动之间进行分配;无法合理分配的,应计入当期损益。

“无形资产减值准备”科目核算企业无形资产的减值准备。贷方登记计提的无形资产减值准备,借方登记转出的无形资产累计计提的减值准备,期末贷方余额反映企业已计提但尚未转销的无形资产减值准备。通常在期末对无形资产进行减值测试,如果无形资产存在发生减值的迹象,则估算无形资产的可收回金额。无形资产可收回金额低于其账面价值时,按其差额计提减值准备。处置无形资产时将无形资产减值准备转出。

四、无形资产的核算

(一)无形资产的取得

无形资产应按成本进行初始计量。无形资产的取得方式主要有外购、自行研究开发、投资者投入以及通过非货币性资产交换、债务重组、政府补助和企业合并取得。本章介绍前两种取得方式。

1. 外购无形资产

外购无形资产的成本,包括购买价款、相关税费以及直接归属于使该项资产达到预定用途所发生的其他支出。不包括为引入新产品进行宣传发生的广告费、管理费用和其他间接费用以及无形资产已经达到预定用途以后发生的费用。

企业外购取得无形资产时,按取得相关票据上注明应计入无形资产成本的金额,借记“无形资产”科目;按付款的方式,贷记“银行存款”“其他应付款”等科目。

[例 7—1]　20×5 年 12 月,富民公司购入一项发明专利权,协议价格为 60 000.00 元,以银行存款付款。同时用现金支付的过户费等为 2 000.00 元。

根据上述资料,富民公司应编制记账凭证如下:

无形资产取得成本＝60 000.00＋2 000.00＝62 000.00(元)

借:无形资产	62 000.00	
贷:银行存款		60 000.00
库存现金		2 000.00

2. 自行研究开发的无形资产

企业内部研究开发项目的支出,应区分研究阶段支出与开发阶段支出。

研究是指为获取并理解新的科学或技术知识而进行的独创性的有计划调查。研究阶段是探索性的,为进一步开发活动进行资料及相关方面的准备,已进行的研究活动将来是否会转入开发、开发后是否会形成无形资产等均具有较大的不确定性。比如,意在获取知识而进行的活动,研究成果或其他知识的应用研究、评价和最终选择,材料、设备、产品、工序、系统或服务替代品的研究,新的或经改进的材料、设备、产品、工序、系统或服务的可能替代品的配制、设计、评价和最终选择等,均属于研究活动。

开发是指在进行商业性生产或使用前,将研究成果或其他知识应用于某项计划或设计,以生产出新的或具有实质性改进的材料、装置、产品等。开发阶段是已完成研究阶段的工作,在很大程度上具备了形成一项新产品或新技术的基本条件。比如,生产前或使用前的原型和模型的设计、建造和测试,不具有商业性生产经济规模的试生产设施的设计、建造和运营等,均属于开发活动。

企业内部研究开发项目研究阶段的支出,于发生时计入当期损益。

企业内部研究开发项目开发阶段的支出,同时满足下列条件的,才能确认为无形资产:

(1)完成该无形资产以使其能够使用或出售在技术上具有可行性。

判断无形资产的开发在技术上是否具有可行性，以目前阶段的成果为基础，并提供相关证据和材料，证明企业进行开发所需的技术条件等已经具备，不存在技术上的障碍或其他不确定性。比如，企业已经完成了全部计划、设计和测试活动，这些活动是使资产能够达到设计规划书中的功能、特征和技术所必需的活动，或经过专家鉴定等。

(2)具有完成该无形资产并使用或出售的意图。

(3)无形资产产生经济利益的方式，包括能够证明运用该无形资产生产的产品存在市场或无形资产自身存在市场，无形资产将在内部使用的，应证明其有用性。

判断无形资产是否能够为企业带来经济利益，应对运用该无形资产生产产品的市场情况进行可靠预计，以证明所生产的产品存在市场并能够带来经济利益，或能够证明市场上存在对该无形资产的需求。

(4)有足够的技术、财务资源和其他资源支持，以完成该无形资产的开发，并有能力使用或出售该无形资产。

企业能够证明可以取得无形资产开发所需的技术、财务和其他资源，以及获得这些资源的相关计划。企业自有资金不足以提供支持的，应能够证明存在外部其他方面的资金支持，如银行等金融机构声明愿意为该无形资产的开发提供所需资金等。

(5)归属于该无形资产开发阶段的支出能够可靠地计量。

综上所述，自行开发的无形资产的成本，包括自满足规定后至达到预定用途前所发生的开发阶段支出总额，但是对于以前期间已经费用化的支出不再调整。

研究阶段支出与开发阶段支出核算的规定如图 7—1 所示。

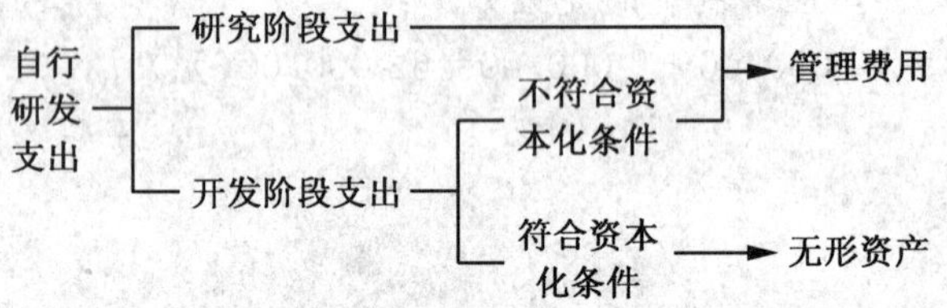

图 7—1 研究阶段支出与开发阶段支出核算的规定

企业取得的已作为无形资产确认的正在进行中的研究开发项目，在取得后发生的支出按以上的规定处理。

无法区分研究阶段支出和开发阶段支出的，将其所发生的研发支出全部费用化。

企业自行研究开发无形资产发生的支出，不满足资本化条件的，借记“研发支出——费用化支出”科目；满足资本化条件的，借记“研发支出——资本化支出”科目；根据发生支出的具体内容，贷记“原材料”“银行存款”“应付职工薪酬”等科目。

期(月)末，将“研发支出”科目归集的费用化支出金额转入当期损益，借记“管理费用”科目，贷记“研发支出——费用化支出”科目。

研究开发项目达到预定用途形成无形资产的，按“研发支出——资本化支出”科目的余额，借记“无形资产”科目，贷记“研发支出——资本化支出”科目。

[例 7—2] 富民公司自主开发专利技术，从 20×4 年 1 月到 20×5 年 11 月期间发生研究开发阶段应予费用化和资本化的支出分别为 100 000.00 元和 50 000.00 元，均以银行存款付

款。20×5 年 12 月，专利技术研发成功，发生的注册登记费为 1 000.00 元，以现金付款。

根据上述资料，富民公司应编制记账凭证如下：

(1)从 20×4 年 1 月到 20×5 年 11 月期间发生各项支出时：

借：研发支出——费用化支出　　100 000.00

　　　　　　——资本化支出　　50 000.00

　　贷：银行存款　　150 000.00

(2)期末结算费用化支出时：

借：管理费用　　100 000.00

　　贷：研发支出——费用化支出　　100 000.00

截至 20×5 年 11 月末，"研发支出——资本化支出"科目的余额为 50 000.00 元。

(3)20×5 年 12 月登记注册时：

借：研发支出——资本化支出　　1 000.00

　　贷：库存现金　　1 000.00

(4)结转自行研究开发的无形资产成本时：

借：无形资产　　51 000.00

　　贷：研发支出——资本化支出　　51 000.00

(二)无形资产的后续计量

无形资产的后续计量，是指使用寿命有限的无形资产的价值通过计提摊销的方式在其有效使用寿命期限内转移到产品成本和费用中，以及使用寿命不确定的无形资产在期末确定是否存在减值。详见图 7－2 无形资产的后续计量规定。

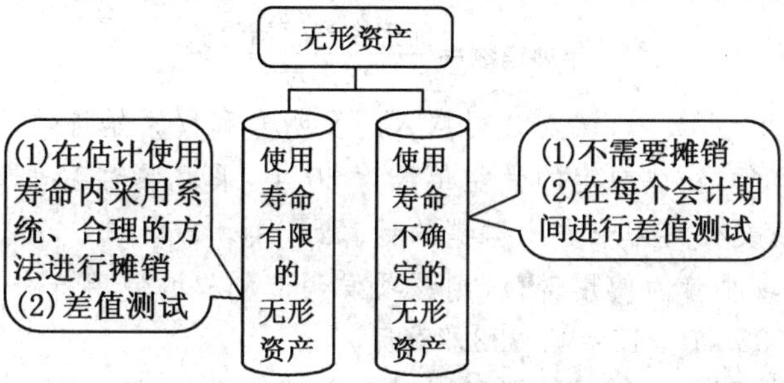

图 7－2　无形资产的后续计量规定

1. 使用寿命有限的无形资产

(1)无形资产使用寿命的确定。

取得无形资产后，企业应分析判断其使用寿命。来源于合同性权利或其他法定权利的无形资产，其使用寿命不应超过合同性权利或其他法定权利的期限；合同性权利或其他法定权利在到期时因续约等延续且有证据表明企业续约不需要付出大额成本的，续约期应计入使用寿命。

合同或法律没有规定使用寿命的，企业应综合各方面因素判断，以确定无形资产能为企业带来经济利益的期限。比如，与同行业的情况进行比较、参考历史经验，或聘请相关专家进行论证等。

企业确定无形资产使用寿命通常应考虑的因素包括：

①运用该资产生产的产品通常的寿命周期、可获得的类似资产使用寿命的信息；

②技术、工艺等方面的现阶段情况及对未来发展趋势的估计；

③以该资产生产的产品或提供服务的市场需求情况；

④现在或潜在的竞争者预期采取的行动；

⑤为维持该资产带来经济利益能力的预期维护支出，以及企业预计支付有关支出的能力；

⑥对该资产控制期限的相关法律规定或类似限制，如特许使用期、租赁期等；

⑦与企业持有其他资产使用寿命的关联性等。

如果存在两种或者两种以上的期限，比如合同和法律同时规定了使用年限，通常选择其中较短者为无形资产的使用寿命。

(2)无形资产摊销的计算。

使用寿命有限的无形资产，其应摊销金额在使用寿命内系统合理摊销。即摊销期限是自无形资产可供使用时起，至不再作为无形资产确认时止。

企业选择的无形资产摊销方法，应反映与该项无形资产有关的经济利益的预期实现方式。无法可靠确定预期实现方式的，应采用直线法摊销。

无形资产在开始投入使用时，是没有计提无形资产减值准备的。因此，直线法下无形资产的应摊销金额为其原始成本扣除预计残值后的金额。

使用寿命有限的无形资产，其残值一般应视为零，但下列情况除外：

①有第三方承诺在无形资产使用寿命结束时购买该无形资产；

②可以根据活跃市场得到预计残值信息，并且该市场在无形资产使用寿命结束时很可能存在。

无形资产在没有预计残值、没有减值准备的情况下，年摊销额的计算公式如下：

$$年摊销额=\frac{无形资产原始价值}{使用寿命}$$

[例 7—3] 20×5 年 12 月，诚友公司购入的发明专利权原始价值为 620 000.00 元，合同规定的有效年限为 15 年，法律规定的受益年限为 20 年，采用平均法摊销。

根据上述资料，诚友公司无形资产摊销的计算如下：

选择两项期限中较小者为使用寿命，则该项发明专利权的使用寿命为 15 年。

年摊销额＝620 000.00÷15＝41 333.33(元)

如果无形资产在使用若干年后计提了无形资产减值准备，则从计提无形资产减值准备之日起，按无形资产的净额扣除预计残值后的金额和剩余使用寿命重新计算无形资产年摊销额，再计提之后各期的摊销。

在没有预计残值的情况下，计提了无形资产减值准备之后，无形资产的年摊销额的计算公式如下：

$$年摊销额=\frac{无形资产净额}{剩余使用年限}$$

其中：

$$无形资产净额=无形资产净值-无形资产减值准备$$

$$无形资产净值=无形资产原始价值-累计摊销$$

[例 7—4] 20×7 年 12 月 31 日，诚友公司对无形资产进行减值测试，发现原始价值为 750 000.00 元、预计残值为 0、使用寿命为 15 年(20×1 年 1 月开始摊销)的 A 专利权存在减值迹象，经估算，A 专利权的可收回金额为 295 000.00 元。

根据上述资料，诚友公司无形资产摊销的计算如下：

20×7 年 12 月 31 日，A 专利权原始价值为 750 000.00 元，已经计提的摊销为 350 000.00 元(750 000.00÷15×7)，则无形资产净值为 400 000.00 元。

应计提的无形资产减值准备＝无形资产净值－可收回金额

＝400 000.00－295 000.00＝105 000.00(元)

A 专利权的无形资产净额＝400 000.00－105 000.00＝295 000.00(元)

从 20×8 年起，剩余的 8 年每年摊销额＝295 000.00÷8＝36 875.00(元)

企业至少应于每年年度终了，对使用寿命有限的无形资产的使用寿命及摊销方法进行复核。无形资产的使用寿命及摊销方法与以前估计不同的，应改变摊销期限和摊销方法。

(3)无形资产摊销的核算。

企业按月计提无形资产的摊销，当月增加的无形资产，当月开始摊销；当月减少的无形资产，当月不再摊销。

与产品生产直接相关的无形资产的摊销，借记“制造费用”科目；对外出租的无形资产的摊销，借记“其他业务成本”科目；其他无形资产的摊销，借记“管理费用”科目，贷记“累计摊销”科目。

[例 7—5]　富民公司 20×5 年 12 月无形资产摊销计算如表 7—1 所示(所有无形资产的残值均为 0)。

表 7—1　　**无形资产摊销计算表**　　单位：元

用途	类别	原始价值	使用寿命(年)	当月摊销额
车间产品生产	专利权	51 000.00	10	425.00
自用	土地使用权	2 250 000.00	40	4 687.50
合　计		2 301 000.00		5 112.50

根据上述资料，富民公司应编制记账凭证如下：

借：制造费用　　425.00

　　管理费用　　4 687.50

　贷：累计摊销　　5 112.50

2. 使用寿命不确定的无形资产

使用寿命不确定的无形资产不予摊销。无论是否存在减值迹象，每年都应对使用寿命不确定的无形资产进行减值测试。如果该无形资产出现减值，则按应计提的减值准备，借记“资产减值损失”科目，贷记“无形资产减值准备”科目。

企业应在每个会计期间对使用寿命不确定的无形资产的使用寿命进行复核。如果有证据表明无形资产的使用寿命是有限的，应估计其使用寿命，并按使用寿命有限的无形资产计提摊销。

(三)无形资产的出租

无形资产的出租，是指将无形资产的使用权让渡给他人并收取租金，企业仍保留对该无形资产的所有权。

确定出租无形资产的收入，按租金的收款方式，借记“应收账款”“银行存款”等科目，贷记“其他业务收入”“应交税费——应交增值税”等科目。

摊销出租无形资产的成本，按本期应摊销金额，借记“其他业务成本”科目，贷记“累计摊销”科目。

[例7—6] 20×5年1月，诚友公司将一项非专利技术出租给B企业使用，该非专利技术应摊销金额为5 000 000.00元，摊销期限为10年。出租合同规定，承租方每销售一件用该非专利生产的产品，必须付给出租方100 000.00元非专利技术使用费。经核定，承租方20×5年销售10件该类产品，非专利技术使用费尚未收到。非专利技术出租适用的增值税税率为6%。

根据上述资料，诚友公司应编制记账凭证如下：

(1)12月，确认该项非专利技术使用费时：

全年租金收入=100 000.00×10=1 000 000.00(元)

增值税销项税额=1 000 000.00×6%=60 000.00(元)

借：应收账款	1 060 000.00	
贷：其他业务收入		1 000 000.00
应交税费——应交增值税(销项税额)		60 000.00

(2)12月，摊销该项非专利技术成本时：

全年应摊销金额=5 000 000.00÷10=500 000.00(元)

借：其他业务成本	500 000.00	
贷：累计摊销		500 000.00

(四)无形资产的处置

无形资产的处置，是指由于各种原因使无形资产需退出生产经营过程所做的处理活动。常见的处置方式包括出售或转让、报废、对外投资、通过非货币性资产交换和债务重组等。本章介绍前两种处置方法。

1. 无形资产的出售

企业出售无形资产，应将取得的价款与该无形资产账面价值的差额计入当期损益。

出售无形资产，按实际收到的金额及收款方式，借记“银行存款”“应收账款”等科目；按已计提的累计摊销，借记“累计摊销”科目；按已计提的减值准备，借记“无形资产减值准备”科目；按应支付的相关税费及其他费用，贷记“应交税费”“银行存款”等科目；按其账面余额，贷记“无形资产”科目；按差额，贷记“营业外收入——处置非流动资产利得”科目或借记“营业外支出——处置非流动资产损失”科目。

[例7—7] 20×5年12月，诚友公司将一项商标权对外出售，出售价税合计为79 500.00元，适用的增值税税率为6%，出售价款及增值税已经通过银行收取。该商标权原始价值为150 000.00元，已计提的摊销为90 000.00元，未计提减值准备。

根据上述资料，诚友公司应编制记账凭证如下：

不含税收入=79 500.00÷(1+6%)=75 000.00(元)

增值税销项税额=75 000.00×6%=4 500.00(元)

借：银行存款	79 500.00	
累计摊销	90 000.00	
贷：无形资产		150 000.00
应交税费——应交增值税(销项税额)		4 500.00
营业外收入		15 000.00

2. 无形资产的报废

无形资产报废，即无形资产预期不能为企业带来经济利益，此时应将该无形资产的账面价值予以转销。

无形资产报废，按已计提的累计摊销，借记“累计摊销”科目；按已计提的减值准备，借记“无形资产减值准备”科目；按其账面余额，贷记“无形资产”科目；按差额，借记“营业外支出——处置非流动资产损失”科目。

[例 7—8]　20×5 年 12 月，诚友公司对拥有的 C 专利技术进行市场调查，发现用其生产的产品已经没有销路，决定将 C 专利技术予以报废。C 专利技术的原始价值为 6 000 000.00 元；采用直线法摊销，摊销期限为 10 年，残值为 0。报废时已经摊销 5 年，其中第 1～3 年正常摊销，第 3 年年末计提的减值准备为 1 400 000.00 元。第 4～5 年按第 3 年年末的无形资产净额和剩余的使用寿命 7 年计提摊销。

报废时的累计摊销计算如表 7—2 所示。

表 7—2　　**报废时的累计摊销计算表**　　单位：元

第 1～3 年每年摊销	6 000 000.00÷10=600 000.00
第 3 年年末无形资产净值	6 000 000.00−600 000.00×3=4 200 000.00
第 3 年年末无形资产净额	4 200 000.00−1 400 000.00=2 800 000.00
第 4～5 年每年摊销	2 800 000.00÷7=400 000.00
报废时(第 5 年年末)的累计摊销	600 000.00×3+400 000.00×2=2 600 000.00

根据上述资料，诚友公司应编制记账凭证如下：

借：累计摊销　　2 600 000.00
　　无形资产减值准备　　1 400 000.00
　　营业外支出　　2 000 000.00
　　贷：无形资产　　6 000 000.00

(五)土地使用权的核算

1. 土地使用权的取得

(1)外购土地使用权。

企业取得的土地使用权通常应确认为无形资产，与外购无形资产的处理相同，按购买价款、相关税费以及直接归属于使该项资产达到预定用途所发生的其他支出，计入无形资产——土地使用权。

[例 7—9]　20×5 年 5 月，诚友公司购入土地拟建立新厂区，土地价款为 34 000 000.00 元，办理相关手续时发生的各种税费为 2 000 000.00 元，全部通过银行存款支付。

根据上述资料，诚友公司应编制记账凭证如下：

借：无形资产　　36 000 000.00
　　贷：银行存款　　36 000 000.00

(2)外购建筑物同时取得土地使用权。

外购建筑物支付的价款中如果同时包含土地使用权和建筑物的价值，则应将该价款在土地使用权与建筑物之间进行分配，分别计入无形资产和固定资产；难以合理分配的，应全部计入固定资产。

[例 7—10] 20×5 年 12 月，诚友公司购入办公用房，通过银行存款支付房款及各项税费 3 000 000.00 元。因为难以合理分配土地使用权和建筑物的价值，所以全部计入固定资产原始价值。

根据上述资料，诚友公司应编制记账凭证如下：

借：固定资产　　3 000 000.00

　　贷：银行存款　　3 000 000.00

2. 土地使用权的使用

(1)建造自用建筑物。

在已经取得的土地上自行开发建造厂房等建筑物，相关的土地使用权与建筑物的价值分别计入无形资产和固定资产。即土地使用权仍然在无形资产核算，并按土地使用权的出让年限计提摊销；厂房等建筑物的建设成本通过在建工程进行归集，最终全部计入固定资产，并按合理的预计使用年限计提折旧。

[例 7—11] 20×5 年 10 月开始，诚友公司在购入的土地上建设新厂房，土地价值为 36 000 000.00元。截至 20×7 年 12 月厂房建成投产时，在建工程归集的全部建设成本为 10 000 000.00元，除 5%的质量保证金外，其他支出已全部通过银行支付。新厂房已经交付使用，采用年限平均法计提折旧，预计使用年限为 40 年，预计净残值率为 4%。土地使用权采用直线法计提摊销，使用寿命为 50 年，残值为 0。

根据上述资料，诚友公司应编制记账凭证如下：

①20×5 年 10 月到 20×7 年 12 月，新厂房建设支付款项时：

借：在建工程　　10 000 000.00

　　贷：银行存款　　9 500 000.00

　　　　其他应付款——质量保证金　　500 000.00

②20×7 年 12 月，新厂房交付使用时：

借：固定资产　　10 000 000.00

　　贷：在建工程　　10 00 000.00

③20×7 年 12 月，新厂房交付使用后土地使用权计提摊销时：

月摊销额＝36 000 000.00÷50÷12＝60 000.00(元)

借：管理费用　　60 000.00

　　贷：累计摊销　　60 000.00

④20×8 年 1 月，新厂房交付使用后计提折旧时：

月折旧额＝10 000 000.00×(1－4%)÷40÷12＝20 000.00(元)

借：制造费用　　20 000.00

　　贷：累计折旧　　20 000.00

(2)建造开发对外出售房地产。

房地产开发企业取得的土地用于建造开发对外出售的房屋建筑物，相关的土地使用权账面价值应计入所建造的房屋建筑物成本。即取得拟用于房地产开发的土地使用权时，将土地使用权成本计入开发成本，成为用于对外出售的房屋建筑物成本的一个组成部分。

[例 7—12] 20×5 年 10 月，诚友公司取得拟用于房地产开发的土地使用权，成本为 50 000 000.00元，款项已经通过银行支付。

根据上述资料，诚友公司应编制记账凭证如下：

借：开发成本　　　　50 000 000.00

　　贷：银行存款　　　　50 000 000.00

3. 自用土地使用权改变用途

企业将原来自用的土地使用权改变用途，用于赚取租金或资本增值的，应将其转为投资性房地产。其处理详见本章第三节"投资性房地产"。

第三节　投资性房地产

一、投资性房地产的定义和确认

(一)投资性房地产的定义

投资性房地产，是指为赚取租金或资本增值，或两者兼有而持有的房地产。一般能够单独计量和出售。

首先，投资性房地产是通过投资赚取收益为目的，以此区别于在固定资产中核算的自用房屋建筑物、在无形资产中核算的自用土地使用权，以及在存货中核算的用于出售的房屋建筑物及其对应的土地使用权。

其次，投资性房地产的投资方式是将房地产(包括房屋建筑物和土地使用权)对外出租赚取租金，或者是待持有土地使用权增值后转让取得收益。

(二)投资性房地产的确认条件

投资性房地产同时满足下列条件的，才能予以确认：

(1)与该投资性房地产有关的经济利益很可能流入企业；

(2)该投资性房地产的成本能够可靠地计量。

二、投资性房地产的核算内容和核算科目

(一)投资性房地产核算的内容

1. 一般情况

投资性房地产核算的内容包括：

(1)已出租的土地使用权。

(2)已出租的建筑物。

已出租的土地使用权和已出租的建筑物，是指以经营租赁方式出租的土地使用权和建筑物。其中，用于出租的土地使用权，是指企业通过出让或转让方式取得的土地使用权；用于出租的建筑物，是指企业拥有产权的建筑物。

(3)持有并准备增值后转让的土地使用权。

持有并准备增值后转让的土地使用权，是指企业取得的、准备增值后转让的土地使用权。按国家有关规定认定的闲置土地，不属于持有并准备增值后转让的土地使用权。

2. 特殊规定

某项房地产，部分用于赚取租金或资本增值，部分用于生产商品、提供劳务或经营管理，能够单独计量和出售的、用于赚取租金或资本增值的部分，应确认为投资性房地产；不能够单独计量和出售的、用于赚取租金或资本增值的部分，仍然在固定资产、无形资产或开发产品核算。

企业将建筑物出租，按租赁协议向承租人提供的相关辅助服务在整个协议中不重大的，如企业将办公楼出租并向承租人提供保安、维修等辅助服务，应将该建筑物确认为投资性房地产。

企业拥有并自行经营的旅馆饭店，其经营目的主要是通过提供客房服务赚取服务收入，该旅馆饭店不确认为投资性房地产。

（二）投资性房地产的核算科目

与投资性房地产核算相关的科目包括“投资性房地产”“投资性房地产累计折旧（摊销）”和“投资性房地产减值准备”。

投资性房地产可选择采用成本模式计量或者公允价值模式计量。企业对投资性房地产的计量模式一经确定，不得随意变更。

投资性房地产从成本模式计量转为公允价值模式计量，作为会计政策变更处理。

已采用公允价值模式计量的投资性房地产，不得从公允价值模式计量转为成本模式计量。

“投资性房地产”科目核算企业采用成本模式计量或者公允价值模式计量的投资性房地产的成本。一般按投资性房地产的类别和项目进行明细核算。采用成本模式计量的投资性房地产，与固定资产、无形资产的核算类似。采用公允价值模式计量的投资性房地产，还应分别“成本”和“公允价值变动”进行明细核算。

“投资性房地产累计折旧（摊销）”科目核算企业采用成本模式计量的投资性房地产的累计折旧（摊销），一般按投资性房地产的类别和项目进行明细核算。贷方登记计提的投资性房地产折旧（摊销），借方登记转出的投资性房地产累计计提的折旧（摊销），期末贷方余额反映从投资性房地产投入使用开始到目前为止计提折旧（摊销）的合计数。在投资性房地产的持有期间，针对投资性建筑物计提折旧，针对投资性土地使用权计提摊销。在进行投资性房地产处置时，该科目相关的余额转入当期损益。

“投资性房地产减值准备”科目核算企业采用成本模式计量的投资性房地产的减值准备。贷方登记计提的投资性房地产减值准备，借方登记转出的投资性房地产累计计提的减值准备，期末贷方余额反映企业已计提但尚未转销的投资性房地产减值准备。通常在期末对投资性房地产进行减值测试，如果投资性房地产存在发生减值的迹象，则估算投资性房地产的可收回金额。投资性房地产的可收回金额低于其账面价值时，按其差额计提减值准备。处置投资性房地产时将投资性房地产减值准备转出。

三、投资性房地产的核算

（一）投资性房地产的取得

投资性房地产的取得成本，即初始计量，应按历史成本确定。投资性房地产的取得方式主要为外购和自行建造。

1. 外购投资性房地产

外购投资性房地产的成本，包括购买价款、相关税费和可直接归属于该资产的其他支出。

企业外购取得的投资性房地产时，按取得相关票据上注明应计入投资性房地产成本的金额，借记“投资性房地产”科目，贷记“银行存款”“其他应付款”等科目。

［例7－13］ 20×5年12月，诚友公司购入拟对外出租的商铺，价款及相关税费为2 800 000.00元，通过银行支付款项。

根据上述资料，诚友公司应编制记账凭证如下：

借:投资性房地产　　2 800 000.00
　贷:银行存款　　2 800 000.00

2. 自行建造投资性房地产

自行建造投资性房地产的成本,由建造该项资产达到预定可使用状态前所发生的必要支出构成。

企业自行建造取得投资性房地产时,按应计入投资性房地产成本的金额,借记"投资性房地产"科目,贷记"银行存款""在建工程"等科目。

[例7-14]　20×5年12月,诚友公司建造的办公大楼竣工,其中1/3公司自行使用,其他剩余的部分全部对外出租。在建工程归集的金额为60 000 000.00元。

根据上述资料,诚友公司应编制记账凭证如下:

借:固定资产　　20 000 000.00
　投资性房地产　　40 000 000.00
　贷:在建工程　　60 000 000.00

3. 后续支出

与投资性房地产有关的后续支出,满足投资性房地产确认条件的,计入投资性房地产成本。其核算过程与固定资产更新改造的核算过程一致。

不满足投资性房地产确认条件的,在发生时计入当期损益。其核算过程与固定资产修理费用的核算过程一致。

(二)投资性房地产的后续计量

1. 采用成本模式计量的投资性房地产

采用成本模式计量的建筑物的后续计量,与固定资产的核算一致;采用成本模式计量的土地使用权的后续计量,与无形资产的核算一致。分别按月计提折旧和计提摊销;在期末进行减值测试,存在减值迹象的,计提投资性房地产减值准备。

取得租金收入时,按收款方式,借记"银行存款""应收账款"等科目,贷记"其他业务收入""应交税费——应交增值税"等科目。

按月对投资性房地产计提折旧或计提摊销时,按应计提的金额,借记"其他业务成本"科目,贷记"投资性房地产累计折旧(摊销)"科目。

期末计提减值准备时,按应计提的金额,借记"资产减值损失"科目,贷记"投资性房地产减值准备"科目。

[例7-15]　20×5年12月,诚友公司按出租合同确认当月的租金收入为150 000.00元,适用的增值税税率为6%。用于出租的房屋建筑物原价为40 000 000.00元,采用年限平均法计提折旧,预计使用年限为50年,预计净残值率为4%。

根据上述资料,诚友公司应编制记账凭证如下:

(1)确认租金收入时:

借:应收账款　　159 000.00
　贷:其他业务收入　　150 000.00
　　应交税费——应交增值税(销项税额)　　9 000.00

(2)计提投资性房地产当月折旧时:

投资性房地产当月应计提的折旧=40 000 000.00×(1-4%)÷50÷12=64 000.00(元)

借:其他业务成本　　64 000.00

贷:投资性房地产累计折旧(摊销)　　　　64 000.00

2. 采用公允价值模式计量的投资性房地产

有确凿证据表明投资性房地产的公允价值能够持续可靠取得的,可以对投资性房地产采用公允价值模式进行后续计量。采用公允价值模式计量的,应同时满足下列条件:

(1)投资性房地产所在地有活跃的房地产交易市场。

(2)企业能够从房地产交易市场上取得同类或类似房地产的市场价格及其他相关信息从而对投资性房地产的公允价值作出合理的估计。

采用公允价值模式计量,不对投资性房地产计提折旧或计提摊销,以资产负债表日投资性房地产的公允价值为基础调整其账面价值,公允价值与原账面价值之间的差额计入当期损益。

取得租金收入时,按收款方式,借记“银行存款”“应收账款”等科目,贷记“其他业务收入”“应交税费——应交增值税”等科目。

资产负债表日,投资性房地产的公允价值高于其账面余额的差额,借记“投资性房地产”科目(公允价值变动),贷记“公允价值变动损益”科目;公允价值低于其账面余额的差额做相反的会计分录。

[例7—16]　20×5年12月31日,诚友公司用于出租的商铺原价为24 000 000.00元(账面反映“投资性房地产——公允价值变动”余额为0),同类商铺的公允价值为23 500 000.00元。

根据上述资料,诚友公司应编制记账凭证如下:

借:公允价值变动损益　　　　500 000.00

贷:投资性房地产——公允价值变动　　　　500 000.00

截至20×5年12月31日,投资性房地产的余额为23 500 000.00元,其中成本为24 000 000.00元,公允价值变动为−500 000.00元。

(三)投资性房地产的转换

1. 投资性房地产的转换条件及转换日的确定

(1)转换条件。

企业有确凿证据表明房地产用途发生改变,满足下列条件之一的,应将其他资产转换为投资性房地产或者将投资性房地产转换为其他资产:

①投资性房地产开始自用;

②作为存货的房地产改为出租;

③自用土地使用权停止自用,用于赚取租金或资本增值;

④自用建筑物停止自用,改为出租。

(2)转换日的确定。

资产类型转换日的确定方式如下:

①投资性房地产开始自用,是指投资性房地产转为自用房地产。其转换日为房地产达到自用状态,企业开始将房地产用于生产商品、提供劳务或者经营管理的日期。

②作为存货的房地产改为出租,或者自用建筑物、自用土地使用权停止自用改为出租,其转换日为租赁期开始日。

2. 其他资产转换为投资性房地产

(1)投资性房地产采用成本模式计量。

①作为存货的房地产转换为投资性房地产。

作为存货的房地产转换为投资性房地产的成本为存货在转换日的账面价值。

将作为存货的房地产转换为投资性房地产时，按已计提的跌价准备，借记“存货跌价准备”科目；按其在转换日的账面余额，贷记“开发产品”等科目；按差额，借记“投资性房地产”科目。

[例7—17] 20×5年12月，诚友公司将其开发完成的部分商铺对外出租。已签订出租合同的商铺成本为46 000 000.00元，未计提存货跌价准备。

根据上述资料，诚友公司应编制记账凭证如下：

借：投资性房地产	46 000 000.00	
贷：开发产品		46 000 000.00

②自用的建筑物转换为投资性房地产。

自用的建筑物转换为投资性房地产的成本为转换日固定资产的原始价值。

将自用的建筑物等转换为投资性房地产时，按其在转换日的原价、累计折旧、减值准备等，分别转入“投资性房地产”“投资性房地产累计折旧(摊销)”“投资性房地产减值准备”科目。

[例7—18] 20×5年12月，诚友公司将其部分自用的办公大楼对外出租。已签订出租合同的办公大楼的原价为7 000 000.00元，累计折旧为1 200 000.00元，未计提固定资产减值准备。

根据上述资料，诚友公司应编制记账凭证如下：

借：投资性房地产	7 000 000.00	
累计折旧	1 200 000.00	
贷：固定资产		7 000 000.00
投资性房地产累计折旧(摊销)		1 200 000.00

(2)投资性房地产采用公允价值模式计量。

①作为存货的房地产转换为投资性房地产。

将作为存货的房地产转换为投资性房地产的，按其在转换日的公允价值，借记“投资性房地产——成本”科目；按已计提的减值准备，借记“存货跌价准备”科目；按其账面余额，贷记“开发产品”等科目；按其差额，贷记“其他综合收益”科目或借记“公允价值变动损益”科目。

[例7—19] 20×5年12月31日，诚友公司将其开发完成的部分商铺对外出租。已签订出租合同的商铺账面成本为46 000 000.00元，未计提存货跌价准备。转换日同类商铺的公允价值为48 000 000.00元。

根据上述资料，诚友公司应编制记账凭证如下：

借：投资性房地产——成本	48 000 000.00	
贷：开发产品		46 000 000.00
其他综合收益		2 000 000.00

[例7—20] 承[例7—19]，转换日同类商铺的公允价值为45 000 000.00元，其他条件不变。

根据上述资料，诚友公司应编制记账凭证如下：

借：投资性房地产——成本	45 000 000.00	
公允价值变动损益	1 000 000.00	
贷：开发成本		46 000 000.00

②自用的建筑物转换为投资性房地产。

将自用的建筑物等转换为投资性房地产时，按其在转换日的公允价值，借记“投资性房地产——成本”科目；按已计提的累计折旧，借记“累计折旧”科目；按已计提的减值准备，借记“固定资产减值准备”科目；按其账面余额，贷记“固定资产”等科目；按其差额，贷记“其他综合收益”科目或借记“公允价值变动损益”科目。

[例 7—21] 20×5 年 12 月，诚友公司将其部分自用的办公大楼对外出租。已签订出租合同的办公大楼的原价为 7 000 000.00 元，累计折旧为 1 200 000.00 元，未计提固定资产减值准备。转换日，同类办公大楼的公允价值为 5 500 000.00 元。

根据上述资料，诚友公司应编制记账凭证如下：

借：投资性房地产——成本	5 500 000.00	
累计折旧	1 200 000.00	
公允价值变动损益	300 000.00	
贷：固定资产		7 000 000.00

[例 7—22] 承[例 7—21]，转换日的同类办公大楼的公允价值为 6 400 000.00 元，其他条件不变。

根据上述资料，诚友公司应编制记账凭证如下：

借：投资性房地产——成本	6 400 000.00	
累计折旧	1 200 000.00	
贷：固定资产		7 000 000.00
其他综合收益		600 000.00

3. 投资性房地产转换为其他资产

(1)采用成本模式计量的投资性房地产。

采用成本模式计量的投资性房地产转为自用房地产时，将房地产转换前的账面价值作为转换后的入账价值。

将投资性房地产转为自用时，按其在转换日的账面余额、累计折旧、减值准备等，分别转入“固定资产”“累计折旧”“固定资产减值准备”等科目。

[例 7—23] 20×5 年 12 月，诚友公司将对外出租的部分办公大楼转为自用。转换日，该办公大楼的成本为 8 000 000.00 元，投资性房地产累计折旧(摊销)为 4 600 000.00 元，未计提投资性房地产减值准备。

根据上述资料，诚友公司应编制记账凭证如下：

借：固定资产	8 000 000.00	
投资性房地产累计折旧(摊销)	4 600 000.00	
贷：累计折旧		4 600 000.00
投资性房地产		8 000 000.00

(2)采用公允价值模式计量的投资性房地产。

采用公允价值模式计量的投资性房地产转换为自用房地产时，以其转换当日的公允价值作为自用房地产的账面价值，公允价值与原账面价值的差额计入当期损益。

将投资性房地产转为自用时，按其在转换日的公允价值，借记“固定资产”等科目；按其账面余额，贷记“投资性房地产——成本”“投资性房地产——公允价值变动”科目；按其差额，贷记或借记“公允价值变动损益”科目。

[例 7—24] 20×5 年 12 月，诚友公司将其对外出租的办公大楼收回改为自用。转换日，“投资性房地产——成本”为 10 000 000.00 元，“投资性房地产——公允价值变动”为

2 000 000.00元，同类商铺的公允价值为11 000 000.00元。

根据上述资料，诚友公司应编制记账凭证如下：

借：固定资产　　11 000 000.00
　公允价值变动损益　　1 000 000.00
　贷：投资性房地产——成本　　10 000 000.00
　　　　　　　　——公允价值变动　　2 000 000.00

（四）投资性房地产的处置

投资性房地产的处置，又称为投资性房地产的终止确认，是指由于各种原因使投资性房地产需退出生产经营过程所做的处理活动。投资性房地产的处置方式包括出售或转让、报废投资性房地产或者发生投资性房地产毁损。

1. 采用成本模式计量的投资性房地产

处置投资性房地产时，按实际收到的金额，借记"银行存款"等科目，贷记"其他业务收入"科目；按该项投资性房地产的累计折旧或累计摊销，借记"投资性房地产累计折旧（摊销）"科目；按已计提的减值准备，借记"投资性房地产减值准备"科目；按该项投资性房地产的账面余额，贷记"投资性房地产"科目，按其差额，借记"其他业务成本"科目。

[例7—25]　20×5年12月，诚友公司将对外出租的部分办公大楼对外出售。该部分办公大楼的成本为5 000 000.00元，累计折旧为2 300 000.00元，未计提减值准备；出售价格为3 400 000.00元，已经通过银行收取款项。不考虑相关税费。

根据上述资料，诚友公司应编制记账凭证如下：

（1）对外出售收取款项时：

借：银行存款　　3 400 000.00
　贷：其他业务收入　　3 400 000.00

（2）结转出售成本时：

借：其他业务成本　　2 700 000.00
　投资性房地产累计折旧（摊销）　　2 300 000.00
　贷：投资性房地产　　5 000 000.00

[例7—26]　20×5年12月，诚友公司对外出租的商铺因意外事故报废。该商铺的成本为5 000 000.00元，累计折旧为2 300 000.00元，未计提减值准备；政府给予补偿费后将土地收回，补偿费为2 000 000.00元，款项尚未收到。不考虑相关税费。

根据上述资料，诚友公司应编制记账凭证如下：

（1）确认补偿费时：

借：应收账款　　2 000 000.00
　贷：其他业务收入　　2 000 000.00

（2）结转成本时：

借：其他业务成本　　2 700 000.00
　投资性房地产累计折旧（摊销）　　2 300 000.00
　贷：投资性房地产　　5 000 000.00

2. 采用公允价值模式计量的投资性房地产

处置投资性房地产时，按应收到的金额，借记"银行存款"等科目，贷记"其他业务收入"科目；按该项投资性房地产的账面余额，借记"其他业务成本"科目，贷记"投资性房地产——成本"科目,贷记或借记"投资性房地产——公允价值变动"科目。

同时,将该项投资性房地产已经发生过的公允价值变动金额和该项投资性房地产在转换日计入其他综合收益的金额,进行结转。

[例 7—27]　20×4 年 8 月,诚友公司将部分开发完成的商铺对外出租,其账面成本为 12 000 000.00元,未计提存货跌价准备;转换日同类商铺的公允价值为 20 000 000.00 元。

20×4 年 12 月 31 日,对外出租的商铺的公允价值为 23 000 000.00 元。

20×5 年 5 月,将该部分商铺全部对外出售,售价为 32 000 000.00 元,已经通过银行收取款项。不考虑相关税费。

根据上述资料,诚友公司应编制记账凭证如下:

(1)20×4 年 8 月,将存货转换为投资性房地产时:

借:投资性房地产——成本	20 000 000.00	
贷:开发产品		12 000 000.00
其他综合收益		8 000 000.00

(2)20×4 年 12 月 31 日,投资性房地产发生公允价值变动时:

借:投资性房地产——公允价值变动	3 000 000.00	
贷:公允价值变动损益		3 000 000.00

(3)20×5 年 5 月,将投资性房地产对外出售时:

借:银行存款	32 000 000.00	
公允价值变动损益	3 000 000.00	
其他综合收益	8 000 000.00	
其他业务成本	12 000 000.00	
贷:其他业务收入		32 000 000.00
投资性房地产——成本		20 000 000.00
——公允价值变动		3 000 000.00

第四节　长期待摊费用

一、长期待摊费用的定义

长期待摊费用,是指企业已经发生但应由本期和以后各期负担的、分摊期限在 1 年以上的各项费用。

首先,长期待摊费用是已经发生的支出,应计入费用。但是由于该支出具有一定的受益期,在某些特定情况下,可能给企业带来经济利益。因此先作为资产反映。

其次,长期待摊费用的受益期会超过 1 年,按权责发生制原则,需要分别计入不同期间的费用。

比如,以经营租赁方式租入的固定资产发生的改良支出,该固定资产不属于租入方所有,发生的改良支出不能计入固定资产,但该改良支出可以惠及整个租赁期。在租赁期超过 1 年的情况下,可以先将该改良支出作为长期待摊费用,然后在整个租赁期分别进行摊销,计入各期的费用。

二、待摊费用的分类及其处理

根据受益期长短可以分为待摊费用(受益期小于或等于1年)和长期待摊费用(受益期大于1年)。

(一)受益期小于或等于1年的待摊费用

如果受益期小于或等于1年,且在同一会计年度内,可以在发生支出时直接计入当期的费用。比如3月份支付第二季度的租金,虽然受益期是4～6月份,但是可以直接计入3月份的费用,这样处理不影响本会计年度的费用总额。

如果受益期小于或等于1年,且跨越两个不同的会计年度,可以在发生支出时将属于本会计年度的费用直接计入发生当期。而把属于下一会计年度的费用先计入预付账款,然后在下一会计年度转入1月份的费用。比如,3月份支付从本年度4月到下年度3月的保险费,可以将属于本会计年度4～12月的费用在发生支出时直接计入本年度3月份的费用,属于下一会计年度1～3月的费用先计入预付账款,在下一会计年度转入1月份的费用。

(二)受益期大于1年的待摊费用

受益期大于1年的待摊费用,为长期待摊费用。这类支出发生时计入长期待摊费用,然后在受益期内按直线法逐月进行平均摊销。

企业筹建期间发生的开办费用,可以先在长期待摊费用中归集,待企业开始生产经营起,一次计入开始生产经营当期的损益(管理费用)。

三、长期待摊费用的核算

"长期待摊费用"科目核算企业已经发生但应由本期和以后各期负担的分摊期限在1年以上的各项费用。一般按费用项目进行明细核算。借方登记实际发生的支出,贷方登记每期的摊销和因为不能再受益而提前全额转销的金额,期末借方余额反映企业尚未摊销完毕的长期待摊费用。

根据企业发生的长期待摊费用支出,借记"长期待摊费用"科目;根据发生支出的内容,贷记"银行存款""原材料"等科目。

摊销长期待摊费用时,根据应摊销的金额和费用受益的部门,借记"管理费用""销售费用"等科目,贷记"长期待摊费用"科目。

如果长期待摊的费用不能使以后会计期间受益的,应将尚未摊销的该项目的摊余价值全部转入当期损益。

[例7－28]　20×5年8月,诚友公司租入商铺开设对外进行产品直销的门市部,商铺的租赁期限为5年。在正式投入使用前,对商铺进行装修。截止于20×5年11月发生的装修费用为1 200 000.00元,款项全部通过银行支付。20×5年12月商铺交付使用。

根据上述资料,诚友公司应编制记账凭证如下:

(1)20×5年8～11月发生装修费用时:

借:长期待摊费用——商铺装修	1 200 000.00	
贷:银行存款		1 200 000.00

(2)20×5年12月摊销装修费用时:

月摊销额＝1 200 000.00÷5÷12＝20 000.00(元)

借:销售费用	20 000.00	

贷:长期待摊费用——商铺装修　　　　20 000.00

[例 7—29] 承[例 7—28],因为门市部经营效果不好,20×7 年 12 月诚友公司将商铺退租。未摊销完的装修费用全部转入当年 12 月费用。

根据上述资料,诚友公司应编制记账凭证如下:

20×7 年 12 月以前已经摊销的金额=20 000.00×(1+12+11)=480 000.00(元)

20×7 年 12 月退租时“长期待摊费用——商铺装修”的余额=1 200 000.00−480 000.00
=720 000.00(元)

借:销售费用　　　　720 000.00

贷:长期待摊费用——商铺装修　　　　720 000.00

思考题

1. 什么是无形资产?无形资产是如何分类的?
2. 和无形资产核算相关的会计科目有哪些?各科目核算的内容有哪些?
3. 自行研究开发的无形资产的成本如何确定?不同阶段的支出核算规定有哪些?
4. 无形资产后续计量是如何规定的?
5. 什么是投资性房地产?其核算的内容有哪些?
6. 采用成本模式计量和采用公允价值模式计量的投资性房地产在取得、转换和处置的核算中有哪些差异?
7. 什么是长期待摊费用?长期待摊费用与固定资产、无形资产有哪些异同?

练习题

一、选择题

1. 下列项目中,属于无形资产的是(　　)。

A. 客户关系　　B. 人力资源

C. 合并中形成的商誉　　D. 内部产生的报刊名、客户名单

2. 下列项目中,应计入外购无形资产取得成本的是(　　)。

A. 购买价款　　B. 相关税费

C. 为引入新产品进行宣传发生广告费　　D. 无形资产已经达到预定用途以后发生的费用

3. 影响无形资产使用寿命的项目包括(　　)。

A. 合同规定使用年限

B. 法律规定使用年限

C. 估计构成使用寿命的产量

D. 到期续约且有证据表明企业续约不需要付出大额成本的续约期

4. 内部研究开发项目开发阶段的支出,确认为无形资产必须同时满足的条件包括(　　)。

A. 完成该无形资产以使其能够使用或出售在技术上具有可行性

B. 具有完成该无形资产并使用或出售的意图

C. 无形资产产生经济利益的方式,包括能够证明运用该无形资产生产的产品存在市场或无形资产自身存在市场,无形资产将在内部使用的,应证明其有用性

D. 有足够的技术、财务资源和其他资源支持,已完成该无形资产的开发,并有能力使用或出售该无形资产

E. 归属于该无形资产开发阶段的支出能够可靠地计量

5. 20×5 年 10 月购入的专利权，无形资产摊销应从(　　)开始。

A. 20×5 年 9 月　　B. 20×5 年 10 月　　C. 20×5 年 12 月　　D. 20×6 年 1 月

6. 下列项目中，属于投资性房地产核算内容的是(　　)。

A. 已出租的土地使用权　　B. 准备出租的土地使用权

C. 已出租的建筑物　　D. 企业拥有并自行经营的旅馆饭店的建筑物

7. 投资性房地产核算过程中，可以进行转换的项目包括(　　)。

A. 成本模式计量转为公允价值模式计量　　B. 公允价值模式计量转为成本模式计量

C. 作为存货的房地产改为出租　　D. 对外出租的办公大楼转为自用

8. 公司投资性房地产采用公允价值模式计量，本期购入并对外出租的商铺账面成本为 3 200 000.00 元，期末公允价值为 3 500 000.00 元，差异 300 000.00 元应记入(　　)科目。

A. "公允价值变动损益"　　B. "投资收益"

C. "其他综合收益"　　D. "营业外收入"

9. 处置采用公允价值模式计量的投资性房地产时，转入其他业务收入的金额包括(　　)。

A. 处置投资性房地产时应收到的金额

B. 该项投资性房地产已经发生过的公允价值变动金额

C. 该项投资性房地产在转换日计入其他综合收益的金额

D. 该项投资性房地产的账面余额

10. 下列项目中，应计入长期待摊费用的是(　　)。

A. 生产车间固定资产大修理支出　　B. 生产车间固定资产更新改造支出

C. 经营租赁方式租入固定资产改良支出　　D. 融资租赁方式租入固定资产改良支出

二、业务题

习题一

[资料 1]　20×5 年 12 月 1 日，卓越公司外购用于生产 A 产品的非专利技术，实际支付的价款为 200 000.00元。预计该项非专利技术的有效期限为 10 年。

[资料 2]　20×6 年 12 月 31 日，卓越公司估计该项非专利技术预计使用年限还有 6 年。假定在持有期间，该非专利技术未发生减值。20×9 年 11 月，卓越公司将该项非专利技术出售，不含税销售价格为 30 000.00元，适用的增值税税率为 6%(不考虑其他税费)。价税款已经通过银行收取。

[要求]

(1)根据资料 1，编制 20×5 年 12 月购入和摊销非专利技术时的记账凭证。

(2)根据资料 2，编制 20×7 年 1 月～20×9 年 10 月推销非专利技术、20×9 年 11 月销售非专利技术时的记账凭证。

习题二

[资料]　20×5 年 12 月，卓越公司进行新产品研发，领用的原材料为 52 000.00 元，应支付研发人员的工资为 210 000.00 元，发生的其他与新产品研发相关的费用为 49 000.00 元，均通过银行存款支付。该部分研发支出不符合资本化条件。

[要求]　根据以上资料，编制支出发生和月末结转时的记账凭证。

习题三

[资料 1]　20×5 年 12 月，卓越公司账面反映无形资产的相关信息如下表所示。

无形资产明细表　　单位:元

用途	类别	原始价值	使用寿命(年)	预计残值
经营出租	专利权	6 600 000.00	10	0

续表

用途	类别	原始价值	使用寿命(年)	预计残值
自用	非专利技术 A	200 000.00	5	0
自用	土地使用权	27 000 000.00	50	0

以上无形资产均未计提减值准备，采用平均法摊销。

专利权的年租赁收入为 840 000.00 元，适用的增值税税率为 6%，专利权租赁收入按月计提。

[资料 2] 20×5 年 12 月，卓越公司将上表中的非专利技术 A 对外出售，出售价格为 72 000.00 元，适用的增值税税率为 6%，价税款尚未收取。截止于 20×5 年 12 月已经计提摊销 3.5 年。

[要求]

(1)根据资料 1，编制 20×5 年 12 月计提摊销和确认专利权租赁收入时的记账凭证。

(2)根据资料 2，编制 20×5 年 12 月对外出售非专利技术 A 时的记账凭证。

习题四

[资料 1] 20×4 年 1 月，创新公司以出包方式建造办公大楼。20×4 年 3 月，以银行存款支付工程款 3 000 000.00元。20×4 年 11 月，以银行存款支付工程款 9 000 000.00 元，确定应予以资本化的借款利息 300 000.00元(分期付息)。20×4 年 12 月，办公大楼完工全部对外出租。创新公司投资性房地产采用公允价值模式计量。

[资料 2] 20×5 年 12 月，该办公大楼的公允价值为 13 000 000.00 元。

[资料 3] 20×6 年 3 月，将该办公大楼对外出售，销售价格为 16 500 000.00 元，款项尚未收到。不考虑相关税费。

[要求]

(1)根据资料 1，编制 20×4 年 1 月到 12 月办公大楼建造、完工时的记账凭证。

(2)根据资料 2，编制 20×5 年 12 月办公大楼公允价值变动时的记账凭证。

(3)根据资料 3，编制 20×6 年 3 月办公大楼出售时的记账凭证。

习题五

[资料] 20×5 年 12 月，卓越公司根据签订的办公楼租赁合同，一次性向出租方支付 3 年的租金 3 000 000.00元，已经通过银行付款。

[要求] 根据以上资料，编制支出发生和月末摊销时的记账凭证。

第八章 负 债

学习目标

1. 掌握应付票据、应付账款、应付职工薪酬、应交税费的会计处理方法。
2. 理解预收账款、应付股利、其他应付款的会计处理方法。
3. 了解长期借款、应付债券的会计处理方法。

企业在其筹办及生产经营过程中,必然会产生负债;负债是企业财务会计的一个基本要素。本章主要基于负债的偿付期限及形成途径的特点,分别阐述流动负债与长期负债的财务会计核算的方法程序。

第一节 负债概述

一、负债的定义

负债,是指企业过去的交易或者事项形成的、预期会导致经济利益流出企业的现时义务。

首先,负债是企业承担的现时义务,未来的业务一般不计入企业的负债。

其次,负债预期会导致经济利益流出企业。一般偿还负债时,会导致资产的减少,或者新的负债产生,最终是企业经济利益的流出。

最后,负债是由过去的交易或者事项形成的,属于历史事实。

负债在同时满足下列条件时予以确认:

(1)与该义务有关的经济利益很可能流出企业;

(2)未来流出的经济利益的金额能够可靠计量。

二、负债的分类

负债一般按其流动性进行分类,可分为流动负债和非流动负债。

流动负债,是指预计在1年内(含1年)或超过1年的一个正常营业周期内清偿的债务。流动负债可能是借贷形成的、结算过程产生的、权责发生制下调整产生的,也有可能是利润分配产生的等等。具体包括短期借款、应付票据、应付账款、预收账款、应付利息、应付股利、应付职工薪酬、应交税费、其他应付款等。

非流动负债,是指流动负债以外的负债。非流动负债主要是企业为了筹集长期投资项目所需资金而产生的，如企业为了建造大型生产线而向银行借入的中长期贷款、发行的企业债券等。非流动负债主要包括长期借款、应付债券、长期应付款、预计负债、递延所得税负债等。

第二节　流动负债

一、短期借款

（一）短期借款的定义和核算科目

短期借款，是指企业向银行或其他金融机构等借入的期限在1年以下（含1年）的各种款项。短期借款一般是企业为了满足正常生产经营所需资金或者是为了抵偿某项债务而借入的。

企业通过"短期借款"科目核算短期借款的发生、偿还等情况。该科目的贷方登记取得借款本金的数额；借方登记偿还借款本金的数额；余额在贷方，反映企业尚未偿还的短期借款的本金。该科目按借款种类、贷款人和币种进行明细核算。

企业通过"应付利息"科目核算应付利息的发生、支付情况。该科目的贷方登记按合同约定计算的应付利息；借方登记实际支付的利息；余额在贷方，反映企业应付未付的利息。该科目按债权人进行明细核算。

（二）短期借款的核算

1. 款项的借入和偿还

从银行或其他金融机构取得短期借款时，按实际借入的本金金额，借记"银行存款"科目，贷记"短期借款"科目。

偿还到期的借款时，按实际偿还的本金金额，借记"短期借款"科目，贷记"银行存款"科目。

2. 利息的计提和支付

因为占用了银行或其他金融机构的资金，对于借入的款项需要支付利息。

利息的支付方式包括：

(1)按期支付利息，如按季度支付利息，每个季度末月支付全季度三个月的利息；

(2)在借款到期时连同本金一起归还利息。

无论采用何种支付方式，对于数额较大的利息，企业应根据权责发生制原则采用月末预提方式计提短期借款的利息，将利息费用计入各月的费用，然后在规定的付款日支付利息。对于数额较小的利息，可以待支付利息时将利息直接计入费用。

采用预提方式的，在资产负债表日，按计算确定的短期借款利息费用，借记"财务费用"科目，贷记"应付利息"科目；实际支付利息时，借记"应付利息"科目，贷记"银行存款"科目。

采用直接支付方式的，按实际支付的利息，借记"财务费用"科目，贷记"银行存款"科目。

[例8—1]　富民公司20×5年3月31日从银行借入生产经营用短期借款1 200 000.00元，期限为9个月，年利率为6%。根据与银行签署的借款协议，该项短期借款的本金到期后一次归还，利息按季支付。

根据上述资料，富民公司应编制记账凭证如下：

(1)3月31日借入短期借款时：

借：银行存款　　　　1 200 000.00

　　　贷:短期借款　　　　　　　　　　　　　　　　　　　　　　　1 200 000.00

(2)4 月 30 日,计提 4 月份应承担的借款利息时:

本月应计提的利息金额=1 200 000.00×6%÷12=6 000.00(元)

借:财务费用　　　　　　　　　　　　　　　　　　　　6 000.00

　　　贷:应付利息　　　　　　　　　　　　　　　　　　　　　　　6 000.00

5 月 31 日计提 5 月份利息费用的处理与 4 月份相同。5 月 31 日“应付利息”科目的余额为 12 000.00 元。

(3)6 月 30 日,支付第二季度银行借款利息时:

借:财务费用　　　　　　　　　　　　　　　　　　　　6 000.00

　　应付利息　　　　　　　　　　　　　　　　　　　　12 000.00

　　　贷:银行存款　　　　　　　　　　　　　　　　　　　　　　　18 000.00

6 月份的利息费用没有计提,直接计入财务费用。

第三季度计提和支付利息的过程与第二季度相同。

第四季度于 10 月 31 日和 11 月 30 日分别计提当月的利息费用6 000.00元。

(4)12 月 31 日,偿还银行借款本金同时支付第四季度借款利息时:

借:短期借款　　　　　　　　　　　　　　　　　　　　1 200 000.00

　　财务费用　　　　　　　　　　　　　　　　　　　　6 000.00

　　应付利息　　　　　　　　　　　　　　　　　　　　12 000.00

　　　贷:银行存款　　　　　　　　　　　　　　　　　　　　　　　1 218 000.00

二、应付及预收款项

应付及预收款项包括应付票据、应付账款和预收账款,其中应付票据、应付账款为购买材料、商品和接受劳务过程形成的负债。

(一)应付票据

1. 应付票据的定义和核算科目

应付票据,是指企业因购买材料、商品和接受劳务等而开出、承兑的商业汇票,包括商业承兑汇票和银行承兑汇票。

企业通过“应付票据”科目核算应付票据的发生、偿还等情况。该科目的贷方登记开出、承兑商业汇票的面值;借方登记支付票据的金额;余额在贷方,反映企业尚未到期的商业汇票的票面金额。该科目按债权人进行明细核算。

企业应设置“应付票据备查簿”,详细登记商业汇票的种类、号数和出票日期、到期日、票面余额、交易合同号和收款人姓名或单位名称以及付款日期和金额等资料。应付票据到期结清时,上述内容应在备查簿内予以注销。

因为我国商业汇票的付款期限一般不超过 6 个月,所以应将应付票据作为流动负债管理和核算。同时,由于应付票据的偿付时间比较短,在会计实务中,一般均按开出、承兑的应付票据的面值入账。

2. 应付票据的产生

企业开出、承兑商业汇票或以承兑商业汇票抵付货款、应付账款时,按其票面金额作为应付票据的入账金额,借记“材料采购”“原材料”“库存商品”“应付账款”“应交税费——应交增值税(进项税额)”等科目,贷记“应付票据”科目。

企业因开出银行承兑汇票而支付银行承兑汇票手续费时，按实际支付金额，借记“财务费用”科目，贷记“银行存款”“库存现金”等科目。

[例 8—2] 诚友公司 20×5 年 9 月 6 日购入原材料一批，取得的增值税专用发票上注明的价款为80 000.00元，增值税进项税额为13 600.00元，原材料已经验收入库。诚友公司开出并经开户银行承兑的银行承兑汇票一张，面值为93 600.00元，期限为 3 个月。缴纳的银行承兑手续费为46.80元。

根据上述资料，诚友公司应编制记账凭证如下：

(1)开出并承兑商业汇票购入材料时：

借：原材料	80 000.00	
应交税费——应交增值税(进项税额)	13 600.00	
贷：应付票据		93 600.00

(2)支付商业汇票承兑手续费时：

借：财务费用	46.80	
贷：银行存款		46.80

3. 带息应付票据的计息

如果是带息商业汇票，一般在半年末和年末计提商业汇票的票面利息，按应计提的利息，借记“财务费用”科目，贷记“应付利息”科目。

商业汇票到期支付利息时，按已经计提的金额，借记“应付利息”科目；按尚未计提的金额，借记“财务费用”科目，贷记“银行存款”科目。

[例 8—3] 诚友公司购入原材料一批，取得的增值税专用发票上注明的价款为100 000.00元，增值税进项税额为17 000.00元，该批材料已验收入库。同时开立并承兑与发票同等金额的带息商业承兑汇票一张，期限为 3 个月(从 5 月 1 日到 8 月 1 日)，年利率为 6%。

根据上述资料，诚友公司应编制记账凭证如下：

(1)5 月 1 日开出并承兑商业汇票购入材料时：

借：原材料	100 000.00	
应交税费——应交增值税(进项税额)	17 000.00	
贷：应付票据		117 000.00

(2)6 月 30 日计提票据利息时：

5 月、6 月两个月的利息＝117 000.00×6%÷12×2＝1 170.00(元)

借：财务费用	1 170.00	
贷：应付利息		1 170.00

4. 应付票据的到期处置

应付商业汇票到期，企业正常支付票据款时，按实际支付的金额，借记“应付票据”科目，贷记“银行存款”科目。如果是带息商业汇票，同时借记“应付利息”“财务费用”科目，贷记“银行存款”科目。

应付商业汇票到期，如果企业无力支付票款。

(1)对于商业承兑汇票，将应付票据按账面余额连同已经计提的票面利息转作应付账款，借记“应付票据”“应付利息”科目，贷记“应付账款”科目。

(2)对于银行承兑汇票，将应付票据的账面余额连同票面利息转作短期借款，借记“应付票据”“应付利息”“财务费用”科目，贷记“短期借款”科目。

[例 8—4]　20×5 年 12 月 6 日，富民公司支付已到期的银行承兑汇票票款93 600.00元。

根据上述资料，富民公司应编制记账凭证如下：

借：应付票据　　93 600.00

　贷：银行存款　　93 600.00

[例 8—5]　承[例 8—3]，8 月 1 日，诚友公司无力支付到期的商业承兑汇票，将票据面值和已经计提的票面利息转入应付账款。

根据上述资料，诚友公司应编制记账凭证如下：

借：应付票据　　117 000.00

　应付利息　　1 170.00

　贷：应付账款　　118 170.00

(二)应付账款

1. 应付账款的定义和核算科目

应付账款，是指企业因购买材料、商品或接受劳务等经营活动而应支付的款项。应付账款按应付金额入账。

企业通过"应付账款"科目核算应付账款的发生、偿还、转销等情况。该科目的贷方登记企业购买材料、商品和接受劳务等而产生的应付账款；借方登记偿还的应付账款，或开出商业汇票抵付应付账款的款项，或冲销无法支付的应付账款；余额在贷方，反映企业尚未支付的应付账款余额。该科目应按债权人进行明细核算。

2. 应付账款的核算

企业购入材料、商品或接受劳务等产生的应付账款，应按取得的增值税专用发票上注明的价款，借记"材料采购""在途物资"等科目；按可抵扣的增值税进项税额，借记"应交税费——应交增值税(进项税额)"科目；按应付的款项，贷记"应付账款"科目。企业接受供应单位提供劳务而发生的应付未付款项，按取得的增值税专用发票上注明的价款，借记"生产成本""管理费用"等科目；按可抵扣的增值税进项税额，借记"应交税费——应交增值税(进项税额)"科目，贷记"应付账款"科目。

企业偿还应付账款或开出商业汇票抵付应付账款时，借记"应付账款"科目，贷记"银行存款""应付票据"等科目。

[例 8—6]　20×5 年 12 月 1 日，富民公司购入一批材料，取得的增值税专用发票上注明的价款为100 000.00元，可抵扣的增值税进项税额为17 000.00元，材料尚未验收入库，款项尚未支付。12 月 10 日，以银行存款支付购入材料相关款项。

根据上述资料，富民公司应编制记账凭证如下：

(1)12 月 1 日确认应付账款时：

借：材料采购　　100 000.00

　应交税费——应交增值税(进项税额)　　17 000.00

　贷：应付账款　　117 000.00

(2)12 月 10 日偿还应付账款时：

借：应付账款　　117 000.00

　贷：银行存款　　117 000.00

如果应付账款附有现金折扣，则按扣除现金折扣前的应付账款入账。因在折扣期限内付款而获得的现金折扣，在偿付应付账款时冲减财务费用。

［例 8—7］ 诚友公司于 20×5 年 5 月 1 日采购原材料一批，取得的增值税专用发票上注明的价款为200 000.00元，可抵扣的增值税进项税额为34 000.00元。购销合同中规定现金折扣条件为“2/10，1/20，n/30”。

根据上述资料，诚友公司应编制记账凭证如下：

(1)5 月 1 日确认应付账款时：

借：原材料	200 000.00	
应交税费——应交增值税（进项税额）	34 000.00	
贷：应付账款		234 000.00

(2)5 月 9 日付清货款时：

因为付款时间在 10 日以内，所以享受现金折扣。

现金折扣 ＝ 200 000.00×2％ ＝ 4 000.00（元）

借：应付账款	234 000.00	
贷：银行存款		230 000.00
财务费用		4 000.00

(三)预收账款

预收账款，是指企业按合同规定向购货单位预收的款项。预收账款与应付账款虽然同为企业短期债务，但与应付账款不同，预收账款是在销售商品、产品及提供劳务等经营活动中产生的，其所形成的负债不是以货币偿付，而是以货物清偿。

企业通过“预收账款”科目核算预收账款的取得、偿付等情况。该科目的贷方登记发生的预收账款数额和购货单位补付账款的数额；借方登记企业向购货方发货后冲销的预收账款数额和退回购货方多付账款的数额；余额在贷方，反映企业预收的款项；如余额在借方，反映企业尚未转销的款项。该科目按购货单位进行明细核算。

预收货款业务不多的企业，可以不单独设置“预收账款”科目，其所发生的预收货款，通过“应收账款”科目核算。

企业预收购货单位的款项，按实际收取的金额，借记“银行存款”科目，贷记“预收账款”科目。实现销售，按确认的收入和增值税销项税额，借记“预收账款”科目；按确认的收入，贷记“主营业务收入”科目；按增值税专用发票上注明的增值税销项税额，贷记“应交税费——应交增值税（销项税额）”科目。收到购货单位补付的款项，借记“银行存款”科目，贷记“预收账款”科目。向购货单位退回多付的款项，借记“预收账款”科目，贷记“银行存款”科目。

［例 8—8］ 20×5 年 12 月 1 日，富民公司与采购方签订购销合同。

20×5 年 12 月 3 日，富民公司收到采购方根据合同规定预付的货款30 000.00元。

20×5 年 12 月 9 日，富民公司将货物发运到采购方并开具增值税专用发票，价款为32 000.00元，增值税税额为5 440.00元。

20×5 年 12 月 15 日，采购方验收货物后付清了剩余货款。

根据上述资料，富民公司应编制记账凭证如下：

(1)收到预付的货款时：

借：银行存款	30 000.00	
贷：预收账款		30 000.00

(2)发出货物确认收入时：

借：预收账款	37 440.00	

贷:主营业务收入　　32 000.00

应交税费——应交增值税(销项税额)　　5 440.00

(3)收到补付的货款时:

借:银行存款　　7 440.00

贷:预收账款　　7 440.00

[例 8—9]　20×5 年 12 月,诚友公司通过银行收到定金3 000.00元。之后根据客户要求发出货物并开具增值税发票,价款为2 500.00元,增值税税额为 425.00 元。余款通过银行汇出。诚友公司不设置"预收账款"科目,其预收的款项通过"应收账款"科目核算。

根据上述资料,诚友公司应编制记账凭证如下:

(1)收到预付的货款时:

借:银行存款　　3 000.00

贷:应收账款　　3 000.00

(2)发出货物确认收入时:

借:应收账款　　2 925.00

贷:主营业务收入　　2 500.00

应交税费——应交增值税(销项税额)　　425.00

(3)退回多付的货款时:

借:应收账款　　75.00

贷:银行存款　　75.00

三、应付职工薪酬

(一)应付职工薪酬的定义

职工薪酬,是指企业为获得职工提供的服务或解除劳动关系而给予的各种形式的报酬或补偿。企业提供给职工配偶、子女、受赡养人、已故员工遗属及其他受益人等的福利,也属于职工薪酬。

应付职工薪酬,是指企业根据有关规定确定的应支付给职工的各种薪酬。

这里所称职工,包含以下 3 类:

(1)与企业订立劳动合同的所有人员,含全职、兼职和临时职工。即与企业订立了固定期限、无固定期限或者以完成一定工作作为期限的劳动合同的所有人员。

(2)未与企业订立劳动合同但由企业正式任命的人员,如所聘请的独立董事、外部监事等。

(3)在企业的计划和控制下,虽未与企业订立劳动合同或未由其正式任命,但向企业所提供服务与职工所提供服务类似的人员,包括通过企业与劳务中介公司签订用工合同而向企业提供服务的人员。

(二)应付职工薪酬的内容

应付职工薪酬包括应支付给职工的短期薪酬、离职后福利、辞退福利和其他长期职工福利。

1. 短期薪酬

短期薪酬,是指企业在职工提供相关服务的年度报告期间结束后 12 个月内需要全部予以支付的职工薪酬。因解除与职工的劳动关系给予的补偿除外,该部分属于辞退福利的范畴。

短期薪酬具体包括:

(1)职工工资、奖金、津贴和补贴。这是指企业按构成工资总额的计时工资、计件工资、支付给职工的超额劳动报酬等的劳动报酬,为了补偿职工特殊或额外的劳动消耗和因其他特殊原因支付给职工的津贴,以及为了保证职工工资水平不受物价影响支付给职工的物价补贴等。其中,企业按短期奖金计划向职工发放的奖金属于短期薪酬,按长期奖金计划向职工发放的奖金属于其他长期职工福利。

(2)职工福利费。这是指企业向职工提供的生活困难补助、丧葬补助费、抚恤费、职工异地安家费、防暑降温费等职工福利支出。

(3)基本养老保险费、基本医疗保险费、失业保险费、工伤保险费和生育保险费等社会保险费。这是指企业按国家规定的基准和比例计算,向社会保险经办机构缴存的各项保险费。

基本养老保险费、基本医疗保险费、失业保险费均为单位和职工个人分别承担一部分。工伤保险费和生育保险费均由单位承担,职工个人不承担。各项社会保险费由单位和职工个人承担的缴纳比例,由各地方政府确定。

(4)住房公积金。这是指企业按国家规定的基准和比例计算,向住房公积金管理机构缴存的住房公积金。职工个人缴存和单位为职工缴存的最低比例均不得低于8%;有条件的单位可以根据各自实际情况提高缴存比例,但最高比例均不得超过12%。

(5)工会经费和职工教育经费。这是指企业为了改善职工文化生活、为职工学习先进技术和提高文化水平和业务素质,用于开展工会活动和职工教育及职业技能培训等相关支出。

工会经费一般按不超过工资薪金总额的2%计提和上缴、使用,职工教育经费一般按不超过工资薪金总额的2.5%计提和使用。

(6)短期带薪缺勤。这是指职工虽然缺勤但企业仍向其支付报酬的安排,包括年休假、病假、婚假、产假、丧假、探亲假等。长期带薪缺勤属于其他长期职工福利。

(7)短期利润分享计划。这是指因职工提供服务而与职工达成的基于利润或其他经营成果提供薪酬的协议。长期利润分享计划属于其他长期职工福利。

(8)其他短期薪酬。这是指除上述薪酬以外的其他为获得职工提供的服务而给予的短期薪酬。

2. 离职后福利

离职后福利,是指企业为获得职工提供的服务而在职工退休或与企业解除劳动关系后,提供的各种形式的报酬和福利,短期薪酬和辞退福利除外。

离职后福利计划,是指企业与职工就离职后福利达成的协议,或者企业为向职工提供离职后福利制定的规章或办法等。离职后福利计划按企业承担的风险和义务情况,可以分为设定提存计划和设定受益计划。其中,设定提存计划,是指企业向独立的基金缴存固定费用后,不再承担进一步支付义务的离职后福利计划。设定受益计划,是指除设定提存计划以外的离职后福利计划。

3. 辞退福利

辞退福利,是指企业在职工劳动合同到期之前解除与职工的劳动关系,或者为鼓励职工自愿接受裁减而给予职工的补偿。

辞退福利主要包括:

(1)在职工劳动合同尚未到期前,不论职工本人是否愿意,企业决定解除与职工的劳动关系而给予的补偿。

(2)在职工劳动合同尚未到期前,为鼓励职工自愿接受裁减而给予的补偿,职工有权利选择继续在职或接受补偿离职。

辞退福利通常采取解除劳动关系时一次性支付补偿的方式，也采取在职工不再为企业带来经济利益后，将职工工资支付到辞退后未来某一期间的方式。

企业应区分辞退福利与正常退休的养老金。辞退福利是在职工与企业签订的劳动合同到期前，企业根据法律与职工本人或职工代表(如工会)签订的协议，或者基于商业惯例，承诺当其提前终止对职工的雇佣关系时支付的补偿，引发补偿的事项是辞退，因此，企业在辞退职工时进行辞退福利的确认和计量。职工在正常退休时获得的养老金，是其与企业签订的劳动合同到期时，或者职工达到了国家规定的退休年龄时获得的退休后生活补偿金额，引发补偿的事项是职工在职时提供的服务，而不是退休本身，因此，企业在职工提供服务的会计期间进行养老金的确认和计量。另外，职工虽然没有与企业解除劳动合同，但未来不再为企业提供服务，不能为企业带来经济利益，企业承诺提供实质上具有辞退福利性质的经济补偿的，如发生“内退”的情况，在其正式退休日期之前比照辞退福利处理，在其正式退休日期之后按离职后福利处理。

4. 其他长期职工福利

其他长期职工福利，是指除短期薪酬、离职后福利、辞退福利之外所有的职工薪酬，包括长期带薪缺勤、长期残疾福利、长期利润分享计划等。

(三)应付职工薪酬的核算

1. 科目设置

企业设置“应付职工薪酬”科目，核算应付职工薪酬的计提、结算、使用等情况。该科目的贷方登记已分配计入当期损益或相关资产成本的职工薪酬的数额；借方登记实际发放职工薪酬的数额，包括扣还的款项等；余额在贷方，反映企业应付未付的职工薪酬。

“应付职工薪酬”科目按“工资”“职工福利”“社会保险费”“住房公积金”“工会经费”“职工教育经费”“非货币性福利”等进行明细核算。

2. 月末计算分配工资总额、计提“五险一金”和“两费”

企业发生的职工工资、津贴和补贴等短期薪酬，根据职工提供服务情况和工资标准等计算应计入职工薪酬的工资总额，并按受益对象计入当期损益或相关资产成本，借记“生产成本”“制造费用”“销售费用”“管理费用”“在建工程”“研发支出”等科目，贷记“应付职工薪酬——工资”科目。

企业为职工缴纳的基本养老保险费、基本医疗保险费、失业保险费、工伤保险费和生育保险费等社会保险费和住房公积金，以及按规定提取的工会经费和职工教育经费，根据规定的计提基础和计提比例计算确定相应的职工薪酬金额，并按受益对象计入当期损益或相关资产成本，借记“生产成本”“制造费用”“销售费用”“管理费用”“在建工程”“研发支出”等科目，贷记“应付职工薪酬——社会保险费”“应付职工薪酬——住房公积金”“应付职工薪酬——工会经费”“应付职工薪酬——职工教育经费”等科目。

[例 8－10]　20×5 年 12 月，富民公司发生如下与工资相关的交易事项：

(1)工资费用分配汇总表中列示的产品生产人员工资为 300 000.00 元，车间管理人员工资为 36 000.00 元，销售部门人员工资为 50 000.00 元，企业行政管理人员工资为 42 000.00 元，研发部门人员工资为 12 000.00 元，合计 440 000.00 元。

(2)根据当地政府规定，以工资总额为计提基础，单位分别按 20%、8%、2%、0.5%、0.5% 计提缴存基本养老保险费、基本医疗保险费、失业保险费、工伤保险费和生育保险费，并按 8%

计提缴存住房公积金。

(3)根据工资总额的2%和1.5%计提工会经费和职工教育经费。

根据上述资料,富民公司应编制记账凭证如下:

(1)计提工资时:

借:生产成本　300 000.00

　制造费用　36 000.00

　销售费用　50 000.00

　管理费用　42 000.00

　研发支出　12 000.00

　贷:应付职工薪酬——工资　440 000.00

(2)计提单位承担的"五险一金"时:

应计入生产成本的"五险一金"的金额=300 000.00×(20%+8%+2%+0.5%+0.5%+8%)
=117 000.00(元)

其他科目的计算过程类似。

"应付职工薪酬——社会保险费"科目的金额=440 000.00×(20%+8%+2%+0.5%+0.5%)
=136 400.00(元)

"应付职工薪酬——住房公积金"科目的金额=440 000.00×8%
=35 200.00(元)

借:生产成本　117 000.00

　制造费用　14 040.00

　销售费用　19 500.00

　管理费用　16 380.00

　研发支出　4 680.00

　贷:应付职工薪酬——社会保险费　136 400.00

　　——住房公积金　35 200.00

(3)计提"两费"时:

应计入生产成本的"两费"的金额=300 000.00×(2%+1.5%)=10 500.00(元)

其他科目的计算过程类似。

"应付职工薪酬——工会经费"的金额=440 000.00×2%=8 800.00(元)

"应付职工薪酬——职工教育经费"的金额=440 000.00×1.5%=6 600.00(元)

借:生产成本　10 500.00

　制造费用　1 260.00

　销售费用　1 750.00

　管理费用　1 470.00

　研发支出　420.00

　贷:应付职工薪酬——工会经费　8 800.00

　　——职工教育经费　6 600.00

3. 发放工资、缴纳和使用"五险一金"和"两费"

职工个人承担的社会保险费和住房公积金，根据规定的计提基础和计提比例计算确定相应的金额从职工工资中扣除，借记“应付职工薪酬——工资”科目，贷记“其他应付款——社会保险费和住房公积金”科目。

职工个人欠付单位的赔款和欠款等以及个人所得税，从职工工资中扣除，借记“应付职工薪酬——工资”科目，贷记“其他应收款”“应交税费——应交个人所得税”等科目。

发放工资时，按实发金额，借记“应付职工薪酬——工资”科目，贷记“库存现金”“银行存款”等科目。

缴纳社会保险费和住房公积金时，按计提的金额，借记“应付职工薪酬——社会保险费”“应付职工薪酬——住房公积金”“其他应付款——社会保险费和住房公积金”等科目，贷记“银行存款”科目。

上缴工会经费时，按应上缴的金额，借记“应付职工薪酬——工会经费”科目，贷记“银行存款”科目。

使用工会经费、职工教育经费时，按实际使用金额，借记“应付职工薪酬——工会经费”“应付职工薪酬——职工教育经费”科目，贷记“银行存款”科目。

[例8—11]　承[例8—10]，20×5年12月，富民公司发生如下与工资相关的交易事项：

(1)工资费用分配汇总表中列示应由职工个人承担的社会保险费和住房公积金为48 400.00元，应扣回的职工个人赔款和欠款为5 200.00元，应交个人所得税为20 800.00元。

(2)按工资费用分配汇总表列示的实发数，通过银行发放工资到职工个人银行卡，实发数为365 600.00元。

(3)缴纳社会保险费和住房公积金。上缴工会经费，金额为计提数的50%。

(4)工会组织活动报销费用3 000.00元，职工参加专业培训报销学习费用5 000.00元，全部用现金付讫。

根据上述资料，富民公司应编制记账凭证如下：

(1)结转各种扣款和个人所得税时：

借：应付职工薪酬——工资	74 400.00	
贷：其他应付款——社会保险费和住房公积金		48 400.00
其他应收款		5 200.00
应交税费——应交个人所得税		20 800.00

(2)实际发放工资时：

借：应付职工薪酬——工资	365 600.00	
贷：银行存款		365 600.00

(3)缴纳社保费、住房公积金、工会经费时：

借：其他应付款——社会保险费和住房公积金	48 400.00	
应付职工薪酬——社会保险费	136 400.00	
——住房公积金	35 200.00	
——工会经费	4 400.00	
贷：银行存款		224 400.00

(4)使用工会经费、职工教育经费时：

借：应付职工薪酬——工会经费	3 000.00	
——职工教育经费	5 000.00	

贷:库存现金 8 000.00

4. 职工福利费

企业发生职工福利费时,根据受益对象,借记"生产成本""制造费用""管理费用"等科目,贷记"应付职工薪酬——职工福利"科目。同时,借记"应付职工薪酬——职工福利"科目,贷记"库存现金""银行存款"等科目。

[例8—12] 20×5年12月,诚友公司发放困难职工补贴30 000.00元,其中车间工人20 000.00元,车间管理人员3 000.00元,其他管理人员7 000.00元,全部用现金付讫。

根据上述资料,诚友公司应编制记账凭证如下:

(1)确定职工薪酬时:

借:生产成本 20 000.00

制造费用 3 000.00

管理费用 7 000.00

贷:应付职工薪酬——职工福利 30 000.00

(2)发放困难职工补贴时:

借:应付职工薪酬——职工福利 30 000.00

贷:库存现金 30 000.00

5. 非货币性福利

企业向职工提供非货币性福利,如企业以自产的产品作为非货币性福利提供给职工,应按该产品的公允价值和相关税费确定职工薪酬金额,并计入当期损益或相关资产成本。相关收入的确认、销售成本的结转以及相关税费的处理,与企业正常商品销售的会计处理相同。企业以外购的商品作为非货币性福利提供给职工的,应按该商品的公允价值和相关税费确定职工薪酬的金额,并计入当期损益或相关资产成本。

企业以其自产产品作为非货币性福利发放给职工时,根据受益对象,借记"生产成本""制造费用""管理费用"等科目,贷记"应付职工薪酬——非货币性福利"科目。同时确认收入,借记"应付职工薪酬——非货币性福利"科目,贷记"主营业务收入""应交税费——应交增值税(销项税额)"科目,并在月末结转已售产品的成本。

[例8—13] 20×5年12月,诚友公司将其生产的食用油作为假日福利发放给职工。该食用油每箱不含税售价为240.00元,每箱单位成本为156.00元,适用的增值税税率为17%。诚友公司共有职工200名,其中160名为直接参加生产的职工,5名为车间管理人员,15名为销售部门人员,20名为管理部门人员。

根据上述资料,诚友公司应编制记账凭证如下:

(1)确定职工薪酬时:

应计入生产成本的金额=160×240.00×(1+17%)=44 928.00(元)

其他科目的计算过程类似。

"应付职工薪酬——非货币性福利"的金额=200×240.00×(1+17%)=56 160.00(元)

借:生产成本 44 928.00

制造费用 1 404.00

销售费用 4 212.00

管理费用 5 616.00

贷:应付职工薪酬——非货币性福利 56 160.00

(2)确认销售收入时：

借：应付职工薪酬——非货币性福利 56 160.00

贷：主营业务收入 48 000.00

应交税费——应交增值税(销项税额) 8 160.00

四、应交税费

(一)应交税费的定义和核算内容

应交税费，是指企业按税法等规定计算应缴纳的各种税费，包括增值税、消费税、企业所得税、资源税、土地增值税、城市维护建设税、房产税、土地使用税、车船税、教育费附加、矿产资源补偿费、企业代扣代交的个人所得税等。企业缴纳的印花税、耕地占用税等不需要预计应交数的税金，不通过“应交税费”科目核算，在实际缴纳时记入“管理费用”科目。

除作为价外税的增值税和企业代扣代交的个人所得税外，其他税费均构成企业的费用，按规定分别在不同的费用类科目核算，详见表8—1。

表8—1 **税费种类及其核算的费用类科目**

核算科目	税费种类
营业税金及附加	消费税、资源税、土地增值税、城市维护建设税、教育费附加
管理费用	房产税、土地使用税、车船税
所得税费用	企业所得税

企业通过“应交税费”科目总括反映各种税费的应交和实交等情况。该科目的贷方登记应缴纳的各种税费等；借方登记实际缴纳的税费等；期末余额在贷方，反映企业尚未缴纳的税费；如果期末余额在借方，反映企业多交或尚未抵扣的税费。该科目根据应交的税费项目进行明细核算。

(二)应交增值税

1. 增值税的定义和税额计算

增值税，是指以商品(含应税劳务和应税服务)在流转过程中产生的增值额作为计税依据而征收的一种流转税。

按《中华人民共和国增值税暂行条例》和《营业税改征增值税试点实施办法》等文件的规定，增值税的纳税人是在我国境内销售、进口货物，提供加工、修理修配应税劳务，提供应税服务的企业单位和个人。

按纳税人的经营规模及会计核算的健全程度，增值税纳税人分为一般纳税人和小规模纳税人。

一般纳税人的应纳增值税税额，根据当期销项税额减去当期进项税额计算确定。

其中当期销项税额是根据一般纳税人在当期确认的销售额及其适用的增值税税率确定，即：

当期销项税额＝当期销售额×适用税率

当期进项税额是根据一般纳税人在当期采购货物、接受应税劳务和应税服务时，取得的允许用于抵扣的票据上注明或计算的增值税税额确定。

根据规定，企业采购、进口货物、接受应税劳务和应税服务支付的款项中包括的增值税税额（即进项税额），可以用于抵扣销售货物、提供应税劳务和应税服务按规定应缴纳的增值税税额（即销项税额）。准予用于抵扣进项税额的票据包括：

(1)从销售方取得的增值税专用发票；

(2)从海关取得的进口增值税专用缴款书；

(3)收购免税农产品的收购发票。

小规模纳税人应纳增值税税额，按销售额和规定的征收率计算确定。

2. 一般纳税人的核算

为了核算企业应交增值税的发生、抵扣、缴纳、退税及转出等情况，增值税一般纳税人在"应交税费"科目下设置"应交增值税"明细科目，并在"应交增值税"明细账的借方设置"进项税额""已交税金"等专栏，贷方设置"销项税额""出口退税""进项税额转出"等专栏对增值税进行核算。"应交税费——应交增值税"科目的借方余额，为当期尚未抵扣完的进项税额；贷方余额，为当期欠交的增值税。

(1)进项税额。

进项税额，是指纳税人购进、进口货物，接受应税劳务和应税服务支付或者负担的增值税税额。

企业从国内购进商品、接受应税劳务和应税服务时，根据取得的增值税专用发票上注明的价款金额，借记"固定资产""在建工程""材料采购""在途物资""原材料""库存商品""生产成本""制造费用""委托加工物资""管理费用"等科目；根据取得的增值税专用发票上注明的可抵扣的增值税税额，借记"应交税费——应交增值税（进项税额）"科目；按应付或实际支付的金额，贷记"应付账款""应付票据""银行存款"等科目。

企业从国外进口货物时，按确定的组成计税价格，借记"原材料""库存商品"等科目；按海关进口增值税专用缴款书上注明的增值税税额，借记"应交税费——应交增值税（进项税额）"科目；按应付或实际支付的金额，贷记"应付账款""银行存款"等科目。

企业购入免税农产品时，按买价和规定的扣除率计算的进项税额，借记"应交税费——应交增值税（进项税额）"科目；按买价扣除按规定计算的进项税额后的差额，借记"原材料""库存商品"等科目；按应付或实际支付的价款，贷记"应付账款""银行存款"等科目。

[例8—14] 20×5年12月，诚友公司发生如下交易事项：

①购进原材料，取得的增值税专用发票上注明的货款为600 000.00元，增值税税额为102 000.00元；支付运输费用取得的运输公司开具的货物运输业增值税专用发票上注明的价款为60 000.00元，增值税税额为6 600.00元。原材料已经入库，款项尚未支付。

②进口不需要安装的设备的到岸价为50 000.00美元，当日汇率为1∶6.2，适用的增值税税率为17%，关税税率为10%，取得海关进口增值税专用缴款书，款项已经通过银行支付。

③向农业生产者购进免税农产品一批，支付的收购价款为30 000.00元，已开具收购发票。货物已经入库，款项已用现金支付。免税农产品的扣除率为13%。

根据上述资料，诚友公司应编制记账凭证如下：

①购进原材料时：

原材料的成本 = 600 000.00 + 60 000.00 = 660 000.00(元)

进项税额 = 102 000.00 + 6 600.00 = 108 600.00(元)

借：原材料　　　　660 000.00

应交税费——应交增值税(进项税额)　　108 600.00

贷:应付账款　　768 600.00

②进口不需要安装的设备时:

关税=50 000×6.2×10%=31 000.00(元)

设备的成本 = 50 000×6.2+31 000.00 = 341 000.00(元)

进项税额= 341 000.00×17% = 57 970.00(元)

借:固定资产　　341 000.00

应交税费——应交增值税(进项税额)　　57 970.00

贷:银行存款　　398 970.00

③购入免税农产品时:

进项税额= 30 000.00×13%= 3 900.00(元)

农产品的成本=30 000.00 − 3 900.00 = 26 100.00(元)

借:原材料　　26 100.00

应交税费——应交增值税(进项税额)　　3 900.00

贷:库存现金　　30 000.00

(2)进项税额转出。

企业购进的货物和生产的产品发生非常损失,以及将购进货物改变用途(如用于非应税项目、集体福利或个人消费等),相关的进项税额不能抵扣,通过“应交税费——应交增值税(进项税额转出)”科目转入有关科目。

存货发生非正常损失时,按应转出的金额,借记“待处理财产损溢”科目;按存货的损失成本,贷记“原材料”“库存商品”等科目;按应转出的进项税额,贷记“应交税费——应交增值税(进项税额转出)”科目;经过相关权力机构批准后,借记“营业外支出”科目,贷记“待处理财产损溢”科目。

将购进货物改变用途时,按应转出的金额,借记“应付职工薪酬”等科目;按改变用途的原材料的成本,贷记“原材料”科目;按应转出的进项税额,贷记“应交税费——应交增值税(进项税额转出)”科目。

[例 8−15] 20×5 年 12 月,诚友公司发生如下交易事项:

①10 日,因为保管不善,部分存货因为受潮而失去使用价值进而报损。其中,库存原材料的成本为50 000.00元,库存产品的成本为70 000.00元(包含的材料费为56 000.00元)。原材料和产品适用的增值税税率均为 17%。

②18 日,将一批购进的原材料作为职工福利发放,原材料成本为 6 000.00 元。原材料适用的增值税税率为 17%。

③28 日,报损的存货经批准转出。

根据上述资料,诚友公司应编制记账凭证如下:

①存货报损时:

进项税额转出 = 50 000.00×17%+56 000.00×17% = 18 020.00(元)

借:待处理财产损溢——待处理流动资产损溢　　138 020.00

贷:原材料　　50 000.00

库存商品　　70 000.00

应交税费——应交增值税(进项税额转出)　　18 020.00

②购进的原材料作为职工福利发放时：

借：应付职工薪酬——非货币性福利　　7 020.00

　贷：原材料　　6 000.00

　　应交税费——应交增值税（进项税额转出）　　1 020.00

③报损的存货经批准转出时：

借：营业外支出　　138 020.00

　贷：待处理财产损溢——待处理流动资产损溢　　138 020.00

(3)销项税额。

销项税额，是指纳税人销售货物或者应税劳务和应税服务，按销售额或提供应税劳务和应税服务收入与规定的税率计算并向购买方收取的增值税税额。

如果企业记录的销售额中包含增值税，即为含税销售额，应将其分解为不含税销售额和增值税税额：

不含税销售额 ＝ 含税销售额 ÷(1＋增值税税率)

企业销售货物或者提供应税劳务和应税服务，按不含税销售额和应收取的增值税税额，借记“应收账款”“应收票据”“银行存款”等科目；按开出的增值税专用发票上注明的增值税税额，贷记“应交税费——应交增值税（销项税额）”科目；按确认的不含税销售额，贷记“主营业务收入”“其他业务收入”等科目。

[例 8－16]　20×5 年 12 月，诚友公司发生如下交易事项：

①15 日，销售产品一批，价款为120 000.00元，应收取增值税税额 20 400.00 元，提货单和增值税专用发票已交给购货方，款项尚未收到。

②28 日，将部分不需用的原材料对外销售，价款为50 000.00元，应收取增值税税额 8 500.00元，货已发出，款项已收到并存入银行。

根据上述资料，诚友公司应编制记账凭证如下：

①销售产品时：

借：应收账款　　140 400.00

　贷：主营业务收入　　120 000.00

　　应交税费——应交增值税（销项税额）　　20 400.00

②销售原材料时：

借：银行存款　　58 500.00

　贷：其他业务收入　　50 000.00

　　应交税费——应交增值税（销项税额）　　8 500.00

(4)已交税金。

企业缴纳当期的增值税，借记“应交税费——应交增值税（已交税金）”科目，贷记“银行存款”科目。

[例 8－17]　20×5 年 12 月，诚友公司缴纳本月的增值税，金额为 100 000.00 元。

根据上述资料，诚友公司应编制记账凭证如下：

借：应交税费——应交增值税（已交税金）　　100 000.00

　贷：银行存款　　100 000.00

3. 小规模纳税人的核算

对小规模纳税人及一些特殊情况采用简易征收办法，其应纳增值税税额按销售额和规定的征收率计算确定,征收率为3%。

属于小规模纳税人的企业在销售货物或提供应税劳务、应税服务时只能开具普通发票,不享有进项税额的抵扣权,其购进货物或接受应税劳务、应税服务支付的增值税直接计入有关货物或劳务的成本。

属于小规模纳税人的企业在“应交税费”科目下设置“应交增值税”明细科目,对增值税进行核算。

企业购进货物或者接受应税劳务、应税服务时,按取得的增值税普通发票,借记“材料采购”“在途物资”“原材料”“在建工程”“固定资产”等科目,贷记“应付账款”“银行存款”等科目。

企业销售货物或者提供应税劳务和应税服务时,按应收和实收金额,借记“应收账款”“银行存款”等科目;按开出的增值税普通发票上注明的增值税税额,贷记“应交税费——应交增值税”科目;按确认的不含税销售额,贷记“主营业务收入”“其他业务收入”等科目。

[例8-18] 诚友公司所属子公司为增值税小规模纳税人,适用的征收率为3%。该公司20×5年12月发生如下交易事项:

①购入原材料取得的增值税普通发票上注明的货款为130 000.00元,增值税为22 100.00元,款项以银行存款支付,材料验收入库。

②销售产品开出的增值税发票上注明的货款(含税)为257 500.00元,款项已存入银行。

③用银行存款缴纳增值税7 500.00元。

根据上述资料,该公司应编制记账凭证如下:

①购入原材料时:

原材料的成本 = 130 000.00 + 22 100.00 = 152 100.00(元)

借:原材料　　152 100.00

　　贷:银行存款　　152 100.00

小规模纳税人不能抵扣进项税,取得的增值税普通发票也不能用于抵扣进项税。按价税合计数计入原材料成本。

②销售产品时:

不含税销售额=含税销售额÷(1+征收率)=257 500.00÷(1+3%)= 250 000.00(元)

应纳增值税=不含税销售额×征收率=250 000.00×3%=7 500.00(元)

借:银行存款　　257 500.00

　　贷:主营业务收入　　250 000.00

　　　　应交税费——应交增值税　　7 500.00

③缴纳增值税时:

借:应交税费——应交增值税　　7 500.00

　　贷:银行存款　　7 500.00

(三)应交消费税

1. 消费税的定义和税额计算

消费税,是指对我国境内从事生产、委托加工和进口应税消费品的单位和个人,就其销售额或销售数量,在特定环节征收的一种流转税;是针对14类过度消费有危害的特别消费品、非生活必需品、高能耗及高档消费品、不可再生和替代的稀缺消费品等,在征收增值税的同时再征收的一道流转税。

消费税实行从价定率、从量定额,或者从价定率和从量定额复合计税的办法计算应纳税额。具体计算公式如表8－2所示。

表8－2　　应交消费税的计算公式

计税方法	计算公式	征收产品举例
从价定率	应纳税额＝销售额×比例税率	化妆品30%，小汽车1%～40%
从量定额	应纳税额＝销售数量×定额税率	啤酒250元/吨，汽油1.12元/升
从价定率＋从量定额	应纳税额＝销售额×比例税率 ＋销售数量×定额税率	卷烟56%加150元/5万支 白酒20%加0.5元/500克(500毫升)

采取从价定率方法计征的消费税，以不含增值税的销售额为税基，按税法规定的比例税率计算确定。采取从量定额方法计征的消费税，根据按税法规定的应税消费品的数量和单位税额计算确定。

2. 应交消费税的核算

企业在“应交税费”科目下设置“应交消费税”明细科目，核算应交消费税的发生、缴纳情况。该科目的贷方登记应缴纳的消费税，借方登记已缴纳的消费税；期末贷方余额反映企业尚未缴纳的消费税，借方余额反映企业多缴纳的消费税。

(1)销售应税消费品。

企业销售应税消费品时，根据应缴纳的消费税税额，借记“营业税金及附加”科目，贷记“应交税费——应交消费税”科目。

[例8－19]　诚友公司所属子公司销售所生产的实木地板，开出的增值税专用发票上注明的价款为1 000 000.00元，增值税税额为170 000.00元，适用的消费税税率为5%。款项尚未收取。

根据上述资料，该子公司应编制记账凭证如下：

借：应收账款　　1 170 000.00

　贷：主营业务收入　　1 000 000.00

　　应交税费——应交增值税(销项税额)　　170 000.00

借：营业税金及附加　　50 000.00

　贷：应交税费——应交消费税　　50 000.00

(2)委托加工应税消费品。

委托加工应税消费品，是指由委托方提供原料和主要材料，受托方只收取加工费和代垫部分辅助材料加工的应税消费品。

企业委托加工应交消费税的物资，一般由受托方代收代缴税款。委托加工物资收回后直接用于销售的，不再缴纳消费税。委托加工物资收回后用于继续生产应税消费品的，按当期生产领用的数量计算扣除已缴纳的消费税税款。

委托加工应交消费税的物资时，按交付给受托方材料的成本，借记“委托加工物资”科目，贷记“原材料”科目；按支付给受托方的加工费，借记“委托加工物资”科目；按应支付的增值税税额，借记“应交税费——应交增值税(进项税额)”科目；按应支付给受托方的代收代缴的消费税税额，借记“应交税费——应交消费税”科目；按应付和实际支付的金额，贷记“应付账款”“银行存款”等科目。

委托加工物资收回后直接用于销售的，按已记入“委托加工物资”科目的成本和应支付给受托方的代收代缴的消费税税额，借记“库存商品”科目，贷记“委托加工物资”“应交税费——应交消费税”科目；委托加工物资收回后用于连续生产的，按已记入“委托加工物资”科目的成本,借记“原材料”科目,贷记“委托加工物资”科目。

[例 8—20] 20×5 年 12 月,诚友公司委托其他企业代为加工一批应交消费税的材料,适用的消费税税率为 10%。诚友公司提交的原材料成本为2 000 000.00元;受托方收取的加工费为819 000.00元(其中包含的增值税税额为119 000.00元),代收代缴的消费税为300 000.00元。材料已经加工完成,并由诚友公司收回验收入库,加工费已经支付。该批应税消费品的50%准备直接对外销售,另 50%准备继续生产应税消费品。

根据上述资料,诚友公司应编制记账凭证如下:

①发出原材料时:

借:委托加工物资 2 000 000.00

　贷:原材料 2 000 000.00

②支付受托方加工费、消费税时:

借:委托加工物资 700 000.00

　应交税费——应交增值税(进项税额) 119 000.00

　　　　——应交消费税 300 000.00

　贷:银行存款 1 119 000.00

“委托加工物资”科目的余额为 2 700 000.00 元。

③收回委托加工物资验收入库时:

50%准备直接对外销售,则转入库存商品的成本为:

(2 700 000.00+300 000.00)×50%=1 500 000.00(元)

借:库存商品 1 500 000.00

　贷:委托加工物资 1 350 000.00

　　应交税费——应交消费税 150 000.00

50%准备继续生产应税消费品,则转入原材料的成本为:

2 700 000.00 × 50%=1 350 000.00(元)

借:原材料 1 350 000.00

　贷:委托加工物资 1 350 000.00

(3)进口应税消费品。

企业进口应交消费税的货物,在进口环节缴纳的消费税计入该项货物的成本。根据应支付的进口货物的成本和应缴纳的消费税税额,借记“原材料”“库存商品”“固定资产”“在建工程”等科目,贷记“银行存款”“应付账款”等科目。

[例 8—21] 20×5 年 12 月,诚友公司从国外进口一批需要缴纳消费税的商品,海关核定的组成计税价格为180 000.00元,进口环节需要缴纳的增值税和消费税分别为30 600.00元和54 000.00元,进口的商品已经验收入库,货款尚未支付,税款已经用银行存款支付。

根据上述资料,诚友公司应编制记账凭证如下:

商品的成本 = 180 000.00 + 54 000.00 = 234 000.00(元)

借:库存商品 234 000.00

　应交税费——应交增值税(进项税额) 30 600.00

　贷:应付账款 180 000.00

　　银行存款 84 600.00

(4)缴纳消费税。

企业按期缴纳消费税，按应缴纳的金额，借记"应交税费——应交消费税"科目，贷记"银行存款"科目。

(四)应交城市维护建设税和应交教育费附加

1. 应交城市维护建设税

城市维护建设税，是指以增值税、消费税等流转税的实际缴纳金额为计税依据征收的一种税。

应交城市维护建设税税额＝增值税、消费税等流转税的实际缴纳金额×适用税率

企业在"应交税费"科目下设置"应交城市维护建设税"明细科目，核算应交城市维护建设税的发生、缴纳情况。该科目的贷方登记应缴纳的城市维护建设税，借方登记已缴纳的城市维护建设税；期末贷方余额反映企业尚未缴纳的城市维护建设税，借方余额反映企业多缴纳的城市维护建设税。

企业按规定计算出应缴纳的城市维护建设税，借记"营业税金及附加"等科目，贷记"应交税费——应交城市维护建设税"科目；按实际缴纳的城市维护建设税，借记"应交税费——应交城市维护建设税"科目，贷记"银行存款"科目。

2. 应交教育费附加

教育费附加，是指以增值税、消费税等流转税的实际缴纳金额为计税依据征收的一种附加费用。

应交教育费附加＝增值税、消费税等流转税的实际缴纳金额×适用费率

企业在"应交税费"科目下设置"应交教育费附加"明细科目，核算应交教育费附加的发生、缴纳情况。该科目的贷方登记应缴纳的教育费附加，借方登记已缴纳的教育费附加；期末贷方余额反映企业尚未缴纳的教育费附加，借方余额反映企业多缴纳的教育费附加。

企业按规定计算出应缴纳的教育费附加，借记"营业税金及附加"等科目，贷记"应交税费——应交教育费附加"科目；按实际缴纳的教育费附加，借记"应交税费——应交教育费附加"科目，贷记"银行存款"科目。

[例8—22] 20×5年12月5日，诚友公司申报本期实际应交增值税350 000.00元，消费税150 000.00元，同时申报城市维护建设税(适用的税率为7%)和教育费附加(适用的费率为3%)。12月15日，缴纳申报的城市维护建设税和教育费附加。

根据上述资料，诚友公司应编制记账凭证如下：

①计算应交城市维护建设税和教育费附加时：

应交的城市维护建设税＝(350 000.00＋150 000.00)×7% ＝ 35 000.00(元)

应交的教育费附加＝(350 000.00＋150 000.00)×3% ＝ 15 000.00(元)

借：营业税金及附加　　50 000.00

　　贷：应交税费——应交城市维护建设税　　35 000.00

　　　　　　　　——应交教育费附加　　15 000.00

②缴纳城市维护建设税和教育费附加时：

借：应交税费——应交城市维护建设税　　35 000.00

　　　　　　——应交教育费附加　　15 000.00

　　贷：银行存款　　50 000.00

五、应付股利及其他应付款

(一)应付股利

应付股利，是指企业根据股东大会或类似机构审议批准的利润分配方案确定分配给投资者的现金股利或利润。

企业通过“应付股利”科目核算企业确定或宣告支付但尚未实际支付的现金股利或利润。该科目的贷方登记应支付的现金股利或利润，借方登记实际支付的现金股利或利润，期末贷方余额反映企业应付未付的现金股利或利润。该科目应按投资者进行明细核算。

企业按应支付投资者的现金股利或利润，借记“利润分配——应付现金股利或利润”科目，贷记“应付股利”科目；向投资者实际支付现金股利或利润时，借记“应付股利”科目，贷记“银行存款”等科目。

[例 8—23]　20×5 年 1 月，诚友公司股东会决定向股东分配现金股利 200 000.00 元。2 月，股利通过银行支付。

根据上述资料，诚友公司应编制记账凭证如下：

(1)确认分配现金股利时：

借：利润分配——应付现金股利或利润　　200 000.00

　　贷：应付股利　　200 000.00

(2)实际支付现金股利时：

借：应付股利　　200 000.00

　　贷：银行存款　　200 000.00

(二)其他应付款

其他应付款，是指企业除应付票据、应付账款、预收账款、应付职工薪酬、应交税费、应付股利等经营活动以外的其他各项应付、暂收的款项，如出租和出借包装物收取的押金、从工资总额中结转的代扣款等。

企业通过“其他应付款”科目核算其他应付款的增减变动及其结存情况。该科目的贷方登记发生的各种应付、暂收款项，借方登记偿还或转销的各种应付、暂收款项，期末贷方余额反映企业应付未付的其他应付款。该科目应按其他应付款的项目和对方单位(或个人)进行明细核算。

企业发生其他各种应付、暂收款项时，借记“库存现金”“银行存款”“管理费用”等科目，贷记“其他应付款”科目；支付或退回其他各种应付、暂收款项时，借记“其他应付款”科目，贷记“银行存款”等科目。

[例 8—24]　20×5 年 12 月，富民公司收取各类包装物押金 1 000.00 元，以现金收讫。

根据上述资料，富民公司应编制记账凭证如下：

借：库存现金　　1 000.00

　　贷：其他应付款　　1 000.00

第三节　非流动负债

一、长期借款

(一)长期借款的定义和核算科目

长期借款，是指企业向银行或其他金融机构借入的期限在 1 年以上(不含 1 年)的各项借款。长期借款一般用于固定资产、无形资产等长期资产的购建、改扩建。由于长期借款数额大、偿还期限长，其借款费用需要根据权责发生制的要求，按期预提计入所构建资产的成本或直接计入当期财务费用。

企业通过“长期借款”科目核算长期借款的借入、归还等情况。该科目的贷方登记长期借款本金和利息的增加额，借方登记本金和利息的减少额，贷方余额表示企业尚未偿还的长期借款。该科目应按贷款单位和贷款种类，分别“本金”“利息调整”等进行明细核算。

（二）长期借款的核算

1. 长期借款的取得

企业借入长期借款时，按实际收到的金额，借记“银行存款”科目，贷记“长期借款——本金”科目；如存在差额，还应借记“长期借款——利息调整”科目。

[例 8－25] 20×5 年 12 月 1 日，诚友公司从银行借入本金为 2 000 000.00 元，借款期限为 3 年，借款年利率为 7.2%，到期一次还本付息，不计复利的借款。所借款项已转存入公司银行账户。该借款用于已经开工建造的固定资产建设项目。

根据上述资料，诚友公司应编制记账凭证如下：

借：银行存款	2 000 000.00	
贷：长期借款——本金		2 000 000.00

2. 长期借款利息的计提

资产负债表日，按摊余成本和实际利率计算确定的长期借款的利息费用，借记“在建工程”“制造费用”“财务费用”“研发支出”等科目；按合同利率计算确定的应付未付利息，(1)如果属于分期付息的，贷记“应付利息”科目，(2)如果属于到期一次还本付息的，贷记“长期借款——应计利息”科目；按其差额，借记或贷记“长期借款——利息调整”科目。

实际利率与合同利率差异较小的，也可以采用合同利率计算确定利息费用。

长期借款计算确定的利息费用，符合资本化条件的，计入相关资产的成本；不符合资本化条件的，计入财务费用。

[例 8－26] 承[例 8－25]，20×5 年 12 月 31 日，诚友公司计提 12 月初借入的用于固定资产建设的长期借款利息。该借款的合同利率和实际利率相同。

根据上述资料，诚友公司应编制记账凭证如下：

12 月的借款利息＝2 000 000.00×7.2%÷12×1＝12 000.00(元)

借：在建工程	12 000.00	
贷：长期借款——应计利息		12 000.00

3. 长期借款的归还

企业归还长期借款的本金时，按应归还的金额，借记“长期借款——本金”科目，贷记“银行存款”科目；按应归还的利息，借记“应付利息”或“长期借款——应计利息”科目，贷记“银行存款”科目。同时，借记或贷记“在建工程”“制造费用”“财务费用”“研发支出”等科目，贷记或借记“长期借款——利息调整”科目。

[例 8－27] 20×5 年 12 月 1 日，富民公司 3 年前借入的银行借款到期（到期一次还本付息），归还本金4 000 000.00元和 3 年的利息960 000.00元。

根据上述资料，富民公司应编制记账凭证如下：

借：长期借款——本金	4 000 000.00	
——应计利息	960 000.00	
贷：银行存款		4 960 000.00

二、应付债券

(一)应付债券的定义和核算科目

应付债券，是指企业为筹集资金而发行的一年期以上的债券的本金和利息。

企业发行债券可以采用面值发行、溢价发行和折价发行三种情况。面值发行，是指企业债券按其面值发行。溢价发行，是指企业债券以高于债券面值的价格发行。折价发行，是指企业债券以低于债券面值的价格发行。债券溢价或折价不是债券发行企业的收益或损失，而是发行债券企业在债券存续期内对利息费用的一种调整。即发行债券实际支付的利息大于或者小于债券票面利息。

企业通过设置“应付债券”科目核算应付债券发行、计提利息、溢折价调整、还本付息等情况。该科目的贷方登记应付债券的本金、利息、利息调整摊销(折价调整)，借方登记归还的债券本金、利息、利息调整摊销(溢价调整)，期末贷方余额反映企业尚未偿还的长期债券摊余成本。该科目可按“面值”“利息调整”“应计利息”等进行明细核算。

企业应设置“企业债券备查簿”，详细登记每一种企业债券的票面金额、债券票面利率、还本付息期限与方式、发行总额、发行日期和编号、委托代售单位、转换股份等资料。企业债券到期结清时，应在备查簿内逐笔注销。

(二)应付债券的核算

1. 发行债券

企业发行债券时，按实际收到的金额，借记“银行存款”等科目；按债券票面金额，贷记“应付债券——面值”科目；按差额，借记或贷记“应付债券——利息调整”科目。

[例8—28]　20×5年6月30日，诚友公司发行公司债券，期限为2年，票面年利率为6%(不计复利)，一次还本、分期付息。债券的面值为20 000 000.00元，发行价格为20 370 000.00元。

计算该债券的市场利率 i：

$20\,370\,000.00 = 20\,000\,000.00 \times (P/F, i, 2) + 20\,000\,000.00 \times 6\% \times (P/A, i, 2)$

市场利率 $i = 5.0162\%$

根据上述资料，诚友公司应编制记账凭证如下：

借：银行存款	20 370 000.00	
贷：应付债券——面值		20 000 000.00
——利息调整		370 000.00

2. 利息调整的摊销

资产负债表日，按摊余成本和实际利率计算确定的债券利息费用，借记“在建工程”“制造费用”“财务费用”“研发支出”等科目；按票面利率计算确定的应付未付利息，(1)对于分期付息、一次还本的债券，贷记“应付利息”科目，(2)对于一次还本付息的债券，贷记“应付债券——应计利息”科目；按其差额，借记或贷记“应付债券——利息调整”科目。

实际利率与票面利率差异较小的，也可以采用票面利率计算确定利息费用。

3. 债券的偿还

长期债券到期支付债券本金和利息时，借记“应付债券——面值”“应付债券——应计利息”“应付利息”科目，贷记“银行存款”科目。同时，进行最后一期利息调整的摊销，借记或贷记“应付债券——利息调整”科目，贷记或借记“在建工程”“制造费用”“财务费用”“研发支出”等科目。

[例 8—29] 承[例 8—28],诚友公司发行债券所筹资金用于建造已开工建设的固定资产项目,工程于 20×5 年 12 月 31 日完工。每半年计提利息和摊销利息调整,每年 6 月 30 日支付利息。

采用实际利率法计算的利息费用如表 8—3 所示。

表 8—3 **实际利率法下的利息费用** 单位:元

付息日期	支付利息＝本金×6%÷2	利息费用＝期初摊余成本×5.0162%÷2	利息调整摊销＝支付利息－利息费用	摊余成本＝期初摊余成本－利息调整摊销
20×5 年 6 月 30 日				20 370 000.00
20×5 年 12 月 31 日	600 000.00	510 901.14	89 098.86	20 280 901.14
20×6 年 6 月 30 日	600 000.00	508 666.44	91 333.56	20 189 567.58
20×6 年 12 月 31 日	600 000.00	506 375.70	93 624.30	20 095 943.28
20×7 年 6 月 30 日	600 000.00	504 056.72*	95 943.28	20 000 000.00

*存在尾数调整。

根据上述资料,诚友公司应编制记账凭证如下:

(1)20×5 年 12 月 31 日,计算利息支出时:

借:在建工程 510 901.14
　　应付债券——利息调整 89 098.86
　　贷:应付利息 600 000.00

(2)20×6 年 6 月 30 日,计算利息支出时:

借:财务费用 508 666.44
　　应付债券——利息调整 91 333.56
　　贷:应付利息 600 000.00

(3)20×6 年 6 月 30 日,支付第 1 年利息时:

借:应付利息 1 200 000.00
　　贷:银行存款 1 200 000.00

(4)20×6 年 12 月 31 日,计算利息支出时:

借:财务费用 506 375.70
　　应付债券——利息调整 93 624.30
　　贷:应付利息 600 000.00

(5)20×7 年 6 月 30 日,支付本金和第 2 年利息时:

借:财务费用 504 056.72
　　应付债券——利息调整 95 943.28
　　贷:应付利息 600 000.00

借:应付债券——面值 20 000 000.00
　　应付利息 1 200 000.00
　　贷:银行存款 21 200 000.00

思考题

1. 流动负债和非流动负债分别包括哪些内容?

2. 短期借款的利息支付方式有哪些?分别如何核算?

3. 应付商业汇票到期,如果企业无力支付票款,商业承兑汇票和银行承兑汇票的处理方法有什么区别?如果是应收商业汇票,又该如何处理?

4. 应付职工薪酬包含哪些内容?

5. 一般工业企业可能涉及的税费有哪些?分别记入哪些会计科目?

6. 增值税一般纳税人核算增值税,需要设置哪些专栏?每个专栏分别核算哪些内容?

7. 如何使用实际利率法计算长期借款和应付债券的利息调整?

练习题

一、选择题

1. 下列项目中,属于流动负债的是(　　)。

A. 应付账款　　B. 应付职工薪酬　　C. 预计负债　　D. 预付账款

2. 短期借款的利息支付方式包括(　　)。

A. 按月预提,按季支付　　B. 按月支付

C. 借款到期一次支付　　D. 按月计提,借款到期一次支付

3. 带息应付票据的入账金额为(　　)。

A. 到期值　　B. 面值　　C. 到期值的现值　　D. 面值的现值

4. 采购货物取得的增值税专用发票上注明的价款为100 000.00元,增值税税额为17 000.00元。采购合同规定付款的现金折扣为“1/10,n/30”。如果在10天内付款,实际付款金额为(　　)元。

A. 115 830.00　　B. 117 000.00　　C. 116 000.00　　D. 116 830.00

5. 下列项目中,属于职工薪酬的是(　　)。

A. 短期薪酬　　B. 其他长期职工福利

C. 辞退福利　　D. 离职后福利

6. 如果“应付职工薪酬”期初余额为0,在计提“应付职工薪酬”所属各项明细的金额的当月,将工资全额发放,社会保险费、住房公积金应交个人所得税全额上缴,则期末余额可能为0的明细项目是(　　)。

A.“应付职工薪酬——工资”　　B.“应付职工薪酬——社会保险费”

C.“应付职工薪酬——工会经费”　　D.“应付职工薪酬——职工教育经费”

7. 如果当地政府规定的缴存基数为2 500.00元,基本养老保险费、基本医疗保险费、失业保险费、工伤保险费和生育保险费的缴存比例:单位分别为20%、8%、2%、0.5%、0.5%,个人分别为8%、2%、1%、0%、0%,则需要给10人缴存社会保险费的公司,每月应缴存的社会保险费为(　　)元。

A. 1 050.00　　B. 7 750.00　　C. 2 750.00　　D. 10 500.00

8. 下列项目中,应计入管理费用的税种是(　　)。

A. 房产税　　B. 印花税　　C. 增值税　　D. 土地增值税

9. 下列情况中,需要做增值税进项税额转出的是(　　)。

A. 购进的原材料因保管不善发生毁损　　B. 购进的原材料用于招待公司的客人

C. 购进的原材料用于维修设备　　D. 购进的原材料用于研发

10. 根据长期借款的实际使用方向,在满足相关条件的情况下,长期借款的利息可以记入(　　)科目。

A.“财务费用”　　B.“制造费用”

C.“其他业务支出”　　D.“研发支出”

二、业务题

习题一

[资料] 20×5 年 8 月 1 日，卓越公司向银行借入本金2 400 000.00元，期限为 6 个月，年利率为 6%。该借款到期后如数归还，利息分月预提，按季支付。

[要求] 根据以上资料，编制以下记账凭证(标明不同时点)：

(1)借入款项；

(2)按月预提利息；

(3)按季支付；

(4)到期时归还本金和剩余利息。

习题二

[资料] 20×5 年 12 月 1 日，创新公司采购原材料，取得的增值税专用发票上注明的价款为200 000.00元，适用的增值税税率为 17%，货已入库。创新公司开出带息商业承兑汇票一张，期限为 6 个月，票面利率为 6%。20×6 年 3 月 1 日，创新公司由于资金周转困难，暂时无力支付票款。经双方协商，创新公司重新签发 6 个月期、面值为241 020.00元的不带息商业汇票，确定债权债务关系。20×6 年 9 月 1 日创新公司支付款项。

[要求] 根据以上资料，编制 12 月 1 日、12 月 31 日、3 月 1 日、9 月 1 日的记账凭证。

习题三

[资料] 20×5 年 5 月 3 日，创新公司采购原材料，双方确定的采购数量为 500 件，单价(不含增值税)为每件 120.00 元，在此基础上给予 5%的商业折扣，适用的增值税税率为 17%，货已入库。同时规定付款条件为“2/10，1/20，n/30”。创新公司于 20×5 年 5 月 18 日付款。

[要求] 根据以上资料，编制 5 月 3 日、5 月 18 日的记账凭证。

习题四

[资料] 20×5 年 12 月，卓越公司发生与职工薪酬有关的交易或事项如下：

(1)将 50 台自产的 V 型厨房清洁器作为福利分配给本公司行政管理人员。该厨房清洁器每台生产成本为 12 000.00 元，市场售价为 15 000.00 元(不含增值税)。适用的增值税税率为 17%。

(2)月末，分配职工工资：直接生产产品人员工资 150 000.00 元，车间管理人员工资 15 000.00 元，专设销售机构人员工资 30 000.00 元，企业行政管理人员工资 20 000.00 元。

(3)月末，分别按工资总额的 8%、20%、1%和 10%计算由企业承担医疗、养老、失业保险和住房公积金。

(4)分别按工资总额的 2%、8%、1%和 10%计算代扣代缴职工医疗、养老、失业保险和住房公积金。

(5)按规定计算代扣代缴职工个人所得税 2 000.00 元。

(6)以现金支付职工李某生活困难补助 1 000.00 元。

(7)从应付张经理的工资中，扣回上月代垫的应由其本人负担的医疗费 3 000.00 元。

[要求] 根据以上资料，编制各项交易或事项的记账凭证。

习题五

[资料] 创新公司为增值税一般纳税人，适用的增值税税率为 17%，存货收发采用实际成本核算。20×5 年12 月发生下列经济业务：

(1)购入一批原材料，增值税专用发票上注明的原材料价款为200 000.00元，增值税税额为34 000.00元，货款已经支付。另购入材料过程中用现金支付铁路部门运输费1 000.00元，增值税税额为110.00元，材料已经到达并验收入库。

(2)收购农产品，实际支付的价款为10 000.00元，收购的农业产品已验收入库，增值税扣除率为 13%。

(3)将拟用做原材料的白酒用于招待公司客人，材料成本为2 000.00元，购进原材料时进项税额340.00元已经抵扣。

(4)用原材料对外投资，该批原材料的成本为500 000.00元，计税价格为600 000.00元。

(5)销售产品一批，销售价格为468 000.00元(含增值税)，实际成本为360 000.00元，提货单和增值税专用发票已交购货方，货款尚未收到。该销售符合收入确认条件。

(6)在建工程(职工浴室)领用库存商品一批,实际成本为40 000.00元,计税价格为50 000.00元。

(7)月末盘亏原材料一批,该批原材料的实际成本为30 000.00元,经查属于计量误差所致,经批准可以处理。

(8)用银行存款缴纳本月增值税80 000.00元。

[要求] 根据以上资料,编制各项交易或事项的记账凭证(写出"应交税费——应交增值税"的各项专栏名称)。

习题六

[资料] 20×2 年 7 月 1 日,创新公司从银行取得到期一次性还本付息的借款,本金为6 000 000.00元,期限为 3 年,利率为 7.5%。该借款用于同日已经开工的固定资产建设项目,且符合借款费用资本化条件。固定资产建设项目于 20×3 年 6 月 30 日完工并交付使用。

[要求]

(1)编制借入款项的记账凭证。

(2)如果借款的合同利率与实际利率相等,编制各半年末和年末计提借款利息的记账凭证。

(3)如果实际利率为 8%,按实际利率法计算各半年末和年末计提借款利息的记账凭证。

(4)编制借款到期还本付息的记账凭证。

第九章　收入、费用和利润

学习目标

1. 掌握收入、费用、利润的构成及其会计处理方法。
2. 理解利润分配的顺序及其会计处理方法。
3. 了解收入确认的条件。

收入、费用与利润是从动态的角度表现企业财务状况与成果的三个基本企业财务会计要素。本章分别阐述收入、费用、利润的财务会计核算方法程序。

第一节　收入、费用和利润概述

一、收入的定义和分类

(一)收入的定义

收入,是指企业在日常活动中形成的、会导致所有者权益增加的、与所有者投入资本无关的经济利益的总流入。

首先,日常活动,是指企业为完成其经营目标所从事的经常性活动以及与之相关的活动。比如,工业企业制造并销售产品、商品流通企业销售商品、保险公司签发保单、咨询公司提供咨询服务、软件企业为客户开发软件、安装公司提供安装服务、商业银行对外贷款、租赁公司出租资产等,均属于企业为完成其经营目标所从事的经常性活动,由此产生的经济利益的总流入构成收入。

企业处置固定资产、无形资产等活动,不是企业为完成其经营目标所从事的经常性活动,也不属于与经常性活动相关的活动,由此产生的经济利益的总流入不构成收入,应确认为营业外收入。

其次,收入的实现一般会导致所有者权益中利润的增加,但是所有者权益中其他项目的增加,如投资者投入资本导致实收资本和资本公积的增加,不属于收入的范畴。

此外,企业代第三方收取的款项作为负债处理,不确认为收入。

(二)收入的分类

收入包括营业收入和投资收益。其中营业收入的分类详见图 9—1。

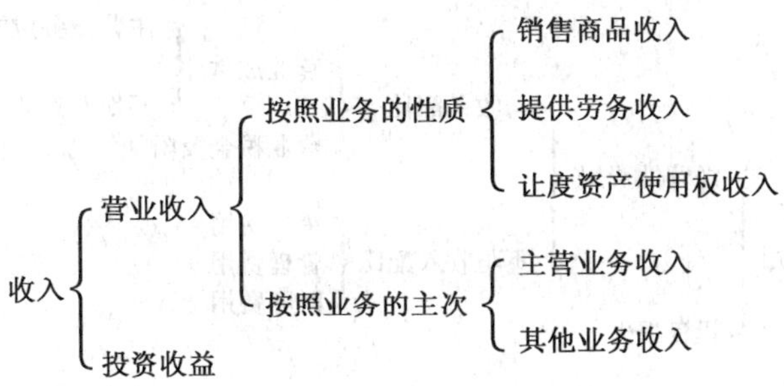

图 9—1 营业收入的分类

1. 按业务的性质分类

按业务的性质，营业收入分为销售商品收入、提供劳务收入和让渡资产使用权收入。

销售商品收入，是指企业将生产或者购入的产品、半成品、材料、商品等对外出售取得的收入。

提供劳务收入，是指企业提供生产、批发、零售以外的劳务取得的收入，如交通运输业、电信业、文化体育业、娱乐业、服务业等提供的劳务收入。

让渡资产使用权收入，是指企业将其拥有的资产对外进行经营性租赁所取得的收入。如银行的贷款利息收入、对外出租包装物和运输工具等资产取得的租金收入。

2. 按业务的主次分类

按业务的主次，营业收入分为主营业务收入和其他业务收入。

主营业务收入，是指企业确认的销售商品、提供劳务等主营业务的收入，如工业企业的产品销售收入、交通运输企业的客货运输收入、银行业的贷款利息收入等。

其他业务收入，是指企业确认的除主营业务活动以外的其他经营活动实现的收入，如工业企业的原材料销售收入、交通运输企业的修理业务收入、对外出租各类资产的收入等。

二、费用的定义和分类

(一)费用的定义

费用，是指企业在日常活动中发生的、会导致所有者权益减少的、与向所有者分配利润无关的经济利益的总流出。

费用的发生一般会导致所有者权益中利润的减少，但是向所有者分配利润导致利润的减少，不属于费用的范畴。

企业发生的交易或者事项导致其承担了一项负债而又不确认为一项资产的，应在发生时确认为费用。比如，按税收法规的规定确认本季度应缴纳的房产税，在确认负债(应交税费)的同时，应确认费用。原材料入库但是货款未付，在确认负债(应付账款)的同时确认资产(原材料)，此时不应确认费用。

企业发生的支出是确认为资产还是确认为费用，关键在于该项支出是否会给企业带来经济利益。一般能够给企业带来经济利益的支出，可以确认为资产；不能给企业带来经济利益的支出，通常确认为费用。一项已经确认为资产的支出，如果不再符合资产确认条件的，应确认为费用。

(二)费用的分类

费用包括经营性费用和投资损失。其中经营性费用的分类详见图 9—2。

- 费用
  - 经营性费用
    - 与收入配比
      - 营业成本
        - 主营业务成本
        - 其他业务成本
      - 营业税金及附加
    - 不与收入配比
      - 销售费用
      - 管理费用
      - 财务费用
  - 投资损失

图 9－2　经营性费用的分类

1. 与收入配比的费用

与收入配比的费用包括营业成本和营业税金及附加。

营业成本，是指和营业收入配比的成本，是与营业收入直接相关的、已经确定了归属期和归属对象的各种直接费用。按业务的主次，分为主营业务成本和其他业务成本。

主营业务成本，是指企业确认销售商品、提供劳务等主营业务收入时应结转的成本，包括已售产品成本和与已提供劳务直接相关的各项支出。

其他业务成本，是指企业确认的除主营业务活动以外的其他经营活动所发生的支出，包括销售材料的成本、出租固定资产的折旧额、出租无形资产的摊销额、出租包装物的成本或摊销额、采用成本模式计量投资性房地产计提的折旧额或摊销额等。

营业税金及附加，是指企业经营主要业务和其他业务所负担的流转税及其附加税费，包括经营活动发生的消费税、城市维护建设税、资源税和教育费附加等相关税费。

2. 不与收入配比的费用

不与收入配比但是仍然属于经营活动产生的费用包括销售费用、管理费用和财务费用。该部分费用是随着时间推移而发生的与当期产品的管理和产品销售直接相关，而与产品的产量、产品的制造过程无直接关系的费用，即容易确定其发生的期间，而难以判别其所应归属的产品，因而这三项费用又被称为“期间费用”。

销售费用，是指企业销售商品和材料、提供劳务的过程中发生的各种费用。这类费用和企业的销售活动直接相关。

管理费用，是指企业为组织和管理企业生产经营所发生的管理费用。

财务费用，是指企业为筹集生产经营所需资金等而发生的筹资费用。

三、利润的定义和构成

利润，是指企业在一定会计期间的经营成果。一般等于收入减去费用后的净额。

利润的构成可以分为营业利润、利润总额和净利润三个层次（见图 9－3）。

图 9－3 中各个部分的计算公式如下：

收入＝主营业务收入＋其他业务收入＋投资收益

费用＝主营业务成本＋其他业务成本＋营业税金及附加＋销售费用＋管理费用＋财务费用

营业利润＝收入－费用＋公允价值变动损益－资产减值损失

利润总额＝营业利润＋营业外收入－营业外支出

净利润＝利润总额－所得税费用

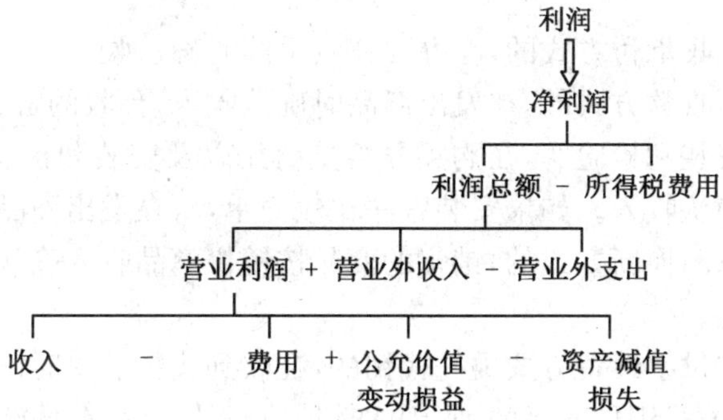

图 9—3　利润的构成

第二节　收　入

一、收入的确认

收入只有在经济利益很可能流入从而导致企业资产增加或者负债减少，且经济利益的流入额能够可靠计量时，才能予以确认。

(一)销售商品收入的确认

1. 一般性的确认条件

销售商品收入同时满足下列条件的，才能予以确认：

(1)企业已将商品所有权上的主要风险和报酬转移给购货方。

企业已将商品所有权上的主要风险和报酬转移给购货方，是指与商品所有权有关的主要风险和报酬同时转移。与商品所有权有关的风险，是指商品可能发生减值或毁损等形成的损失；与商品所有权有关的报酬，是指商品价值增值或通过使用商品等产生的经济利益。

判断企业是否已将商品所有权上的主要风险和报酬转移给购货方，应关注交易的实质，并结合所有权凭证的转移进行判断。

通常情况下，转移商品所有权凭证并交付实物后，商品所有权上的主要风险和报酬随之转移，如大多数零售商品。某些情况下，转移商品所有权凭证但未交付实物，商品所有权上的主要风险和报酬随之转移，企业只保留了次要风险和报酬，如采用交款提货方式销售的商品。有时，已交付实物但未转移商品所有权凭证，商品所有权上的主要风险和报酬未随之转移，如采用支付手续费方式委托代销的商品。

(2)企业既没有保留通常与所有权相联系的继续管理权，也没有对已售出的商品实施有效控制。

(3)收入的金额能够可靠地计量。

(4)相关的经济利益很可能流入企业。

(5)相关的已发生或将发生的成本能够可靠地计量。

2. 具体销售方式下销售商品收入的确认

(1)下列商品销售，通常按规定的时点确认为收入，有证据表明不满足收入确认条件的除外：

①销售商品采用托收承付方式的，在办妥托收手续时确认收入。

②销售商品采用预收款方式的，在发出商品时确认收入，预收的货款应确认为负债。

③销售商品需要安装和检验的，在购买方接受商品以及安装和检验完毕前，不确认收入，待安装和检验完毕时确认收入。如果安装程序比较简单，可在发出商品时确认收入。

④销售商品采用以旧换新方式的，销售的商品按销售商品收入确认条件确认收入，回收的商品作为购进商品处理。

⑤销售商品采用支付手续费方式委托代销的，在收到代销清单时确认收入。

(2)采用售后回购方式销售商品的，收到的款项应确认为负债；回购价格大于原售价的，差额应在回购期间按期计提利息，计入财务费用。有确凿证据表明售后回购交易满足销售商品收入确认条件的，销售的商品按售价确认收入，回购的商品作为购进商品处理。

(3)采用售后租回方式销售商品的，收到的款项应确认为负债；售价与资产账面价值之间的差额，应采用合理的方法进行分摊，作为折旧费用或租金费用的调整。有确凿证据表明认定为经营租赁的售后租回交易是按公允价值达成的，销售的商品按售价确认收入，并按账面价值结转成本。

3. 销售折扣下销售商品收入的确认

销售折扣包括现金折扣和商业折扣。

现金折扣，是指债权人为鼓励债务人在规定的期限内付款而向债务人提供的债务扣除。销售商品涉及现金折扣的，按扣除现金折扣前的金额确定销售商品收入金额。现金折扣在实际发生时计入当期损益。即现金折扣不影响销售商品收入的确认金额，只有在收款时付款方享受现金折扣时，才会影响实际收到的款项的金额。比如，销售商品金额为10 000.00元，现金折扣为“1/10，n/30”，则确认的销售商品收入为10 000.00元。如果购货方在 10 天内付款，则实际付款金额为9 900.00元[10 000.00×(1－1%)]。

商业折扣，是指企业为促进商品销售而在商品标价上给予的价格扣除。销售商品涉及商业折扣的，按扣除商业折扣后的金额确定销售商品收入金额。即商业折扣在确认销售商品收入的金额时直接扣除。比如，销售金额为 10 000.00 元，商业折扣为 1%，则确认的销售商品收入为 9 900.00 元[10 000.00 ×(1－1%)]。

4. 销售折让和销售退回对销售商品收入的影响

(1)销售折让。

销售折让，是指企业因售出商品的质量不合格等原因而在售价上给予的减让。

企业已经确认销售商品收入的售出商品发生销售折让的，在发生时冲减当期销售商品收入。比如 2 月份确认销售商品收入 10 000.00 元，3 月份发现售出的商品在质量上存在问题，购销双方协商确定销售方给予购货方 1%的销售折让。根据销售折让冲减的 3 月份销售商品收入为 100.00 元(10 000.00×1%)。

(2)销售退回。

销售退回，是指企业售出的商品由于质量、品种不符合要求等原因而发生的退货。

企业已经确认销售商品收入的售出商品发生销售退回的，在发生时冲减当期销售商品收入。比如 2 月份确认销售商品收入 10 000.00 元，3 月份发现售出的商品品种不符合要求，购销双方协商确定予以退货。根据销售退回冲减的 3 月份销售商品收入为 10 000.00 元。

销售折扣和销售退回如果属于资产负债表日后事项，则需要冲减发生年度的销售商品收入。

(二)提供劳务收入的确认

1. 一般性的确认条件

如果企业在资产负债表日提供劳务交易的结果能够可靠估计,则采用完工百分比法确认提供劳务收入。

首先,提供劳务交易的结果能够可靠估计,是指同时满足下列条件:

(1)收入的金额能够可靠地计量;

(2)相关的经济利益很可能流入企业;

(3)交易的完工进度能够可靠地确定;

(4)交易中已发生和将发生的成本能够可靠地计量。

其次,完工百分比法,是指按提供劳务交易的完工进度确认收入与费用的方法。

企业确定提供劳务交易的完工进度,可以选用下列方法:

(1)已完工作的测量。

(2)已经提供的劳务占应提供劳务总量的比例。

(3)已经发生的成本占估计总成本的比例。

2. 具体销售方式下提供劳务收入的确认

下列提供劳务满足收入确认条件的,按规定确认收入:

(1)安装费,在资产负债表日根据安装的完工进度确认收入。安装工作是商品销售附带条件的,安装费在确认商品销售实现时确认收入。

(2)宣传媒介的收费,在相关的广告或商业行为开始出现于公众面前时确认收入。广告的制作费,在资产负债表日根据制作广告的完工进度确认收入。

(3)为特定客户开发软件的收费,在资产负债表日根据开发的完工进度确认收入。

(4)包括在商品售价内可区分的服务费,在提供服务的期间内分期确认收入。

(5)艺术表演、招待宴会和其他特殊活动的收费,在相关活动发生时确认收入。收费涉及几项活动的,预收的款项应合理分配给每项活动,分别确认收入。

(6)申请入会费和会员费只允许取得会籍,所有其他服务或商品都要另行收费的,在款项收回不存在重大不确定性时确认收入。申请入会费和会员费能使会员在会员期内得到各种服务或商品,或者以低于非会员的价格销售商品或提供服务的,在整个受益期内分期确认收入。

(7)属于提供设备和其他有形资产的特许权费,在交付资产或转移资产所有权时确认收入;属于提供初始及后续服务的特许权费,在提供服务时确认收入。

(8)长期为客户提供重复的劳务收取的劳务费,在相关劳务活动发生时确认收入。

3. 提供劳务交易结果不能够可靠估计时提供劳务收入的确认

如果企业在资产负债表日提供劳务交易结果不能够可靠估计,则分别下列情况处理:

(1)已经发生的劳务成本预计能够得到补偿的,按已经发生的劳务成本金额确认提供劳务收入,并按相同金额结转劳务成本。

(2)已经发生的劳务成本预计不能够得到补偿的,将已经发生的劳务成本计入当期损益,不确认提供劳务收入。

(三)让渡资产使用权收入的确认

让渡资产使用权收入包括利息收入、使用费收入等。

1. 一般性的确认条件

让渡资产使用权收入同时满足下列条件的,才能予以确认:

(1)相关的经济利益很可能流入企业;

(2)收入的金额能够可靠地计量。

2. 不同方式下让渡资产使用权收入的确认

利息收入金额,按他人使用本企业货币资金的时间和实际利率计算确定。利息的计算公式如下:

利息=本金×利率×时间

使用费收入金额,按有关合同或协议约定的收费时间和方法计算确定。比如包装物的租金,一般在租赁合同中规定金额和时间。

二、收入的核算

与收入核算相关的科目包括"主营业务收入""其他业务收入"和"投资收益"。

(一)"主营业务收入"科目

"主营业务收入"科目核算企业主要经营活动确认的收入。

企业销售商品或提供劳务确认收入时,按收款方式,借记"银行存款""应收账款""应收票据""预收账款"等科目;按开具的增值税发票上注明的价款和增值税税额,贷记"主营业务收入""应交税费——应交增值税(销项税额)"等科目。

月末,将"主营业务收入"科目的余额转入"本年利润"科目,结转后"主营业务收入"科目没有余额。

[例9—1] 20×5年12月1日,富民公司销售产品4 800件,销售价目表上列示的单价为500.00元/件。因为销售数量较大,富民公司给予2%的商业折扣。货物已经发出,款项已经通过银行收到。适用的增值税税率为17%。

根据上述资料,富民公司应编制记账凭证如下:

实际确认的销售商品收入=4 800×500.00×(1-2%)=2 352 000.00(元)

增值税销项税额=2 352 000.00×17%=399 840.00(元)

借:银行存款	2 751 840.00	
贷:主营业务收入		2 352 000.00
应交税费——应交增值税(销项税额)		399 840.00

[例9—2] 20×5年12月8日,富民公司销售产品6 500件,销售价目表上列示的单价为500.00元/件。为了提高销售回款率,富民公司给予"2/10、n/30"的现金折扣。货物已经发出,款项尚未收到。适用的增值税税率为17%。20×5年12月15日,通过银行收取扣除现金折扣后的货款。

根据上述资料,富民公司应编制记账凭证如下:

(1)20×5年12月8日,开具增值税发票确认收入时:

增值税销项税额=6 500×500.00×17%=552 500.00(元)

借:应收账款	3 802 500.00	
贷:主营业务收入		3 250 000.00
应交税费——应交增值税(销项税额)		552 500.00

(2)20×5年12月15日,收取货款时:

实际收取的货款=3 250 000.00×(1-2%)+552 500.00=3 737 500.00(元)

借:银行存款	3 737 500.00

财务费用　　65 000.00

贷：应收账款　　3 802 500.00

[例 9—3] 20×5 年 12 月，诚友公司收到通知 10 月销售的一批产品存在质量问题。经调查协商，公司同意退货。销售退回的产品数量为 300 件，单价为 450.00 元/件，适用的增值税税率为 17%。产品已经退回并验收入库，原销售货款尚未收到。

根据上述资料，诚友公司应编制记账凭证如下：

借：应收账款　　—157 950.00

贷：主营业务收入　　—135 000.00

应交税费——应交增值税(销项税额)　　—22 950.00

(二)"其他业务收入"科目

"其他业务收入"科目核算企业主要经营活动之外的其他经营活动确认的收入，包括出租固定资产、出租无形资产、出租包装物和商品、销售材料、用材料进行非货币性交换(非货币性资产交换具有商业实质且公允价值能够可靠计量)或债务重组等实现的收入。

企业确认其他业务收入时，按收款方式，借记"银行存款""应收账款"等科目；按开具的增值税发票上注明的价款和增值税税额，贷记"其他业务收入""应交税费——应交增值税(销项税额)"等科目。

月末，将"其他业务收入"科目的余额转入"本年利润"科目，结转后"其他业务收入"科目没有余额。

[例 9—4] 20×5 年 12 月，诚友公司出售原材料一批，价款为30 000.00元，适用的增值税税率为 17%，款项已经通过银行收到。

根据上述资料，诚友公司应编制记账凭证如下：

增值税销项税额 = 30 000.00 × 17% = 5 100.00(元)

借：银行存款　　35 100.00

贷：其他业务收入　　30 000.00

应交税费——应交增值税(销项税额)　　5 100.00

[例 9—5] 20×5 年 12 月，富民公司将一台设备对外出租，租赁合同确定租金为20 000.00元，适用的增值税税率为 17%，已经用现金收取。

根据上述资料，富民公司应编制记账凭证如下：

增值税销项税额 = 20 000.00 × 17% = 3 400.00(元)

借：库存现金　　23 400.00

贷：其他业务收入　　20 000.00

应交税费——应交增值税(销项税额)　　3 400.00

(三)"投资收益"科目

"投资收益"科目核算企业因对外投资活动确认的投资收益或投资损失，如股权投资分红、债券投资利息等。

长期股权投资采用成本法核算的，按被投资单位宣告发放的现金股利或利润中属于本企业的部分，借记"应收股利"科目，贷记"投资收益"科目。

长期股权投资采用权益法核算的，按根据被投资单位实现的净利润或经调整的净利润计算应享有的份额，借记"长期股权投资——损益调整"科目，贷记"投资收益"科目。

处置长期股权投资时，按实际收到的金额，借记"银行存款"等科目；按其账面余额，贷记

“长期股权投资”科目；按计提的减值准备，借记“长期股权投资减值准备”科目；按尚未领取的现金股利或利润，贷记“应收股利”科目；按其差额，贷记或借记本科目。

月末，将“投资收益”科目的余额转入“本年利润”科目，结转后“投资收益”科目没有余额。

第三节　费　用

一、费用的确认

（一）费用的确认原则

费用只有在经济利益很可能流出从而导致企业资产减少或者负债增加，且经济利益的流出额能够可靠计量时，才能予以确认。

首先，费用的发生会导致资产的减少，如用银行存款支付销售商品的运输费用、用现金支付董事会的会议费用等。

其次，费用的发生会导致负债的增加，如月末计算应支付给职工的当月工资，工资计入人工费用，产生的负债在下月支付。

（二）成本费用

企业为生产产品、提供劳务等发生的可归属于产品成本、劳务成本等的费用，在确认产品销售收入、劳务收入等时，应将已销售产品、已提供劳务的成本等计入当期损益。

产品成本和劳务成本在发生时形成资产。销售活动发生后，按配比原则，和确认的收入对应的产品成本、劳务成本从资产中转出，确认为费用。

比如，生产产品 300 件，每件的生产成本为 200.00 元，则资产的价值为60 000.00元。当期销售产品 200 件，每件的销售价格为 320.00 元，则确认的销售商品收入为64 000.00元(200 × 320.00)。同时，将已经销售的 200 件产品的生产成本转为成本费用：200 × 200.00 = 40 000.00(元)。

二、费用的核算

和费用核算相关的科目包括“主营业务成本”“其他业务成本”“营业税金及附加”“销售费用”“管理费用”“财务费用”。

（一）“主营业务成本”科目

“主营业务成本”科目核算企业确认销售商品、提供劳务等主营业务收入时应结转的成本。销售商品的成本一般采用月末一次结转。

月末，企业根据本月销售各种商品、提供各种劳务等实际成本，计算应结转的主营业务成本。采用实际成本法核算的，根据选用的存货发出方法（先进先出法、加权平均法、个别认定法等）计算发出存货的实际成本，借记“主营业务成本”科目，贷记“库存商品”“劳务成本”等科目。

采用计划成本或售价核算库存商品的，按计划成本或售价结转发出库存商品的成本，贷记“库存商品”科目；按计算的本月销售商品应分摊的产品成本差异或商品进销差价，借记或贷记“产品成本差异”“商品进销差价”等科目；按差额，借记“主营业务成本”科目。

月末，将“主营业务成本”科目的余额转入“本年利润”科目，结转后“主营业务成本”科目没有余额。

[例 9—6]　20×5 年 12 月，富民公司结转本月已售产品成本，库存商品采用实际成本法核算，根据加权平均法计算应结转的已售产品成本为 4 503 750.00 元。

根据上述资料，富民公司应编制记账凭证如下：

借：主营业务成本	4 503 750.00	
贷：库存商品		4 503 750.00

[例 9—7]　20×5 年 12 月，诚友公司库存商品采用计划成本法核算，销售 A 产品2 000 件，A 产品的计划单位成本为 500.00 元/件，12 月产品成本分摊率为 3%。

根据上述资料，诚友公司应编制记账凭证如下：

已售产品计划成本＝2 000×500.00＝1 000 000.00(元)

应分摊的成本差异＝1 000 000.00×3%＝30 000.00(元)

借：主营业务成本	1 030 000.00	
贷：库存商品		1 000 000.00
产品成本差异		30 000.00

[例 9—8]　20×5 年 12 月，诚友公司收到通知 10 月销售的一批丙产品存在质量问题。经调查协商，公司同意退货。销售退回的丙产品数量为 300 件，计划单位成本为 360.00 元/件，产品已经退回并验收入库。诚友公司库存商品采用计划成本法核算，12 月产品成本分摊率为 3%。

根据上述资料，诚友公司应编制记账凭证如下：

借：主营业务成本	—111 240.00	
贷：库存商品		—108 000.00
产品成本差异		—3 240.00

(二)"其他业务成本"科目

"其他业务成本"科目核算企业确认的除主营业务活动以外的其他经营活动所发生的支出。

企业发生其他业务成本时，借记"其他业务成本"科目；根据发生的业务性质，贷记"原材料""周转材料""累计折旧""累计摊销""应付职工薪酬""银行存款"等科目。

月末，将"其他业务成本"科目的余额转入"本年利润"科目，结转后"其他业务成本"科目没有余额。

[例 9—9]　20×5 年 12 月，诚友公司出售原材料一批，原材料采用实际成本法核算，根据加权平均法计算，该批原材料实际成本为24 000.00元。

根据上述资料，诚友公司应编制记账凭证如下：

借：其他业务成本	24 000.00	
贷：原材料		24 000.00

[例 9—10]　20×5 年 12 月，诚友公司对外出租资产使用权应摊销费用计算如表 9—1 所示。

表 9—1　　**对外出租资产使用权应摊销费用计算表**

资产类型	资产账面余额	摊销方式	月摊销额
包装物	1 500.00	一次摊销法	1 500.00

续表

资产类型	资产账面余额	摊销方式	月摊销额
货运车辆	600 000.00	年限平均法,10 年,4%	4 800.00
专利权	240 000.00	直线法,10 年	2 000.00
合　计	841 500.00		8 300.00

根据上述资料,诚友公司应编制记账凭证如下:

借:其他业务成本　　8 300.00

　贷:周转材料——包装物　　1 500.00

　　累计折旧　　4 800.00

　　累计摊销　　2 000.00

(三)"营业税金及附加"科目

"营业税金及附加"科目核算和企业主营业务收入、其他业务收入相关的流转税及其附加税费,包括经营活动发生的消费税、城市维护建设税、资源税和教育费附加等。

按规定计算确定的与经营活动相关的税费,借记"营业税金及附加"科目,贷记"应交税费"科目。

月末,将"营业税金及附加"科目的余额转入"本年利润"科目,结转后"营业税金及附加"科目没有余额。

[例 9—11] 20×5 年 12 月,富民公司各项经营收入相关税费计算如表 9—2 所示。城市维护建设税和教育费附加的税费率分别为 7%和 3%。

表 9—2　　经营收入相关税费计算表　　单位:元

税　种	纳税基数	应纳税额
增值税	销项税额－进项税额＋进项税额转出	795 058.50
城市维护建设税	应纳增值税	55 654.10
教育费附加	应纳增值税	23 851.75

根据上述资料,富民公司应编制记账凭证如下:

借:营业税金及附加　　79 505.85

　贷:应交税费——应交城市维护建设税　　55 654.10

　　——应交教育费附加　　23 851.75

(四)"销售费用"科目

"销售费用"科目核算企业在销售产品、提供劳务等日常经营过程中发生的各项费用以及专设销售机构的各项经费,包括保险费、包装费、展览费和广告费、商品维修费、预计产品质量保证损失、运输费、装卸费等以及为销售本企业商品而专设的销售机构(含销售网点、售后服务网点等)的职工薪酬、业务费、折旧费、与专设销售机构相关的固定资产修理费用等后续支出等经营费用。

企业在销售商品过程中发生包装费、保险费、展览费和广告费、运输费、装卸费等费用时,借记"销售费用"科目,贷记"库存现金""银行存款"等科目。

发生为销售本企业商品而专设的销售机构的职工薪酬、业务费、固定资产折旧等费用时,借记“销售费用”科目，贷记“应付职工薪酬”“银行存款”“累计折旧”等科目。

月末，将“销售费用”科目的余额转入“本年利润”科目，结转后“销售费用”科目没有余额。

[例 9—12]　20×5 年 12 月，诚友公司发生的广告费、保险费等为54 000.00元，均通过银行支付。计提的销售部门人员工资为280 000.00元，销售部门使用固定资产折旧费为39 000.00元。

根据上述资料，诚友公司应编制记账凭证如下：

借：销售费用	373 000.00	
贷：银行存款		54 000.00
应付职工薪酬		280 000.00
累计折旧		39 000.00

(五)“管理费用”科目

“管理费用”科目核算企业行政管理部门为组织和管理生产经营活动而发生的各种费用，包括企业在筹建期间内发生的开办费、董事会和行政管理部门在企业的经营管理中发生的或者应由企业统一负担的公司经费(包括行政管理部门职工工资及福利费、物料消耗、低值易耗品摊销、办公费和差旅费等)、工会经费、董事会费(包括董事会成员津贴、会议费和差旅费等)、聘请中介机构费、咨询费(含顾问费)、诉讼费、业务招待费、房产税、车船税、土地使用税、印花税、技术转让费、矿产资源补偿费、研究费用、排污费、生产车间(部门)和行政管理部门等发生的固定资产修理费用等后续支出等。

发生行政管理部门人员的职工薪酬时，借记“管理费用”科目，贷记“应付职工薪酬”科目。计提的固定资产折旧，借记“管理费用”科目，贷记“累计折旧”科目。

行政管理部门发生办公费、水电费、业务招待费、聘请中介机构费、咨询费、诉讼费、技术转让费、研发费用时，借记“管理费用”科目，贷记“银行存款”“研发支出”等科目。

按规定计算确定应交矿产资源补偿费、房产税、车船税、土地使用税、印花税时，借记“管理费用”科目，贷记“应交税费”科目。

月末，将“管理费用”科目的余额转入“本年利润”科目，结转后“管理费用”科目没有余额。

[例 9—13]　20×5 年 12 月，诚友公司发生的董事会费、办公费、业务招待费等为450 000.00元，均通过银行支付。计提的行政管理部门人员工资为110 000.00元，行政管理部门使用固定资产折旧费为160 000.00元，无形资产摊销为275 000.00元。

根据上述资料，诚友公司应编制记账凭证如下：

借：管理费用	995 000.00	
贷：银行存款		450 000.00
应付职工薪酬		110 000.00
累计折旧		160 000.00
累计摊销		275 000.00

[例 9—14]　20×5 年 12 月，诚友公司计算应缴纳的房产税为150 000.00元，土地使用税为36 000.000元，印花税为1 520.00元。

根据上述资料，诚友公司应编制记账凭证如下：

借：管理费用	187 520.00	
贷：应交税费——应交房产税		150 000.00
——应交土地使用税		36 000.00

——应交印花税　　1 520.00

(六)"财务费用"科目

"财务费用"科目核算企业筹集生产经营所需资金而发生的费用,包括利息支出(减利息收入)、汇兑损益以及相关的手续费、企业发生的现金折扣或收到的现金折扣等。

企业发生应予以费用化的利息支出、手续费等时,借记"财务费用"科目,贷记"应付利息""银行存款""未确认融资费用"等科目。

发生应冲减财务费用的利息收入、汇兑损益、现金折扣等时,借记"银行存款""应付账款"等科目,贷记"财务费用"科目。

月末,将"财务费用"科目的余额转入"本年利润"科目,结转后"财务费用"科目没有余额。

[**例 9—15**] 20×5 年 12 月,诚友公司计提短期借款利息 3 200.00 元,通过银行支付手续费 5 620.00 元。

根据上述资料,诚友公司应编制记账凭证如下:

借:财务费用　　8 820.00

　　贷:应付利息　　3 200.00

　　　　银行存款　　5 620.00

[**例 9—16**] 20×5 年 12 月,诚友公司收到银行转来的存款利息通知单,20×5 年第四季度存款利息收入为7 890.00元。

根据上述资料,诚友公司应编制记账凭证如下:

借:银行存款　　7 890.00

　　贷:财务费用　　7 890.00

三、和营业利润相关的其他科目

(一)"资产减值损失"科目

"资产减值损失"科目核算企业计提各项资产减值准备所形成的损失。

企业的应收款项、存货、长期股权投资、持有至到期投资、固定资产、在建工程、工程物资、无形资产、采用成本模式计量的投资性房地产等资产发生减值时,按应减记的金额,借记"资产减值损失"科目,贷记"坏账准备""存货跌价准备""长期股权投资减值准备""持有至到期投资减值准备""固定资产减值准备""在建工程减值准备""工程物资减值准备""无形资产减值准备""投资性房地产减值准备"等科目。

企业计提坏账准备、存货跌价准备等之后,相关资产的价值又得以恢复的,在原已计提的减值准备金额内,按恢复增加的金额,借记"坏账准备""存货跌价准备"等科目,贷记"资产减值损失"科目。

月末,将"资产减值损失"科目的余额转入"本年利润"科目,结转后"资产减值损失"科目没有余额。

[**例 9—17**] 20×5 年 12 月,诚友公司计提各项资产减值准备:坏账准备为840 000.00元,存货跌价准备为390 000.00元,固定资产减值准备为1 640 000.00元。

根据上述资料,诚友公司应编制记账凭证如下:

借:资产减值损失　　2 870 000.00

　　贷:坏账准备　　840 000.00

　　　　存货跌价准备　　390 000.00

固定资产减值准备　　1 640 000.00

(二)“公允价值变动损益”科目

“公允价值变动损益”科目核算企业交易性金融资产、交易性金融负债，以及采用公允价值模式计量的投资性房地产、衍生工具、套期保值业务等公允价值变动形成的应计入当期损益的利得或损失，以及指定为以公允价值计量且其变动计入当期损益的金融资产或金融负债公允价值变动形成的应计入当期损益的利得或损失。具体核算参见第五章“对外投资”和第七章“其他长期资产”。

第四节　利润及利润分配

一、利润的形成

企业在一定期间确认的收入减去费用的差额，即为利润。

企业的营业收入减去营业费用，为营业利润。这是利润的第一层次。

营业利润加上营业外收入，减去营业外支出，为利润总额。这是利润的第二层次。

利润总额减去所得税费用，为净利润。这是利润的第三层次。

二、利润的核算

和利润总额核算相关的科目包括“营业外收入”“营业外支出”和“所得税费用”。

(一)“营业外收入”科目

“营业外收入”科目核算企业在经营业务以外取得的收益，主要包括非流动资产处置利得、非货币性资产交换利得、债务重组利得、政府补助、捐赠利得等。

企业确认处置非流动资产利得、非货币性资产交换利得、债务重组利得时，借记“固定资产清理”“无形资产”“原材料”“库存商品”“应付账款”等科目，贷记“营业外收入”科目。

确认政府补助利得时，借记“银行存款”“递延收益”等科目，贷记“营业外收入”科目。

月末，将“营业外收入”科目的余额转入“本年利润”科目，结转后“营业外收入”科目没有余额。

[例 9－18]　20×5 年 12 月，诚友公司进行往来项目的清理，发现部分应付账款无法支付，经批准予以转销，转销金额为 34 000.00 元。

根据上述资料，诚友公司应编制记账凭证如下：

借：应付账款　　34 000.00

　贷：营业外收入　　34 000.00

[例 9－19]　20×5 年 12 月，富民公司收到的财政补贴为 150 000.00 元，已经通过银行收取。

根据上述资料，富民公司应编制记账凭证如下：

借：银行存款　　150 000.00

　贷：营业外收入　　150 000.00

(二)“营业外支出”科目

“营业外支出”科目核算企业在经营业务以外发生的损失或支出，包括非流动资产处置损失、非货币性资产交换损失、债务重组损失、公益性捐赠支出、非常损失、盘亏损失等。

企业确认处置非流动资产损失、非货币性资产交换损失、债务重组损失时，借记“营业外支出”科目，贷记“固定资产清理”“无形资产”“原材料”“库存商品”“应收账款”等科目。

盘亏、毁损的资产发生的净损失，按管理权限报经批准后，借记“营业外支出”科目，贷记“待处理财产损溢”科目。

月末，将“营业外支出”科目的余额转入“本年利润”科目，结转后“营业外支出”科目没有余额。

[例 9—20] 20×5 年 12 月，富民公司向希望工程捐助 200 000.00 元，已通过银行支付。

根据上述资料，富民公司应编制记账凭证如下：

借：营业外支出	200 000.00	
贷：银行存款		200 000.00

(三)“所得税费用”科目

1. 所得税费用的分类

“所得税费用”科目核算企业确认的应从当期利润总额中扣除的所得税费用。所得税费用分为当期所得税费用和递延所得税费用。

(1)当期所得税费用。

当期所得税费用，是指按企业所得税法的规定计算的当期应纳所得税税额。

应纳所得税税额＝应纳税所得额×所得税税率

其中：

应纳税所得额＝利润总额±纳税调整金额

(2)递延所得税费用。

递延所得税费用，是指按暂时性差异与适用所得税税率计算的结果。暂时性差异，是指资产或负债的账面价值与其计税基础之间的差额。

2. 所得税费用的核算

资产负债表日，企业按企业所得税法的规定计算确定当期应交所得税时，借记“所得税费用——当期所得税费用”科目，贷记“应交税费——应交所得税”科目。

资产负债表日，将计算的递延所得税资产的应有余额和“递延所得税资产”科目余额相比较，前者大于后者时，按差额，借记“递延所得税资产”科目，贷记“所得税费用——递延所得税费用”等科目；前者小于后者时，按差额做相反的会计分录。

将计算的递延所得税负债的应有余额和“递延所得税负债”科目余额相比较，前者大于后者时，按差额，借记“所得税费用——递延所得税费用”科目，贷记“递延所得税负债”科目；前者小于后者时，按差额做相反的会计分录。

期末，将“所得税费用”科目的余额转入“本年利润”科目，结转后“所得税费用”科目没有余额。

[例 9—21] 20×5 年 12 月，诚友公司计算全年应缴纳的所得税税额为506 000.00元，计算应冲减当期所得税费用的递延所得税资产为 32 000.00 元。

根据上述资料，诚友公司应编制记账凭证如下：

借：所得税费用——当期所得税费用	506 000.00	
贷：应交税费——应交所得税		506 000.00
借：递延所得税资产	32 000.00	

贷：所得税费用——递延所得税费用　　　　　　　　　　　32 000.00

三、利润的计算

（一）账结法

企业应设置“本年利润”科目，核算企业当期实现的净利润（或发生的净亏损）。

月末结转利润时，将各损益类科目的金额转入“本年利润”科目，结平各损益类科目。结转后“本年利润”科目的贷方余额为当期实现的净利润，借方余额为当期发生的净亏损。

年度终了，将本年收入和支出相抵后结出的本年实现的净利润，转入“利润分配”科目，借记“本年利润”科目，贷记“利润分配——未分配利润”科目；如为净亏损，做相反的会计分录。结转后“本年利润”科目没有余额。

结转过程如图 9—4 所示。

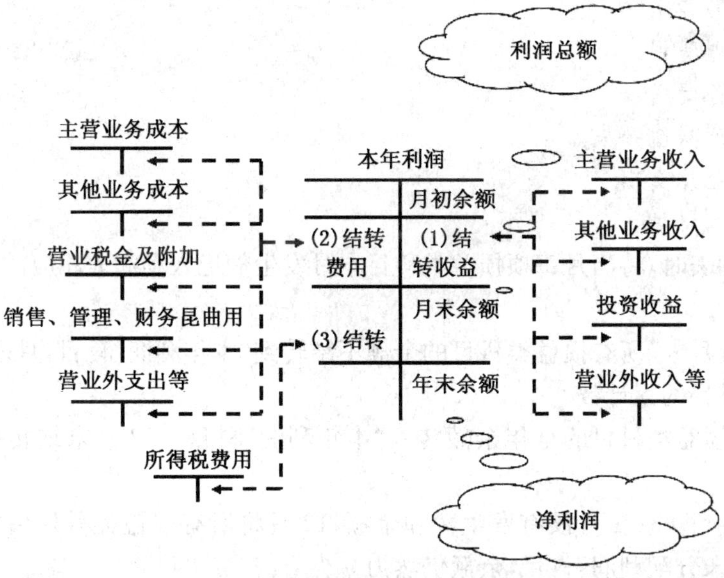

图 9—4　账结法的结转过程

每年 1～12 月，“本年利润”科目的余额为截至该月为止的利润总额。12 月末，将“所得税费用”科目余额转入后，“本年利润”科目的余额为该年度的净利润。“本年利润”科目的余额转入“利润分配——未分配利润”科目后，余额为 0。即“本年利润”科目只反映本年度的利润。

［例 9—22］　20×5 年 2 月，诚友公司各项损益类科目余额如表 9—3 所示。

表 9—3　　　　20×5 年 2 月损益类项目发生额一览表　　　　单位：元

项　目	贷方金额	项　目	借方金额	项　目	借方金额
主营业务收入	2 600 000.00	主营业务成本	2 080 000.00	销售费用	600 000.00
其他业务收入	40 000.00	其他业务成本	32 000.00	管理费用	250 000.00
投资收益	28 000.00	营业税金及附加	104 000.00	财务费用	50 000.00
公允价值变动损益	45 000.00				
营业外收入	50 000.00	资产减值损失	120 000.00	营业外支出	60 000.00

根据上述资料，诚友公司应编制记账凭证如下：

借：主营业务收入	2 600 000.00	
其他业务收入	40 000.00	
投资收益	28 000.00	
公允价值变动损益	45 000.00	
营业外收入	50 000.00	
贷：本年利润		2 763 000.00
借：本年利润	3 296 000.00	
贷：主营业务成本		2 080 000.00
其他业务成本		32 000.00
营业税金及附加		104 000.00
销售费用		600 000.00
管理费用		250 000.00
财务费用		50 000.00
资产减值损失		120 000.00
营业外支出		60 000.00

（二）表结法

每月编制利润表时，将当月每项损益类科目本月发生额记入利润表相应的项目，计算当月的利润。

每年1～11月月末，所有损益类科目的余额不结转到"本年利润"科目，月末余额为截至本月止本年各损益科目的累计数。

年末，将所有损益类科目的全年余额转入"本年利润"科目。12月末结转后，损益类科目没有余额。

"本年利润"科目1～11月没有发生额和余额，12月将所有损益类科目余额转入后，再转入"利润分配——未分配利润"科目，余额仍然为0。

四、利润的分配

（一）利润分配的顺序

根据《公司法》及相关法规的规定，企业的利润按以下顺序进行分配：

(1)弥补以前年度的亏损，但不得超过企业所得税法规定的弥补期限（目前为5年）；

(2)缴纳企业所得税；

(3)弥补超过企业所得税法规定的弥补期限的以前年度亏损；

(4)提取法定盈余公积金；

(5)提取任意盈余公积金；

(6)向投资者分配利润。

企业如果当年亏损，则不需要缴纳企业所得税，一般也不存在利润的分配。

企业如果当年盈利，则可先弥补以前年度亏损（以5年为限），剩余部分先缴纳企业所得税，再弥补超过5年的以前年度亏损，然后提取法定盈余公积金和任意盈余公积金，最后才能向投资者分配利润。

（二）利润分配的核算

1. 账户设置

企业应设置“利润分配”科目，核算企业利润的分配或亏损的弥补，以及历年分配或弥补后的余额。

根据利润分配的顺序，在“利润分配”科目下设置“提取法定盈余公积”“提取任意盈余公积”“应付现金股利或利润”“转作股本的股利”“盈余公积补亏”和“未分配利润”等明细项目进行核算。

2. 核算过程

（1）弥补以前年度亏损。

①亏损的形成。

年度终了，将本年实现的净亏损，自“本年利润”科目转入“利润分配”科目，借记“利润分配——未分配利润”科目，贷记“本年利润”科目。

“利润分配——未分配利润”科目的借方余额或者贷方负数余额，就是历年累计形成的亏损。

②亏损的弥补。

根据企业所得税法的规定，企业的亏损可以用以后5年的税前利润弥补。如果5年还没有弥补完成，可以从第6年开始，用税后利润弥补。因此，弥补以前年度的亏损，可以用前5年的利润总额和第6年开始的净利润来完成。

弥补的过程，就是将以后5年实现的利润总额和第6年开始实现的净利润，自“本年利润”科目转入“利润分配”科目，借记“本年利润”科目，贷记“利润分配——未分配利润”科目。结转“本年利润”之后，直接计算“利润分配”科目的余额，就完成以前年度亏损的弥补。

［例9—23］ 诚友公司于20×1年成立，20×1年至20×7年公司各年的利润总额如表9—4所示。假定各年不存在纳税调整项目。

表9—4　　**各年利润总额一览表**　　单位：万元

20×1年	20×2年	20×3年	20×4年	20×5年	20×6年	20×7年
−120	−50	10	30	30	40	80

根据上述资料，诚友公司应编制记账凭证如下：

①20×1年年末，将当年净亏损转入“利润分配”项目时：

借：利润分配——未分配利润　　−1 200 000.00

　　贷：本年利润　　−1 200 000.00

②20×2年年末，将当年净亏损转入“利润分配”项目时：

借：利润分配——未分配利润　　−500 000.00

　　贷：本年利润　　−500 000.00

③20×3年年末，将当年利润总额转入“利润分配”项目时：

借：本年利润　　100 000.00

　　贷：利润分配——未分配利润　　100 000.00

20×3年弥补20×1年亏损100 000.00元。

④20×4年年末，将当年利润总额转入“利润分配”项目时：

借:本年利润　　300 000.00

　　贷:利润分配——未分配利润　　300 000.00

20×4 年弥补 20×1 年亏损 300 000.00 元,累计弥补 20×1 年亏损 400 000.00 元。

⑤20×5 年年末,将当年利润总额转入"利润分配"项目时:

借:本年利润　　300 000.00

　　贷:利润分配——未分配利润　　300 000.00

20×5 年弥补 20×1 年亏损 300 000.00 元,累计弥补 20×1 年亏损 700 000.00 元。

⑥20×6 年年末,将当年利润总额转入"利润分配"项目时:

借:本年利润　　400 000.00

　　贷:利润分配——未分配利润　　400 000.00

20×6 年弥补 20×1 年亏损 400 000.00 元,累计弥补 20×1 年亏损1 100 000.00元。截至 20×6 年,20×1 年的亏损弥补已经达到 5 年,尚未弥补的亏损 100 000.00 元,要用税后利润弥补。

⑦20×7 年,先用税前利润弥补 20×2 年的亏损500 000.00元,弥补亏损之后剩下的利润300 000.00元先缴纳企业所得税,再用税后利润弥补 20×1 年剩余的亏损100 000.00元。

应纳企业所得税税额=300 000.00×25%=75 000.00(元)

a.计提企业所得税时:

借:所得税费用　　75 000.00

　　贷:应交税费——应交所得税　　75 000.00

b.将所得税费用转入"本年利润"项目时:

借:本年利润　　75 000.00

　　贷:所得税费用　　75 000.00

c.将当年净利润转入"利润分配"项目时:

借:本年利润　　725 000.00

　　贷:利润分配——未分配利润　　725 000.00

(2)提取盈余公积。

企业按规定提取盈余公积时,借记"利润分配——提取法定盈余公积""利润分配——提取任意盈余公积"科目,贷记"盈余公积——法定盈余公积""盈余公积——任意盈余公积"科目。

[例 9—24]　承[例 9—23],诚友公司分别按净利润的 10%和 5%提取法定盈余公积金和任意盈余公积金。

20×1 年至 20×6 年公司一直在用税前利润弥补以前年度亏损。20×7 年弥补亏损后的净利润计算如下:

20×7 年利润总额	800 000.00(元)
减:弥补 20×2 年亏损	500 000.00(元)
应纳所得税税额(300 000.00×25%)	75 000.00(元)
弥补 20×1 年亏损	100 000.00(元)
净利润	125 000.00(元)

根据上述资料,诚友公司应编制记账凭证如下:

应提取法定盈余公积金=125 000.00×10%=12 500.00(元)

应提取任意盈余公积金=125 000.00×5%=6 250.00(元)

借:利润分配——提取法定盈余公积　　12 500.00
　　　　　——提取任意盈余公积　　6 250.00
　贷:盈余公积——法定盈余公积　　12 500.00
　　　　　——任意盈余公积　　6 250.00

综合[例 9—23]和[例 9—24],从 20×1 年至 20×7 年,诚友公司“利润分配”项目余额如表 9—5 所示。

表 9—5　　**“利润分配”项目的余额**　　单位:万元

项　目	20×1 年	20×2 年	20×3 年	20×4 年	20×5 年	20×6 年	20×7 年
本年净利润	－120	－50	10	30	30	40	80－7.5
计提盈余公积							1.875
余额	－120	－170	－160	－130	－100	－60	10.625
备注			弥补 20×1 年亏损	弥补 20×1 年亏损	弥补 20×1 年亏损	弥补 20×1 年亏损	弥补 20×2 年、20×1 年亏损

(3)分配现金股利或利润。

经股东大会或类似机构决议,分配给股东或投资者的现金股利或利润时,借记“利润分配——应付现金股利或利润”科目,贷记“应付股利”科目。

[例 9—25]　21×5 年 12 月,诚友公司股东大会作出决议,按 21×5 年净利润的 10%和 5%计提法定盈余公积和任意盈余公司,分配现金股利2 000 000.00元。截至 21×5 年 12 月 31 日,“利润分配——未分配利润”科目的年初余额为3 200 000.00元,21×5 年净利润为 2 500 000.00元。

根据上述资料,诚友公司应编制记账凭证如下:

①提取盈余公积时:

借:利润分配——提取法定盈余公积　　250 000.00
　　　　　——提取任意盈余公积　　125 000.00
　贷:盈余公积——法定盈余公积　　250 000.00
　　　　　——任意盈余公积　　125 000.00

②分配现金利润时:

借:利润分配——应付现金股利或利润　　2 000 000.00
　贷:应付股利　　2 000 000.00

截至 21×5 年 12 月 31 日,“利润分配——未分配利润”科目的余额为3 325 000.00元。

(4)股份有限公司分配股票股利。

股份有限公司经股东大会或类似机构决议分配给股东股票股利,在办理增资手续后,借记“利润分配——转作股本的股利”科目,贷记“股本”科目。

[例 9—26]　21×5 年 12 月,诚友公司股东大会作出决议,分配股票股利3 000 000.00元。

根据上述资料,诚友公司应编制记账凭证如下:

借:利润分配——转作股本的股利　　3 000 000.00
　贷:股本　　3 000 000.00

(5)用盈余公积弥补亏损。

用盈余公积弥补亏损时,借记“盈余公积——法定盈余公积”“盈余公积——任意盈余公积”科目，贷记“利润分配——盈余公积补亏”科目。

［例 9—27］ 21×2 年 12 月，诚友公司股东大会作出决议，用以前年度计提的法定盈余公积弥补本年度的亏损300 000.00元。

根据上述资料，诚友公司应编制记账凭证如下：

借：盈余公积——法定盈余公积　　300 000.00

　　贷：利润分配——盈余公积补亏　　300 000.00

(6)结平除“未分配利润”之外“利润分配”的其他明细科目。

将“利润分配”科目所属其他明细科目的余额转入“未分配利润”明细科目。结转后，“利润分配”科目除“未分配利润”明细科目外，其他明细科目没有余额。借记“利润分配——未分配利润”科目，贷记“利润分配——提取法定盈余公积 ”“利润分配——提取任意盈余公积”“利润分配——应付现金股利或利润”“利润分配——转作股本的股利”科目；同时，借记“利润分配——盈余公积补亏”科目，贷记“利润分配——未分配利润”科目。

“利润分配”各个明细科目结转的过程如图 9—5 所示。

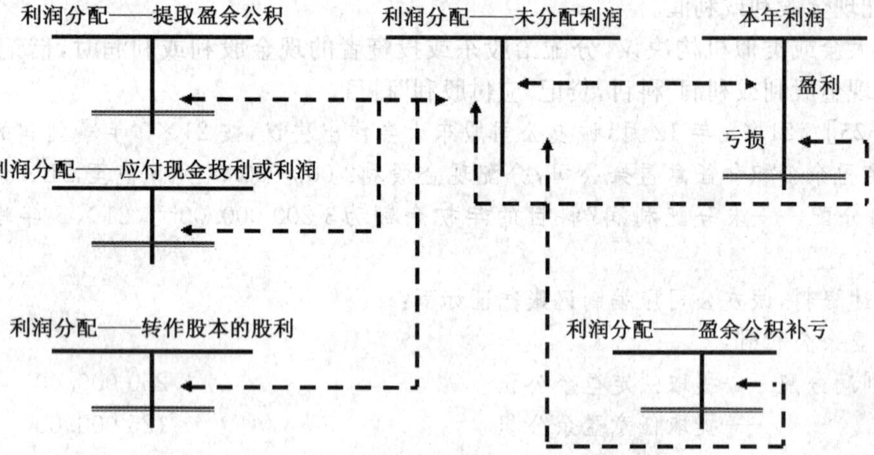

图 9—5 “利润分配”各个明细科目的结转过程

［例 9—28］ 20×5 年 12 月，富民公司“利润分配——未分配利润”项目的年初余额为9 848 200.00元，11 月 30 日“本年利润”的余额为6 099 200.00元。12 月有关损益类项目的发生额如表 10—6 所示。富民公司适用的企业所得税税率为 25%(假设无其他纳税调整项目)。

表 9—6　　20×5 年 12 月损益类项目发生额一览表

项　目	贷方金额	项　目	借方金额	项　目	借方金额
主营业务收入	6 434 000.00	主营业务成本	4 503 750.00	销售费用	72 330.00
其他业务收入	24 000.00	其他业务成本	10 160.00	管理费用	192 800.30
投资收益	25 229.00	营业税金及附加	79 505.85	财务费用	67 880.00
公允价值变动损益	600.00				
营业外收入	170 180.00			营业外支出	200 000.00

富民公司董事会决议如下：

根据规定按20×5年度净利润的10%提取法定盈余公积金，按20×5年度净利润的40%分派现金股利。

根据上述资料，富民公司应编制记账凭证如下：

①将损益类项目余额转入“本年利润”时：

借：主营业务收入	6 434 000.00	
其他业务收入	24 000.00	
投资收益	25 229.00	
公允价值变动损益	600.00	
营业外收入	170 180.00	
贷：本年利润		6 654 009.00
借：本年利润	5 126 426.15	
贷：主营业务成本		4 503 750.00
其他业务成本		10 160.00
营业税金及附加		79 505.85
销售费用		72 330.00
管理费用		192 800.30
财务费用		67 880.00
营业外支出		200 000.00

②计提和结转全年应交企业所得税时：

全年利润＝6 654 009.00－5 126 426.15＋6 099 200.00＝7 626 782.85(元)

应纳所得税税额＝7 626 782.85×25%＝1 906 695.71(元)

借：所得税费用	1 906 695.71	
贷：应交税费——应交所得税		1 906 695.71
借：本年利润	1 906 695.71	
贷：所得税费用		1 906 695.71

③将本年利润转入利润分配时：

全年净利润＝7 626 782.85－1 906 695.71＝5 720 087.14(元)

借：本年利润	5 720 087.14	
贷：利润分配——未分配利润		5 720 087.14

④提取盈余公积时：

借：利润分配——提取法定盈余公积	572 008.71	
贷：盈余公积——法定盈余公积		572 008.71

⑤分配现金股利时：

借：利润分配——应付现金股利或利润	2 288 034.86	
贷：应付股利		2 288 034.86

⑥结平利润分配各个明细项目时：

借：利润分配——未分配利润	2 860 043.57	
贷：利润分配——提取法定盈余公积		572 008.71
——应付现金股利或利润		2 288 034.86

“利润分配——未分配利润”项目的年末余额为 12 708 243.57 元，计算过程如下：

年初余额	9 848 200.00
加：本年净利润	5 720 087.14
减：提取盈余公积	572 008.71
减：分配现金股利	2 288 034.86
年末余额	12 708 243.57

思考题

1. 什么是收入？收入是如何分类的？
2. 什么是费用？费用是如何分类的？
3. 什么是利润？利润各个层次应如何划分和计算？
4. 销售商品收入、提供劳务收入确认条件有哪些？两者有什么区别？
5. 账结法和表结法计算净利润有什么异同？
6. 利润分配的顺序是怎样的？在“利润分配”科目下设置了哪些明细项目？

练习题

一、选择题

1. 按业务的性质，可以把收入分为（　　）。

A. 主营业务收入　　B. 其他业务收入

C. 提供劳务收入　　D. 商品销售收入

2. 与收入不配比的费用包括（　　）。

A. 制造费用　　B. 销售费用

C. 管理费用　　D. 财务费用

3. 商品销售收入确认的一般条件包括（　　）。

A. 交易的完工进度能够可靠地确定

B. 交易中已发生和将发生的成本能够可靠地计量

C. 相关的经济利益很可能流入企业

D. 企业已将商品所有权上的主要风险和报酬转移给买方

4. 销售甲产品 3 000 件，产品价目表上列示的销售单价为 38 元/件，适用的增值税税率为 17%。如果给予采购方 5%的商业折扣和“2/10，1/20，n/30”的现金折扣，那么应确认的不含税销售收入为（　　）元。

A. 111 720.00　　B. 112 860.00　　C. 108 300.00　　D. 114 000.00

5. 下列项目中，应记入“营业税金及附加”核算的包括（　　）。

A. 消费税　　B. 土地增值税　　C. 增值税　　D. 土地使用税

6. 下列项目中，应记入“其他业务收入”核算的包括（　　）。

A. 工业企业销售原材料产生的收入

B. 交通运输企业出租运输车辆产生的收入

C. 工业企业提供交通运输服务产生的收入

D. 商业企业出售股票产生的收入

7. 按当月的销售收入确认缴纳印花税30 000.00元，应借记（　　）项目。

A.“营业税金及附加”　　B.“销售费用”

C.“管理费用”　　D.“制造费用”

8. 下列项目中，在全年账务处理完毕后没有余额的包括(　　)。

A.“本年利润”　　B.“利润分配——提取法定盈余公积”

C.“管理费用”　　D.“利润分配——未分配利润”

9. 本期损益状况：主营业务收入为586 000.00元，主营业务成本为467 000.00元，营业税金及附加为24 000.00元，管理费用为60 000.00元，营业外收入为12 000.00元，所得税费用为11 000.00元，则本期营业利润为(　　)元。

A. 119 000.00　　B. 95 000.00　　C. 35 000.00　　D. 36 000.00

10. 以下关于公司净利润分配的说法中，正确的是(　　)。

A. 公司从税后利润中提取法定公积金后，经董事会批准，还可以从税后利润中提取任意盈余公积金

B. 公司向投资者分配股利(利润)时，股份有限公司股东按实缴出资比例分红

C. 法定盈余公积金可用于弥补亏损或转增资本

D. 税后利润弥补亏损必须用当年实现的净利润

二、业务题

习题一

[资料]　20×5 年 12 月，卓越公司发生下列经济业务：

(1)2 日，采用商业汇票结算方式向 A 公司销售甲产品 20 件，价款为50 000.00元，增值税为8 500.00元，收到期限为 3 个月、不带息的银行承兑汇票一张。

(2)8 日，采用托收承付结算方式向 B 公司销售甲产品 50 件，价款为125 000.00元，增值税为21 250.00元，用银行存款代垫运杂费 555.00 元(含增值税)，已办妥托收手续。

(3)10 日，采用赊销方式向 C 公司销售乙产品 30 件，价款为60 000.00元，增值税为10 200.00元；付款条件为“2/10，1/20，*n*/30”。

(4)20 日，收到 C 公司支付的乙产品货款，存入银行。

(5)31 日，采用托收承付方式向 F 公司销售甲产品 10 件，价款为25 000.00元，增值税为4 250.00元，用银行存款代垫运杂费111.00元(含增值税)，尚未办妥托收手续。

(6)31 日，用银行存款支付广告费6 000.00元。

(7)月末，结转主营业务成本165 000.00元。

(8)月末，计算营业税金及附加：应交城市维护建设税4 690.00元，应交教育费附加2 010.00元。

[要求]　根据以上资料，编制 12 月份收入、费用的记账凭证，并计算 12 月份的营业利润。

习题二

[资料]　创新公司 20×1 年至 20×9 年度有关业务资料如下：

(1)20×1 年 12 月 31 日，创新公司股东权益总额为46 500万元(其中：股本总额为10 000万股，每股面值 1 元；资本公积为30 000万元；盈余公积为6 000万元；未分配利润为 500 万元)。

(2)20×2 年，创新公司发生净亏损3 142万元。

(3)20×3 年至 20×8 年，创新公司分别实现利润总额 200 万元、300 万元、400 万元、500 万元、600 万元和 600 万元。假定创新公司适用的所得税税率为 25%。无其他纳税调整事项。

(4)20×9 年 5 月 9 日，创新公司股东大会决定以法定盈余公积弥补 20×8 年 12 月 31 日账面累计未弥补亏损。

假定：(1)20×2 年发生的亏损可用以后 5 年内实现的税前利润弥补；

(2)除前述事项外，其他因素不予考虑。

[要求]

(1)编制 20×2 年度结转当年净亏损的记账凭证。

(2)计算 20×8 年度应交所得税，并编制结转当年净利润的记账凭证。

(3)计算 20×8 年 12 月 31 日账面累计未弥补亏损。

(4)编制 20×9 年以法定盈余公积弥补亏损的记账凭证。

习题三

［资料］ 卓越公司20×5年年初“未分配利润”账户为贷方余额2 300 000.00元，20×5年1～11月有关损益类账户的发生额如下表所示。

单位：元

项　目	贷方金额	项　目	借方金额	项　目	借方金额
主营业务收入	45 000 000.00	主营业务成本	36 000 000.00	销售费用	1 500 000.00
其他业务收入	800 000.00	营业税金及附加	1 830 000.00	财务费用	300 000.00
投资收益	20 000.00	其他业务成本	640 000.00	营业外支出	1 000.00
营业外收入	200 000.00	管理费用	1 200 000.00		

20×5年12月有关损益类账户的发生额见习题一。

［要求］

(1)计算20×5年度的营业利润、利润总额。

(2)根据上述资料，编制以下记账凭证：

①将20×5年度各项收入、支出转入“本年利润”账户；

②适用的所得税税率为25%，无其他纳税调整项目，计算并结转企业所得税；

③结转本年实现的净利润；

④按净利润的10%提取法定盈余公积金；

⑤根据股东大会的决议，按净利润的40%宣告分派现金股利；

⑥结平“利润分配”账户除“未分配利润”明细账户的其他所有明细账户余额，并计算年末“未分配利润”账户的余额。

第十章 所有者权益

学习目标

1. 掌握所有者权益各构成部分的会计处理。
2. 熟悉利润分配的流程。
3. 了解所有者权益的含义及内容。

所有者权益是由所有者享有的，以企业资产扣除负债后的剩余权益。所有者权益也是企业财务会计的一个基本要素。本章主要基于所有者权益的形成途径及特点，分别阐述实收资本、资本公积、其他综合收益与留存收益的财务会计核算方法程序。

第一节 所有者权益概述

一、所有者权益的含义

所有者权益，又称为净资产，是指企业资产扣除负债后由所有者享有的剩余权益。对于公司制企业而言，所有者权益又称为股东权益。

企业资金来源于所有者权益与负债(即债权人权益)，两者都属于权益，都体现为对企业资产的要求权。相对于负债而言，所有者权益具有以下特征：(1)企业一般不需要偿还所有者权益，除非发生减资、清算或分派现金股利等；而企业的负债通常都有约定的还款日期。(2)企业清算时，债权人对企业的资产有优先要求权，所有者则只有对剩余资产的要求权，即只有在清偿所有负债后，所有者权益才返还给所有者。(3)所有者享有参与企业收益分配及经营决策等多项权利，而债权人没有收益分配权和经营决策的参与权。

企业组织形式不同，所有者权益有关的账务处理区别很大。公司制企业是当今世界上最广泛采用的企业组织形式，因此，本书只介绍公司制企业所有者权益的相关账务处理。

二、所有者权益的内容

所有者权益通常来源于所有者投入的资本、直接计入所有者权益的利得或损失、留存收益等，一般包括实收资本(或股本)、资本公积、其他综合收益、盈余公积及未分配利润等项目。

三、所有者权益的确认

由于所有者权益体现的是所有者对企业资产扣除负债后的剩余权益，因此，所有者权益的确认主要依赖于资产和负债的确认，其计量是否恰当取决于资产和负债的计量是否恰当，并没有专门的会计法规来规范所有者权益项目的账务处理。相对于资产和负债而言，所有者权益更具有抽象性、总括性，它与具体的资产或负债没有直接对应关系，只是资产减负债后的余额。

第二节　实收资本或股本

一、实收资本或股本概述

公司制企业，是指按《公司法》在中国境内设立的有限责任公司和股份有限公司。

实收资本是指企业按章程规定或合同、协议约定，接受投资者投入企业的资本。实收资本的构成比例或股东的股份比例，是确定所有者在企业所有者权益中份额的基础，也是企业进行利润或股利分配的主要依据，同时还是企业清算时确定所有者对净资产的要求权的依据。

为了核算接受股东投入的资本，有限责任公司应设置"实收资本"和"资本公积——资本溢价"科目核算。"实收资本"科目应按股东设置明细账，反映各股东实缴注册资本的数额。股份有限公司在核算股东投入的资本时，应设置"股本"和"资本公积——股本溢价"科目。"股本"科目仅核算公司发行股票的面值或设定价值部分，按股票种类及股东名称设置明细账。

我国《公司法》规定，股东可以用货币出资，也可以用实物、知识产权、土地使用权等可以用货币估价并可以依法转让的非货币财产作价出资；但是，法律、行政法规规定不得作为出资的财产除外。法律、行政法规对评估作价有规定的，从其规定。全体股东的货币出资不得低于有限责任公司注册资本的30%；无形资产出资总额不得超过注册资本总额的20%，如有特殊情况，可以报经国家工商行政管理部门审查批准，但最高不得超过注册资本总额的30%。不论以何种方式出资，投资者如在投资过程中违反投资合约或协议约定，不按规定如期缴足出资额，企业可以依法追究投资者的违约责任。

公司收到所有者投入企业的资本后，应根据有关原始凭证，分别不同的出资方式进行会计处理。收到投资人投入的货币资金时，按实际收到的金额，借记"银行存款"等科目；以实物资产投资的，应在办理实物产权转移手续时，借记有关资产科目；以无形资产投资的，应在按合同、协议或公司章程规定移交有关凭证时，借记"无形资产"科目。同时，按投入资本在注册资本或股本中所占份额，贷记"实收资本"或"股本"科目；按其差额，贷记"资本公积——资本溢价"或"资本公积——股本溢价"等科目。

二、有限责任公司实收资本的账务处理

有限责任公司的实收资本，一般情况下应相对固定不变，但在某些特殊情况下，也可能发生增减变化。我国企业法人登记管理条例规定，除国家另有规定外，企业的注册资金应与实际资本相一致，当实收资本比原注册资金增加或减少的幅度超过20%时，应持资金使用证明或者验资证明，向原登记主管机关申请变更登记。如擅自改变注册资本或抽逃资金，要受到工商行政管理部门的处罚。

(一)有限责任公司实收资本增加的处理

有限责任公司增加资本主要有三个途径：接受投资者投资、资本公积转增资本和盈余公积转增资本。

企业接受投资者作价投入的房屋、建筑物、机器设备等固定资产，应按投资合约或协议约定价值确定固定资产价值(但按投资合同或协议约定价值不公允的除外)和在注册资本中应享有的份额。企业接受投资者作价投入的材料物资，应按投资合同或协议约定价值确定材料物资价值(但投资合同或协议约定价值不公允的除外)和在注册资本中应享有的份额。企业收到以无形资产方式投入的资本，应按投资合同或协议约定价值确定无形资产价值(但投资合同或协议约定价值不公允的除外)和在注册资本中应享有的份额。对于接受投资者投入的资本，借记"银行存款""固定资产"等科目，贷记"实收资本"等科目；如有差额，贷记"资本公积——资本溢价"科目。

对于资本公积转增资本和盈余公积转增资本，会计上应借记"资本公积——资本溢价""盈余公积"科目，贷记"实收资本"科目。由于资本公积和盈余公积均属于所有者权益，用其转增资本时，应按原投资者各自出资比例相应增加各投资者的出资额。

[例10-1] 20×4年1月，富民有限责任公司成立，注册资本为6 000 000.00元。按章程约定，投资方甲、乙、丙、丁的出资额均为1 500 000.00元，按出资比例分红。按约定，甲投入货币资金1 500 000.00元；乙投入货币资金330 000.00元和一批材料物资，该批物资价款为1 000 000.00元，增值税为170 000.00元(乙支付了价税款，并提供了增值税专用发票)；丙投入货币资金330 000.00元和一台不需要安装的机器设备，该设备价款为1 000 000.00元，增值税为170 000.00元(丙支付了价税款，并提供了增值税专用发票)；丁投入货币资金840 000.00元和一项非专利技术，该非专利技术投资合同约定价值为660 000.00元。

根据上述经济业务，富民公司应编制记账凭证如下：

借：银行存款	3 000 000.00	
原材料	1 000 000.00	
应交税费——应交增值税(进项税额)	340 000.00	
固定资产	1 000 000.00	
无形资产	660 000.00	
贷：实收资本——甲		1 500 000.00
——乙		1 500 000.00
——丙		1 500 000.00
——丁		1 500 000.00

(二)有限责任公司实收资本减少的处理

有限责任公司按法定程序经批准减少注册资本的，借记"实收资本"科目，贷记"银行存款"等科目。

[例10-2] 20×5年12月，经过股东的协商，其他股东一致同意诚友公司的原股东李李退出本公司，由诚友公司出资收购李李的股权(其出资额为3 000 000.00元)。

根据上述经济业务，诚友公司应编制记账凭证如下：

借：实收资本——李李	3 000 000.00	
贷：银行存款		3 000 000.00

三、股份有限公司股本的账务处理

股份有限公司的实收资本是全体股东或者发起人实际交付并经公司登记机关依法登记的出资额或股本总额。股份有限公司设"股本"科目核算其实收资本。该科目的期末借方余额，反映的是股份有限公司的股本总额。企业可按投资机构（或者投资个人）设置明细科目进行明细核算。

股份有限公司发行股票时，既可以按面值发行股票，也可以溢价发行（我国目前不允许折价发行）。我国大多数上市公司的股票面值为1元。股份有限公司在核定的股本总额即核定的股份总额的范围内发行股票时，应在实际收到现金资产时，借记“银行存款”科目；按股票面值和核定的股份总额计算的金额，贷记“股本”科目；以超过股票票面金额的发行价格发行股份所得的溢价款，应记入“资本公积——股本溢价”科目。股份有限公司发行股票发生的手续费、佣金等交易费用，应从溢价中抵扣，冲减资本公积（股本溢价）；溢价不足抵扣的，依次冲减盈余公积和未分配利润。

［例10—3］ 2011年5月，好想你枣业股份有限公司公开发行股票18 600 000股，股票面值为每股1.00元，发行价格为每股46.00元。股票发行费用为40 820 000.00元。公司实际收到814 780 000.00元。公司股票于2011年5月20日在深圳证券交易所中小企业板挂牌上市。

计入股本的金额＝18 600 000×1.00＝18 600 000.00（元）

计入资本公积的金额＝(46.00－1.00)×18 600 000－40 820 000.00

＝796 180 000.00（元）

根据上述经济业务，好想你枣业股份有限公司应编制记账凭证如下：

借：银行存款　　814 780 000.00

　贷：股本　　18 600 000.00

　　资本公积——股本溢价　　796 180 000.00

企业减少实收资本应按法定程序报经批准，股份有限公司采用收购本公司股票方式减资的，通过“库存股”科目核算回购股份的金额。减资时，按股票面值和注销股数计算的股票面值总额冲减股本，按注销库存股的账面余额与所冲减股本的差额冲减资本公积（股本溢价），资本公积（股本溢价）不足冲减的，应依次冲减“盈余公积”“利润分配——未分配利润”等科目。如果回购股票支付的价款低于面值总额的，所注销库存股的账面余额与所冲减股本的差额作为增加资本公积（股本溢价）处理。

［例10—4］ 2012年2月，阿里巴巴集团回购了2007年11月在香港上市的阿里巴巴网络股份有限公司26.55％的股份，共计1 328 036 900.00股。每股的回购注销价格为13.5港元，回购共花费1 792 849 815.00港元。

根据上述经济业务，阿里巴巴集团公司应编制记账凭证如下：

借：库存股　　1 792 849 815.00

　贷：银行存款　　1 792 849 815.00

注：此处不考虑外币的折算问题，以港元记账。

第三节　资本公积

一、资本公积概述

资本公积，是指企业收到投资者出资额超出其在注册资本（或股本）中所占份额的部分，以及其他资本公积等。资本公积包括资本溢价(或股本溢价)和其他资本公积等。

形成资本溢价(或股本溢价)的原因有溢价发行股票、投资者超额缴入资本等。企业接受非控股股东(或非控股股东的子公司)直接或间接代为偿债、债务豁免或捐赠,经济实质表明属于非控股股东对企业的资本性投入,也应将相关利得计入资本公积(资本溢价或股本溢价)。

其他资本公积,是指除资本溢价(或股本溢价)项目以外所形成的资本公积。如企业的长期股权投资采用权益法核算时,因被投资单位除净损益、其他综合收益和利润分配以外所有者权益的其他变动,投资企业按应享有份额而增加或减少的资本公积。此外,对于可转换债券以及权益结算股份支付确认的资本公积也属于其他资本公积核算的范畴。

资本公积的核算包括资本溢价(或股本溢价)的核算、其他资本公积的核算和资本公积转增资本的核算等内容。资本公积一般应设置"资本(或股本)溢价""其他资本公积"明细科目核算。

二、资本公积的账务处理

(一)资本溢价(或股本溢价)

1. 资本溢价

有限责任公司创立时,投资者按其在企业注册资本中所占的份额出资,认缴的出资额全部计入实收资本,一般不会产生资本溢价。但在有限责任公司经营一段时间后有新的投资者加入时,新股东的出资额往往会大于其在注册资本汇总所占的份额。因为在企业进行正常生产经营后,其资本利润率通常要高于企业初创阶段。另外,新投资者加入企业后,也要分享企业的内部积累,所以新加入的投资者往往要付出大于原投资者的出资额,才能取得与原投资者相同的出资比例,投资者多缴的部分就形成了资本溢价。

[例 10—5] 承[例 10—1],20×5 年 12 月,富民公司接受新股东戊的出资,该股东出资2 000 000.00元,占富民公司注册资本的比例为 20%,在修改的章程中约定与其他股东平均分红。富民公司的注册资本变更为7 500 000.00元。

根据上述经济业务,富民公司应编制记账凭证如下:

借:银行存款　　2 000 000.00

　贷:实收资本——戊　　1 500 000.00

　　资本公积——资本溢价　　500 000.00

2. 股本溢价

股份有限公司是以发行股票的方式筹集股本的,股票可按面值发行,也可按溢价发行,我国目前不准折价发行。为了筹集更多的资金,大多数股份有限公司在成立时都可能会溢价发行股票,因而会产生股本溢价。股本溢价的数额等于股份有限公司发行股票时实际收到的款额超过股票面值总额的部分。在按面值发行股票的情况下,企业发行股票取得的收入,应全部作为股本处理;在溢价发行股票的情况下,企业发行股票取得的收入,等于股票面值部分作为股本处理,超出股票面值的溢价收入应作为股本溢价处理。

需要注意的是,委托证券商代理发行股票而支付的手续费、佣金等,如果是溢价发行股票的,应从溢价中抵扣,冲减资本公积(股本溢价);无溢价发行股票或溢价金额不足抵扣的部分冲减盈余公积和未分配利润。

示例参见本章例 10—3。

(二)其他资本公积

其他资本公积包含的内容一般以罗列的方式反映，不同内容核算的方法不同。这里以采用权益法核算的长期股权投资为例，介绍相关的其他资本公积的核算。

企业对被投资单位的长期股权投资采用权益法核算的，在持股比例不变的情况下，对因被投资单位除净损益、其他综合收益和利润分配以外的所有者权益的其他变动，应按持股比例计算其享有或应分担被投资单位所有者权益的增减数额。在处置长期股权投资时，应转销与该笔投资相关的其他资本公积。

[例 10—6] 20×3 年 1 月，杨杨公司由 A、B、C 三家公司分别出资1 000 000.00元、2 000 000.00元和2 000 000.00元设立，持股比例分别为 20%、40%、40%。A 公司对杨杨公司具有重大影响，采用权益法核算长期股权投资。杨杨公司自设立日至 20×4 年 12 月 31 日实现净损益5 000 000.00元，除此以外，无其他影响净资产的事项。20×5 年 1 月 1 日，经 A、B、C 协商，C 公司对杨杨公司增资4 000 000.00元，增资后杨杨公司的净资产为14 000 000.00元，A、B、C 公司的持股比例分别为 15%、50%、35%。相关手续于当日完成。假定 A 公司与杨杨公司适用的会计政策、会计期间相同，双方在当期及以前期间未发生其他内部交易。不考虑相关税费等其他因素影响。

本例中，20×5 年 1 月 1 日，C 公司增资前，杨杨公司的净资产账面价值为10 000 000.00元，A 公司应享有杨杨公司权益的份额为2 000 000.00元(10 000 000.00×20%)。C 公司单方面增资后，杨杨公司的净资产增加4 000 000.00元，A 公司应享有的杨杨公司权益的份额为2 100 000.00 元 (14 000 000.00 × 15%)。A 公司享有的权益变动 100 000.00 元(2 100 000.00—2 000 000.00)，属于杨杨公司除净损益、其他综合收益和利润分配以外所有者权益的其他变动。

根据上述经济业务，A 公司应编制记账凭证如下：

借：长期股权投资——其他权益变动	100 000.00	
贷：资本公积——其他资本公积		100 000.00

(三)资本公积转增资本

经股东大会或类似机构决议，用资本公积转增资本时，应冲减资本公积，同时按转增资本前的实收资本(或股本)的结构或比例，将转增的金额记入“实收资本”(或“股本”)科目下各所有者的明细分类账。

[例 10—7] 承[例 10—5]，20×6 年 12 月，富民公司的股东一致同意将公司的资本公积(资本溢价)500 000.00元按股东的持股比例转增为公司的注册资本。转增手续已经完成。

根据上述经济业务，富民公司应编制记账凭证如下：

借：资本公积——资本溢价	500 000.00	
贷：实收资本——甲		100 000.00
——乙		100 000.00
——丙		100 000.00
——丁		100 000.00
——戊		100 000.00

[例 10—8] 承[例 10—3]，2012 年 4 月 16 日，好想你枣业股份有限公司召开的 2011 年度股东大会审议通过了《关于审议 2011 年度利润分配预案的议案》。根据决议，2011 年度利润分配方案为：以 2011 年年末公司总股本73 800 000股为基数，每 10 股派发现金红利 3.00 元

人民币(含税),同时每10股转增10股,转增后公司总股本由73 800 000股增加至147 600 000股。该利润分配方案于2012年4月27日实施完毕。

2012年4月27日,针对转增股的事项,好想你枣业股份有限公司应编制记账凭证如下:

借:资本公积——股本溢价　　73 800 000.00

　　贷:股本　　73 800 000.00

第四节　其他综合收益

一、其他综合收益概述

其他综合收益,是指未在当期损益中确认的各项利得和损失。其他综合收益项目应根据其他相关会计准则的规定分为下列两类列报:

(1)以后会计期间不能重分类进损益的其他综合收益项目。比如,重新计量设定受益计划净负债或净资产导致的变动、按权益法核算的在被投资单位以后会计期间不能重分类进损益的其他综合收益中所享有的份额等。

(2)以后会计期间在满足规定条件时将重分类进损益的其他综合收益项目。比如,按权益法核算的被投资单位可重分类进损益的其他综合收益变动中所享有的份额、可供出售金融资产的公允价值变动形成的利得或损失、持有至到期投资重分类为可供出售金融资产形成的利得和损失、现金流量套期工具产生的利得或损失中属于有效套期的部分、外币财务报表折算差额,以及自用房地产或作为存货的房地产转换为以公允价值模式计量的投资性房地产在转换当日的公允价值大于原账面价值部分等。

二、其他综合收益的账务处理

为了区别于其他资本公积的列报,企业应设置"其他综合收益"科目来反映未在当期损益中确认的各项利得和损失。该科目的借方登记未在当期损益中确认的损失和结转为当期损益的利得,贷方登记未在当期损益中确认的利得和结转为当期损益的损失。该科目期末余额可能在借方,也可能在贷方,期末借方余额为未确认为损益的累计损失,贷方余额为未确认为损益的累计利得。

第五节　留存收益

一、留存收益概述

留存收益,是指企业从历年实现的利润中提取或形成的留存于企业的内部积累,来源于企业的生产经营活动所实现的利润,包括盈余公积和未分配利润。

盈余公积,是指企业按规定从净利润中提取的各种积累资金。公司制企业的盈余公积包括法定盈余公积和任意盈余公积。两者的区别在于其各自的计提依据不同,前者以国家的法律为依据,后者由企业的权力机构自行决定。企业提取的盈余公积经批准可用于弥补亏损、转增资本、发放现金股利或利润、扩大企业生产经营等。

未分配利润，是指企业实现的净利润经过弥补亏损、提取盈余公积和向投资者分配利润后留存在企业的、历年结存的利润（或亏损）。相对于所有者权益的其他部分来说，企业对于未分配利润的使用有较大的自主权。

二、留存收益的账务处理

（一）盈余公积

按《公司法》的有关规定，公司制企业按净利润（减弥补以前年度亏损，下同）的10%提取法定盈余公积。按《企业所得税法》规定，以前年度亏损（5年内）可用税前利润弥补，从第6年起只能用税后利润弥补。非公司制企业法定盈余公积的提取比例可超过净利润的10%。法定盈余公积累计额已达到注册资本的50%时可以不再提取。值得注意的是，如果以前年度未分配利润有盈余（即年初未分配利润余额为正数），在计算提取法定盈余公积的基数时，不应包括企业年初未分配利润；如果以前年度有亏损（即年初未分配利润余额为负数），应先弥补以前年度亏损再提取盈余公积。

企业提取的法定盈余公积经批准可用于弥补亏损、转增资本、发放现金股利或利润等。

1. 提取盈余公积

企业按规定提取盈余公积时，应通过“利润分配——提取盈余公积”和“盈余公积——法定盈余公积”等科目核算。

[例10－9] 好想你枣业股份有限公司2011年度实现净利润123 907 199.03元（母公司），按10%提取法定盈余公积12 390 719.90元，由于母公司2011年年初盈余公积为13 114 230.27元，因此本次提取后，母公司2011年年末盈余公积增至25 504 950.17元。

根据上述经济业务，好想你枣业股份有限公司应编制记账凭证如下：

借：利润分配——提取法定盈余公积　　　12 390 719.90

　　贷：盈余公积——法定盈余公积　　　　12 390 719.90

[例10－10] 好想你枣业股份有限公司2012年度实现净利润121 429 271.47元（母公司），按10%提取法定盈余公积12 142 927.15元，由于母公司2012年年初盈余公积为25 504 950.17元，因此本次提取后，母公司2012年年末盈余公积增至37 647 877.32元。

根据上述经济业务，好想你枣业股份有限公司应编制记账凭证如下：

借：利润分配——提取法定盈余公积　　　12 142 927.15

　　贷：盈余公积——法定盈余公积　　　　12 142 927.15

2. 盈余公积补亏

用法定盈余公积弥补亏损时，应借记“盈余公积——法定盈余公积”科目，贷记“利润分配——盈余公积补亏”科目。

3. 盈余公积转增资本

用法定盈余公积转增资本时，应借记“盈余公积——法定盈余公积”科目，贷记“实收资本（或股本）”科目。

按《公司法》规定，法定公积金（不包括资本公积和任意盈余公积）转为资本时，所留存的该项公积金不少于转增前公司注册资本的25%。

4. 用盈余公积发放现金股利或利润

用法定盈余公积发放现金股利或利润时，应借记“盈余公积——法定盈余公积”科目，贷记

“应付股利”科目。

此外，企业在计提了法定盈余公积之后，还可以根据企业需要，计提任意盈余公积。公司制企业可根据股东大会的决议提取任意盈余公积。非公司制企业经类似权力机构批准，也可提取任意盈余公积。任意盈余公积的计提比例由企业自行确定。任意盈余公积的用途与法定盈余公积相同，企业在用盈余公积弥补亏损或转增资本时，一般先使用任意盈余公积，再按规定使用法定盈余公积。

（二）未分配利润

未分配利润是指企业实现的净利润中用于以后年度向投资者分配的利润。利润分配是指企业根据国家有关规定和企业章程、投资者协议等，对企业当年可供分配的利润所进行的分配。利润分配的顺序依次是：(1)提取法定盈余公积；(2)提取任意盈余公积；(3)向投资者分配利润。

$$\text{可供分配的利润}=\frac{\text{当年实现的净利润}}{\text{(或净亏损)}}+\frac{\text{年初未分配利润}}{\text{(或一年初未弥补亏损)}}+\text{其他转入}$$

企业应设置“利润分配”科目来核算企业的利润分配。该科目应分别“提取法定盈余公积”“提取任意盈余公积”“应付现金股利或利润”“转作股本的股利”“盈余公积补亏”“未分配利润”等进行核算。未分配利润通过“利润分配——未分配利润”明细科目进行核算。

企业应于年度终了，将“本年利润”科目的余额转入“利润分配——未分配利润”科目；同时，将“利润分配”其他明细科目的余额转入“利润分配——未分配利润”科目。经过上述结算后，“利润分配——未分配利润”科目的余额如果在贷方，即为未分配利润；如果在借方，则为未弥补亏损。未弥补亏损为所有者权益的抵减项目。

[例 10—11]　承[例 10—8]，2012 年 4 月 16 日，好想你枣业股份有限公司召开的 2011 年度股东大会审议通过了《关于审议 2011 年度利润分配预案的议案》。根据决议，2011 年度利润分配方案为：以 2011 年年末公司总股本73 800 000股为基数，每 10 股派发现金红利 3.00 元人民币(含税)，同时每 10 股转增 10 股，转增后公司总股本由73 800 000股增加至147 600 000股。该利润分配方案于 2012 年 4 月 27 日实施完毕。

根据上述经济业务，针对派发的现金股利，好想你枣业股份有限公司应编制记账凭证如下：

(1)2012 年 4 月 16 日，决定派发现金股利时：

借：利润分配——应付现金股利	22 140 000.00	
贷：应付股利		22 140 000.00

(2)2012 年 4 月 27 日，发放现金股利时：

借：应付股利	22 140 000.00	
贷：银行存款		22 140 000.00

[例 10—12]　2013 年 5 月 3 日，好想你枣业股份有限公司召开 2012 年股东大会，通过了 2012 年的权益分派方案。以 2012 年年末公司总股本147 600 000股为基数，向全体股东每 10 股派发现金股利 1.00 元人民币(含税)，共计分配现金红利147 600 000.00元。该利润分配方案于 2013 年 5 月 15 日实施完毕。

根据上述经济业务，好想你枣业股份有限公司应编制记账凭证如下：

借：利润分配——转作股本的股利	14 760 000.00	
贷：股本		14 760 000.00

[例 10—13] 承[例 10—10]及[例 10—11],好想你枣业股份有限公司母公司 2012 年年初未分配利润为208 662 290.79元,2012 年实现净利润121 429 271.47元,提取法定盈余公积12 142 927.15元,分派现金股利 22 140 000.00 元,因此 2012 年年末未分配利润为295 808 635.11元。

根据上述经济业务,好想你枣业股份有限公司应编制记账凭证如下:

借:本年利润　　121 429 271.47

　　贷:利润分配——未分配利润　　121 429 271.47

2012 年年末未分配利润＝208 662 290.79＋121 429 271.47－(12 142 927.15＋22 140 000.00)

＝295 808 635.11(元)

思考题

1. 请阐述所有者权益与负债的主要区别。
2. 资本溢价或股本溢价形成的原因是什么?
3. 资本公积与其他综合收益的区别何在?单独设置“其他综合收益”科目的好处是什么?
4. 请说明利润分配的程序。
5. 举例说明“实收资本或股本”“资本公积”“其他综合收益”“盈余公积”及“利润分配”科目之间的关系。

练习题

一、选择题

1. A 有限责任公司由两位投资者投资 200 万元设立,每人各出资 100 万元。一年后,为扩大经营规模,经批准,A 有限责任公司注册资本增加到 300 万元,并引入第三位投资者加入。按投资协议,新投资者需缴入现金 120 万元,同时享有该公司 1/3 的股份。A 有限责任公司已收到该现金投资。假定不考虑其他因素,A 有限责任公司接受第三位投资者时应确认的资本公积为(　　)万元。

A. 110　　B. 100　　C. 20　　D. 200

2. 甲股份有限公司委托 A 证券公司发行普通股2 000万股,每股面值 1 元,每股发行价格为 5 元。根据约定,股票发行成功后,甲股份有限公司应按发行收入的 2%向 A 证券公司支付发行费。如果不考虑其他因素,股票发行成功后,甲股份有限公司记入“资本公积”科目的金额应为(　　)万元。

A. 9 800　　B. 200　　C. 7 800　　D. 8 000

3. 下列项目中,可能引起资本公积变动的有(　　)。

A. 投资者实际交付的资金超过其约定比例在注册资本中享有的份额

B. 计入当期损益的利得

C. 用资本公积转增资本

D. 处置采用权益法核算的长期股权投资

4. 股份有限公司采用收购本公司股票方式减资的,下列说法中正确的有(　　)。

A. 按股票面值和注销股数计算的股票面值总额减少股本

B. 按股票面值和注销股数计算的股票面值总额减少库存股

C. 按所注销库存的账面余额减少库存股

D. 购回股票支付的价款低于面值总额的,应按股票面值总额,借记“股本”科目,按所注销库存股的账面余额,贷记“库存股”;按其差额,贷记“资本公积——股本溢价”科目

5. 某企业年初所有者权益为 160 万元,本年度实现净利润 300 万元,以资本公积转增资本 50 万元,提取

盈余公积 30 万元，向投资者分配现金股利 20 万元。假设不考虑其他因素，该企业年末所有者权益为(　　)万元。

A. 360　　B. 410　　C. 440　　D. 460

6. 下列各项中，不会引起留存收益总额发生增减变动的有(　　)。

A. 资本公积转增资本　　B. 盈余公积转增资本

C. 盈余公积弥补亏损　　D. 税后利润弥补亏损

7. 盈余公积可用于(　　)。

A. 分配现金股利　　B. 转增资本

C. 弥补亏损　　D. 发放工资

8. 下列事项中，可能影响"资本公积——股本溢价"金额的有(　　)。

A. 可转换公司债券转股时

B. 以权益结算的股份支付行权时

C. 同一控制下控股合并中确认长期股权投资时形成的资本公积

D. 长期股权投资采用权益法核算时形成的资本公积

E. 资本公积转增资本

9. 20×5 年 1 月 1 日某企业所有者权益情况如下：实收资本 200 万元，资本公积 17 万元，盈余公积 38 万元，未分配利润 32 万元。则该企业 20×5 年 1 月 1 日留存收益为(　　)万元。

A. 32　　B. 38　　C. 70　　D. 87

10. 下列各项中，能够引起所有者权益总额变化的是(　　)。

A. 以资本公积转增资本　　B. 增发新股

C. 向股东支付已宣告分派的现金股利　　D. 以盈余公积弥补亏损

二、业务题

习题一

[资料] 20×3 年 3 月，卓越公司由投资者 A 和投资者 B 共同出资成立，每人各以货币资金出资 100 万元，各占 50%的股份。经营两年后，投资者 A 和投资者 B 决定增加公司资本，此时有一新的投资者 C 要求加入卓越公司。经有关部门批准后，卓越公司实施增资，将实收资本增加到 900 万元。经三方协商，一致同意，完成下述投入后，三方投资者各拥有卓越公司 300 万元实收资本，并各占甲公司 1/3 的股份。协议约定投入资产按评估值入账。20×5 年 12 月，各投资者的出资情况如下：

(1)投资者 A 以 5 台小轿车投入卓越公司作为增资，该设备原价为 200 万元，已提折旧为 30 万元，评估确认价值为 210 万元。

(2)投资者 B 以一批原材料投入卓越公司作为增资，该批材料账面价值为 200 万元，评估确认价值为 200 万元，税务部门认定应交增值税税额为 34 万元，投资者 B 已开具了增值税专用发票。

(3)投资者 C 以银行存款投入卓越公司 420 万元。

[要求] 根据以上资料，分别编制卓越公司接受投资者 A 出资、投资者 B 出资、投资者 A 和 B 增资时以及投资者 C 初次出资时的记账凭证。

习题二

[资料] 创新公司 20×4 年度实现的税前利润为1 000 000.00元，其中企业对外投资收益中200 000.00元免交所得税。年末，按 10%的比例提取盈余公积，向投资者分配的利润为97 000.00元，20×4 年年初未分配利润为37 000.00元，企业所得税税率为 25%。

[要求]

(1)计算本年实现的净利润，编制结转净利润的记账凭证。

(2)计算应提取的盈余公积，编制相关的记账凭证。

(3)计算年末未分配利润，编制相关的记账凭证。

习题三

[资料] 甲上市公司20×4年至20×5年发生与其股票有关的业务如下：

(1)20×4年1月4日，经股东大会决议，并报有关部门核准，增发普通股40 000万股，每股面值1元，每股发行价格5元，股款已全部收到并存入银行。假定不考虑相关税费。

(2)20×4年6月20日，经股东大会决议，并报有关部门核准，以资本公积4 000万元转增股本。

(3)20×5年6月20日，经股东大会决议，并报有关部门核准，以银行存款回购本公司股票100万股，每股回购价格为3元。

(4)20×5年6月26日，经股东大会决议，并报有关部门核准，将回购的本公司股票100万股注销。

[要求] 编制甲上市公司上述业务的记账凭证。

习题四

[资料] 东方公司20×5年年初未分配利润为300 000.00元，任意盈余公积为200 000.00元，当年实现税后利润1 800 000.00元，公司股东大会决定按10%提取法定盈余公积，25%提取任意盈余公积，分派的现金股利为500 000元。

东方公司现有股东情况如下：A公司占25%，B公司占30%，C公司占10%，D公司占5%，其他占30%。20×6年5月，经公司股东大会决议，以任意盈余公积500 000.00元转增资本，并已办妥转增手续。

20×6年度东方公司发生亏损350 000.00元。

[要求] 根据以上资料，编制相关的记账凭证。

习题五

请查阅华谊兄弟股份有限公司(股票代码：300027)自2009年10月30日上市以来的年度报表，完成公司相关的利润分配处理。

参考网址：http://www.cninfo.com.cn/

第十一章　财务报告

学习目标

1. 掌握资产负债表和利润表的编制。
2. 理解财务报表的列报要求，以及所有者权益变动表的编制。
3. 了解现金流量表的定义和格式，以及附注的主要内容。

财务报告是企业根据日常核算资料所编制的，主要供企业外部使用者使用的，反映企业某一特定日期财务状况和某一会计期间经营成果、现金流量等会计信息的规范性文件。本章主要分别阐述资产负债表、利润表、现金流量表与所有者权益变动表的编制方法与程序，并基于前面第二至十章中富民公司相关例题的核算结果，通过综合举例，对资产负债表、利润表的编制方法进行强化。

第一节　财务报告概述

一、财务报告的概念和构成

财务报告，是指企业对外提供的反映企业某一特定日期财务状况和某一会计期间经营成果、现金流量等会计信息的文件。财务报告包括财务报表和其他应在财务报告中披露的相关信息和资料。

财务报表，是指对企业财务状况、经营成果和现金流量的结构性表述。财务报表至少应包括资产负债表(某一特定日期的财务状况)、利润表(某一会计期间的经营成果)、现金流量表(某一会计期间的现金流量)、所有者权益(或股东权益)变动表和附注。

通常用“列示”表示反映资产负债表、利润表、现金流量表和所有者权益(或股东权益)变动表等报表中的信息，用“披露”表示反映附注中的信息。

二、财务报表的分类

(一)按编报期间分类

按编报期间的不同，财务报表分为中期财务报表和年度财务报表。

中期财务报表，是指以中期为基础编制的财务报表。中期，是指短于一个完整的会计年度的报告期间，如月度、季度和半年度。

年度财务报表，是指以年度为基础编制的财务报表。

（二）按编报主体分类

按编报主体的不同，财务报表分为个别财务报表和合并财务报表。

个别财务报表，是指反映某一会计核算主体（一般是公司或企业）的财务状况、经营成果和现金流量的财务报表。

合并财务报表，是指反映母公司和其全部子公司形成的企业集团整体财务状况、经营成果和现金流量的财务报表。

母公司，是指控制一个或一个以上主体（含企业、被投资单位中可分割的部分，以及企业所控制的结构化主体等）的主体。

子公司，是指被母公司控制的主体。

三、财务报表列报的基本要求

（一）持续经营

企业以持续经营为基础，根据实际发生的交易和事项，按《企业会计准则——基本准则》和其他各项具体会计准则的规定进行确认和计量，在此基础上编制财务报表。企业不应以附注披露代替财务报表的确认和计量，财务报表不恰当的确认和计量也不能通过充分披露相关会计政策而纠正。

在编制财务报表的过程中，企业管理层应利用所有可获得信息来评价企业自报告期末起至少 12 个月的持续经营能力。评价时需要考虑宏观政策风险、市场经营风险、企业目前或长期的盈利能力、偿债能力、财务弹性以及企业管理层改变经营政策的意向等因素。

如果企业存在近期获利经营的历史且有财务资源支持，则通常表明其以持续经营为基础编制财务报表是合理的。

如果评价结果表明对企业的持续经营能力产生重大怀疑，则企业应在附注中披露导致对持续经营能力产生重大怀疑的因素以及企业拟采取的改善措施。

如果企业正式决定或被迫在当期或将在下一个会计期间进行清算或停止营业，则表明以持续经营为基础编制财务报表不再合理。在这种情况下，企业应采用其他基础（如变现基础）编制财务报表，并在附注中声明财务报表未以持续经营为基础编制的事实、披露未以持续经营为基础编制的原因和财务报表的编制基础。

（二）权责发生制

除现金流量表按收付实现制原则编制外，企业应按权责发生制原则编制其他财务报表。

（三）一致性

除下列情况外，财务报表项目的列报应在各个会计期间保持一致，不得随意变更：

（1）会计准则要求改变财务报表项目的列报；

（2）企业经营业务的性质发生重大变化或对企业经营影响较大的交易或事项发生后，变更财务报表项目的列报能够提供更可靠、更相关的会计信息。

（四）重要性和项目列报

重要性是判断财务报表项目是否单独列报的重要标准。重要性，是指在合理预期下，财务报表某项目的省略或错报会影响使用者据此作出经济决策。企业应根据所处的具体环境，从项目的性质和金额两方面判断重要性，而且对各项目重要性的判断标准一经确定，不得随意变更。

（1）判断项目性质的重要性，应考虑该项目在性质上是否属于企业日常活动，是否显著影响企业的财务状况、经营成果和现金流量等因素。

(2)判断项目金额大小的重要性,应考虑该项目金额占资产总额、负债总额、所有者权益总额、营业收入总额、营业成本总额、净利润、综合收益总额等直接相关项目金额的比重或所属财务报表单列项目金额的比重。

根据重要性,项目列报可以单独或合并列报:

(1)性质或功能不同的项目,除不具有重要性的项目外,应在财务报表中单独列报。比如,存货和固定资产在性质和功能上都具有本质差别,必须分别在资产负债表上单独列报。

(2)性质或功能类似的项目,其所属类别具有重要性的,应按其类别在财务报表中单独列报。比如,原材料、低值易耗品等项目在性质上类似,均通过生产过程形成企业的产品,因此可以汇总列报,汇总之后的类别统称为"存货",并在资产负债表上单独列报。

(3)某些项目的重要性程度不足以在资产负债表、利润表、现金流量表或所有者权益变动表中单独列示,但对附注却具有重要性,则应在附注中单独披露。比如,对某制造业企业而言,原材料、在产品、库存商品等项目的重要性程度不足以在资产负债表上单独列示,因此在资产负债表上汇总列示,但是鉴于其对该制造业企业的重要性,应在附注中单独披露。

四、财务报表的要素

财务报表至少应包括下列各项要素:

(1)编报企业的名称;

(2)资产负债表日或财务报表涵盖的会计期间;

(3)人民币金额单位;

(4)财务报表项目及其至少两期比较数据。

第二节　资产负债表

一、资产负债表的定义

资产负债表,是反映企业在某一特定日期的财务状况的会计报表,即反映了某一特定日期关于企业资产、负债、所有者权益及其相互关系的信息,列示该特定日期资产、负债、所有者权益的余额。某一特定日期一般是指期末日,如月末、季末、半年末和年末的那一日。

二、资产负债表的结构

(一)报告式资产负债表

报告式资产负债表是上下结构,按资产、负债和所有者权益的顺序从上到下反映,资产各项目的总计等于负债和所有者权益各项目的总计。其格式如表11—1所示。

表11—1　　　　资产负债表

编制单位:　　　　年　月　日　　　　单位:元

项　目	期末余额	年初余额
资产		

续表

项目	期末余额	年初余额
流动资产 非流动资产 资产总计		
负债与所有者权益		
流动负债 非流动负债 负债合计		
所有者权益合计		
负债与所有者权益总计		

(二)账户式资产负债表

账户式资产负债表是左右结构,左边为资产,右边为负债和所有者权益,资产各项目的总计等于负债和所有者权益各项目的总计。其格式如表 11-2 所示。

表 11-2 资产负债表

编制单位: 年 月 日 单位:元

资产	期末余额	年初余额	负债及所有者权益	期末余额	年初余额
流动资产			流动负债 非流动负债 负债合计		
非流动资产			所有者权益合计		
资产总计			负债与所有者权益总计		

会计实务中采用账户式结构的资产负债表。

三、资产负债表列报的总体要求

(一)分类别列报

为了如实反映企业在资产负债表日拥有的资源、承担的负债以及所有者拥有的权益,资产负债表按资产、负债和所有者权益三大类别分类列报。

(二)资产和负债按流动性列报

资产负债表中的资产和负债按流动性分别分为流动资产和非流动资产、流动负债和非流动负债列示。

流动性,通常按资产的变现或耗用时间长短或者负债的偿还时间长短来确定。资产负债表中一般将流动性强的资产或负债项目排列在前,将流动性弱的资产或负债项目排列在后。

一般企业(如工商企业)通常在明显可识别的营业周期内销售产品或提供服务,可以将资产和负债按流动性分为流动资产/负债和非流动资产/负债,以反映本营业周期内预期能实现的资产和应偿还的负债。

银行、证券、保险等金融企业由于其销售产品或提供服务不具有明显可识别的营业周期，在经营内容上不同于一般企业，导致其资产和负债的构成项目也与一般企业有所不同。金融企业的部分资产或负债无法严格区分为流动和非流动。因此，金融企业等特殊行业企业可以大体按流动性顺序列示所有的资产和负债。

从事多种经营的企业，可以采用混合的列报基础进行列报，即对一部分资产和负债按流动资产和非流动资产、流动负债和非流动负债列报，同时对其他资产和负债按流动性顺序列报，但前提是能够提供可靠且更加相关的信息。

(三)列报中的合计、总计项目

资产负债表中的资产类至少应列示流动资产和非流动资产的合计项目，负债类至少应列示流动负债、非流动负债以及负债的合计项目，所有者权益类应列示所有者权益的合计项目。

对于金融企业等特殊行业企业，由于其资产和负债是按流动性顺序列报的，未区分流动资产和非流动资产、流动负债和非流动负债，因此不可能也无须列报这类合计项目。

因为资产负债表遵循了“资产＝负债＋所有者权益”这一会计恒等式，把企业在特定时日拥有的经济资源和与之相对应的企业承担的债务及偿债以后属于所有者的权益充分反映出来，所以，资产负债表应分别列示资产总计项目和负债与所有者权益之和的总计项目，并且这两者的金额应相等。

四、资产负债表各部分列报的具体要求

(一)资产的列报

资产负债表中的资产反映由过去的交易、事项形成并由企业在某一特定日期所拥有或控制、预期会给企业带来经济利益的资源。资产除按流动资产和非流动资产两大类别在资产负债表中列示外，在流动资产和非流动资产类别下还需要进一步按性质分项列示。

1. 流动资产和非流动资产的划分

满足下列条件之一的资产，归类为流动资产：

(1)预计在一个正常营业周期中变现、出售或耗用。这主要包括存货、应收账款等资产。需要指出的是，变现一般针对应收账款等而言，是指将资产变为现金；出售一般针对产品等存货而言；耗用一般是指将存货(如原材料)转变成另一种形态(如产成品)。

(2)主要为交易目的而持有。比如根据《企业会计准则第 22 号——金融工具确认和计量》划分的交易性金融资产。但是，并非所有交易性金融资产均为流动资产，如自资产负债表日起超过 12 个月到期且预期持有超过 12 个月的衍生工具应划分为非流动资产或非流动负债。

(3)预计在资产负债表日起一年内(含一年)变现。

(4)自资产负债表日起一年内(含一年)，交换其他资产或清偿负债的能力不受限制的现金或现金等价物。

非流动资产为流动资产以外的资产。

对于同时包含资产负债表日后一年内和一年之后预期将收回或清偿金额的资产和负债单列项目，应披露超过一年后预期收回或清偿的金额。比如，金融企业资产负债表中的资产和负债项目按流动性顺序列示，有些资产或负债项目中同时包含了资产负债表日后一年内和一年之后预期收回或清偿的金额，针对这些项目，企业应在附注中披露资产负债表日后一年之后预

期收回或清偿的金额。再如,房地产开发企业的正常营业周期通常长于一年,其已经开发完工和正在开发的房地产作为存货在资产负债表的流动资产部分列示,企业对于该存货还应在附注中披露资产负债表日后一年之后预期收回的金额。

2. 正常营业周期

正常营业周期,是指企业从购买用于加工的资产起至实现现金或现金等价物的期间。

正常营业周期通常短于一年,在一年内有几个营业周期。但是,因生产周期较长等导致正常营业周期长于一年的,尽管相关资产往往超过一年才变现、出售或耗用,仍应划分为流动资产。例如,房地产开发企业开发用于出售的房地产开发产品,造船企业制造的用于出售的大型船只等,从购买原材料进入生产,到制造出产品出售并收回现金或现金等价物的过程,往往超过一年,在这种情况下,与生产循环相关的产成品、应收账款、原材料尽管超过一年才变现、出售或耗用,仍应作为流动资产列示。

当正常营业周期不能确定时,企业应以一年(12 个月)作为正常营业周期。

3. 持有待售的非流动资产的列报

对于根据企业会计准则划分为持有待售的非流动资产(如固定资产、无形资产、长期股权投资等)应归类为流动资产列报;类似地,被划分为持有待售的非流动负债应归类为流动负债列报。

(二)负债的列报

资产负债表中的负债反映在某一特定日期企业所承担的、预期会导致经济利益流出企业的现时义务。负债除按流动负债和非流动负债两大类别在资产负债表中列示外,在流动负债和非流动负债类别下还需要进一步按性质分项列示。

1. 流动负债与非流动负债的划分

流动负债的判断标准与流动资产的判断标准相类似。满足下列条件之一的负债,归类为流动负债:

(1)预计在一个正常营业周期中清偿。

(2)主要为交易目的而持有。

(3)自资产负债表日起一年内到期应予以清偿。

(4)企业无权自主地将清偿推迟至资产负债表日后一年以上。

企业在进行流动负债的判断时,应注意以下两点:(1)企业对资产和负债进行流动性分类时,应采用相同的正常营业周期。(2)企业正常营业周期中的经营性负债项目即使在资产负债表日后超过一年才予清偿的,仍应划分为流动负债。

2. 资产负债表日后事项对流动负债与非流动负债划分的影响

流动负债与非流动负债的划分是否正确,直接影响到对企业短期和长期偿债能力的判断。企业在判断流动负债与非流动负债的划分时,应考虑资产负债表日后事项的影响。

(1)资产负债表日起一年内到期的负债。

资产负债表日起一年内到期的负债,企业有意图且有能力自主地将清偿义务展期至资产负债表日后一年以上的,应归类为非流动负债;不能自主地将清偿义务展期的,即使在资产负债表日后、财务报告批准报出日前签订了重新安排清偿计划协议,该项负债在资产负债表日仍应归类为流动负债。

(2)在资产负债表日或之前企业违反长期借款协议。

企业在资产负债表日或之前违反了长期借款协议,导致贷款人可随时要求清偿的负债,应归类为流动负债。因为在这种情况下，债务清偿的主动权并不在企业，企业只能被动地无条件归还贷款，而且该事实在资产负债表日即已经存在，所以该负债应作为流动负债列报。但是，如果贷款人在资产负债表日或之前同意提供在资产负债表日后一年以上的宽限期，在此期限内企业能够改正违约行为，且贷款人不能要求随时清偿的，在资产负债表日的此项负债并不符合流动负债的判断标准，应归类为非流动负债。

企业的其他长期负债存在类似情况的，应比照上述有关规定进行处理。

（三）所有者权益的列报

资产负债表中的所有者权益是企业资产扣除负债后的剩余权益。所有者权益一般按净资产的不同来源和特定用途进行分类，按实收资本（或股本）、资本公积、其他综合收益、盈余公积、未分配利润等项目分项列示。

五、一般企业资产负债表的格式和填列方法

（一）一般企业资产负债表的格式

资产负债表采用账户式格式。企业编制比较资产负债表，就各项目分为“年初余额”和“期末余额”两栏分别填列，以便财务报表使用者通过比较不同时点资产负债表的数据，掌握企业财务状况的变动情况及发展趋势。一般企业资产负债表的格式如表 11—3 所示。

表 11—3　　**资产负债表**

会企 01 表

编制单位：　　年　月　日　　单位：元

资　产	期末余额	年初余额	负债和所有者权益（或股东权益）	期末余额	年初余额
流动资产：			流动负债：		
货币资金			短期借款		
以公允价值计量且其变动计入当期损益的金融资产			以公允价值计量且其变动计入当期损益的金融负债		
应收票据			应付票据		
应收账款			应付账款		
预付款项			预收款项		
应收利息			应付职工薪酬		
应收股利			应交税费		
其他应收款			应付利息		
存货			应付股利		
划分为持有待售的资产			其他应付款		
一年内到期的非流动资产			划分为持有待售的负债		
其他流动资产			一年内到期的非流动负债		
流动资产合计			其他流动负债		
			流动负债合计		
非流动资产：					

续表

资　产	期末余额	年初余额	负债和所有者权益(或股东权益)	期末余额	年初余额
可供出售金融资产			非流动负债:		
持有至到期投资			长期借款		
长期应收款			应付债券		
长期股权投资			长期应付款		
投资性房地产			专项应付款		
固定资产			预计负债		
在建工程			递延收益		
工程物资			递延所得税负债		
固定资产清理			其他非流动负债		
生产性生物资产			非流动负债合计		
油气资产			负债合计		
无形资产					
开发支出			负债和所有者权益(或股东权益):		
商誉			实收资本(或股本)		
长期待摊费用			资本公积		
递延所得税资产			减:库存股		
其他非流动资产			其他综合收益		
非流动资产合计			盈余公积		
			未分配利润		
			股东权益合计		
资产总计			负债和所有者权益(或股东权益)总计		

(二)一般企业资产负债表的填列方法

1."年初余额"栏的填列方法

企业应根据上年末资产负债表"期末余额"栏有关项目填列本年度资产负债表"年初余额"栏。

如果企业发生了会计政策变更、前期差错更正,应对"年初余额"栏中的有关项目进行相应调整;如果企业上年度资产负债表规定的项目名称和内容与本年度不一致,应对上年年末资产负债表相关项目的名称和金额按本年度的规定进行调整后填入"年初余额"栏。

2."期末余额"栏的填列方法

企业应根据资产、负债和所有者权益类科目的期末余额填列资产负债表"期末余额"栏,具体包括如下情况:

(1)根据总账科目的余额填列。

"以公允价值计量且其变动计入当期损益的金融资产""工程物资""固定资产清理""递延

所得税资产”“短期借款”“以公允价值计量且其变动计入当期损益的金融负债”“应付票据”“应付职工薪酬”“应交税费”“应付利息”“应付股利”“其他应付款”“专项应付款”“预计负债”“递延收益”“递延所得税负债”“实收资本(或股本)”“库存股”“资本公积”“其他综合收益”“盈余公积”等项目,根据有关总账科目的余额直接填列。

“货币资金”项目,根据“库存现金”“银行存款”“其他货币资金”三个总账科目余额的合计数填列。

“未分配利润”项目,年末根据“利润分配”科目中所属的“未分配利润”明细科目期末余额填列。中期根据“本年利润”减去或加上“利润分配”科目中所属的“未分配利润”明细科目期末余额填列。

(2)根据明细账科目的余额计算填列。

“开发支出”项目,根据“研发支出”科目中所属的“资本化支出”明细科目期末余额填列。

“应付账款”项目,根据“应付账款”和“预付账款”科目所属的相关明细科目的期末贷方余额合计数填列。

“预收款项”项目,根据“应收账款”和“预收账款”科目所属的相关明细科目的期末贷方余额合计数填列。

(3)根据总账科目和明细账科目的余额分析计算填列。

“长期借款”“应付债券”项目,根据“长期借款”“应付债券”总账科目余额,减去“长期借款”科目所属的明细科目中将在资产负债表日起一年内(含一年)到期且企业不能自主地将清偿义务展期的长期借款、应付债券后的金额计算填列。其中将在资产负债表日起一年内(含一年)到期且企业不能自主地将清偿义务展期的长期借款、应付债券的金额,在“一年内到期的非流动负债”项目填列。

“长期待摊费用”项目,根据“长期待摊费用”科目的期末余额,减去将于一年内(含一年)摊销的数额后的金额填列。其中将于一年内(含一年)摊销的数额的金额,在“一年内到期的非流动资产”项目填列。

[例 11-1] 20×5 年 12 月 31 日,“长期借款”账户的期末余额为380 000.00元,其中,一年内到期且企业不能自主地将清偿义务展期的长期借款的期末余额为80 000.00元。

根据上述资料,资产负债表填列金额如下:

“长期借款”项目:380 000.00-80 000.00=300 000.00(元)

“一年内到期的非流动负债”项目:800 000.00(元)

(4)根据有关科目余额减去其备抵科目余额后的净额填列。

“应收票据”“应收利息”“应收股利”“其他应收款”项目,根据相关科目的期末余额,减去“坏账准备”科目中相关明细科目期末余额后的金额填列。

“可供出售金融资产”“持有至到期投资”“长期股权投资”“在建工程”“商誉”项目,根据相关科目的期末余额,减去计提的减值准备后的金额填列。

“固定资产”“无形资产”“投资性房地产”“生产性生物资产”“油气资产”项目,根据相关科目的期末余额,减去相关的累计折旧(或摊销、折耗),再减去计提的减值准备后的金额填列。采用公允价值计量的上述资产,根据相关科目的期末余额填列。

“长期应收款”项目,根据“长期应收款”科目的期末余额,减去相应的“未实现融资费用”科目和“坏账准备”科目中相关明细科目期末余额后的金额填列。

“长期应付款”项目,根据“长期应付款”科目的期末余额,减去相应的“未确认融资费用”科目期末余额后的金额填列。

(5)综合运用上述填列方法分析填列。

“应收账款”项目,根据“应收账款”和“预收账款”科目所属各明细科目的期末借方余额合计数,减去“坏账准备”科目中相关明细科目期末余额后的金额填列。

“预付款项”项目,根据“预付账款”和“应付账款”科目所属各明细科目的期末借方余额合计数,减去“坏账准备”科目中相关明细科目期末余额后的金额填列。

“存货”项目,根据“材料采购”“原材料”“发出商品”“库存商品”“周转材料”“委托加工物资”“生产成本”“受托代销商品”等科目的期末余额合计,减去“受托代销商品款”“存货跌价准备”科目期末余额后的金额填列。材料采用计划成本核算以及库存商品采用计划成本核算或售价核算的企业,还应按加上或减去材料成本差异、商品进销差价后的金额填列。

“划分为持有待售的资产”“划分为持有待售的负债”项目,根据相关科目的期末余额分析填列。

[例 11—2] 20×5 年 12 月 31 日,“应收账款”和“预付账款”科目总账借方余额分别为 600 000.00 元、100 000.00 元,“应付账款”和“预收账款”科目总账贷方余额分别为400 000.00 元、30 000.00 元,“坏账准备”科目总账贷方余额为 55 500.00 元。以上各科目的明细账如表 11—4 所示。

表 11—4 **科目明细账**

20×5 年 12 月 31 日

单位:元

总账科目	明细科目	借方余额	贷方余额
应收账款	甲公司	620 000.00	
	乙公司		20 000.00
预付账款	丙公司	130 000.00	
	戊公司		30 000.00
应付账款	己公司	50 000.00	
	庚公司		450 000.00
预收账款	辛公司	10 000.00	
	壬公司		40 000.00
坏账准备	应收账款		35 500.00
	其他应收款		20 000.00

根据上述资料,资产负债表填列金额如下:

“应收账款”项目:620 000.00+10 000.00—35 500.00=594 500.00(元)

“预付账款”项目:130 000.00+50 000.00=180 000.00(元)

“应付账款”项目:30 000.00+450 000.00=480 000.00(元)

“预收账款”项目:40 000.00+20 000.00=60 000.00(元)

[例 11—3] 诚友公司成立于 20×4 年 6 月 1 日,20×4 年 12 月 31 日的资产负债表和 20×5年 12 月 31 日的科目余额表(包括部分明细科目余额)如表 11—5 和表 11—6 所示。

表 11—5

资产负债表

会企 01 表

编制单位：诚友公司　　　　　　20×4 年 12 月 31 日　　　　　　单位：元

资　产	期末余额	年初余额	负债和所有者权益（或股东权益）	期末余额	年初余额
流动资产：			流动负债：		
货币资金	1 506 300.00		短期借款	300 000.00	
以公允价值计量且其变动计入当期损益的金融资产	15 000.00		以公允价值计量且其变动计入当期损益的金融负债		
应收票据			应付票据		
应收账款	575 150.00		应付账款	1 220 000.00	
预付款项	166 200.00		预收款项	30 000.00	
应收利息			应付职工薪酬	110 000.00	
应收股利			应交税费	36 600.00	
其他应收款	4 950.00		应付利息		
存货	2 580 000.00		应付股利		
划分为持有待售的资产			其他应付款	51 000.00	
一年内到期的非流动资产			划分为持有待售的负债		
其他流动资产			一年内到期的非流动负债	1 000 000.00	
流动资产合计	4 847 600.00	0.00	其他流动负债		
			流动负债合计	2 747 600.00	0.00
非流动资产：					
可供出售金融资产			非流动负债：		
持有至到期投资			长期借款	600 000.00	
长期应收款			应付债券		
长期股权投资	1 050 000.00		长期应付款		
投资性房地产			专项应付款		
固定资产	2 600 000.00		预计负债		
在建工程			递延收益		
工程物资			递延所得税负债		
固定资产清理			其他非流动负债		
生产性生物资产			非流动负债合计	600 000.00	0.00
油气资产			负债合计	3 347 600.00	0.00
无形资产					
开发支出			负债和所有者权益（或股东权益）：		

续表

资　产	期末余额	年初余额	负债和所有者权益（或股东权益）	期末余额	年初余额
商誉			实收资本（或股本）	5 000 000.00	
长期待摊费用			资本公积		
递延所得税资产	250.00		减：库存股		
其他非流动资产			其他综合收益		
非流动资产合计	3 650 250.00	0.00	盈余公积	15 025.00	
			未分配利润	135 225.00	
			股东权益合计	5 150 250.00	0.00
资产总计	8 497 850.00	0.00	负债和所有者权益（或股东权益）总计	8 497 850.00	0.00

表 11－6　　**科目余额表**

20×5 年 12 月 31 日

单位：元

项　目	期末余额		项　目	期末余额	
	借方	贷方		借方	贷方
库存现金	1 300.00		短期借款		50 000.00
银行存款	1 272 500.00		应付账款		2 620 566.00
交易金融资产	80 000.00		——P 公司		2 660 090.00
应收账款	1 434 000.00		——Q 公司	39 524.00	
——甲公司	1 434 000.00		预收账款		0.00
坏账准备		3 900.00	——丙公司		2 000.00
——应收账款		3 850.00	——丁公司	2 000.00	
——预付账款		0.00	应付职工薪酬		2 000.00
——其他应收款		50.00	应交税费		264 034.00
预付账款	51 000.00		应付利息		21 500.00
——A 公司	70 000.00		其他应付款		51 000.00
——B 公司		19 000.00	应付股利		50 000.00
其他应收款	5 000.00		长期借款		1 000 000.00
原材料	29 800.00		——1 年内到期		600 000.00
库存商品	2 457 900.00		——1 年以上到期		400 000.00
长期股权投资	1 052 000.00		实收资本（或股本）		6 000 000.00
固定资产	4 701 000.00		资本公积		100 000.00
累计折旧		420 000.00	其他综合收益		2 000.00
递延所得税资产	975.00		盈余公积		55 047.50
			利润分配		445 427.50

根据上述资料，诚友公司编制20×5年12月31日的资产负债表如表11—7所示。

表11—7　　**资产负债表**

会企01表

编制单位：诚友公司　　20×5年12月31日　　单位：元

资　产	期末余额	年初余额	负债和所有者权益（或股东权益）	期末余额	年初余额
流动资产：			流动负债：		
货币资金	1 273 800.00	1 506 300.00	短期借款	50 000.00	300 000.00
以公允价值计量且其变动计入当期损益的金融资产	80 000.00	15 000.00	以公允价值计量且其变动计入当期损益的金融负债		
应收票据			应付票据		
应收账款	1 432 150.00	575 150.00	应付账款	2 679 090.00	1 220 000.00
预付款项	109 524.00	166 200.00	预收款项	2 000.00	30 000.00
应收利息			应付职工薪酬	2 000.00	110 000.00
应收股利			应交税费	264 034.00	36 600.00
其他应收款	4 950.00	4 950.00	应付利息	21 500.00	
存货	2 487 700.00	2 580 000.00	应付股利	50 000.00	
划分为持有待售的资产			其他应付款	51 000.00	51 000.00
一年内到期的非流动资产			划分为持有待售的负债		
其他流动资产			一年内到期的非流动负债	600 000.00	1 000 000.00
流动资产合计	5 388 124.00	4 847 600.00	其他流动负债		
			流动负债合计	3 719 624.00	2 747 600.00
非流动资产：					
可供出售金融资产			非流动负债：		
持有至到期投资			长期借款	400 000.00	600 000.00
长期应收款			应付债券		
长期股权投资	1 052 000.00	1 050 000.00	长期应付款		
投资性房地产			专项应付款		
固定资产	4 281 000.00	2 600 000.00	预计负债		
在建工程			递延收益		
工程物资			递延所得税负债		
固定资产清理			其他非流动负债		
生产性生物资产			非流动负债合计	400 000.00	600 000.00
油气资产			负债合计	4 119 624.00	3 347 600.00

续表

资　产	期末余额	年初余额	负债和所有者权益（或股东权益）	期末余额	年初余额
无形资产					
开发支出			负债和所有者权益（或股东权益）：		
商誉			实收资本（或股本）	6 000 000.00	5 000 000.00
长期待摊费用			资本公积	100 000.00	
递延所得税资产	975.00	250.00	减：库存股		
其他非流动资产			其他综合收益	2 000.00	
非流动资产合计	5 333 975.00	3 650 250.00	盈余公积	55 047.50	15 025.00
			未分配利润	445 427.50	135 225.00
			股东权益合计	6 602 475.00	5 150 250.00
资产总计	10 722 099.00	8 497 850.00	负债和所有者权益（或股东权益）总计	10 722 099.00	8 497 850.00

其中部分项目的期末余额计算过程如下：

“货币资金”项目＝“库存现金”1 300.00＋“银行存款”1 272 500.00 ＝ 1 273 800.00（元）

“应收账款”项目＝“应收账款”明细科目借方余额 1 434 000.00＋“预收账款”明细科目借方余额 2 000.00 －“坏账准备——应收账款”3 850.00
＝1 432 150.00（元）

“预付款项”项目＝“预付账款”明细科目借方余额 70 000.00＋“应付账款”明细科目借方余额 39 524.00 －“坏账准备——预付账款”0.00
＝109 524.00（元）

“其他应收款”项目＝“其他应收款”5 000.00－“坏账准备——应收账款”50.00
＝4 950.00（元）

“存货”项目＝“原材料”29 800.00＋“库存商品”2 457 900.00＝2 487 700.00（元）

“固定资产”项目＝“固定资产”4 701 000.00－“累计折旧”420 000.00
＝4 281 000.00（元）

“应付账款”项目＝“应付账款”明细科目贷方余额 2 660 090.00 ＋“预付账款”明细科目贷方余额 19 000.00
＝2 679 090.00（元）

“预收账款”项目＝“预收账款”明细科目贷方余额 2 000.00 ＋“应收账款”明细科目贷方余额 0.00
＝2 000.00（元）

“一年内到期的非流动负债”项目＝“长期借款——1 年内到期”600 000.00（元）

“长期借款”项目＝“长期借款——1 年以上到期”400 000.00（元）

第三节　利润表

一、利润表的定义

利润表，是反映企业在一定会计期间的经营成果的会计报表，反映了企业经营业绩的主要来源和构成，即一定会计期间的收入、费用和利润的发生额。一定会计期间一般是指一个确定的时间段，通常是月、季度、半年度和年度。

二、利润表的结构

（一）单步式利润表

单步式利润表分为三个部分，第一部分是收入，第二部分是费用，第三部分是净利润。净利润等于收入合计减去费用合计。其格式如表 11－8 所示。

表 11－8　　　　　　　　　　　**利润表**

编制单位：　　　　　　　　　　　年　月　　　　　　　　　　　单位：元

项　目	本期金额	上期金额
一、收入		
营业收入		
公允价值变动收益		
投资收益		
营业外收入		
收入合计		
二、费用		
营业成本		
营业税金及附加		
销售费用		
管理费用		
财务费用		
资产减值损失		
营业外支出		
所得税费用		
费用合计		
三、净利润		

（二）多步式利润表

多步式利润表分为四个部分：第一部分是营业收入、营业成本和期间费用等，第二部分是营业利润，第三部分是利润总额，第四部分是净利润。后一部分都是根据前一部分相关项目计算得出，总体计算公式仍然是收入减去费用等于利润。其格式如表 11－9 所示。

表 11－9 利润表

编制单位： 年 月 单位：元

项 目	本期金额	上期金额
一、营业收入		
减：营业成本		
营业税金及附加		
销售费用		
管理费用		
财务费用		
资产减值损失		
加：公允价值变动收益		
投资收益		
二、营业利润		
加：营业外收入		
减：营业外支出		
三、利润总额		
减：所得税费用		
四、净利润		

会计实务中采用多步式结构的利润表。

三、利润表列报的总体要求

(一)收入、费用的列报

一般企业的收入、费用的划分比较明确，可以按营业收入、投资收益等列报收入，按营业成本、销售费用、管理费用和财务费用等列报费用。

银行、保险、证券等金融企业由于其日常活动的特殊性，其利润表项目的列示也比较特殊。例如，商业银行将利息支出作为利息收入的抵减项目、将手续费及佣金支出作为手续费及佣金收入的抵减项目列示。

作为利润表的补充资料，企业在附注中披露费用按性质的分类，将费用分为耗用的原材料、职工薪酬费用、折旧费用、摊销费用等，以有助于财务报表使用者预测企业的未来现金流量。

(二)综合收益的列报

综合收益，是指企业在某一期间除与所有者以其所有者身份进行的交易之外的其他交易或事项所引起的所有者权益变动。综合收益总额项目反映净利润和其他综合收益扣除所得税影响后的净额相加后的合计金额。

其他综合收益，是指企业根据其他会计准则规定未在当期损益中确认的各项利得和损失。企业应以扣除相关所得税影响后的净额在利润表上单独列示各项其他综合收益项目。其他综合收益项目根据其他相关会计准则的规定分为下列两类列报：

1. 以后会计期间不能重分类进损益的其他综合收益项目

(1)重新计量设定受益计划净负债或净资产导致的变动。

根据《企业会计准则第 9 号——职工薪酬》，有设定受益计划形式离职后福利的企业应将重新计量设定受益计划净负债或净资产导致的变动计入其他综合收益，并且在后续会计期间不允许转回至损益。

(2)按权益法核算的在被投资单位不能重分类进损益的其他综合收益变动中所享有的份额。

根据《企业会计准则第 2 号——长期股权投资》，投资方取得长期股权投资后，应按应享有或应分担的被投资单位其他综合收益的份额确认其他综合收益，同时调整长期股权投资的账面价值。投资单位在确定应享有或应分担的被投资单位其他综合收益的份额时，该份额的性质取决于被投资单位的其他综合收益的性质，即如果被投资单位的其他综合收益属于"以后会计期间不能重分类进损益"类别，则投资方确认的份额也属于"以后会计期间不能重分类进损益"类别。

2. 以后会计期间在满足规定条件时将重分类进损益的其他综合收益项目

(1)按权益法核算的在被投资单位可重分类进损益的其他综合收益变动中所享有的份额。

根据《企业会计准则第 2 号——长期股权投资》，投资方取得长期股权投资后，应按应享有或应分担的被投资单位其他综合收益的份额确认其他综合收益，同时调整长期股权投资的账面价值。如果被投资单位的其他综合收益属于"以后会计期间在满足规定条件时将重分类进损益"类别，则投资方确认的份额也属于"以后会计期间在满足规定条件时将重分类进损益"类别。

(2)可供出售金融资产公允价值变动形成的利得或损失、持有至到期投资重分类为可供出售金融资产形成的利得或损失。

根据《企业会计准则第 22 号——金融工具确认和计量》，可供出售金融资产公允价值变动形成的利得或损失，除减值损失和外币货币性金融资产形成的汇兑差额外，应直接计入所有者权益(其他综合收益)，在该金融资产终止确认时转出计入当期损益；根据金融工具确认和计量准则规定将持有至到期投资重分类为可供出售金融资产的，在重分类日，该投资的账面价值与其公允价值之间的差额计入所有者权益(其他综合收益)，在该可供出售金融资产发生减值或终止确认时转出计入当期损益。

(3)现金流量套期工具产生的利得或损失中属于有效套期的部分。

根据《企业会计准则第24 号——套期保值》，现金流量套期利得或损失中属于有效套期的部分，应直接确认为所有者权益(其他综合收益)；属于无效套期的部分，应计入当期损益。对于前者，套期保值准则规定在一定的条件下，将原直接计入所有者权益中的套期工具利得或损失转出计入当期损益。

(4)外币财务报表折算差额。

根据《企业会计准则第 19 号——外币折算》，企业对境外经营的财务报表进行折算时，应将外币财务报表折算差额在资产负债表中所有者权益项目下单独列示(其他综合收益)；企业在处置境外经营时，应将资产负债表中所有者权益项目下列示的、与该境外经营相关的外币报表折算差额，自所有者权益项目转入处置当期损益；部分处置境外经营的，应按处置的比例计算处置部分的外币财务报表折算差额转入处置当期损益。

(5)根据相关会计准则规定的其他项目。

比如,根据《企业会计准则第 3 号——投资性房地产》,自用房地产或作为存货的房地产转换为以公允价值模式计量的投资性房地产,在转换日公允价值大于账面价值部分,计入其他综合收益;待该投资性房地产处置时,将该部分转入当期损益。

四、一般企业利润表的格式和填列方法

(一)一般企业利润表的格式

利润表采用多步式格式,即通过对当期的收入、费用、支出项目按性质加以归类,按利润形成的主要环节列示中间性利润指标,便于使用者理解企业经营成果的不同来源。

企业编制比较利润表,就各项目分为"本期金额"和"上期金额"两栏分别填列,以便财务报表使用者通过比较不同期间利润表的数据,判断企业经营成果的未来发展趋势。一般企业利润表的格式如表 11-10 所示。

表 11-10　　利润表

会企 02 表

编制单位:　　年　月　　单位:元

项　目	本期金额	上期金额
一、营业收入		
减:营业成本		
营业税金及附加		
销售费用		
管理费用		
财务费用		
资产减值损失		
加:公允价值变动收益		
投资收益		
其中:对联营企业和合营企业的投资收益		
二、营业利润		
加:营业外收入		
其中:非流动资产处置利得		
减:营业外支出		
其中:非流动资产处置损失		
三、利润总额		
减:所得税费用		
四、净利润		
五、其他综合收益的税后净额		
(一)以后不能重分类进损益的其他综合收益		

续表

项　目	本期金额	上期金额
1. 重新计量设定受益计划净负债或净资产的变动		
2. 权益法下在被投资单位不能重分类进损益的其他综合收益中享有的份额		
……		
(二)以后能重分类进损益的其他综合收益		
1. 权益法下在被投资单位以后将重分类进损益的其他综合收益中享有的份额		
2. 可供出售金融资产公允价值变动损益		
3. 持有至到期投资重分类为可供出售金融资产损益		
4. 现金流量套期损益的有效部分		
5. 外币财务报表折算差额		
……		
六、综合收益总额		
七、每股收益		
(一)基本每股收益		
(二)稀释每股收益		

(二)一般企业利润表的列报方法

1."上期金额"栏的填列方法

企业应根据上年同期利润表"本期金额"栏内所列数字填列本年度利润表的"上期金额"栏内各项数字。

如果企业上年该期利润表规定的项目的名称和内容与本期不一致,应对上年该期利润表相关项目的名称和金额按本期的规定进行调整后填入"上期金额"栏。

2."本期金额"栏的填列方法

企业应根据损益类科目和所有者权益类有关科目的发生额填列利润表"本年金额"栏,具体包括如下情况:

(1)"营业收入""营业成本""营业税金及附加""销售费用""管理费用""财务费用""资产减值损失""公允价值变动收益""投资收益""营业外收入""营业外支出""所得税费用"等项目,根据有关损益类科目的发生额分析填列。

(2)"其中:对联营企业和合营企业的投资收益""其中:非流动资产处置利得""其中:非流动资产处置损失"等项目,根据"投资收益""营业外收入""营业外支出"等科目所属的相关明细科目的发生额分析填列。

(3)"其他综合收益的税后净额"项目及其各组成部分,根据"其他综合收益"科目及其所属明细科目的本期发生额分析填列。

(4)"营业利润""利润总额""净利润""综合收益总额"项目,根据表中相关项目计算填列。

(5)普通股或潜在普通股已公开交易的企业,以及正处于公开发行普通股或潜在普通股过程中的企业,还应在利润表中列示每股收益信息,并在附注中详细披露计算过程,以供投资者投资决策参考。基本每股收益和稀释每股收益项目应按《企业会计准则第 34 号——每股收益》的规定计算填列。

[例 11—4] 承[例 11—3]，诚友公司 20×4 年度的利润表和 20×5 年度损益类及"其他综合收益"明细科目的本年累计发生额分别如表 11—11、表 11—12、表 11—13 所示。

表 11—11 **利润表**

会企 02 表

编制单位：诚友公司 20×4 年度 单位：元

项目	本期金额	上期金额
一、营业收入	658 900.00	
减：营业成本	342 500.00	
营业税金及附加	170.00	
销售费用	10 000.00	
管理费用	96 380.00	
财务费用	32 000.00	
资产减值损失	1 000.00	
加：公允价值变动收益		
投资收益	25 000.00	
其中：对联营企业和合营企业的投资收益		
二、营业利润	201 850.00	0.00
加：营业外收入		
其中：非流动资产处置利得		
减：营业外支出		
其中：非流动资产处置损失		
三、利润总额	201 850.00	0.00
减：所得税费用	51 600.00	
四、净利润	150 250.00	0.00
五、其他综合收益的税后净额	0.00	0.00
(一)以后不能重分类进损益的其他综合收益		
1. 重新计量设定受益计划净负债或净资产的变动		
2. 权益法下在被投资单位不能重分类进损益的其他综合收益中享有的份额		
……		
(二)以后能重分类进损益的其他综合收益		
1. 权益法下在被投资单位以后将重分类进损益的其他综合收益中享有的份额		
2. 可供出售金融资产公允价值变动损益		

续表

项　目	本期金额	上期金额
3. 持有至到期投资重分类为可供出售金融资产损益		
4. 现金流量套期损益的有效部分		
5. 外币财务报表折算差额		
……		
六、综合收益总额	150 250.00	0.00
七、每股收益		
(一)基本每股收益		
(二)稀释每股收益		

表 11—12　　损益类科目本年累计发生额

20×5 年度　　单位:元

项　目	借方发生额	贷方发生额	项　目	借方发生额	贷方发生额
主营业务收入		1 500 000.00	销售费用	20 000.00	
其他业务收入		10 000.00	管理费用	92 200.00	
投资收益		31 500.00	财务费用	34 000.00	
主营业务成本	750 000.00		资产减值损失	2 900.00	
其他业务成本	3 000.00		营业外支出	120 000.00	
营业税金及附加	400.00		所得税费用	118 775.00	

表 11—13　　“其他综合收益”明细科目的本年累计发生额

20×5 年度　　单位:元

项　目	借方发生额	贷方发生额
权益法下在被投资单位以后将重分类进损益的其他综合收益中享有的份额		2 000.00

根据上述资料,诚友公司编制 20×5 年度的利润表如表 11—14 所示。

表 11—14　　利润表

会企 02 表

编制单位:诚友公司　　20×5 年度　　单位:元

项　目	本期金额	上期金额
一、营业收入	1 510 000.00	658 900.00
减:营业成本	753 000.00	342 500.00
营业税金及附加	400.00	170.00
销售费用	20 000.00	10 000.00

续表

项　目	本期金额	上期金额
管理费用	92 200.00	96 380.00
财务费用	34 000.00	32 000.00
资产减值损失	2 900.00	1 000.00
加:公允价值变动收益		
投资收益	31 500.00	25 000.00
其中:对联营企业和合营企业的投资收益		
二、营业利润	639 000.00	201 850.00
加:营业外收入		
其中:非流动资产处置利得		
减:营业外支出	120 000.00	
其中:非流动资产处置损失	120 000.00	
三、利润总额	519 000.00	201 850.00
减:所得税费用	118 775.00	51 600.00
四、净利润	400 225.00	150 250.00
五、其他综合收益的税后净额	2 000.00	0.00
(一)以后不能重分类进损益的其他综合收益		
1. 重新计量设定受益计划净负债或净资产的变动		
2. 权益法下在被投资单位不能重分类进损益的其他综合收益中享有的份额		
……		
(二)以后能重分类进损益的其他综合收益	2 000.00	
1. 权益法下在被投资单位以后将重分类进损益的其他综合收益中享有的份额	2 000.00	
2. 可供出售金融资产公允价值变动损益		
3. 持有至到期投资重分类为可供出售金融资产损益		
4. 现金流量套期损益的有效部分		
5. 外币财务报表折算差额		
……		
六、综合收益总额	402 225.00	150 250.00
七、每股收益		
(一)基本每股收益		
(二)稀释每股收益		

第四节　现金流量表

一、现金流量表的定义

现金流量表，是指反映企业在一定会计期间现金和现金等价物流入和流出的报表。其中：现金，是指企业库存现金以及可以随时用于支付的存款。现金等价物，是指企业持有的期限短、流动性强、易于转换为已知金额现金、价值变动风险很小的投资。现金等价物通常包括三个月内到期的债券投资等。权益性投资变现的金额通常不确定，因而不属于现金等价物。

二、现金流量表列报的总体要求

（一）分类别列报

为了合理反映不同类别经济活动对现金流量的影响，现金流量表应分别经营活动、投资活动和筹资活动三大类别分类列报。

经营活动现金流量，是指企业投资活动和筹资活动以外的所有交易和事项产生的现金流量。

投资活动现金流量，是指企业长期资产的购建和不包括在现金等价物范围的投资及其处置活动产生的现金流量。

筹资活动现金流量，是指导致企业资本及债务规模和构成发生变化的活动产生的现金流量。

（二）总额和净额列报

各类别现金流量一般分别按现金流入和现金流出的总额列报。但是，下列各项可以按净额列报：

(1)代客户收取或支付的现金。

(2)周转快、金额大、期限短项目的现金流入和现金流出。

(3)金融企业的有关项目，包括短期贷款发放与收回的贷款本金、活期存款的吸收与支付、同业存款和存放同业款项的存取、向其他金融企业拆借资金，以及证券的买入与卖出等。

三、一般企业现金流量表的格式和编制方法

（一）一般企业现金流量表的格式

企业编制比较现金流量表，就各项目分为“本期金额”和“上期金额”两栏分别填列，以便财务报表使用者通过比较不同期间现金流量表的数据，判断企业现金流量的变动情况和未来发展趋势。一般企业现金流量表的格式如表11－15所示。

表11－15　　　　**现金流量表**

会企03表

编制单位：　　　　年　月　　　　单位：元

项　目	本期金额	上期金额
一、经营活动产生的现金流量		
销售商品、提供劳务收到的现金		

续表

项　目	本期金额	上期金额
收到的税费返还		
收到其他与经营活动有关的现金		
经营活动现金流入小计		
购买商品、接受劳务支付的现金		
支付给职工以及为职工支付的现金		
支付的各项税费		
支付其他与经营活动有关的现金		
经营活动现金流出小计		
经营活动产生的现金流量净额		
二、投资活动产生的现金流量		
收回投资所收到的现金		
取得投资收益收到的现金		
处置固定资产、无形资产和其他长期资产收回的现金净额		
处置子公司及其他营业单位收到的现金净额		
收到其他与投资活动有关的现金		
投资活动现金流入小计		
购建固定资产、无形资产和其他长期资产支付的现金		
投资支付的现金		
取得子公司及其他营业单位支付的现金净额		
支付其他与投资活动有关的现金		
投资活动现金流出小计		
投资活动产生的现金流量净额		
三、筹资活动产生的现金流量		
吸收投资收到的现金		
取得借款收到的现金		
收到其他与筹资活动有关的现金		
筹资活动现金流入小计		
偿还债务支付的现金		
分配股利、利润或偿付利息支付的现金		
支付其他与筹资活动有关的现金		
筹资活动现金流出小计		
筹资活动产生的现金流量净额		

续表

项　目	本期金额	上期金额
四、汇率变动对现金及现金等价物的影响		
五、现金及现金等价物净增加额		
加:年初现金及现金等价物余额		
六、期末现金及现金等价物余额		

(二)一般企业现金流量表补充资料的格式

除上述现金流量表外,企业还需要在财务报表附注中披露现金流量的相关信息。现金流量表补充资料的格式如表11－16所示。

表11－16　　现金流量表补充资料　　单位:元

项　目	本期金额	上期金额
1. 将净利润调节为经营活动现金流量		
净利润		
加:资产减值准备		
固定资产折旧、油气资产折耗、生产性生物资产折旧		
无形资产摊销		
长期待摊费用摊销		
处置固定资产、无形资产和其他长期资产的损失(收益以“－”号填列)		
固定资产报废损失(收益以“－”号填列)		
公允价值变动损失(收益以“－”号填列)		
财务费用(收益以“－”号填列)		
投资损失(收益以“－”号填列)		
递延所得税资产减少(增加以“－”号填列)		
递延所得税负债增加(减少以“－”号填列)		
存货的减少(增加以“－”号填列)		
经营性应收项目的减少(增加以“－”号填列)		
经营性应付项目的增加(减少以“－”号填列)		
其他		
经营活动产生的现金流量净额		
2. 不涉及现金收支的重大投资和筹资活动		
债务转为资本		
一年内到期的可转换公司债券		

续表

项　目	本期金额	上期金额
融资租入固定资产		
3. 现金及现金等价物净变动情况		
现金的期末余额		
减:现金的期初余额		
加:现金等价物的期末余额		
减:现金等价物的期初余额		
现金及现金等价物净增加额		

(三)一般企业现金流量表的编制方法

1. 直接法和间接法

直接法,是指按现金收入和现金支出的主要类别直接反应企业经营活动产生的现金流量。一般是以利润表中的营业收入为起算点,调节与经营活动有关的项目的增减变动,然后计算出经营活动产生的现金流量。一般要求采用直接法编报现金流量表。

间接法,是指以净利润为起算点,调整不涉及现金的收入、费用、营业外收支等有关项目,剔除投资活动、筹资活动对现金流量的影响,据此计算出经营活动产生的现金流量,在现金流量表的补充资料中,披露间接法编制的经营活动现金流量的信息。

2. 工作底稿法和T型账户法

工作底稿法,是以工作底稿为手段,以资产负债表和利润表数据为基础,对每一项目进行分析并编制调整分录,从而编制现金流量表。

T型账户法,是以T型账户为手段,以资产负债表和利润表数据为基础,对每一项目进行分析并编制调整分录,从而编制现金流量表。

3. 分析填列法和直接编制法

分析填列法,是根据资产负债表项目的期末余额和年初余额的差额、利润表项目的发生额和相关会计科目的明细账的记录,分析计算现金流量表各个项目的金额。

直接编制法,是根据现金和现金等价物的相关会计科目(如库存现金、银行存款)计算的业务性质,逐笔分析其应归属的现金流量表项目,再汇总计算现金流量表各个项目的金额。

第五节　所有者权益变动表

一、所有者权益变动表的定义

所有者权益变动表,是反映构成所有者权益各组成部分当期的增减变动情况的报表。所有者权益变动表应全面反映一定时期所有者权益变动的情况,不仅包括所有者权益总量的增减变动,还包括所有者权益增减变动的重要结构性信息,有助于报表使用者理解所有者权益增减变动的根源。

二、所有者权益变动表列报的总体要求

所有者权益，是指企业资产扣除负债后由所有者享有的剩余权益。所有者权益的来源主要为所有者投入的资本[包括实收资本（或股本）和资本溢价等资本公积]、其他综合收益、留存收益（包括盈余公积和未分配利润）等。

所有者权益变动表根据所有者权益的构成项目反映各组成部分当期的增减变动情况和年初、期末余额。

三、一般企业所有者权益变动表的格式和填列方法

（一）一般企业所有者权益变动表的格式

企业编制比较所有者权益变动表，就所有者权益各组成部分分为年初余额和年末余额以及当年的增减变动情况，针对两个会计年度（“本年金额”和“上年金额”）分别进行填列。

所有者权益变动表以矩阵的形式列示：一方面列示导致所有者权益变动的交易或事项（具体项目），按所有者权益变动的来源对一定时期所有者权益变动情况进行全面反映；另一方面按所有者权益各组成部分[包括实收资本（或股本）、资本公积、库存股、其他综合收益、盈余公积、未分配利润等]及其总额列示相关交易或事项对所有者权益的影响。一般企业所有者权益变动表的格式如表11－17所示。

（二）一般企业所有者权益变动表的列报方法

1.“上年金额”栏的填列方法

企业应根据上年度所有者权益变动表“本年金额”栏内所列数字填列本年度“上年金额”栏内各项数字。

如果企业上年度所有者权益变动表规定的项目的名称和内容同本年度不一致，应对上年度所有者权益变动表相关项目的名称和金额按本年度的规定进行调整后填入所有者权益变动表“上年金额”栏。

2.“本年金额”栏的填列方法

企业应根据所有者权益类科目和损益类有关科目的发生额分析填列所有者权益变动表“本年金额”栏，具体包括如下情况：

(1)“上年年末余额”项目，根据上年资产负债表中“实收资本（或股本）”“资本公积”“其他综合收益”“盈余公积”“未分配利润”等项目的年末余额填列。

(2)“会计政策变更”和“前期差错更正”项目，根据“盈余公积”“利润分配”“以前年度损益调整”等科目的发生额分析填列，并在“上年年末余额”的基础上调整得出“本年年初金额”项目。

(3)“本年增减变动额”项目分别反映如下内容：

①“综合收益总额”项目，反映企业当年的综合收益总额，根据当年利润表中“其他综合收益的税后净额”和“净利润”项目填列，并对应列在“其他综合收益”和“未分配利润”栏。

②“所有者投入和减少资本”项目，反映企业当年所有者投入的资本和减少的资本，其中：

“所有者投入资本”项目，反映企业接受投资者投入形成的实收资本（或股本）和资本公积，根据“实收资本”“资本公积”等科目的发生额分析填列，并对应列在“实收资本”和“资本公积”栏。

表 11－17

所有者权益变动表

会企 04 表

编制单位：　　　　年度　　　　单位:元

项　目	本年金额							上年金额						
	实收资本（或股本）	资本公积	减:库存股	其他综合收益	盈余公积	未分配利润	所有者权益合计	实收资本（或股本）	资本公积	减:库存股	其他综合收益	盈余公积	未分配利润	所有者权益合计
一、上年年末余额														
加:会计政策变更														
前期差错更正														
二、本年年初余额														
三、本年增减变动金额(减少以“－”号填列)														
(一)综合收益总额														
(二)所有者投入和减少资本														
1. 所有者投入资本														
2. 股份支付计入所有者权益的金额														
3. 其他														
(三)利润分配														
1. 提取盈余公积														
2. 对所有者(或股东)的分配														
3. 其他														
(四)所有者权益内部结转														
1. 资本公积转增资本(或股本)														
2. 盈余公积转增资本(或股本)														
3. 盈余公积弥补亏损														
4. 其他														
四、本年年末余额														

“股份支付计入所有者权益的金额”项目，反映企业处于等待期中的权益结算的股份支付当年计入资本公积的金额，根据“资本公积”科目所属的“其他资本公积”二级科目的发生额分析填列，并对应列在“资本公积”栏。

③“利润分配”下各项目，反映当年对所有者（或股东）分配的利润（或股利）金额和按规定提取的盈余公积金额，并对应列在“未分配利润”和“盈余公积”栏。其中：

“提取盈余公积”项目，反映企业按规定提取的盈余公积，根据“盈余公积”“利润分配”科目的发生额分析填列。

“对所有者（或股东）的分配”项目，反映对所有者（或股东）分配的利润（或股利）金额，根据“利润分配”科目的发生额分析填列。

④“所有者权益内部结转”下各项目，反映不影响当年所有者权益总额的所有者权益各组成部分之间当年的增减变动，包括资本公积转增资本（或股本）、盈余公积转增资本（或股本）、盈余公积弥补亏损等。其中：

“资本公积转增资本（或股本）”项目，反映企业以资本公积转增资本或股本的金额，根据“实收资本”“资本公积”等科目的发生额分析填列。

“盈余公积转增资本（或股本）”项目，反映企业以盈余公积转增资本或股本的金额，根据“实收资本”“盈余公积”等科目的发生额分析填列。

“盈余公积弥补亏损”项目，反映企业以盈余公积弥补亏损的金额，根据“盈余公积”“利润分配”等科目的发生额分析填列。

[例 11－5]　承[例 11－3]，诚友公司成立于 20×4 年 6 月 1 日，20×4 年、20×5 年所有者权益类科目余额表如表 11－18 所示。利润分配情况如下：

(1)按当年净利润的 10%提取盈余公积；

(2)20×5 年分配现金股利 50 000.00 元。

表 11－18　　**科目明细账**　　单位：元

科　目	年初余额	本期借方发生额	本期贷方发生额	期末余额
20×4 年 12 月 31 日				
实收资本（或股本）			5 000 000.00	5 000 000.00
资本公积				
其他综合收益				
盈余公积			15 025.00	15 025.00
利润分配		15 025.00	150 250.00	135 225.00
20×5 年 12 月 31 日				
实收资本（或股本）	5 000 000.00		1 000 000.00	6 000 000.00
资本公积			100 000.00	100 000.00
其他综合收益			2 000.00	2 000.00
盈余公积	15 025.00		40 022.50	55 047.50
利润分配	135 225.00	90 022.50	400 225.00	445 427.50

根据上述资料，诚友公司编制 20×5 年 12 月 31 日的所有者权益变动表，如表 11－19 所示。

表 11－19

所有者权益变动表

会企 04 表

编制单位:诚友公司　　20×5 年度　　单位:元

项　目	本年金额							上年金额						
	实收资本（或股本）	资本公积	减:库存股	其他综合收益	盈余公积	未分配利润	所有者权益合计	实收资本（或股本）	资本公积	减:库存股	其他综合收益	盈余公积	未分配利润	所有者权益合计
一、上年年末余额	5 000 000.00				15 025.00	135 225.00	5 150 250.00							
加:会计政策变更														
前期差错更正														
二、本年年初余额	5 000 000.00				15 025.00	135 225.00	5 150 250.00							
三、本年增减变动金额(减少以“－”号填列)	1 000 000.00	100 000.00		2 000.00	40 022.50	310 202.50	1 452 225.00	5 000 000.00				15 025.00	135 225.00	5 150 250.00
(一)综合收益总额				2 000.00		400 225.00	402 225.00						150 250.00	150 250.00
(二)所有者投入和减少资本	1 000 000.00	100 000.00					1 100 000.00	5 000 000.00						5 000 000.00
1. 所有者投入资本	1 000 000.00	100 000.00					1 100 000.00	5 000 000.00						5 000 000.00
2. 股份支付计入所有者权益的金额														
3. 其他														
(三)利润分配					40 022.50	－90 022.50	－50 000.00					15 025.00	－15 025.00	
1. 提取盈余公积					40 022.50	－40 022.50						15 025.00	－15 025.00	
2. 对所有者(或股东)的分配						－50 000.00	－50 000.00							
3. 其他														
(四)所有者权益内部结转														
1. 资本公积转增资本(或股本)														
2. 盈余公积转增资本(或股本)														
3. 盈余公积弥补亏损														
4. 其他														
四、本年年末余额	6 000 000.00	100 000.00		2 000.00	55 047.50	445 427.50	6 602 475.00	5 000 000.00				15 025.00	135 225.00	5 150 250.00

第六节　附　注

一、附注的定义

附注，是对在资产负债表、利润表、现金流量表和所有者权益变动表等财务报表中列示项目的文字描述或明细资料，以及对未能在这些财务报表中列示项目的说明等。

二、附注披露的总体要求

附注相关信息应与资产负债表、利润表、现金流量表和所有者权益变动表等财务报表中列示的项目相互参照，以有助于使用者联系相关联的信息，并由此从整体上更好地理解财务报表。

企业在披露附注信息时，应以定量、定性信息相结合，按一定的结构对附注信息进行系统合理的排列和分类，以便于使用者理解和掌握。

三、附注披露的主要内容

附注一般按下列顺序披露有关内容：

（一）企业的基本情况

(1)企业注册地、组织形式和总部地址。

(2)企业的业务性质和主要经营活动，如企业所处的行业、所提供的主要产品或服务、客户的性质、销售策略、监管环境的性质等。

(3)母公司以及集团最终母公司的名称。

(4)财务报告的批准报出者和财务报告批准报出日，如果企业已在财务报表其他部分披露了财务报告的批准报出者和批准报出日信息，则无须重复披露；或者已有相关人员签字批准报出财务报告，可以其签名及其签字日期为准。

(5)营业期限有限的企业，还应披露有关其营业期限的信息。

（二）财务报表的编制基础

企业应根据企业会计准则的规定判断企业是否持续经营，并披露财务报表是否以持续经营为基础编制。

（三）遵循企业会计准则的声明

企业应声明编制的财务报表符合企业会计准则的要求，真实、完整地反映了企业的财务状况、经营成果和现金流量等有关信息，以此明确企业编制财务报表所依据的制度基础。如果企业编制的财务报表只是部分地遵循了企业会计准则，附注中不得做出这种表述。

（四）重要会计政策和会计估计

1. 重要会计政策的说明

企业应披露采用的重要会计政策，并结合企业的具体实际披露其重要会计政策的确定依据和财务报表项目的计量基础。其中，会计政策的确定依据主要是指企业在运用会计政策过程中所做的重要判断，这些判断对在财务报表中确认的项目金额具有重要影响。比如，企业如何判断持有的金融资产是持有至到期的投资而不是交易性投资，企业如何判断与租赁资产相关的所有风险和报酬已转移给企业从而符合融资租赁的标准，投资性房地产的判断标准是什么等。财务报表项目的计量基础包括历史成本、重置成本、可变现净值、现值和公允价值等会计计量属性，比如存货是按成本还是按可变现净值计量的等。

2. 重要会计估计的说明

企业应披露重要会计估计，并结合企业的具体实际披露其会计估计所采用的关键假设和不确定因素。重要会计估计的说明，包括可能导致下一个会计期间内资产、负债账面价值重大调整的会计估计的确定依据等。例如，固定资产可收回金额的计算需要根据其公允价值减去处置费用后的净额与预计未来现金流量的现值两者之间的较高者确定，在计算资产预计未来现金流量的现值时需要对未来现金流量进行预测，并选择适当的折现率，企业应在附注中披露未来现金流量预测所采用的假设及其依据、所选择的折现率为什么是合理的等。又如，对于正在进行中的诉讼提取准备，企业应披露最佳估计数的确定依据等。

(五)会计政策和会计估计变更以及差错更正的说明

企业应按《企业会计准则第 28 号——会计政策、会计估计变更和差错更正》的规定，披露会计政策和会计估计变更以及差错更正的情况。

(六)财务报表重要项目的说明

企业应按资产负债表、利润表、现金流量表、所有者权益变动表及其项目列示的顺序，采用文字和数字描述相结合的方式披露财务报表重要项目的说明。财务报表重要项目的明细金额合计，应与财务报表项目金额相衔接。

(七)其他项目的说明

企业应披露的其他项目主要包括：关联方及关联交易、承诺及或有事项、资产负债表日后事项、非货币性资产交换、债务重组、企业合并、租赁等。

第七节 综合例题

富民公司为增值税一般纳税人，其适用的增值税税率为 17%，企业所得税税率为 25%。

包装物采用实际成本法核算，原材料采用计划成本法核算，甲材料的计划单位成本为每千克 105.00 元，材料的入库差异在月末一次结转。

根据公司董事会决议，按 20×5 年度净利润的 10%计提盈余公积，按 20×5 年度净利润的 40%分配现金股利。

20×5 年 11 月 30 日的科目余额表如表 11－20 所示，20×5 年 1～11 月损益类项目的累计发生额如表 11－21 所示。

表 11－20 科目余额表

20×5 年 11 月 30 日 单位：元

项目	期末余额		项目	期末余额	
	借方	贷方		借方	贷方
库存现金	3 000.00		短期借款		2 500 000.00
银行存款	13 451 000.00		应付票据		93 600.00

续表

项　目	期末余额		项　目	期末余额	
	借方	贷方		借方	贷方
其他货币资金	200 000.00		应付账款		6 040 000.00
交易金融资产	53 400.00		预收账款		1 200 000.00
应收票据	702 000.00		应付职工薪酬		15 000.00
应收账款	2 500 000.00		应交税费		
坏账准备			应付利息		12 000.00
——应收账款		125 000.00	应付股利		
——其他应收款		47 000.00	其他应付款		1 600 000.00
预付账款	1 117 000.00		长期借款		4 960 000.00
其他应收款	940 000.00		递延所得税负债		1 350.00
材料采购	16 500.00				
原材料	360 000.00		实收资本(或股本)		6 000 000.00
材料成本差异		14 000.00	资本公积		
周转材料	38 000.00		其他综合收益		5 300.00
库存商品	5 040 000.00		盈余公积		4 281 650.00
持有至到期投资	570 000.00		利润分配		9 848 200.00
可供出售金融资产	53 400.00		本年利润		6 099 200.00
固定资产	16 730 000.00				
累计折旧		3 600 000.00			
在建工程	3 000 000.00				
无形资产	2 250 000.00				
累计摊销		675 000.00			
开发支出	50 000.00				
递延所得税资产	43 000.00				

表 11－21　　**损益类科目累计发生额**

20×5 年 1～11 月　　单位:元

项　目	借方发生额	贷方发生额	项　目	借方发生额	贷方发生额
主营业务收入		66 120 000.00	其他业务成本	50 000.00	
其他业务收入		80 000.00	营业税金及附加	1 986 600.00	
投资收益		4 900.00	销售费用	8 100 000.00	
公允价值变动损益		5 400.00	管理费用	3 700 000.00	
营业外收入		720 000.00	财务费用	170 500.00	
主营业务成本	46 284 000.00		营业外支出	540 000.00	

20×5 年 12 月，富民公司发生的经济业务如下（全部为本教材第二章至第十章中的部分例题）：

1.［例 2—1］签发现金支票，从银行存款账户提取现金 5 000.00 元备用。

2.［例 2—3］公司采购员张剑预借差旅费 4 000.00 元，以现金付讫。

3.［例 2—2］采购员张剑出差归来，报销差旅费 3 750.00 元，余款交回现金。

4.［例 2—4］用现金 850.00 元购买行政管理部门的办公用品。

5.［例 2—6］在清查时发现现金长款 180.00 元。

6.［例 2—7］前日现金清查长款无法查明原因，报经领导批准转销。

7.［例 2—8］在清查时发现现金短款 800.00 元。

8.［例 2—9］前日现金短款经反复查对，原因不明，经领导批准转销。

9.［例 2—10］销售产品 500 件，开出的增值税专用发票上注明的价款为500 000.00元，增值税税额为85 000.00元，相关款项已收存银行。

10.［例 2—11］购买一台生产用机器设备，收到的增值税专用发票上注明价款为200 000.00元，增值税税额为34 000.00元，相关款项已通过银行转账支付。该项生产用机器设备已交付加工车间使用。

11.［例 2—13］1 日，向银行申请开出面值200 000.00元的银行汇票用于异地购买材料。21 日，以银行汇票购买乙材料一批，取得的增值税专用发票上注明的价款为160 000.00元，增值税税额为27 200.00元，材料尚未验收入库；22 日，收到开户银行转来的银行汇票“多余款收账通知”联。

12.［例 2—14］9 日，向银行申请开出面值 5 000.00 元的银行本票用于购买办公用品。29 日，以银行本票购买办公用品 5 000.00 元，其中发放到加工车间 850.00 元，发放到行政管理部门 4 150.00 元。

13.［例 3—1］收到的票面金额为 585 000.00 元的商业承兑汇票到期，收回款项585 000.00元存入银行。

14.［例 3—3］8 月 31 日，收到一张期限为 5 个月、票面利率为 8%、票面金额为 117 000.00元的银行承兑汇票。12 月 31 日计提利息。

15.［例 3—5］7 日，采用托收承付结算方式销售产品 300 件，增值税专用发票上注明的价款为300 000.00元，增值税税额为51 000.00元，以银行存款代垫运杂费为6 080.00元，已办理托收手续。24 日，收到的货款为 357 080.00 元，存入银行。

16.［例 3—8］10 日，采购乙材料4 000千克，每千克单价为 50.00 元，所需支付的价款总计200 000.00元。按合同规定以银行存款预付价款的 60%，验收货物后补付其余款项。28 日，收到乙材料4 000千克，验收无误，计划成本为196 000.00元。增值税专用发票上注明的价款为200 000.00元，增值税税额为34 000.00元，余款尚未支付。31 日，结转材料成本差异。

17.［例 3—9］租入包装物一批，以银行存款支付的押金为 5 000.00 元。

18.［例 4—10］12 月份有关发出包装物的经济业务如下：

（1）15 日，销售产品时领用不单独计价的包装物 200 件。

（2）23 日，销售产品时领用单独计价的包装物 400 件，每件售价 10.00 元，增值税专用发票上注明的价款为 4 000.00 元，增值税税额为 680.00 元，款项已存入银行。

（3）31 日，对发出包装物采用月末一次加权平均法，计算包装物的平均单位成本为 5.40 元。

19.[例 4—12]12 月有关甲材料资料如下：

(1)“材料采购——甲材料”科目月初余额为16 500.00元，数量为 150 千克；“原材料——甲材料”科目月初余额为84 000.00元，数量为 800 千克；“材料成本差异——甲材料”月初贷方余额为4 000.00元。

(2)3 日，收到上月采购的甲材料，验收入库时发现只有 140 千克。经检查，短缺的 10 千克是本公司在提货后、验收入库前被盗所致，保险公司已按规定同意赔偿 1 287.00 元，但赔款尚未收到。甲材料验收入库。

(3)9 日，持银行汇票200 000.00元购入甲材料1 500千克，取得的增值税专用发票上注明的价款为153 750.00元，增值税税额为26 137.50元；取得运输单位开出的增值税专用发票上注明的运输费为4 500.00元，增值税税额为495.00元。甲材料尚未验收入库，剩余票款收回并存入银行。

(4)16 日，购入甲材料 500 千克，材料已验收入库，结算凭证尚未到达公司。

(5)23 日，采用托收承付方式结算购入甲材料1 000千克，取得的增值税专用发票上注明的价款为104 000.00元，增值税税额为17 680.00元。款项尚未支付，甲材料如数验收入库。

(6)24 日，9 日结算购入的甲材料如数验收入库。

(7)29 日，购入甲材料 700 千克，合同载明价款为74 200.00元，材料已验收入库，结算凭证尚未到达公司。

(8)30 日，16 日入库的甲材料的结算凭证已到达公司，取得的增值税专用发票上注明的价款为53 000.00元，增值税税额为9 010.00元。公司采用汇兑的方式结算款项。

(9)31 日，月末结转已结算货款并验收入库材料发生的成本差异。

20.[例 4—13]31 日汇总本月发出甲材料的凭证记录，基本生产车间领用 3 200 千克，车间一般消耗 10 千克，行政管理部门消耗 120 千克。结转发出材料应负担的成本差异。

21.[例 5—5]从二级市场购入的、作为交易性金融资产核算的股票，截至 6 月 30 日的成本为48 000.00元，公允价值变动损益为5 400.00元。截至 12 月 31 日，股票的公允价值为每股 7.50 元，持有7 200股。按公允价值确定该股票的年末价值。

22.[例 5—10]购入的作为持有至到期投资核算的 3 年期债券(每年年末付息，到期一次还本)，采用实际利率法计算每期的利息收入、利息调整摊销额以及期末摊余成本，具体如表 11—22 所示。

表 11—22　　持有至到期投资利息收入计算表　　单位：元

计息日期	应收利息	投资收益(利息收入)	利息调整借差摊销	利息调整借差余额	摊余成本
	(1)=面值×10%	(2)=期初(5)×4.87%	(3)=(1)—(2)	(4)=期初(4)—(3)	(5)=面值+(4)或=期初(5)—(3)
20×5 年 1 月 1 日				70 000.00	570 000.00
20×5 年 12 月 31 日	50 000.00	27 759.00	22 241.00	47 759.00	547 759.00

23.[例 5—15]出售作为可供出售金融资产核算的股票3 600股，每股 6.00 元，交易费用为 80.00 元。出售时持有7 200股，成本为48 100.00元，公允价值变动为5 300.00元。假设 12 月 31 日该股票的公允价值仍然为每股 8.90 元。

24.[例 6—1]购入一台不需要安装的生产用甲设备，取得的增值税专用发票上注明的设备价款为 1 000 000.00 元,可抵扣的增值税税额为 170 000.00 元;货物运输业增值税专用发票上注明的运费为 5 000.00 元,可抵扣的增值税税额为 550.00 元。设备已经运到并投入使用,款项已经通过银行支付。

25.[例 6－4]1 月 1 日开工建造的办公楼,总造价为8 000 000.00元,工期 2 年(连带装修)。同日为该项目从银行取得借款5 000 000.00元,期限为 3 年,年利率为 7.5%,按年度支付利息。根据合同,12 月 31 日支付工程款840 000.00元,并计提当年应予以资本化的借款利息。

26.[例 6－11]计提 12 月固定资产折旧,折旧计算如表 11－23 所示。

表 11－23　　　　固定资产折旧计算表　　　　单位:元

用途	类别	11 月末原价	月折旧率(%)	当月折旧额
车间	房屋	5 000 000.00	0.2667	13 335.00
	设备	7 330 000.00	0.8	58 640.00
办公室	房屋	3 000 000.00	0.2667	8 001.00
	设备	400 000.00	0.8	3 200.00
经营性出租	设备	1 000 000.00	0.8	8 000.00
合　计		16 730 000.00		91 176.00

27.[例 6－13]对一台生产用机器设备进行日常维护,维护过程中领用本公司原材料一批,价值为94 000.00元。月末结转材料成本差异1 000.00元。

28.[例 6－14]将一台设备对外出售,该设备账面原值为300 000.00元,已计提折旧为120 000.00元,对外出售价格为200 000.00元,增值税税额为34 000.00元(不考虑应缴纳的附加税费)。货款已通过银行收取,无其他清理费用。

29.[例 7－1]购入一项发明专利权,协议价格为60 000.00元,以银行存款付款。同时用现金支付的过户费等为2 000.00元。

30.[例 7－2]从 20×4 年 1 月开始公司自主开发专利技术,前期研发支出资本化的金额为50 000.00元。20×5 年 12 月,专利技术研发成功,发生的注册登记费为1 000.00元,以现金付款。

31.[例 7－5] 计提 12 月无形资产摊销,摊销计算如表 11－24 所示(所有无形资产的残值均为 0)。

表 11－24　　　　无形资产摊销计算表　　　　单位:元

用途	类别	原始价值	使用寿命(年)	当月摊销额
车间产品生产	专利权	51 000.00	10	425.00
自用	土地使用权	2 250 000.00	40	4 687.50
合　计		2 301 000.00		5 112.50

32.[例 8－1]3 月 31 日从银行借入的生产经营用短期借款为1 200 000.00元,期限为 9 个月,年利率为 6%。根据与银行签署的借款协议,该项短期借款的本金到期后一次归还,利息按季支付。

33.[例8—4]支付已到期的银行承兑汇票票款93 600.00元。

34.[例8—6]1日，购入一批材料，取得的增值税专用发票上注明的价款为100 000.00元，可抵扣的增值税进项税额为17 000.00元，材料尚未验收入库，款项尚未支付。10日，以银行存款支付购入材料相关款项。

35.[例8—8]1日，与采购方签订购销合同。3日，收到采购方根据合同规定预付的货款30 000.00元。9日，将货物发运到采购方并开具增值税专用发票，价款为32 000.00元，增值税税额为5 440.00元。15日，采购方验收货物后付清了剩余货款。

36.[例8—10]公司发生如下和工资相关的交易事项：

(1)工资费用分配汇总表中列示的产品生产人员工资为300 000.00元，车间管理人员工资为36 000.00元，销售部门人员工资为50 000.00元，企业行政管理人员工资为42 000.00元，研发部门人员工资为12 000.00元，合计440 000.00元。

(2)根据当地政府规定，以工资总额为计提基础，单位分别按20%、8%、2%、0.5%、0.5%计提缴存基本养老保险费、基本医疗保险费、失业保险费、工伤保险费和生育保险费，并按8%计提缴存住房公积金。

(3)根据工资总额的2%和1.5%计提工会经费和职工教育经费。

37.[例8—11]公司发生如下和工资相关的交易事项：

(1)工资费用分配汇总表中列示应由职工个人承担的社会保险费和住房公积金为48 400.00元，应扣回的职工个人赔款和欠款为5 200.00元，应交个人所得税为20 800.00元。

(2)按工资费用分配汇总表列示的实发数，通过银行发放工资到职工个人银行卡，实发数为365 600.00元。

(3)缴纳社会保险费和住房公积金。上缴工会经费，金额为计提数的50%。

(4)工会组织活动报销费用3 000.00元，职工参加专业培训报销学习费用5 000.00元，全部用现金付讫。

38.[例8—24]收取各类包装物押金1 000.00元，以现金收讫。

39.[例8—27]3年前借入的银行借款到期(到期一次还本付息)，归还本金4 000 000.00元和3年的利息960 000.00元。

40.[例9—1]销售产品4 800件，销售价目表上列示的单价为500.00元/件。因为销售数量较大，富民公司给予2%的商业折扣。货物已经发出，款项已经通过银行收到。

41.[例9—2]8日，销售产品6 500件，销售价目表上列示的单价为500.00元/件。为了提高销售回款率，富民公司给予"2/10，n/30"的现金折扣。货物已经发出，款项尚未收到。15日，通过银行收取扣除现金折扣后的货款。

42.[例9—5]将一台设备对外出租，租赁合同确定租金为20 000.00元，适用的增值税税率为17%，已经用现金收取。

43.[例9—6]结转本月已售产品成本，库存商品采用实际成本法核算，根据加权平均法计算应结转的已售产品成本为4 503 750.00元。

44.[例9—11]本月应缴纳的城市维护建设税和教育费附加分别为55 654.10元和23 851.75元。

45.[例9—19]收到财政补贴150 000.00元，已经通过银行收取。

46.[例9—20]向希望工程捐助200 000.00元，已通过银行支付。

47.[例9—28]结转12月份损益类科目到本年利润，计提和结转全年度企业所得税，计提盈余公积和分配现金股利，结平利润分配其他明细科目。

48.［例 10－5］收到新股东戊现金出资 2 000 000.00 元，占公司注册资本的比例为 20%，在修改的章程中约定与其他股东平均分红。富民公司的注册资本变更为 7 500 000.00 元。

（一）根据上述资料，富民公司编制的记账凭证参见相关章节。

（二）根据 20×5 年 11 月 30 日的科目余额表和 20×5 年 12 月的记账凭证，编制 20×5 年 12 月试算平衡表如表 11－25 所示。

表 11－25 **试算平衡表** 单位：元

项目	20×5 年 11 月 30 日		借方发生额	贷方发生额	20×5 年 12 月 31 日	
	借方余额	贷方余额			借方余额	贷方余额
库存现金	3 000.00		29 830.00	16 650.00	16 180.00	
银行存款	13 451 000.00		10 470 457.50	9 891 240.00	14 030 217.50	
其他货币资金	200 000.00		276 520.00	405 000.00	71 520.00	
交易金融资产	53 400.00		600.00		54 000.00	
应收票据	702 000.00			585 000.00	117 000.00	
应收账款	2 500 000.00		4 159 580.00	4 159 580.00	2 500 000.00	
坏账准备						
——应收账款		125 000.00				125 000.00
——其他应收款		47 000.00				47 000.00
预付账款	1 117 000.00		120 000.00	234 000.00	1 003 000.00	
应收利息			53 120.00	50 000.00	3 120.00	
其他应收款	940 000.00		10 287.00	9 200.00	941 087.00	
材料采购	16 500.00		775 250.00	531 750.00	260 000.00	
原材料	360 000.00		599 200.00	443 650.00	515 550.00	
材料成本差异		14 000.00	4 950.00	－1 447.55		7 602.45
周转材料	38 000.00			3 240.00	34 760.00	
库存商品	5 040 000.00			4 503 750.00	536 250.00	
生产成本			886 740.65		886 740.65	
持有至到期投资	570 000.00			22 241.00	547 759.00	
可供出售金融资产	53 400.00			26 700.00	26 700.00	
固定资产	16 730 000.00		1 205 000.00	300 000.00	17 635 000.00	
累计折旧		3 600 000.00	120 000.00	91 176.00		3 571 176.00
在建工程	3 000 000.00		1 215 000.00		4 215 000.00	
无形资产	2 250 000.00		113 000.00		2 363 000.00	
累计摊销		675 000.00		5 112.50		680 112.50
开发支出	50 000.00		18 100.00	51 000.00	17 100.00	
递延所得税资产	43 000.00				43 000.00	
短期借款		2 500 000.00	1 200 000.00			1 300 000.00
应付票据		93 600.00	93 600.00			
应付账款		6 040 000.00	117 000.00	312 180.00		6 235 180.00
预收账款		1 200 000.00	37 440.00	37 440.00		1 200 000.00

续表

项 目	20×5 年 11 月 30 日		借方发生额	贷方发生额	20×5 年 12 月 31 日	
	借方余额	贷方余额			借方余额	贷方余额
应付职工薪酬		15 000.00	624 000.00	627 000.00		18 000.00
应交税费			336 072.50	3 139 048.56		2 802 976.06
应付利息		12 000.00	12 000.00	375 000.00		375 000.00
应付股利				2 288 034.86		2 288 034.86
其他应付款		1 600 000.00	48 400.00	49 400.00		1 601 000.00
长期借款		4 960 000.00	4 960 000.00			
递延所得税负债		1 350.00				1 350.00
实收资本(或股本)		6 000 000.00		1 500 000.00		7 500 000.00
资本公积				500 000.00		500 000.00
其他综合收益		5 300.00	2 650.00			2 650.00
盈余公积		4 281 650.00		572 008.71		4 853 658.71
利润分配		9 848 200.00	2 860 043.57	5 720 087.14		12 708 243.57
本年利润		6 099 200.00	7 626 782.85	1 527 582.85		
主营业务收入			6 434 000.00	6 434 000.00		
其他业务收入			24 000.00	24 000.00		
投资收益			25 229.00	25 229.00		
公允价值变动损益			600.00	600.00		
营业外收入			170 180.00	170 180.00		
主营业务成本			4 503 750.00	4 503 750.00		
其他业务成本			10 160.00	10 160.00		
营业税金及附加			79 505.85	79 505.85		
销售费用			72 330.00	72 330.00		
管理费用			192 800.30	192 800.30		
财务费用			67 880.00	67 880.00		
营业外支出			200 000.00	200 000.00		
所得税费用			1 906 695.71	1 906 695.71		
合 计	47 117 300.00	47 117 300.00	51 662 754.93	51 662 754.93	45 816 984.15	45 816 984.15

(三)根据 20×5 年 12 月试算平衡表，编制富民公司 20×5 年 12 月 31 日资产负债表，如表 11—26 所示。

表 11—26 **资产负债表**

会企 01 表

编制单位：富民公司 20×5 年 12 月 31 日 单位：元

资 产	期末余额	年初余额	负债和所有者权益(或股东权益)	期末余额	年初余额
流动资产：		(略)	流动负债：		(略)
货币资金	14 117 917.50		短期借款	1 300 000.00	

续表

资　产	期末余额	年初余额	负债和所有者权益（或股东权益）	期末余额	年初余额
以公允价值计量且其变动计入当期损益的金融资产	54 000.00		以公允价值计量且其变动计入当期损益的金融负债		
应收票据	117 000.00		应付票据		
应收账款	2 375 000.00		应付账款	6 235 180.00	
预付款项	1 003 000.00		预收款项	1 200 000.00	
应收利息	3 120.00		应付职工薪酬	18 000.00	
应收股利			应交税费	2 802 976.06	
其他应收款	894 087.00		应付利息	375 000.00	
存货	2 225 698.20		应付股利	2 288 034.86	
划分为持有待售的资产			其他应付款	1 601 000.00	
一年内到期的非流动资产			划分为持有待售的负债		
其他流动资产			一年内到期的非流动负债		
流动资产合计	20 789 822.70		其他流动负债		
			流动负债合计	15 820 190.92	
非流动资产：					
可供出售金融资产	547 759.00		非流动负债：		
持有至到期投资	26 700.00		长期借款		
长期应收款			应付债券		
长期股权投资			长期应付款		
投资性房地产			专项应付款		
固定资产	14 063 824.00		预计负债		
在建工程	4 215 000.00		递延收益		
工程物资			递延所得税负债	1 350.00	
固定资产清理			其他非流动负债		
生产性生物资产			非流动负债合计	1 350.00	
油气资产			负债合计	15 821 540.92	
无形资产	1 682 887.50				
开发支出	17 100.00		负债和所有者权益（或股东权益）：		
商誉			实收资本（或股本）	7 500 000.00	
长期待摊费用			资本公积	500 000.00	

续表

资　产	期末余额	年初余额	负债和所有者权益（或股东权益）	期末余额	年初余额
递延所得税资产	43 000.00		减:库存股		
其他非流动资产			其他综合收益	2 650.00	
非流动资产合计	20 596 270.50		盈余公积	4 853 658.71	
			未分配利润	12 708 243.57	
			股东权益合计	25 564 552.29	
资产总计	41 386 093.20		负债和所有者权益（或股东权益）总计	41 386 093.20	

（四）根据20×5年12月试算平衡表和20×5年1～11月损益类项目的累计发生额，编制富民公司20×5年度损益类项目的累计发生额，如表11－27所示。

表 11－27　　**损益类科目累计发生额**　　单位:元

项　目	20×5年1～11月发生额	20×5年12月发生额	20×5年度合计	项　目	20×5年1～11月发生额	20×5年12月发生额	20×5年度合计
主营业务收入	66 120 000.00	6 434 000.00	72 554 000.00	营业税金及附加	1 986 600.00	79 505.85	2 066 105.85
其他业务收入	80 000.00	24 000.00	104 000.00	销售费用	8 100 000.00	72 330.00	8 172 330.00
投资收益	4 900.00	25 229.00	30 129.00	管理费用	3 700 000.00	192 800.30	3 892 800.30
公允价值变动损益	5 400.00	600.00	6 000.00	财务费用	170 500.00	67 880.00	238 380.00
营业外收入	720 000.00	170 180.00	890 180.00	营业外支出	540 000.00	200 000.00	740 000.00
主营业务成本	46 284 000.00	4 503 750.00	50 787 750.00	所得税费用		1 906 695.71	1 906 695.71
其他业务成本	50 000.00	10 160.00	60 160.00				

（五）根据20×5年度损益类项目的累计发生额，编制富民公司20×5年度利润表，如表11－28所示。

表 11－28　　**利润表**

会企02表

编制单位:富民公司　　20×5年度　　单位:元

项　目	本期金额	上期金额
一、营业收入	72 658 000.00	（略）
减:营业成本	50 847 910.00	
营业税金及附加	2 066 105.85	
销售费用	8 172 330.00	
管理费用	3 892 800.30	
财务费用	238 380.00	
资产减值损失		
加:公允价值变动收益	6 000.00	
投资收益	30 129.00	

续表

项　目	本期金额	上期金额
其中:对联营企业和合营企业的投资收益		
二、营业利润	7 476 602.85	
加:营业外收入	890 180.00	
其中:非流动资产处置利得		
减:营业外支出	740 000.00	
其中:非流动资产处置损失		
三、利润总额	7 626 782.85	
减:所得税费用	1 906 695.71	
四、净利润	5 720 087.14	
五、其他综合收益的税后净额	2 650.00	
(一)以后不能重分类进损益的其他综合收益		
1. 重新计量设定受益计划净负债或净资产的变动		
2. 权益法下在被投资单位不能重分类进损益的其他综合收益中享有的份额		
……		
(二)以后能重分类进损益的其他综合收益	2 650.00	
1. 权益法下在被投资单位以后将重分类进损益的其他综合收益中享有的份额		
2. 可供出售金融资产公允价值变动损益	2 650.00	
3. 持有至到期投资重分类为可供出售金融资产损益		
4. 现金流量套期损益的有效部分		
5. 外币财务报表折算差额		
……		
六、综合收益总额	5 722 737.14	
七、每股收益		
(一)基本每股收益		
(二)稀释每股收益		

思考题

1. 什么是财务报告？其包含哪些内容？
2. 财务报表列报的基本要求有哪些？怎样理解重要性对项目列报的影响？
3. 什么是资产负债表？其结构有哪些类型？
4. 资产负债表列报的总体要求有哪些？怎样理解正常营业周期？

5. 什么是利润表？其结构有哪些类型？

6. 利润表列报的总体要求有哪些？利润表中的其他综合收益和资产负债表中的其他综合收益有什么区别？

练习题

一、选择题

1. 下列项目中，属于财务报告组成部分的是（　　）。

A. 资产负债表　　B. 利润表　　C. 现金预算表　　D. 财务情况说明

2. 下列有关持续经营的说法中，正确的是（　　）。

A. 在编制财务报表的过程中，企业管理层应利用所有可获得信息来评价企业自报告期末起至少 24 个月的持续经营能力

B. 企业如果已在当期进行清算或停止营业，则通常表明其处于非持续经营状态

C. 如果企业过去每年都有可观的净利润，并且易于获取所需的财务资源，则表明企业以持续经营为基础编制财务报表是合理的

D. 如果企业正式决定将在下一个会计期间停止营业，则表明仍然可以持续经营为基础编制本年度财务报表

3. 下列有关重要性和项目列报的说法中，正确的是（　　）。

A. 企业应根据所处的具体环境，从项目的性质和金额两方面判断重要性，而且于每年末根据实际情况对各项目重要性的判断标准进行评估和调整

B. 性质或功能不同的项目，全部应在财务报表中单独列报

C. 某些项目的重要性程度不足以在资产负债表、利润表、现金流量表或所有者权益变动表中单独列示，即使对附注具有重要性，也不应在附注中单独披露

D. 判断项目性质的重要性，应考虑该项目在性质上是否属于企业日常活动，是否显著影响企业的财务状况、经营成果和现金流量等因素

4. 资产负债表列报中的合计项目包括（　　）。

A. 流动资产合计　　B. 流动负债合计

C. 所有者权益合计　　D. 负债合计

5. 下列有关划分流动资产的标准的说法中，正确的是（　　）。

A. 预计在一个正常营业周期中变现、出售或耗用，即使该营业周期超过一年

B. 主要为交易目的而持有，且预期持有超过 12 个月的衍生工具

C. 预计在资产负债表日起一年内（含一年）变现

D. 自资产负债表日起一年内（含一年），交换其他资产或清偿负债的能力不受限制的现金或现金等价物

6. 多步式利润表的层次包括（　　）。

A. 主营业务利润　　B. 营业利润　　C. 非营业利润　　D. 利润总额

7. 下列项目中，属于利润表中"其他综合收益的税后净额"的包括（　　）。

A. 按权益法核算的在被投资单位不能重分类进损益的其他综合收益变动中所享有的份额

B. 按权益法核算的在被投资单位可重分类进损益的其他综合收益变动中所享有的份额

C. 可供出售金融资产公允价值变动形成的利得或损失

D. 持有至到期投资重分类为可供出售金融资产形成的利得或损失

8. 现金流量表列报的类别包括（　　）。

A. 经营活动现金流量　　B. 投资活动现金流量

C. 筹资活动现金流量　　D. 汇率变动对现金及现金等价物的影响

9. 所有者权益变动表编制完成后，应检查（　　）项目的金额是否一致，以鉴别资产负债表、利润表编制

的正确与否。

A.“本年金额”栏“未分配利润”的上年年末余额与资产负债表“未分配利润”年初余额

B.“本年金额”栏“未分配利润”的本年年末余额与资产负债表“未分配利润”期末余额

C.“本年金额”栏“未分配利润”的综合收益总额与利润表“净利润”的本期金额

D.“本年金额”栏“其他综合收益”的综合收益总额与利润表“其他综合收益”的税后净额的本期金额

10. 下列有关附注的说法中，正确的是(　　)。

A. 只有在编制年度财务报告时，才需要编制附注

B. 附注没有其他财务报表重要

C. 附注中必须披露财务报表的编制基础

D. 财务报表不恰当的确认和计量可以通过充分披露相关会计政策而纠正

二、业务题

习题一

［资料］ 创新公司20×2年12月31日结账后，有关总账科目余额如表1所示，明细科目余额如表2所示。

表1 **总账科目余额表(部分)** 单位：元

科目名称	借方余额	贷方余额	科目名称	借方余额	贷方余额
库存现金	10 000.00		固定资产	800 000.00	
银行存款	57 000.00		累计折旧		300 000.00
应收账款	80 000.00		在建工程	40 000.00	
坏账准备		5 000.00	应付账款		70 000.00
预付账款		30 000.00	预收账款		10 000.00
原材料	80 000.00		应付职工薪酬	4 000.00	
发出商品	90 000.00		长期借款		80 000.00
材料成本差异		55 000.00	盈余公积		200 000.00
库存商品	100 000.00		未分配利润		200 000.00

表2 **明细科目余额表(部分)** 单位：元

明细科目	借方余额	贷方余额	明细科目	借方余额	贷方余额
应收账款——A公司	100 000.00		预收账款——G公司		40 000.00
应收账款——B公司		20 000.00	预收账款——H公司	30 000.00	
预付账款——C公司	20 000.00		坏账准备——应收账款		5 000.00
预付账款——D公司		50 000.00	长期借款——工商银行(20×1年6月1日至20×3年6月1日)		30 000.00
应付账款——E公司		70 000.00	长期借款——建设银行(20×2年8月1日至20×4年8月1日)		50 000.00

［要求］ 根据以上资料，计算资产负债表下列项目的金额(写出计算过程)：

(1)货币资金；

(2)应收账款；

(3)预付款项；

(4)应付账款；

(5)预收款项；

(6)存货；

(7)固定资产；

(8)应付职工薪酬；

(9)长期借款；

(10)未分配利润。

习题二

[资料] 创新公司为增值税一般纳税人，适用的增值税税率是17%，所得税税率是25%，年末一次确认全年所得税费用。商品、材料销售价款均不含增值税，商品、材料销售成本随销售收入逐笔结转，本年利润采用表结法核算。

1.20×3年1月至11月损益类科目累计发生额如表3所示。

表3　　20×3年1月至11月损益类科目累计发生额　　单位：元

科目名称	借方发生额	贷方发生额	科目名称	借方发生额	贷方发生额
主营业务收入		16 500 000.00	销售费用	420 000.00	
主营业务成本	13 200 000.00		管理费用	380 000.00	
其他业务收入		1 600 000.00	财务费用	190 000.00	
其他业务成本	850 000.00		营业外收入		900 000.00
营业税金及附加	260 000.00		营业外支出	780 000.00	

2.20×3年12月创新公司发生如下交易或事项：

(1)12月5日，向乙公司销售商品一批，开出的增值税专用发票上注明的价款为600 000.00元，增值税税额为102 000.00元，商品已经发出，款未收。商品实际成本为480 000.00元。

(2)12月10日，向丙公司销售A材料一批，该批处理的销售价格为50 000.00元，增值税税额为8 500.00元，销售材料实际成本为40 000.00元。A材料已发出，销售款项存入银行。

(3)12月18日，结转固定资产净收益80 000.00元。

(4)12月31日，计提公司管理部门固定资产折旧50 000.00元，摊销公司管理部门用无形资产成本80 000.00元。

(5)12月31日，确认本月应交的城市维护建设税20 000.00元，教育费附加10 000.00元。

(6)12月31日，确认本年所得税费用750 000.00元。

[要求]

(1)根据资料2，编制记账凭证；

(2)根据资料1、资料2，编制20×3年度利润表。

习题三

[资料] 卓越公司为增值税一般纳税人，适用的增值税税率为17%。原材料按计划成本计价核算，甲材料计划单位成本为每千克100.00元。

1.20×5年11月30日资产、负债、所有者权益类项目的余额如表4所示。

表4　　科目余额表

20×5年11月30日　　单位：元

项　目	借方余额	贷方余额	项　目	借方余额	贷方余额
库存现金	6 000.00		短期借款		2 400 000.00

续表

项　目	借方余额	贷方余额	项　目	借方余额	贷方余额
银行存款	1 366 000.00		应付票据		
其他货币资金	610 000.00				
应收账款	2 000 000.00		应付账款		3 980 000.00
坏账准备			预收账款		7 890 000.00
——应收账款		100 000.00	应付职工薪酬		
——其他应收款		7 500.00	应交税费		
预付账款	50 000.00		应付利息		24 000.00
其他应收款	150 000.00		应付股利		
材料采购	200 000.00		其他应付款		9 275 250.00
原材料	300 000.00		长期借款		16 000 000.00
材料成本差异		17 000.00			
周转材料	180 000.00				
库存商品	1 500 000.00		实收资本		2 000 000.00
长期股权投资	500 000.00		盈余公积		1 770 000.00
固定资产	56 350 000.00		利润分配		2 910 000.00
累计折旧		35 810 000.00	本年利润		4 549 000.00
无形资产	33 600 000.00				
累计摊销		10 080 000.00			
递延所得税资产	750.00				

(2)20×5 年 12 月，卓越公司发生的经济业务如下(为本教材第二至十章后附业务题中的部分内容)：

第二章

［习题一］ 发生与货币资金有关的业务如下：

(1)12 月 15 日，公司行政管理部门职工王武预借差旅费5 000.00元，以库存现金支付。

(2)12 月 20 日，王武归来，报销差旅费 4 785.00 元，差额缴回现金。

(3)12 月 28 日，卓越公司收到安友公司开出的面值 300 000.00 元的转账支票，交存银行。该笔款项是安友公司违约支付的赔款，卓越公司将其计入当期损益。

(4)12 月 29 日，开出面值 100 000.00 元的转账支票预付安宁公司材料采购款，并于当日交给安宁公司。

［习题二］ 发生如下经济业务：

(1)12 月 2 日，向南京工商银行鼓楼支行汇款 200 000.00 元，开立采购专户，委托银行汇出该款项。

(2)12 月 8 日，采购员王珊到武汉采购，采用银行汇票结算，将银行存款 50 000.00 元转为银行汇票存款。

(3)12 月 19 日，采购员李卫在南京以外埠存款购买材料，增值税专用发票上注明的材料价款为150 000.00元，增值税税额为25 500.00元，材料尚未验收入库。

(4)12 月 20 日，收到采购员王珊转来进货发票等单据，采购乙原材料一批，增值税专用发票上注明的材料价款为40 000.00元，增值税税额为 6 800.00 元，乙材料已验收入库，入库的计划成本为 39 500.00 元。

(5)12 月 21 日，外埠存款清户，收到银行转来收账通知，余款收妥入账。

(6)12 月 22 日，收到银行汇票存款余款退回通知，已收妥入账。

第三章

［习题三］　12月3日，销售一批商品给创新公司，商品价目表中所列示的价格（不含增值税）为每件240.00元，共销售500件，并给予创新公司5%的商业折扣，增值税税率为17%。规定付款条件为“2/10，1/20，n/30”。创新公司于20×5年12月18日付款。

［习题四］　12月18日，卓越公司收到订购的乙原材料（已预付的定金为50 000.00元），收到的增值税专用发票上注明的价款为50 000.00元，增值税税额为8 500.00元，乙材料已验收入库，入库的计划成本为48 900.00元。卓越公司以存款补足货款。

第四章

［习题三］　20×5年11月30日，“原材料——甲材料”科目月初借方余额为300 000.00元；“材料成本差异——甲材料”科目月初贷方余额为1 700.00元；“材料采购——甲材料”科目月初借方余额为200 000.00元，为11月份已付款的甲材料2 010千克的实际成本。

(1)12月4日，11月份已付款的甲材料2 010千克如数收到，已验收入库。

(2)12月12日，以银行本票610 000.00元购入甲材料5 000千克，增值税专用发票上注明的价款为520 000.00元，增值税税额为88 400.00元。材料尚未到达，票款余额已收存银行。

(3)12月17日，12日购入的甲材料到达，验收入库时发现短缺40千克，经查明为途中定额内自然损耗，按实收数量验收入库。

(4)12月31日，验收入库甲材料8 000千克，该批材料的结算凭证尚未到达公司。

(5)12月31日，根据发料凭证汇总表的记录，本月基本生产车间为生产产品领用甲材料8 500千克，企业管理部门领用甲材料400千克。

第六章

［习题一］　购入需要安装的全新生产用机器一台，取得的增值税专用发票上注明的买价为200 000.00元，可抵扣的增值税税额为34 000.00元，取得的普通发票上注明装卸费为1 000.00元，保险费为2 400.00元。以上款项均已通过用银行存款支付。安装过程中，领用本公司的库存材料为1 600.00元。该项机器安装完工后已作为生产车间固定资产交付使用。

［习题四］　卓越公司采用年限平均法计提固定资产折旧。20×5年11月30日，固定资产分类明细表及其折旧年限、净残值率如表5所示。

表5　　　　固定资产明细表　　　　单位：元

使用部门	固定资产类别	11月30日余额	折旧年限（年）	净残值率（%）
车间	房屋建筑物	27 000 000.00	30	4
	机器设备	19 560 000.00	10	0
销售部门	运输设备	890 000.00	15	0
管理部门	房屋建筑物	5 700 000.00	30	4
	电子设备	3 200 000.00	5	0
合　计		56 350 000.00		

［习题五］　因意外事故毁损汽车一辆，账面原价为200 000.00元，已提折旧为120 000.00元。清理过程中，取得残值收入为500.00元，发生清理费用为2 000.00元，收入和费用均以银行存款收付。经保险公司审定，可获保险赔偿50 000.00元，保险赔款尚未收到。

第七章

［习题一］　外购用于生产A产品的非专利技术，实际支付的价款为200 000.00元。预计该项非专利技术的有效期限为10年。

［习题二］　公司进行新产品研发，领用的原材料为52 000.00元，应支付研发人员的工资为210 000.00

元,发生的其他与新产品研发相关的费用为49 000.00元,均通过银行存款支付。该部分研发支出不符合资本化条件。

[习题三] 账面反映无形资产的相关信息如表6所示。

表6 无形资产明细表 单位:元

用途	类别	原始价值	使用寿命(年)	预计残值
经营出租	专利权	6 600 000.00	10	0
自用	非专利技术A	200 000.00	5	0
自用	土地使用权	27 000 000.00	50	0

(1)以上无形资产均未计提减值准备,采用平均法摊销。

(2)专利权的年租赁收入为840 000.00元,适用的增值税税率为6%,专利权租赁收入按月计提。

(3)将表6中非专利技术A对外出售,出售价格为72 000.00元,适用的增值税税率为6%,价税款尚未收取。截至20×5年12月已经计提摊销3.5年。

[习题五] 根据签订的办公楼租赁合同,一次性向出租方支付3年的租金3 000 000.00元,已经通过银行付款。

第八章

[习题一] 8月1日,向银行借入本金为2 400 000.00元、期限为6个月、年利率为6%的借款。计提本月的利息,同时支付本季度利息。

[习题四] 本月发生与职工薪酬有关的交易或事项如下:

(1)将50台自产的V型厨房清洁器作为福利分配给本公司行政管理人员。该厨房清洁器每台生产成本为12 000.00元,市场售价为15 000.00元(不含增值税)。适用的增值税税率为17%。

(2)月末,分配职工工资:直接生产产品人员工资150 000.00元,车间管理人员工资15 000.00元,专设销售机构人员工资30 000.00元,企业行政管理人员工资20 000.00元。

(3)月末,分别按工资总额的8%、20%、1%和10%计算由企业承担医疗、养老、失业保险和住房公积金。

(4)分别按工资总额的2%、8%、1%和10%计算代扣代缴职工医疗、养老、失业保险和住房公积金。

(5)按规定计算代扣代缴职工个人所得税2 000.00元。

(6)以现金支付职工李某生活困难补助1 000.00元。

(7)从应付张经理的工资中,扣回上月代垫的应由其本人负担的医疗费3 000.00元。

第九章

[习题一] 发生下列经济业务:

(1)2日,采用商业汇票结算方式向A公司销售甲产品20件,价款为50 000.00元,增值税为8 500.00元,收到期限为3个月、不带息的银行承兑汇票一张。

(2)8日,采用托收承付结算方式向B公司销售甲产品50件,价款为125 000.00元,增值税为21 250.00元,用银行存款代垫运杂费555.00元(含增值税),已办妥托收手续。

(3)10日,采用赊销方式向C公司销售乙产品30件,价款为60 000.00元,增值税为10 200.00元;付款条件为“2/10,1/20,*n*/30”。

(4)20日,收到C公司支付的乙产品货款,存入银行。

(5)31日,采用托收承付方式向F公司销售甲产品10件,价款为25 000.00元,增值税为4 250.00元,用银行存款代垫运杂费111.00元(含增值税),尚未办妥托收手续。

(6)31日,用银行存款支付广告费6 000.00元。

(7)月末,结转主营业务成本270 000.00元。

(8)月末,计算营业税金及附加,应交城市维护建设税4 690.00元,应交教育费附加2 010.00元。

［习题三］ 20×5年年初“未分配利润”账户为贷方余额2 300 000.00元，20×5年1～11月损益类项目的发生额如表7所示。

表7　　1～11月损益类项目的发生额

项　目	贷方金额	项　目	借方金额	项　目	借方金额
主营业务收入	45 000 000.00	主营业务成本	36 000 000.00	销售费用	1 500 000.00
其他业务收入	800 000.00	营业税金及附加	1 830 000.00	财务费用	300 000.00
投资收益	20 000.00	其他业务成本	640 000.00	营业外支出	1 000.00
营业外收入	200 000.00	管理费用	1 200 000.00		

适用的所得税税率为25%，无其他纳税调整项目。

按全年净利润的10%提取法定盈余公积金，按全年净利润的40%宣告分派现金股利。

［要求］

(1)编制20×5年12月经济业务的记账凭证。

(2)编制20×5年12月的试算平衡表。

(3)编制20×5年12月31日的资产负债表(不填写年初余额)。

(4)编制20×5年度的利润表(不填写上期金额)。

第十章

［习题一］ 20×5年12月，卓越公司的投资者A和投资者B决定增加公司资本，此时有一新的投资者C要求加入卓越公司。经有关部门批准后，卓越公司实施增资，将实收资本增加到900万元。经三方协商，一致同意，完成下述投入后，三方投资者各拥有卓越公司300万元实收资本，并各占甲公司1/3的股份。协议约定投入资产按评估值入账。各投资者的出资情况如下：

(1)投资者A以5台小轿车投入卓越公司作为增资，该设备原价为200万元，已提折旧为30万元，评估确认价值为210万元。

(2)投资者B以一批原材料投入卓越公司作为增资，该批材料账面价值为200万元，评估确认价值为200万元，税务部门认定应交增值税税额为34万元，投资者B已开具了增值税专用发票。

(3)投资者C以银行存款投入卓越公司420万元。

练习题参考答案

第一章　企业财务会计总论

选择题

1. B	2. A	3. ABCD	4. B	5. C	6. D
7. A	8. B	9. C	10. C	11. C	12. C

第二章　货币资金

一、单项选择题

1. C	2. B	3. B	4. D	5. C
6. A	7. B	8. C	9. A	10. C

二、多项选择题

1. BD	2. AB	3. CD	4. ABCD	5. AB
6. BC	7. ABD	8. CD	9. AB	10. AD

三、业务题

习题一

(1)借:其他应收款　　5 000
　　贷:库存现金　　5 000

(2)借:库存现金　　215
　　管理费用　　4 785
　　贷:其他应收款　　5 000

(3)借:银行存款　　300 000
　　贷:营业外收入　　300 000

(4)借:预付账款　　100 000
　　贷:银行存款　　100 000

银行存款余额调节表

单位:万元

项　目	金　额	项　目	金　额
银行存款日记账余额	601	银行对账单余额	534
加:银行已收、企业未收款	7	加:企业已收、银行未收款	30
减:银行已付、企业未付款	54	减:企业已付、银行未付款	10
调节后的存款余额	554	调节后的存款余额	554

习题二

(1)借:其他货币资金 200 000
　　贷:银行存款 200 000

(2)借:其他货币资金 50 000
　　贷:银行存款 50 000

(3)借:原材料 150 000
　　应交税费 25 500
　　贷:其他货币资金 175 500

(4)借:原材料 40 000
　　应交税费 6 800
　　贷:其他货币资金 46 800

(5)借:银行存款 24 500
　　贷:其他货币资金 24 500

(6)借:银行存款 3 200
　　贷:其他货币资金 3 200

第三章　应收及预付款项

一、单项选择题

1. B	2. A	3. B	4. C	5. B
6. D	7. B	8. C	9. B	10. C

二、多项选择题

1. AB	2. ABC	3. ABD	4. ABC	5. AB
6. ABC	7. ABCD	8. CD	9. BCD	10. BCD

三、业务题

习题一

(1)借:应收票据 234 000
　　贷:主营业务收入 200 000
　　　　应交税费 34 000

(2)借:应收票据 234 000
　　贷:应收票据 234 000

(3)借:银行存款 234 000
　　贷:应收票据 234 000

习题二

(1)到期日:2月15日　　到期值:122 400

(2)贴现利息:646　　贴现净额:121 754

(3)借:银行存款 121 754
　　贷:应收票据 120 000
　　　　应收利息 1 147
　　　　财务费用 607

(4)借:银行存款 121 754
　　贷:短期借款 121 754

习题三

(1)借:应收账款　133 380

　　贷:主营业务收入　114 000

　　　　应交税费　19 380

(2)借:银行存款　132240

　　财务费用　1 140

　　贷:应收账款　133 380

习题四

(1)借:预付账款　50 000

　　贷:银行存款　50 000

(2)借:原材料　50 000

　　应交税费　8 500

　　贷:预付账款　58 500

(3)借:预付账款　8 500

　　贷:银行存款　8 500

习题五

(1)借:资产减值损失　12 000

　　贷:坏账准备　12 000

(2)借:坏账准备　8 000

　　贷:应收账款　8 000

(3)借:资产减值损失　10 000

　　贷:坏账准备　10 000

(4)借:坏账准备　10 000

　　贷:应收账款　10 000

(5)借:银行存款　6 000

　　贷:坏账准备　6 000

(6)借:坏账准备　1 000

　　贷:坏账准备　1 000

习题六

(1)借:应收账款　5 850 000

　　贷:主营业务收入　5 000 000

　　　　应交税费　850 000

(2)借:坏账准备　80 000

　　贷:应收账款　80 000

(3)借:银行存款　60 000

　　贷:坏账准备　60 000

(4)借:银行存款　400 000

　　贷:应收账款　400 000

(5)借:资产减值损失　246 000

　　贷:坏账准备　246 000

第四章　存货

一、单项选择题

1. B　2. C　3. B　4. C　5. B

6. B　　7. C　　8. A　　9. C　　10. D

二、多项选择题

1. BD　　2. ACD　　3. BC　　4. ABC　　5. AB
6. BCD　　7. BCD　　8. BD　　9. BCD

三、业务题

习题一

(1)先进先出法:发出成本:442 000;结存成本:687 600

(2)月末一次加权平均法:发出成本:474 432;结存成本:655 168

(3)移动加权平均法:发出成本:455 385;结存成本:674 215

习题二

(1)借:原材料	5 400	
应交税费	872	
贷:银行存款		6 272
(2)借:银行存款	4 005	
在途物资	73 500	
应交税费	12 495	
贷:其他货币资金	90 000	
(3)借:原材料	73 500	
贷:在途物资		73 500
(4)借:预付账款	20 000	
贷:银行存款		20 000
(5)借:原材料	17 200	
应交税费	2 924	
贷:预付账款		20 000
银行存款		124
(6)借:生产成本	83 370.43	
制造费用	10 421.3	
管理费用	16 674.09	
贷:原材料		110 465.82

本月购入甲材料的实际成本:96 100

本月发出甲材料的单位成本:20.842 6

习题三

(2)借:原材料	201 000	
贷:材料采购		200 000
材料成本差异		1 000
(3)借:银行存款	1 600	
材料采购	520 000	
应交税费	88 400	
贷:其他货币资金		610 000
(4)借:原材料	496 000	
材料成本差异	24 000	
贷:材料采购		520 000
(5)借:原材料	800 000	

贷:应付账款　800 000

(6)借:生产成本　850 000

管理费用　40 000

贷:原材料　890 000

借:生产成本　18 159.48

管理费用　854.56

贷:材料成本差异　19 014.04

本月入库材料的实际成本:720 000

本月材料成本差异率:2.136 4%

本月发出材料应负担的成本差异:19 014.04

月末库存材料的实际成本:109 285.96

习题四

(1)借:待处理财产损溢　6 030

贷:原材料　6 030

(2)借:原材料　1 005

其他应收款　5 000

营业外支出　25

贷:待处理财产损溢　6 030

(3)借:原材料　22

贷:待处理财产损溢　22

借:待处理财产损溢　500

贷:库存商品　500

(4)借:待处理财产损溢　22

贷:管理费用　22

借:其他应收款　551

贷:待处理财产损溢　500

应交税费　51

第五章　对外投资

一、选择题

1. B	2. B	3. A	4. D	5. C
6. CA	7. C	8. A	9. A	10. ABC
11. ACD	12. CC	13. C	14. C	15. B
16. B	17. B	18. D	19. ABC	20. A
21. C	22. C	23. D	24. A	25. D
26. C	27. A	28. B	29. B	30. (1)D(2)C

二、业务题

习题一

略。

习题二

(1) 实际利率为 8.69%

(2) 实际利率为 10.53%

习题三

略。

习题四

(1) 投资成立的日期为20×3年1月1日

(3)24 540 000元

习题五

略。

习题六

略。

第六章 固定资产

一、选择题

1. AB	2. ABC	3. A	4. AB	5. A
6. A	7. C	8. B	9. A	10. C

二、业务题

习题一

借:在建工程	203 400.00	
应交税费——应交增值税(进项税额)	34 000.00	
贷:银行存款		237 400.00
借:在建工程	1 600.00	
贷:原材料		1 600.00
借:固定资产	205 000.00	
贷:在建工程		205 000.00

习题二

借:工程物资	2 000 000.00	
应交税费——应交增值税(进项税额)	340 000.00	
贷:银行存款		2 340 000.00
借:在建工程	1 800 000.00	
原材料	200 000.00	
贷:工程物资		2 000 000.00
借:在建工程	300 000.00	
贷:原材料		300 000.00
借:在建工程	800 000.00	
贷:应付职工薪酬		800 000.00
借:在建工程	100 000.00	
贷:生产成本——辅助生产成本		100 000.00
借:固定资产	3 000 000.00	
贷:在建工程		3 000 000.00

习题三

(1)年折旧额=(100 000.00-4 000.00)/5=19 200.00(元)

年折旧率=19 200.00/100 000.00 =19.2%

(2)年折旧率=2/5 =40%

第1年折旧额=100 000.00×40%= 40 000.00(元)

第2年折旧额=(100 000.00-40 000.00)×40%=24 000.00(元)

(3)第3年折旧率=3/15

第3年折旧额=(100 000.00-4 000.00)×3/15=19 200.00(元)

习题四

借:制造费用 235 000.00
　销售费用 20 144.44
　管理费用 53 333.33
　　贷:累计折旧 308 477.77

习题五

借:固定资产清理 80 000.00
　累计折旧 120 000.00
　　贷:固定资产 200 000.00
借:银行存款 500.00
　　贷:固定资产清理 500.00
借:固定资产清理 2 000.00
　　贷:银行存款 2 000.00
借:其他应收款 50 000.00
　　贷:固定资产清理 50 000.00
借:营业外支出 31 500.00
　　贷:固定资产清理 31 500.00

习题六

借:在建工程 400 000.00
　应交税费——应交增值税(进项税额) 68 000.00
　　贷:银行存款 468 000.00
借:在建工程 100 000.00
　　贷:原材料 50 000.00
　　　应付职工薪酬 50 000.00
借:固定资产 500 000.00
　　贷:在建工程 500 000.00

20×2 年 1 月～20×6 年 12 月,合计 60 个月,每月:

借:制造费用 3 958.33
　　贷:累计折旧 3 958.33

20×6 年 12 月:

借:固定资产清理 262 500.00
　累计折旧 237 500.00
　　贷:固定资产 500 000.00
借:银行存款 421 200.00
　　贷:固定资产清理 360 000.00
　　　应交税费 61 200.00
借:固定资产清理 1 000.00
　　贷:银行存款 1 000.00
借:固定资产清理 96 500.00
　　贷:营业外收入 96 500.00

第七章　其他长期资产

一、选择题

1. C　　2. AB　　3. ABCD　　4. ABCDE　　5. B

6. AC　　7. ACD　　8. C　　9. A　　10. C

二、业务题

习题一

(1)借:无形资产	200 000.00	
贷:银行存款		200 000.00
借:制造费用	1 666.67	
贷:累计摊销		1 666.67
(2)借:制造费用	2 476.85	
贷:累计摊销		2 476.85
借:银行存款	318 000.00	
累计摊销	105 879.63	
贷:无形资产		200 000.00
应交税费		18 000.00
营业外收入		205 879.63

习题二

借:研发支出	311 000.00	
贷:原材料		52 000.00
应付职工薪酬		210 000.00
银行存款		49 000.00
借:管理费用	311 000.00	
贷:研发支出		311 000.00

习题三

(1)借:其他业务成本	55 000.00	
管理费用	45 000.00	
贷:累计摊销		100 000.00
借:应收账款	74 200.00	
贷:其他业务收入		70 000.00
应交税费		4 200.00
(2)借:应收账款	76 320.00	
累计摊销	140 000.00	
贷:无形资产		200 000.00
应交税费		4 320.00
营业外收入		12 000.00

习题四

(1)借:在建工程	3 000 000.00	
贷:银行存款		3 000 000.00
借:在建工程	9 000 000.00	
贷:银行存款		9 000 000.00
借:在建工程	300 000.00	
贷:应付利息		300 000.00
借:投资性房地产——成本	12 300 000.00	
贷:在建工程		12 300 000.00
(2)借:投资性房地产——公允价值变动	700 000.00	
贷:公允价值变动损益		700 000.00

(3)借:应收账款 16 500 000.00

公允价值变动损益 700 000.00

其他业务成本 12 300 000.00

贷:其他业务收入 16 500 000.00

投资性房地产——成本 12 300 000.00

——公允价值变动 700 000.00

习题五

借:长期待摊费用 3 000 000.00

贷:银行存款 3 000 000.00

借:管理费用 83 333.00

贷:长期待摊费用 83 333.00

第八章 负债

一、选择题

1. ABD	2. ABCD	3. B	4. C	5. ABCD
6. CD	7. D	8. AB	9. AB	10. D

二、业务题

习题一

(1)借:银行存款 2 400 000.00

贷:短期借款 2 400 000.00

(2)8 月 31 日,9 月 30 日,10 月 31 日,11 月 30 日,12 月 31 日,1 月 31 日:

借:财务费用 12 000.00

贷:应付利息 12 000.00

(3)9 月 30 日:

借:应付利息 24 000.00

贷:银行存款 24 000.00

12 月 31 日:

借:应付利息 36 000.00

贷:银行存款 36 000.00

(4)2 月 1 日:

借:短期借款 2 400 000.00

应付利息 12 000.00

贷:银行存款 2 412 000 00

习题二

12 月 1 日:

借:原材料 200 000.00

应交税费——应交增值税(进项税额) 34 000.00

贷:应付票据 234 000.00

12 月 31 日:

借:财务费用 1 170.00

贷:应付利息 1 170.00

3 月 1 日:

借:应付票据 234 000.00

应付利息 1 170.00

财务费用	5 850.00	
贷:应付票据		241 020.00
9月1日:		
借:应付票据	241 020.00	
贷:银行存款		241 020.00

习题三

5月3日:		
借:原材料	57 000.00	
应交税费——应交增值税(进项税额)	9 690.00	
贷:应付账款		66 690.00
5月18日:		
借:应付账款	66 690.00	
贷:财务费用		570.00
银行存款		66 120.00

习题四

(1)借:管理费用	877 500.00	
贷:应付职工薪酬——职工福利费		877 500.00
借:应付职工薪酬——职工福利费	877 500.00	
贷:主营业务收入		750 000.00
应交税费——应交增值税(销项税额)		127 500.00
(2)借:生产成本	150 000.00	
制造费用	15 000.00	
销售费用	30 000.00	
管理费用	20 000.00	
贷:应付职工薪酬——工资		215 000.00
(3)借:生产成本	58 500.00	
制造费用	5 850.00	
销售费用	11 700.00	
管理费用	7 800.00	
贷:应付职工薪酬——社会保险费		62 350.00
——住房公积金		21 500.00
(4)借:应付职工薪酬——工资	45 150.00	
贷:其他应付款——社会保险费和住房公积金		45 150.00
(5)借:应付职工薪酬——工资	2 000.00	
贷:应交税费——应交个人所得税		2 000.00
(6)借:管理费用	1 000.00	
贷:应付职工薪酬——职工福利费		1 000.00
借:应付职工薪酬——职工福利费	1 000.00	
贷:库存现金		1 000.00
(7)借:应付职工薪酬——工资	3 000.00	
贷:其他应收款		3 000.00

习题五

借:原材料	201 000.00	
应交税费——应交增值税(进项税额)	34 110.00	

贷:银行存款　234 000.00
　　库存现金　1 110.00
(2)借:原材料　8 700.00
　应交税费——应交增值税(进项税额)　1 300.00
　贷:银行存款　10 000.00
(3)借:管理费用　2 340.00
　贷:原材料　2 000.00
　　应交税费——应交增值税(进项税额转出)　340.00
(4)借:长期股权投资　602 000.00
　贷:原材料　500 000.00
　　应交税费——应交增值税(销项税额)　102 000.00
(5)借:应收账款　468 000.00
　贷:主营业务收入　400 000.00
　　应交税费——应交增值税(销项税额)　68 000.00
(6)借:在建工程　58 500.00
　贷:主营业务收入　50 000.00
　　应交税费——应交增值税(销项税额)　8 500.00
借:主营业务成本　40 000.00
　贷:库存商品　40 000.00
(7)借:待处理财产损溢　30 000.00
　贷:原材料　30 000.00
借:管理费用　30 000.00
　贷:待处理财产损溢　30 000.00
(8)借:应交税费——应交增值税(已交税金)　80 000.00
　贷:银行存款　80 000.00

习题六

(1)借:银行存款　6 000 000.00
　贷:长期借款——本金　6 000 000.00
(2)20×2 年 12 月 31 日,20×3 年 6 月 30 日:
借:在建工程　225 000.00
　贷:长期借款——应计利息　225 000.00
20×3 年 12 月 31 日,20×4 年 6 月 30 日,20×4 年 12 月 31 日,20×5 年 6 月 30 日:
借:财务费用　225 000.00
　贷:长期借款——应计利息　225 000.00
(3)20×2 年 12 月 31 日:
借:在建工程　240 000.00
　贷:长期借款——应计利息　225 000.00
　　　　　——利息调整　15 000.00
20×3 年 6 月 30 日:
借:在建工程　240 600.00
　贷:长期借款——应计利息　225 000.00
　　　　　——利息调整　15 600.00
20×3 年 12 月 31 日:
借:财务费用　241 224.00

贷:长期借款——应计利息 225 000.00
——利息调整 16 224.00

20×4 年 6 月 30 日:

借:财务费用 241 872.96
贷:长期借款——应计利息 225 000.00
——利息调整 16 872.96

20×4 年 12 月 31 日:

借:财务费用 242 547.88
贷:长期借款——应计利息 225 000.00
——利息调整 17 547.88

20×5 年 6 月 30 日:

借:财务费用 243 249.79
贷:长期借款——应计利息 225 000.00
——利息调整 18 249.79

(4)借:长期借款——本金 6 000 000.00
——应计利息 1 350 000.00
贷:银行存款 7 350 000.00

实际利率法下:

借:长期借款——本金 6 000 000.00
——应计利息 1 350 000.00
贷:银行存款 7 350 000.00

借:长期借款——利息调整 99 494.63
贷:财务费用 99 494.63

第九章　收入、费用和利润

一、选择题

1. AB	2. BCD	3. CD	4. C	5. AB
6. ABC	7. C	8. ABC	9. C	10. ABC

二、业务题

习题一

(1)借:应收票据 58 500.00
贷:主营业务收入 50 000.00
应交税费 8 500.00

(2)借:应收账款 146 805.00
贷:主营业务收入 125 000.00
应交税费 21 250.00
银行存款 555.00

(3)借:应收账款 70 200.00
贷:主营业务收入 60 000.00
应交税费 10 200.00

(4)借:银行存款 70 200.00
贷:应收账款 70 200.00

(5)借:应收账款 111.00
贷:银行存款 111.00

(6)借:销售费用　　6 000.00
　　贷:银行存款　　6 000.00
(7)借:主营业务成本　　165 000.00
　　贷:库存商品　　165 000.00
(8)借:营业税金及附加　　6 700.00
　　贷:应交税费　　6 700.00

习题二

(1)借:利润分配——未分配利润　　31 420 000.00
　　贷:本年利润　　31 420 000.00
(2)应交所得税税额=600×25%=150(万元)
　借:本年利润　　4 500 000.00
　　贷:利润分配——未分配利润　　4 500 000.00
(3)20×8 年 12 月 31 日账面累计未弥补亏损=-3 142+200+300+400+500+600+450=-692(万元)
(4)借:盈余公积　　6 920 000.00
　　贷:利润分配——盈余公积补亏　　6 920 000.00
　借:利润分配——盈余公积补亏　　6 920 000.00
　　贷:利润分配——未分配利润　　6 920 000.00

习题三

(1)营业利润=46 035 000.00-36 804 500.00-1 836 700.00-1 506 000.00
　　-1 200 000.00-300 000.00+20 000.00
　　=4 407 800.00(元)
利润总额= 4 407 800.00+200 000.00-1 000.00=4 606 800.00(元)
(2)
①借:主营业务收入　　45 235 000.00
　　其他业务收入　　800 000.00
　　投资收益　　20 000.00
　　营业外收入　　200 000.00
　　贷:本年利润　　46 255 000.00
　借:本年利润　　41 648 200.00
　　贷:主营业务成本　　36 164 500.00
　　　其他业务成本　　640 000.00
　　　营业税金及附加　　1 836 700.00
　　　销售费用　　1 506 000.00
　　　管理费用　　1 200 000.00
　　　财务费用　　300 000.00
　　　营业外支出　　1 000.00
②借:所得税费用　　1 151 700.00
　　贷:应交税费——应交所得税　　1 151 700.00
　借:本年利润　　1 151 700.00
　　贷:所得税费用　　1 151 700.00
③借:本年利润　　3 455 100.00
　　贷:利润分配——未分配利润　　3 455 100.00
④借:利润分配——提取法定盈余公积　　345 510.00
　　贷:盈余公积——法定盈余公积　　345 510.00

⑤借:利润分配——应付现金股利或利润	1 382 040.00	
贷:应付股利		1 382 040.00
⑥借:利润分配——未分配利润	1 727 550.00	
贷:利润分配——提取法定盈余公积		345 510.00
——应付现金股利或利润		1 382 040.00

第十章 所有者权益

一、选择题

1. C　2. C　3. ACD　4. ACD　5. C
6. ACD　7. ABC　8. ACE　9. C　10. B

二、业务题

习题一

(1)借:银行存款	2 000 000.00	
贷:实收资本——A		1 000 000.00
——B		1 000 000.00
(2)借:固定资产	2 100 000.00	
原材料	2 000 000.00	
应交税费——应交增值税	340 000.00	
银行存款	4 200 000.00	
贷:实收资本——A		2 000 000.00
——B		2 000 000.00
——C		3 000 000.00
资本公积——资本溢价		1 640 000.00

习题二

(1) 本年实现的净利润为 800 000.00 元
(2) 应提取的盈余公积为 80 000.00 元
(3) 年末未分配利润为 660 000.00 元

习题三

略。

习题四

略。

习题五

略。

第十一章 财务报告

一、选择题

1. ABD　2. CD　3. AD　4. ABCD　5. ABCD
6. BD　7. ABCD　8. ABCD　9. ABCD　10. C

二、业务题

习题一

(1)货币资金=10 000.00+57 000.00=67 000.00(元)
(2)应收账款=100 000.00+30 000.00−5 000.00=125 000.00(元)
(3)预付款项=0(元)

(4)应付账款＝50 000.00＋70 000.00＝120 000.00(元)
(5)预收款项＝40 000.00＋20 000.00＝60 000.00(元)
(6)存货＝80 000.00＋90 000.00－55 000.00＋100 000.00＝215 500.00(元)
(7)固定资产＝800 000.00－300 000.00＝500 000.00(元)
(8)应付职工薪酬＝－4 000.00(元)
(9)长期借款＝30 000.00(元)
(10)未分配利润＝200 000.00(元)

习题二

(1)借:应收账款 702 000.00
　　贷:主营业务收入 600 000.00
　　　应交税费 102 000.00
　借:主营业务成本 480 000.00
　　贷:库存商品 480 000.00
(2)借:银行存款 58 500.00
　　贷:其他业务收入 50 000.00
　　　应交税费 8 500.00
　借:其他业务成本 40 000.00
　　贷:库存商品 40 000.00
(3)借:固定资产清理 80 000.00
　　贷:营业外收入 80 000.00
(4)借:管理费用 130 000.00
　　贷:累计折旧 50 000.00
　　　累计摊销 80 000.00
(5)借:营业税金及附加 30 000.00
　　贷:应交税费 30 000.00
(6)借:所得税费用 750 000.00
　　贷:应交税费——应交所得税 750 000.00

利润表

会企 02 表

编制单位:创新公司　　20×3 年度　　单位:元

项　目	本期金额	上期金额
一、营业收入	18 750 000.00	略
减:营业成本	14 570 000.00	
营业税金及附加	260 000.00	
销售费用	420 000.00	
管理费用	510 000.00	
财务费用	190 000.00	
资产减值损失		
加:公允价值变动收益		
投资收益		

续表

项　目	本期金额	上期金额
其中：对联营企业和合营企业的投资收益		
二、营业利润	2 800 000.00	
加：营业外收入	980 000.00	
其中：非流动资产处置利得		
减：营业外支出	780 000.00	
其中：非流动资产处置损失		
三、利润总额	3 000 000.00	
减：所得税费用	750 000.00	
四、净利润	2 250 000.00	
五、其他综合收益的税后净额		
(一)以后不能重分类进损益的其他综合收益		
1. 重新计量设定受益计划净负债或净资产的变动		
2. 权益法下在被投资单位不能重分类进损益的其他综合收益中享有的份额		
……		
(二)以后能重分类进损益的其他综合收益		
1. 权益法下在被投资单位以后将重分类进损益的其他综合收益中享有的份额		
2. 可供出售金融资产公允价值变动损益		
3. 持有至到期投资重分类为可供出售金融资产损益		
4. 现金流量套期损益的有效部分		
5. 外币财务报表折算差额		
……		
六、综合收益总额	2 250 000.00	
七、每股收益		
(一)基本每股收益		
(二)稀释每股收益		

习题三

(1)20×5 年 12 月经济业务的记账凭证，见各相关章节答案。

(2)20×5 年 12 月的试算平衡表：

试算平衡表项目

项　目	期初余额(11.30)		本期发生额		期末余额(12.31)	
	借方	贷方	借方	贷方	借方	贷方
库存现金	6 000.00		215.00	6 000.00	215.00	

续表

项　目	期初余额(11.30)		本期发生额		期末余额(12.31)	
	借方	贷方	借方	贷方	借方	贷方
银行存款	1 366 000.00		4 732 240.00	3 889 455.00	2 208 785.00	
其他货币资金	610 000.00		250 000.00	860 000.00	—	
应收票据			58 500.00	—	58 500.00	
应收账款	2 000 000.00		500 905.00	203 580.00	2 297 325.00	
坏账准备						
——应收账款		100 000.00				100 000.00
——其他应收款		7 500.00				7 500.00
预付账款	50 000.00		108 500.00	58 500.00	100 000.00	
其他应收款	150 000.00		55 000.00	8 000.00	197 000.00	
材料采购	200 000.00		760 000.00	810 000.00	150 000.00	
原材料	300 000.00		3 585 400.00	943 600.00	2 941 800.00	
材料成本差异		17 000.00	25 600.00	20 014.04		11 414.04
周转材料	180 000.00		—	—	180 000.00	
库存商品	1 500 000.00		—	165 000.00	1 335 000.00	
生产成本			1 334 176.15	—	1 334 176.15	
制造费用			257 516.67	257 516.67	—	
长期股权投资	500 000.00				500 000.00	
固定资产	56 350 000.00		2 305 000.00	200 000.00	58 455 000.00	
累计折旧		35 810 000.00	120 000.00	308 477.77		35 998 477.77
在建工程			205 000.00	205 000.00	—	
固定资产清理			82 000.00	82 000.00	—	
无形资产	33 600 000.00		200 000.00	200 000.00	33 600 000.00	
累计摊销		10 080 000.00	140 000.00	101 666.67		10 041 666.67
研发支出			311 000.00	311 000.00	—	
长期待摊费用			3 000 000.00	83 333.00	2 916 667.00	
递延所得税资产	750.00				750.00	
短期借款		2 400 000.00				2 400 000.00
应付票据			—	—	—	
应付账款		3 980 000.00	—	800 000.00		4 780 000.00
预收账款		7 890 000.00	—	—		7 890 000.00
应付职工薪酬			928 650.00	1 172 350.00		243 700.00
应交税费			503 200.00	1 480 602.42		977 402.42
应付利息		24 000.00	36 000.00	12 000.00		—
应付股利			—	1 273 862.90		1 273 862.90
其他应付款		9 275 250.00	—	45 150.00		9 320 400.00
长期借款		16 000 000.00				16 000 000.00

续表

项目	期初余额(11.30)		本期发生额		期末余额(12.31)	
	借方	贷方	借方	贷方	借方	贷方
实收资本(或股本)		2 000 000.00	—	7 000 000.00		9 000 000.00
资本公积			—	1 640 000.00		1 640 000.00
盈余公积		1 770 000.00	—	318 465.73		2 088 465.73
利润分配		2 910 000.00	1 592 328.63	3 184 657.25		4 502 328.63
本年利润		4 549 000.00	6 030 000.00	1 481 000.00		—
主营业务收入			1 099 000.00	1 099 000.00		
其他业务收入			70 000.00	70 000.00		
投资收益			—			
营业外收入			312 000.00	312 000.00		
主营业务成本			165 000.00	165 000.00		
其他业务成本			55 000.00	55 000.00		
营业税金及附加			6 700.00	6 700.00		
销售费用			67 844.44	67 844.44		
管理费用			1 444 605.89	1 444 605.89		
财务费用			13 140.00	13 140.00		
营业外支出			31 500.00	31 500.00		
所得税费用			1 061 552.42	1 061 552.42		
合计	96 812 750.00	96 812 750.00	31 447 574.20	31 447 574.20	106 275 218.15	106 275 218.15

(3)20×5 年 12 月 31 日的资产负债表:

资产负债表

会企 01 表

编制单位:卓越公司　　　　20×5 年 12 月 31 日　　　　单位:元

资　产	期末余额	年初余额	负债和所有者权益(或股东权益)	期末余额	年初余额
流动资产:		略	流动负债:		略
货币资金	2 209 000.00		短期借款	2 400 000.00	
以公允价值计量且其变动计入当期损益的金融资产			以公允价值计量且其变动计入当期损益的金融负债		
应收票据	58 500.00		应付票据		
应收账款	2 197 325.00		应付账款	4 780 000.00	
预付款项	100 000.00		预收款项	7 890 000.00	
应收利息			应付职工薪酬	243 700.00	
应收股利			应交税费	977 402.42	
其他应收款	189 500.00		应付利息	—	
存货	5 929 562.11		应付股利	1 273 862.90	
划分为持有待售的资产			其他应付款	9 320 400.00	

续表

资　产	期末余额	年初余额	负债和所有者权益（或股东权益）	期末余额	年初余额
一年内到期的非流动资产			划分为持有待售的负债		
其他流动资产			一年内到期的非流动负债		
流动资产合计	10 683 887.11	—	其他流动负债		
			流动负债合计	26 885 365.32	—
非流动资产：					
可供出售金融资产			非流动负债：		
持有至到期投资			长期借款	16 000 000.00	
长期应收款			应付债券		
长期股权投资	500 000.00		长期应付款		
投资性房地产			专项应付款		
固定资产	22 456 522.23		预计负债		
在建工程			递延收益		
工程物资			递延所得税负债		
固定资产清理			其他非流动负债		
生产性生物资产			非流动负债合计	16 000 000.00	—
油气资产			负债合计	42 885 365.32	—
无形资产	23 558 333.33				
开发支出			负债和所有者权益（或股东权益）：		
商誉			实收资本（或股本）	9 000 000.00	
长期待摊费用	2 916 667.00		资本公积	1 640 000.00	
递延所得税资产	750.00		减：库存股		
其他非流动资产			其他综合收益		
非流动资产合计	49 432 272.56	—	盈余公积	2 088 465.73	
			未分配利润	4 502 328.63	
			股东权益合计	17 230 794.35	—
资产总计	60 116 159.67	—	负债和所有者权益（或股东权益）总计	60 116 159.67	—

(4)20×5 年度的利润表：

利润表

会企 02 表

编制单位：卓越公司　　　　20×5 年度　　　　单位：元

项　目	本期金额	上年金额
一、营业收入	46 969 000.00	略
减：营业成本	36 860 000.00	
营业税金及附加	1 836 700.00	

续表

项　目	本期金额	上年金额
销售费用	1 567 844.44	
管理费用	2 644 605.89	
财务费用	313 140.00	
资产减值损失		
加:公允价值变动收益		
投资收益	20 000.00	
其中:对联营企业和合营企业的投资收益		
二、营业利润	3 766 709.67	
加:营业外收入	512 000.00	
其中:非流动资产处置利得		
减:营业外支出	32 500.00	
其中:非流动资产处置损失		
三、利润总额	4 246 209.67	
减:所得税费用	1 061 552.42	
四、净利润	3 184 657.25	
五、其他综合收益的税后净额	—	
(一)以后不能重分类进损益的其他综合收益	—	
1. 重新计量设定受益计划净负债或净资产的变动		
2. 权益法下在被投资单位不能重分类进损益的其他综合收益中享有的份额		
……		
(二)以后能重分类进损益的其他综合收益	—	—
1. 权益法下在被投资单位以后将重分类进损益的其他综合收益中享有的份额		
2. 可供出售金融资产公允价值变动损益		
3. 持有至到期投资重分类为可供出售金融资产损益		
4. 现金流量套期损益的有效部分		
5. 外币财务报表折算差额		
……		
六、综合收益总额	3 184 657.25	
七、每股收益		
(一)基本每股收益		
(二)稀释每股收益		

参考文献

[1]财政部:《企业会计准则 2014》,《企业会计准则——应用指南 2014》。
[2]财政部会计司:《企业会计准则——应用指南 2006》,中国财政经济出版社 2006 年版。
[3]财政部会计司:《企业会计准则讲解 2010》,人民出版社 2010 年版。
[4]企业会计准则编审委员会:《企业会计准则案例讲解》,立信会计出版社 2014 年版。
[5]财政部:《企业会计准则通用分类标准 2015 版》。
[6]财政部会计资格评价中心:《初级会计实务》,中国财政经济出版社 2015 年版。
[7]财政部会计资格评价中心:《中级会计实务》,经济科学出版社 2015 年版。
[8]中国注册会计师协会:《会计》,中国财政经济出版社 2015 年版。
[9]葛家澍:《中级财务会计》,中国人民大学出版社 2008 年版。
[10]戴德明:《财务会计学》,中国人民大学出版社 2013 年版。
[11]陆佳友:《中级财务会计》,清华大学出版社 2015 年版。